日本人のための安全保障入門

同志社大学特別客員教授
兼原信克
Nobukatsu Kanehara

The Best Lectures on National Security

日本経済新聞出版

はじめに

令和の日本は、自由主義社会のリーダーとして責任を果たす国となりました。今や、人口や国土が中規模とはいえ、英仏独と並ぶ責任ある大国です。胸を張って堂々と世界の檜舞台でリーダーシップを取るべき国となったのです。

自由主義社会は、今、分水嶺にあります。グローバル・サウスの新興国が、どんどんその存在感を増しています。日本の4倍の経済規模に育った中国は言うに及ばず、インドが日本の8割に迫り、ＡＳＥＡＮも既に日本の7割5分の体躯です。かつて世界史を牽引してきた西側諸国（先進工業民主主義諸国）は、相対的に縮小が始まっています。アジアの世紀が来ます。

これから現出する自由主義社会の未来は、多極化するでしょう。アメリカ、欧州連合、イギリス、日本、韓国、台湾、ＡＳＥＡＮ諸国、オーストラリア、インドという国々や地域が、自由主義社会を支えていくことになります。国際協調がますます重要になります。特にインドは、今世紀中葉、主柱の一つとなるでしょう。その一方で、残念ながら中国、ロシア、北朝鮮といった日本の隣国は自由という価値観を共有しません。ますます独裁色を強めながら自由主義諸国に対決的姿勢を隠さないのです。

今日の自由主義社会は、一日にしてなったものではありません。20世紀は残虐な時代でした。20世紀前半には、産業化に先行する先進工業国家群が、世界覇権をめぐって二度の大きな戦争を起こし、数千万人が犠牲になりました。核兵器さえ使用されました。ヒトラーは数百万の無辜《むこ》のユダヤ人を虐殺しました。国際連合が立ち上がり、戦争が禁止され、平和が制度化されるのは、ようやく１９４５年のことです。

また、第一次世界大戦後の価値観の真空の中で、共産主義、ナチズム、ファシズムのような社会格差を独裁と革命で是正するという全体主義思想が猖獗《しょうけつ》を極めました。日本では、軍人が昭和維新を求めて政治化しました。ナチズム、ファシズム、日本の軍国主義は滅び、ロシアや中国の様に連合国に回った共産主義国家は生き残りました。毛沢東の「大躍進」と文化大革命では数千万人が落命しています。カンボジアのポル・ポトは数百万人の命を奪いました。ソ連を中心とした共産圏が政治的生命力を失い、立ち枯れ、滅びるのは、ようやく20世紀の末のことでした。

また、20世紀後半には、欧米日に植民地支配されていたアジア、アフリカの国々が、自由と独立を求めて立ち上がりました。欧州中心の国際秩序が大きく変容したのです。聖者ガンジーの率いるインドは、非暴力を掲げて独立を勝ち得ましたが、ベトナムやインドネシアでは、第二次世界大戦後、再征服のために銃をもって帰ってきた欧州勢と戦わなければなりませんでした。独立、建国、発展の道のりは決して平たんではなかったのです。ベトナム戦争では、ホー・チ・ミンが３００万人のベトナム人の命を失ってまで独立の志を貫きました。その彼らが20世紀末に、徐々に民主主義に舵を切り始めました。フィリピン、韓国が嚆矢《こうし》となりました。台湾も李登輝総統の下で民主化しました。中国やベトナムのような共産主義国家も、経済開放へと舵を切り始めました。

そして、何より、長い間、人類を苦しめてきた人種差別という醜い思想が消えました。弱肉強食の19世紀に、適者生存を説くダーウィニズムが悪用されたのです。白い肌は進化の表れだという似非《えせ》科学が流行りました。肌の色で人間の価値を決めるという考え方は、人間の真実に反します。ガンジーも、キング牧師も、そのために非暴力を掲げて戦い抜き、自らが信じる愛と真実のために殉教しました。ネルソン・マンデラ南アフリカ大統領は不屈の闘志でアパルトヘイト（人種隔離政策）を引きずり倒しました。

今日の私たちが当たり前と思っている地球的規模の自由主義社会は、ある日突然現れたのではありません。多くの先人たちの血のにじむような努力と、誰に覚えられることもなく、ただ歴史の闇の中に消え去った夥《おびただ》しい数の有名無名の人々の命の犠牲の上に成立しています。

誰もが平等で、命と、自由を守り、幸せを求めることができる社会。一人ひとりが自分を大切にして、本当の自分を見つけることのできる社会。自分が正しいと思えることを堂々と述べあえる社会。話し合いを通じた合意と妥協によってルールを作れる社会。人間の優しさや温かい心を信じることのできる社会。権力が、人々の幸せを守る道具に過ぎないことを分かっている社会。それが私たちの住む自由主義社会です。

日本は、20世紀末にようやく地球的規模で広がってきたこの自由主義社会を守り、さらに、それをグローバル・サウスに広げていくリーダーになるべきです。敗戦国としてのコンプレックスも、冷戦の重圧から生まれた日本国内の思想的分断も、21世紀を背負う若者たちには、最早、乾いた歴史の一欠片《ひとかけら》でしかないのです。

これから私たちは、どのように国際秩序を構想すればよいのだろうか。どのように戦略的に考えればよいのだろうか。どうすれば誰もが自己実現できる国際社会を実現できるのだろうか。どうすれば世界の多くの国々と自由主義社会を支えるために協調していけるのだろうか。どうすればグローバル・サウスの国々を戦前の日本のアジア主義のように欧米との対決姿勢に追い込まずにすむだろうか。世界の平和と安定を維持するにはどうしたらよいだろうか。台頭する中国と協調していけるのか。台湾有事は抑止できるのか。猛スピードで進む技術革新は世界の安全保障をどう変えるのか。日本は科学立国復活のために何をしたらいいのか——。

昭和、平成を生きてきた日本人には、令和を生きる若者が尋ねるであろう直球の質問に答える義務があります。

敗戦のがれきから立ち上がり、昭和後期の日本をデザインした吉田茂、岸信介の作った軽武装・平和主義、経済大国、福祉国家の日本は、平成の御代に入って爛熟しました。そして、平成期を通じて、政治の混乱と経済の停滞を経験しました。今や、ウクライナ戦争、中国の台頭と軍拡、米中大国間競争、北朝鮮の核開発、日本経済の失われた20年、著しい少子高齢化、巨額の財政赤字、猛スピードで進む情報技術の進歩を前に、昭和後期に完成された日本は、大きく揺らぎ、崩れ始めています。

令和の若者たちは、日本をもう一度デザインし、世界をもう一度デザインする器の大きな日本人に育ってほしい。新しい日本社会、新しい国際社会を構想する力のある日本人に育ってほしい。これからの日本を背負う多くの日本の若者が、日本のみならず国際社会を支える有意の人材となり、世界に羽ばたくことを期待してやみません。この拙い小著がその一助となれば望外の喜《よろこ》びです。

本書の執筆に当たっては、執筆を促してくださった日経BPの堀口祐介氏、編集を手伝ってくださった栗野俊太郎氏に大変お世話になりました。この場を借りて深く御礼申し上げます。

2023年10月1日

目白台の書斎にて　兼原信克

目次

Contents

第2章 価値観の外交の時代

Diplomacy of Values: Freedom, Democracy, and Rule of Law

第3章 グローバル・サウスと自由主義的国際秩序

Global South and Liberal International Order

第4章 安定と安全がもたらす国際社会の平和

Stability and Security

第5章 対中大戦略の構築

Grand Strategy for China

第6章 台湾有事にどう備えるか

Prepare for Taiwan Contingency

第7章 安保3文書と国家安全保障会議

National Security Council and National Security Documents

第8章 新しい戦場

Cyberspace and Outer Space

第9章 日本の領土問題と尖閣諸島

Senkaku Islands and Territorial Dispute

第1章 日本の安全

National Security

国の安全を考える場合に、
明確にしておかなければならないものがある。
日本とはどういう国なのか。
どのように今日の安全が築かれたのだろうか。

中華秩序から孤立した国、日本

平和の実現には安定（stability）と安全（security）が必要です。本章では国を守るための安全について、地理的特性や日米同盟の運営、憲法解釈の問題を含めて、お話ししたいと思います。国の安全を考える場合は、自国がどのような形をしているか、そして周辺にどういう国があるかを、まず明確にしておく必要があります。それが日本の地政学的戦略環境です。

はじめに日本という国の地理的特性を確認しておきましょう。私たちの国は、北海道、本州、四国、九州の４大島だけで約２０００kmあり、とても細長い形をしています。中国の海岸線でいうと山東半島から香港くらい、アメリカの西海岸と同じくらいの長さがあります。その下に鹿児島から与那国まで続く南西諸島があり、それが約１０００kmです。本来ならこれに北方領土と千島列島が加わるはずですが、第二次世界大戦敗戦の際にスターリン[*1]にかすめ取られたので、今は合計３０００kmということになっています。地球の周囲が４万kmですから、その７・５%の長さです。

日本列島は４つの大陸プレート上に位置しており、それらのプレートがぶつかり合っているところに位置します。また、太平洋プレートとフィリピンプレートの動きによって太平洋側に２本の長い海底山脈ができています。１つは伊豆半島から小笠原諸島、硫黄島に続くマリアナ海嶺です。山脈が海面から突き出して、小笠原群島をはじめとする島嶼となっているので、存在が分かりやすいですね。

もう1つは九州からパラオに続く九州・パラオ海嶺です。海上に出ている部分は1カ所だけで、それが沖ノ鳥島です。よく沖ノ鳥島は小さいと言われますが、実は、かなりの大きさがあります。島は低潮線によって大きさが決まります。低潮線とは、干潮時の陸と海の境目のことで、沖ノ鳥島の場合、低潮線は南北約2km、東西約4kmにおよび、面積は5・8㎢です。尖閣諸島の魚釣島（3・8㎢）よりも大きく、0・047㎢の東京ドームなら123個も入るような大きな島なのです。満潮時には1畳分くらいしか海面に出ていませんが、岩盤のしっかりした立派な島であり、かつて帝国海軍がここに飛行場を造成しようとしたほどです。このような絶海

＊1　ヨシフ・スターリン
1879〜1953年。ソヴィエト連邦の政治家。共産党書記長。工業・農業の集団化を進めつつ、反対派を粛清した。スターリンは「鋼鉄の人」の意。

の孤島は、空港や港湾を整備して軍事要塞化すれば、米軍基地のあるインド洋のディエゴ・ガルシア島のように、空軍戦略、海軍戦略、遠征軍戦略上は非常に価値が高いのです。実現しませんでしたが、安倍晋三元首相は、そのことに気づいて、沖ノ鳥島への空港建設を考えておられました。

朝鮮半島の釜山から対馬の北までは、約40〜50kmほどしかありません。日本列島は、氷河期には大陸とつながっていましたが、氷河期が終わり、海面が上昇して島国となり、以来、独自の文明を育むこととなりました。特に、元寇以降、中国への正式な朝貢を拒否してきた国柄ですので、お隣の韓国のように中華秩序とのつながりはありません。日本は、中華秩序と完全に切れていた国で、

日本の領海、EEZ、大陸棚

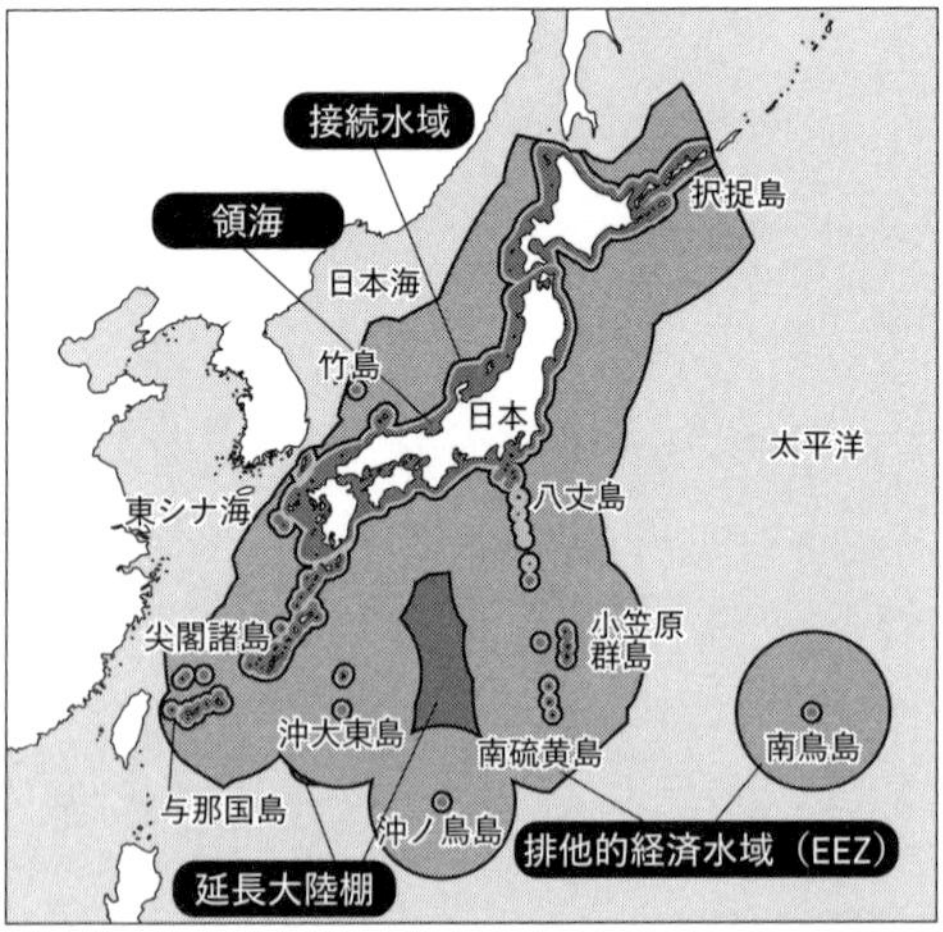

出所：海上保安庁「日本の領海等概念図」を基に作成。排他的経済水域には接続水域を含む。

科挙に受かった文官中心の中国風の王朝文化ではなく、独立不羈《ふき》の武士文化を生みました。中国の朝貢国家が多いアジアの中では、中華秩序から完全に孤立した珍しい国です。

明治以降、日本は次々と領土を拡大してきましたが、第二次世界大戦に負け、サンフランシスコ平和条約によって、台湾、朝鮮半島、南樺太、得撫（ウルップ）以北の千島列島、新南群島（南沙諸島）を切り離され、明治時代のサイズに戻ることになりました。北海道、本州、四国、九州とその周辺島嶼が「Japan proper（日本固有の領土）」とされました。

20世紀後半になると「海洋法に関する国際連合条約」で排他的経済水域（ＥＥＺ）が規定されました。沿岸国は距岸２００海里（約３７０㎞）の範囲内で、主権を持つ水域を設定できるというものです。大陸棚も距岸２００海里の海底に加えて、それ以遠の延伸大陸棚部分に対する主権的権利が認められました。これによって島国である日本は世界有数の海洋国家となり、ＥＥＺの面積は世界10位以内に入っています。

敗戦と失われた希望

続いて周辺の国々について眺めてみましょう。日本は、ロシア、中国、北朝鮮といった軍事大国、核兵器保有国、全体主義国家あるいは自由主義圏に対決的姿勢を取る国々に囲まれており、世界でも最も危険な谷間にある国です。日本の周辺には、戦後、西側に入った国及び地域として韓国、フィリピン、台湾があります。これらの国や地域は、日本から見れば大陸側にある中露朝といった国々との緩衝地域（バッファーゾーン）となります。

このような戦略環境の中で、日本は自国だけではなく周辺地域の安全も含めて、日米同盟によって平和を守ってきました。

占領下の1946～47年、続いて1948年から独立後の54年にかけて総理大臣を務めた吉田茂[*2]は、外務省出身者としては珍しく豪胆な人で、天皇制を奉じつつイギリス・アメリカ型の古典的な自由主義を信条とする人でした。占領期間中に総理の重責を任された彼は、解決すべき多くの課題に直面することになりました。

＊2　吉田茂
1878～1967年。外交官、政治家。1946～47年、48～54年、第45・48・49・50・51代内閣総理大臣。1948～52年は外務大臣を兼務。

まず、戦後立ち上がったアジア共産圏の強大な軍事力との対峙です。敗戦直後は、ソ連（ソヴィエト連邦）だけでなく中国共産党が大陸を押さえ、さらに朝鮮半島北部に北朝鮮が立ち上がった時期でした。共産国家は武力革命を目指す革命軍の国で、また、資本主義国家とは対決姿勢を取りますから、必然的に軍国主義になります。ソ中朝の赤軍は数が多く、特に超大国の地位に上ったソ連軍は強かったので、戦後、軍事力を大きく制約された日本は、自らの安全をどう守るのかを真剣に考えねばなりませんでした。

終戦当時、国内では戦争によって約３００万もの人が命を失い、反軍の雰囲気と平和主義がとても強くなっていました。同時に、反米感情も、とても強い時期でした。３００万の死者のうち１００万人は民間人です。東京大空襲や広島及び長崎での原爆投下や沖縄の地上戦では、各々10万人近くの無辜《むこ》の市民が亡くなりました。当時の日本の人口は７０００万人で、そのうち３００万人が死んだのですから、大抵の家で誰かが亡くなっていることになります。アメリカによる占領は敗者の日本に寛大でしたが、日本人の中には米軍に対する怒りが灰の中の炭火のように熾《おこ》ったままでした。

そこへ戦時中、治安維持法で逮捕された左派の人たちが釈放されてきて、その活動に学生たちが思想的に共鳴していきます。敗戦から15年間は、年金も医療保険もない時代ですから（国民皆保険制度は１９６１年開始）、社会格差も大きく、共産主義、急進的社会主義は今では考えられないほど力が強かったのです。この状況はヨーロッパも同じです。左派の人たちの中には、議会制民主主義の穏健な社会改革ではまどろっこしいと、暴力も容認して一気に社会を変えようとする人たちもいました。ただし、実際に暴力やテロに訴えた過激な人々は、国民の支持を失いました。

また日本経済は灰燼《かいじん》に帰し、インフラも破壊され、経済復興にかかる巨額の資金も、敗戦後の日本にのしかかる大きな問題となっていました。当時を知る故渡辺美智雄元外務大臣は、私に「あの頃は希望の欠片もなかったよ」としみじみ語られたことがあります。

吉田茂の決断

宰相吉田茂はこうした山積する課題を抱えながら、日本の平和と安全を守るために、日米同盟の道を選びました。１９５１年９月８日、サンフランシスコ平和条約[*3]が締結された同じ日に、吉田は日米安全保障条約に署名しました。「この責任は自分が取る」といって、１人で署名したと言われています。彼のお陰で日本の立ち位置は今、西側にあるわけです。万が一、このときに吉田の孤高の決断がなく、日本が混乱の挙句に共産化していたとすれば、良くてもキューバ、悪ければ北朝鮮のようになっていたかもしれません。

また、かつて憲兵隊に投獄された経験のある吉田は、旧軍勢力の復活には厳しい姿勢を示していました。当時、旧帝国陸海軍の人々は未だ大きな政治的な力を持っていました。吉田は、政治の力が弱く、軍部に戦争へと引きずり込まれた昭和前期の過ちを繰り返さないために、若手の優秀な官僚を政治家に引き抜いて、人材を育てようとしました。官界から多くの人材を輩出した吉田派は、後世、「吉田学校」と呼ばれました。今の自民党宏池会に連なる系譜です。また慶應義塾大学の力を借りて防衛大学校を立ち上げ、全く新しい軍隊（自衛隊）をつくりました。日米安保条約を結んだ吉田の決断は、一言でいえば「占領継続」です。吉田の決断によって、1952年の日本独立の日、米軍は、占領軍から同盟軍に衣替えすることとなりました。自衛隊創設は1954年ですから、まだ自衛隊ができていなかった頃です。西ドイツでもアデナウ

＊3　サンフランシスコ平和条約
1951年9月、第二次世界大戦による法的な戦争状態を終わらせるために日本と連合国諸国との間で締結された平和条約。吉田茂と日本全権委員団が条約に署名した。

ア一首相が同じ決断をしていました。吉田がアデナウアーと並び称されるのは、日独2大国が、その後西側の一員として、自由主義世界を支えていくことになるからです。

55年体制と新安保条約

吉田が結んだ日米安保を、さらにきちんとした同盟条約の形に整えたのが岸信介総理でした。1955年に再統一した日本社会党に対抗する自由民主党が成立して、自民・社会の全面対決の構造、いわゆる「55年体制」が始まります。国際冷戦が、そのまま国内冷戦に転じたかのような厳しい対決の構造でした。敗戦国となった日本は、フランスのドゴールのように第3の道を行く力はありませんでしたから、特に、安全保障政策を巡っては、ワシントンとモスクワの代理戦争のような趣でした。東西陣営の狭間に位置する敗戦国の日本には、とりあえずアメリカの衛星国家となるか、ソ連の衛星国家となるかしか生存の道はありませんでした。

その中で岸は、日米安保条約の改定を強行しました(1960年)。新安保条約の第6条には地域安全保障の仕組み、すなわち、「極東条項」と呼ばれるものがあります。条文には、極東の平和と安全のために、アメリカが日本の基地を使用できると書かれています。

この「極東」にはハッキリした定義があって、西側に入ったかつての大日本帝国領とアメリカ領、つまり韓国、台湾、フィリピンを、アメリカが日本の基地を使って守ることになっています。特に、日本列島の外郭地域を成す朝鮮半島と台湾島については、大日本帝国が潰れたのだから、日本はもはや、韓国、台湾の防衛を考えなくていいということではなく、アメリカが大日本帝国の肩代わりをして、日本の基地を使って、韓国と台湾をフィリピンと一緒に守るということになったのです。韓国、台湾、フィリピンといった日本の外郭地域の安全と日本の安全は、戦後も、実は在日米軍を通じてつながっているのです。

安保改定には社会党、共産党が大反対しました。社会党はソ連の利益を代弁して「非武装中立」を訴えました。戦勝国の1つとなったソ連は、「日本の軍備は最低限にするべきである（非武装）」「米軍は日本から出ていくべきである（日本の中立化）」と主張していました。特にスターリンがこだわったのが、日本周辺の海峡を、周辺国（日本とソ連）だけが使えるようにすることでした。アメリカを排除して、日本海、オホーツク海を完全にソ連の内海にして支配したかったのです。「非武装中立」は、ソ連の対日弱体化政策そのものでした。ソ連は、サンフランシスコ講和条約交渉から脱退するまで、このような主張を繰り返していたのです。幸い、講和会議を主導したアメリカが、スターリンの要求を入れることはありませんでした。

与党の自民党は親米派で、野党の社会党及び共産党は親ソ派ですから、米ソが激しく対立した冷戦時代には、与野党間にイデオロギー的に共通の土俵がなく、特に安全保障問題に関しては国内が真っ二つに割れました。あたかも西向きの日本と東向きの日本と日本が2つあるような趣でした。日本はドイツ、朝鮮、中国、ベトナムと違って国が分割されなかった代わりに、国会と世論がパックリと割れてしまったのです。

幸い西側に傾斜した自民党が政権を失うことはありませんでした。1960年代に入ると、高度経済成長が始まって、池田、佐藤、大平、福田ら、経済官庁系の総理が登場して高度経済成長時代を演出します。彼らは岸内閣で国会が大荒れになったのを「教訓」にして、安保問題にはあまり手を出しませんでした。また、岸内閣が取り組んだ国民皆保険制度のお陰で、日本は福祉国家に変貌していきました。経済成長と福祉国家化は、マルクス主義者が喧伝した階級闘争史観を薄れさせていきました。自民党の路線は国民の支持を得ることに成功し、社会党が政

＊4　毛沢東（もうたくとう）
1893〜1976年。中華人民共和国の政治家。初代中国共産党中央委員会主席。日中戦争後の国共内戦に勝利し、1949年10月に中華人民共和国を建国。1966年以後、「文化大革命」を展開。

権を取ることは、冷戦後の村山自社さ（自民、社会、さきがけ）連立政権までありませんでした。

それに加えて、スターリンや毛沢東[*4]が鬼籍に入ると、後継者のフルシチョフ[*5]や鄧小平[*6]が彼らの批判を始めました。これまで見えていなかった共産圏の過酷な実態が世界に浸透していくようになります。北朝鮮の実態もそうです。それは労働者の楽園、理想の共和国というプロパガンダとは似ても似つかぬ過酷な独裁体制でした。共産主義国の実態が分かってくるにつれて、国際政治における共産圏の求心力が落ち、やがて政治的生命力を失った共産主義圏の国々は、経済政策面で資本主義に舵を切った中国やベトナムを除き、内側から崩落していきました。こうして冷戦が終結へと向かうことになります。1991年には共産圏のリーダーだったソ連（ロシア）が分裂、崩壊しています。

＊5　ニキータ・セルゲーエヴィチ・フルシチョフ

1894〜1971年。ソヴィエト連邦の政治家。ソ連共産党中央委員会第一書記。スターリン批判を行い西側陣営と平和共存政策を進めるが、中ソ対立、キューバ危機を招いた。

＊6　鄧小平（とうしょうへい）

1904〜1997年。中華人民共和国の政治家。党総書記、副総理などを歴任。改革・開放政策を推進。第二次天安門事件で学生を弾圧。社会主義市場経済を導入し、経済発展を拡大した。

世界情勢で変わる日米同盟のかたち

冷戦下の大きな事件として、アフガニスタン（アフガン）侵攻（1979〜89年）があります。アフガニスタンは、パミール高原の西端にある国ですが、歴史的、勢力圏的にはインドを押さえた大英帝国と、ユーラシア大陸を騎馬軍団で南下した帝政ロシアの中間にある緩衝国家でした。この構図は、戦後にも引き継がれます。イギリスやアメリカはアフガニスタンを、ソ連との軍事的な緩衝地帯と考えていたのです。

しかし、ここへソ連が軍を進めました。アフガニスタンに誕生した共産主義政権から、国内での紛争解決のために介入を要請されたと口実を作り、アフガニスタンに軍を進めたのです。共産圏内でのハンガリー動乱（1956年）やプラハの春（1968年）と異なり、西側にはこれが共産圏の拡張に映ります。当時のアメリカ大統領だったレーガンはこれに激しく反発し、10年に及ぶアフガン戦争となりました。国際社会の緊張は高まり、キッシンジャー博士が演出したデタント（緊張緩和）時代は終わりをつげ、「新冷戦」と呼ばれました。

日本では中曽根康弘[*7]総理が、レーガン大統領を支持して、日本を「西側の一員」と発言しました。実はそれまで日本のメディアやアカデミアには、激しい国内冷戦の副産物としてあたかも日本が中立国であるかのような幻想が広がっていました。また、政府や与党の中にも「安保なんてややこしい話はアメリカに任せて、日本は経済成長1本で行けばいいではないか」という鼓腹撃壌型の無責任な安保タダ乗り気分が蔓延していました。

こうした姿勢をとる日本を、アメリカは無責任な「安保タダ乗り国家」と見ていました。キッシンジャー博士は、名著『国際秩序』の中で「日本は法的には西側の一員であったけれども、実態は冷戦のイデオロギー対決に参加しなかった」と書いています。鵺《ぬえ》のような国だったと言っているのです。なかなかよく見ています。

それをひっくり返して、「西側の一員」という吉田、岸総理以来の立ち位置を改めて明確にしたのが中曽根総理でした。中曽根は、実態面でも海上自衛隊の対潜能力の大幅な増強を行い、軍事的にも西側に貢献した人です。中曽根によって、その後の日本の立ち位置が固まっていくこ

＊7 中曽根康弘
1918〜2019年。政治家。内閣総理大臣（第71・72・73代）。アメリカのレーガン大統領と「ロン・ヤス」と呼ばれる信頼関係を築き、日米同盟を強化。防衛費の国民総生産（GNP）比1％枠を撤廃。電電公社、専売公社、国鉄の民営化を実現。

とになります。

1991年、アフガニスタン戦争で疲弊したソ連が崩壊し、冷戦が終結します。前年の1990年には、湾岸戦争が勃発しました。イラクが隣国のクウェートの油田欲しさに侵攻したのです。このとき、日本外務省は、自衛隊を派遣しようとして国会に法案を提出しますが、国民の理解が得られず挫折します。その後、日本政府は、イラクと戦う国々に対して2兆円（130億ドル）もの経済的支援をしますが、国際社会からは、多くの中小国がアメリカ主導の同志国連合（coalition）に加わり、国際正義のために出陣しているのに、「日本は金だけですか」と批判されました。大金を持って行ったにもかかわらず「小切手外交」として冷笑を浴びてしまったのです。日本は、結局、湾岸戦争終結後、湾岸海域の機雷掃海のために海上自衛隊を派遣しました。

その反省に立って、国際的に安全保障面で貢献しようという議論が日本の中に出てきました。90年代に叫ばれた「国際貢献」のスローガンは、こうして生まれました。

まず、宮沢喜一総理がPKO協力法を成立させ、日本の自衛隊が国連平和維持軍に協力するようになりました。その後、自衛隊は、世界各地の紛争地域に平和維持やその後の平和構築（内乱で破綻国家となった国々の再建）のために派遣されましたが、特にポル・ポトのジェノサイドと内乱で疲弊したカンボジアの再建に大きな貢献をして、高い評価を勝ち得ました。

90年代中葉以降、北朝鮮の核開発の野心が明らかになり、アメリカが非常に厳しい制裁を打ち出したために、第二次朝鮮戦争の危険が取りざたされるようになりました。既に北方におけるロシアの脅威は減少していました。アメリカからは積極的な貢献が期待されました。橋本総理が日米防衛ガイドラインを改定し、続いてクリントン大統領と懇意だった小渕恵三総理が、日本は、朝鮮半島有事において基地を貸すだけではなく、輸送業務などの対米軍後方支援を実施することを決めます。そうして生まれたのが重要影響事態法（当時の周辺事態法）です。

2001年、アメリカで同時多発テロ[*8]が起きました。アルカイダという国際テロ組織が、燃料満タンの大型旅客機をハイジャックし、そのまま首都ワシントンの国防総省や商都ニューヨークの世界貿易センタービルに自爆攻撃したのです。一瞬で数千人が死亡しました。日本人も24人の方々が亡くなっています。国連安保理（安全保障理事会）は、このテロ攻撃を国連憲章第7章に

＊8　同時多発テロ
2001年9月11日、4機の民間航空機がほぼ同時にハイジャックされ、ニューヨークの世界貿易センタービルとワシントンの国防総省ビルに相次いで突入する自爆テロが行われた。アメリカ同時多発テロ事件。

基づく「平和に対する脅威」だと認定しました。私人のテロ行為を武力攻撃に相当すると判断し、アルカイダをかくまうアフガニスタンに対して自衛権の行使を認めたのです。

NATO[*9]はNATO条約第5条に基づき、集団的自衛権を発動しました。同時多発テロの首謀者とされたアルカイダの指導者、ウサマ・ビン・ラディンがアフガニスタンに潜んでいるとの情報から、NATO軍はアフガニスタンになだれ込みます。

このとき、日本の総理大臣は小泉純一郎でした。同盟国がやられたのです。「いざ鎌倉」です。ここで傍観すれば日本は同盟国としての資格を失うということを本能的に理解されたのだと思います。わずかな時日でテロ対策特別措置法を国会で通し、海上自衛隊の護衛艦及び補給艦5隻をインド洋に派遣しました。瞬時に駆逐艦クラスの艦艇を5隻も動かせる大海軍は、世界に

＊9　NATO
北大西洋条約機構（NATO：North Atlantic Treaty Organization）。1949年設立。原加盟国は12か国で、現在の加盟国は31か国。加盟国軍隊の合計は約331万人。日本はNATOのパートナー国。

いくつもありません。世界は、突然インド洋に現れた日本艦隊に驚きました。日本艦隊の規模は米艦隊に次ぐものでした。海上自衛隊は攻撃作戦には直接参加はしなかったものの、爆撃機を搭載したアメリカの航空母艦や、トマホークミサイル[*10]を搭載した駆逐艦に、日本の補給艦が洋上で給油したのですから、日本の法制上は合憲な作戦と判断されましたけれども、海外からは見事に参戦していると認識されました。

２００３年、アメリカのブッシュ大統領（43代）が「大量破壊兵器を所有している」との理由から今度はイラクを攻撃しますが、このとき、陸上自衛隊は、戦闘終了後、イラクのサマワで人道復興支援を担って活躍しました。

そして２０１４年、安倍晋三総理が集団的自衛権の行使容認を閣議で決定します。朝鮮有事

＊10　**トマホークミサイル**
長距離を自律飛行するアメリカの巡航ミサイル。1991年の湾岸戦争などで使用されている。

や台湾有事が起きて、日本に火の粉が降りかかろうとするとき、「兵站《へいたん》支援します」と言うだけの重要影響事態法では抑止力になりません。初めから日本も武力を行使して反撃し得るという姿勢を示す方が、むしろ抑止力が増し、かえって戦争にならないという判断でした。2015年には、平和安全法制が制定され、集団的自衛権行使に係る法律の整備が終わりました。

このように日米同盟のかたちは、折々の戦略環境の変化と、時の指導者の現実主義に立った勇気ある決断で、徐々に姿を変えてきました。吉田総理や岸総理のアメリカに基地を貸して「後は任せた」という時代から、ソ連のアフガニスタン侵攻に際して日本を「西側の一員」と言い切った中曽根総理、冷戦後の北朝鮮核危機に直面し、日米防衛ガイドラインを改定した橋本総理、それを受けて北海道から戦略的焦点を朝鮮半島に移して重要影響事態法（当時の周辺事態法）を制定した小渕総理、9・11アメリカ同時多発テロ事件に際して同盟国としての道義的責任を果たした小泉総理、そして、安倍総理による集団自衛権行使の是認と続きました。後を受けた岸田文雄総理は、中国の猛スピードの軍拡と台湾有事の危険に備えて防衛費の倍増を決断されました。

アメリカも、日本に対する見方がずいぶん変わってきました。終戦直後は、ソ連の脅威に対抗して日本再軍備に踏み切りながら、同時に帝国陸海軍の復活に神経をとがらせていたアメリカですが、今日では、日本の自衛隊なくしてアジアの平和と安定を確保することはできないと確信しています。核兵器の保有以外は、何でもやって早く強い軍隊に戻ってほしいと考えるようになりました。日本が、ようやくアジアの平和と安定を共に支える主力の戦略的パートナーだと考え始めたのです。

憲法9条問題をどう考えるか

日米同盟が変遷する中で、国内では何度も激しい憲法論争が起きました。日本の憲法論争は、東西冷戦の文脈で理解することが必要です。アメリカは、終戦直後の徹底した日本非武装から冷戦開始期の日本の再軍備へと方向転換しますが、日本非武装に利益を見出すソ連は一貫して日米同盟と日本再武装に強く反対しました。自由民主党がアメリカを、社会党がソ連を代弁して、日本の国内政治は厳しい分裂症状を呈します。

今の日本国憲法は、第二次世界大戦の終戦直後、連合国がまだ非常に厳しい日本非武装化政策を取っていた時代に、連合軍総司令官のマッカーサー[*11]がつくらせたものです。終戦が1945年8月で、その翌年の秋にはもう憲法草案ができていますから、猛スピードで書かれたものだと分かります。当時、冷戦は、マッカーサーの頭の中にはありませんでした。

新憲法9条1項は、国連憲章と同じ「戦争放棄」を定めているだけですから、誰も異論はないと思います。問題は2項で、「陸海空軍その他の戦力は、これを保持しない」とあります。国連の安全保障機能が十分に機能することを前提に、日本を完全非武装しようとして書かれたものですが、今から思えばずいぶんおっちょこちょいで、戦略家としての先見の明のない話です。しかし、当時の日本人はこれを飲まざるを得ませんでした。

同じ敗戦国でも、西ドイツの憲法にあたる西ドイツ基本法は、冷戦が始まってからつくられたもので、独裁思想のナチスや共産主義は違法と考えられています。逆に西ドイツ軍の保有は合法とされています。日本は正反対で、レニニズム的な独裁主義を奉じる共産主義は認めるが、自らを守る軍隊の保有はいけないということになっているのです。自由主義を奉じる主権国家として、この捻れは、どう考えてもおかしい話だと思います。

＊11 ダグラス・マッカーサー
1880〜1964年。アメリカ陸軍元帥。第２次世界大戦後は連合軍総司令官として日本を占領し、民主化政策、憲法制定などを進めた。

しかも独立前の１９５０年に始まった朝鮮戦争に際して、アメリカは、憲法９条があるにもかかわらず、占領中だった日本に朝鮮戦争への助力を要請しています。旧帝国海軍人が、海上保安庁に所属して掃海活動に参加しています。最近、北朝鮮がミサイルを撃つ拠点として、しばしばその地名を聞く元山《ウォンサン》近くまで派遣されています。そこで任務に当たっていた日本人職員が1人、触雷で亡くなっています。

この人は戦没者として数えられず、靖国神社には祀られませんでした。この人の他にも、戦後、日本列島周辺水域に設置された米機雷の掃海に従事して落命された旧海軍の人々が多くおられます。この戦後の英霊のために、吉田茂首相は四国の金比羅様に祠を作り、今でも袖に金ベタのモールを着けた海上自衛隊と海上保安庁の幹部が、年に一度、慰霊祭に行っています。

また、マッカーサーが大成功させ、朝鮮戦争の流れを逆転させた仁川上陸作戦は、仁川の干満差を利用した天才的な作戦でしたが、これは日清戦争に際して日本陸軍が行った作戦そのままです。袁世凱を驚かせた仁川神速上陸です。朝鮮戦争では、朝鮮半島情勢を熟知した旧帝国陸軍人が軍属としてサポートに当たっていたはずで、米軍と行動を共にしていた日本人軍属の中には亡くなった人も大勢いると言われています。日本の支援なくして、アメリカは朝鮮戦争を十分には戦えなかったと思います。いつか誰かがこの辺りのことを歴史の本にきちんと書いてほしいと思っています。

40年前の学生時代、私は憲法学者の橋本公亘先生の書いた教科書を読んでいましたが、その中に憲法9条2項は既に死文化（カデュシテ）しているとありました。憲法起草後の冷戦開始という現実を見れば、その通りだと思います。

本来なら、日本が朝鮮戦争の作戦行動に協力できるよう、マッカーサーが憲法書き直しを指示すべきだったのでしょうが、そうなる前に彼は解任されて、そのまま日本が独立し、今の憲法9条2項が残ってしまいました。冷戦の開始により、法文と現実が捻れたままになっているのです。

憲法論争を原点に戻した砂川判決

ここで砂川事件について触れておきましょう。この事件は米軍立川飛行場の拡張に反対するデモ隊の数人が、基地内に押し入ったことで起訴された事件です。第1審では「憲法9条2項を持つ日本が、米軍基地という戦力を許しているのは違憲」として無罪判決が出ます。しかし最高裁では、田中耕太郎最高裁長官という自由主義者の権化のような人が、第1審の無罪判決を差し戻し、1961年に有罪が確定しています。

田中長官の言わんとするところは、憲法制定権者である国民の命を守らないような憲法は憲法ではないのだから、国の安全を守るために最低限のこと（最低限の実力を持つこと）をするのは、憲法の原理上、問題ないということです。さらに判決では、何が最低限の必要な措置かは国会で決めることで、司法の問題ではないとも言っています。憲法の原点に返った歴史に残る名判決で、これがなければ今日の日本はなかったと思います。この砂川判決の考え方は、70年後の安倍総理の集団的自衛権の行使是認につながっていきます。

余談になりますが、私は東京大学で芦部信喜というアメリカ憲法の大家に憲法を習いました。最初の講義で芦部先生は「憲法には書かれる前から存在する原理がある。それを変えてはいけない」と言われました。それは国民主権や人権章典などで、憲法の本質にかかわる原理原則だということでした。まだ法学を学び始めたばかりでしたが、人間の尊厳、自由、平等、民主主義、法の支配と言った原理は、成文憲法に書かれる前から存在しており、いわば人間のＤＮＡに書いてあるものであると得心しました。同時に、芦部先生は、憲法９条は安全保障の技術的条項だから変えても問題ないとおっしゃっていました。今でも忘れられません。

「憲法がＤＮＡに書いてある」というのは、キリスト教徒の人たちが言われるように、人間が被創造物である以上当たり前のことです。人は生き延びるために集団をつくり、その秩序を保つために権力を立てます。それはＤＮＡに刻み込まれた動物的本能なのです。権力は民によって作られ、民のためにある。民の総意が法を作る。社会のあるところ必ず法がある。これは人間の社会生活の本質的な部分です。国民に憲法制定権力があるというのはそういうことです。だから国民主権、天賦人権、民主主義に係る原理原則は、憲法が憲法である限り変えられません。憲法は、国民のものなのです。

この原点を忘れると、戦前の国体論議のように、国民の命を軽んじるようになります。戦前は、盛んに「国体護持」と言われ、国民の命を軽視して300万人の同胞が戦争で落命しました。しかし、その国体とは何だったのでしょう。天皇陛下ご自身は戦争に反対でした。中身のない抽象的なスローガンのために国民の命を失うことは許されません。「憲法の平和主義を守る」と言いながら、安全保障を軽視して、再び国民の命を軽んじるようなことは、決して許されません。憲法9条第2項はマッカーサーの忘れ物です。一日も早く削除するべきだと思います。

台湾に目を向け始めた日本

日本周辺の戦略環境も、時代に応じて変わってきています。占領下の朝鮮戦争支援、冷戦中の北方でのソ連との対峙、1990年代の北朝鮮の核開発危機、そして2010年以降の中国の急速な軍拡という時代の流れを経て、日本は今、初めて台湾に目を向けるようになりました。

日本は日清戦争で台湾を得ましたが、日清戦争自体は朝鮮半島を巡る戦いでした。台湾本島をどう守るかということは、つい最近まで本格的に考えたことがないのです。これはアメリカも同じです。中国が弱かった頃は、台湾戦争など起きるはずがないとタカをくってこられました。しかし、今は違います。日本の戦略的正面が、明治以降、初めてロシアに面した北方から、中国に直面する南西正面へと移ったのです。

万が一、中国が台湾に攻め込んだら、日本は直ちに巻き込まれます。台湾海峡の東西の幅は約２００㎞ありますが、日本の与那国島は台湾からわずか約１１０㎞です。与那国、西表、石垣、宮古、尖閣などからなる先島諸島は、中国が台湾を封鎖にかかれば、すっぽりと封鎖海域の中に入るほどの近さなのです。封鎖海域の内側は、直接戦闘区域になります。機雷も大量にまかれるでしょう。封鎖を破る商船は皆撃沈されます。特に、尖閣諸島は、中国が台湾の一部と主張していますから、どさくさに紛れて取りに来ない保証はありません。台湾有事は、日本有事なのです。台湾有事に関しては、後の章で詳しく触れます。

ロシアの動きも気になります。参戦はしないかもしれませんが、ウクライナ戦争での借りを中国に返そうと、北海道周辺で軍を動かして陽動に出るかもしれません。仮に特殊軍の小部隊でも北海道に上陸すれば、不意を突かれた自衛隊は大きく混乱しかねません。ですから日本も北を守る自衛隊の勢力を南へ持っていくことはできません。北に目配りしながら、台湾のある南西に力を割かざるを得ないのです。

南西正面では、1000kmの広大な水域に、島嶼が点在します。公海で作戦行動を取る海上自衛隊や航空自衛隊は、地形に関係なく戦えますが、地形を基盤に戦う陸上自衛隊には守りにくい場所です。陸上自衛隊も必死で変わろうとしています。戦車は北海道と九州に置き、そのほかの地域にはスピーディに移動できる車両を配置する方針です。また、3000人という旅団規模の水陸機動団(アメリカの海兵隊のような組織)を立ち上げて、長崎に配置しています。岩田清文陸上幕僚長(当時)の英断で、わずか10年で一個旅団の水陸機動団を立ち上げて、見事に戦力化しました。

なお、陸上自衛隊の仕事は戦うだけでなく、住民保護にも当たらねばなりません。先島の住民の方々の安全確保や本土退避も重要な仕事です。

「必要最小限」の防衛は無意味

2022年末の国家安全保障戦略の改定で、岸田政権は、反撃能力の本格導入の方針を打ち出しました。とりあえずアメリカ製のトマホークミサイルを400発購入し、その後は、国産ミサイルに代えていくようです。日本の防衛戦略を変える大きな決断です。

しかし、昨今の国会論戦を聞いていると、４００発のトマホークが日本防衛の必要最小限の範囲を超えるのではないかなどという不可思議な議論がまかり通っています。何のための必要最小限なのでしょうか。安全保障の本質を忘れた議論はとても危険です。「必要最小限の実力」とは、強大な中国人民解放軍に、日本本土への攻撃を思いとどまらせるための必要最小限の防衛力のことです。たった４００発のトマホークなど、数時間で打ち尽くしてしまう量です。域内最大の軍事力を誇り、巨躯を揺するようになった中国にしてみれば、豆鉄砲のようなものなのです。

既に、自衛隊の総力を挙げても巨大化した中国軍を抑止することはできません。自衛隊そのものが、最早、中国を抑止する必要最小限の軍事力に足りないのです。

前述したように、台湾有事には、かなりの確率で日本は直ちに巻き込まれます。同盟国であるアメリカが参戦すれば、日本も基地供与、後方支援、集団的自衛権行使のいずれかの形で台湾有事に関わることになります。ですから日米同盟の力で、中国の台湾有事開始を抑止できるか、また、万が一不幸にして台湾有事が始まれば、日本本土への攻撃を抑止できるか、最終的に勝てるのかと問うのが正しい問題設定なのです。日米同盟の力で、中国に武力紛争を起こさせない。日本本土を攻撃させない。それが抑止です。強い者が弱い者を抑止できます。あるいは互いに同等なら抑止が効きます。弱い方が強い方を抑止することはできません。

なぜ、「必要最小限」の定義を巡ってこのような国会論戦になるのかといえば、理由があります。それは議論の出発点が間違っているからです。1976年、三木武夫総理の時代に、「基盤的防衛力」という誤った戦略を打ち出したからです。周囲の戦略環境に目を瞑り、一方的なGNP1%の防衛費シーリングを設けました。強大なソ連軍、中国軍、北朝鮮軍に囲まれているのに、「GNP1%分しか防衛しません」というのは、国民放棄のあまりに無責任な防衛政策と言わざるを得ません。このように独りよがりの「必要最小限」を金科玉条にして演出したことがすべての間違いの始まりです。

何でもそうですが、最初の問題設定を間違えれば、最後まで正しい回答は得られません。日本には、先に述べたように、台湾有事に際し、①安保条約第6条に従って米軍の在日米軍基地使用を認めたり、②重要影響事態法に従って対米軍後方支援を担ったり、③場合によっては存立危機事態下で防衛出動を発令して集団的自衛権を行使するという、3つの選択肢があります。日本政府がどの選択肢を取るにせよ、中国に、日本本土の自衛隊基地、米軍基地、さらには日本の都市をミサイルや爆撃機で爆撃させないように、十分な反撃力を備えておくことが必要なのです。

台湾有事が始まっても、頼みの綱の米空母機動打撃部隊は、中国の接近阻止・領域拒否（A2AD）戦略に押されて、太平洋の遠く東側にとどまったままでしょう。日本には米海兵隊や小規模な米陸軍がスタンドインするだけです。自前の十分な反撃力が要る。それが中距離ミサイルなのです。中国は日本が反撃できないと思えば、一気に対日攻勢に転じるかもしれません。米軍基地、自衛隊基地のみならず、プーチン露大統領がウクライナでやっているように、国民の戦意を殺ぐために、都市を無差別攻撃したり、石油備蓄タンク、ダム、空港、鉄道などの重要インフラを狙い撃ちするかもしれません。

そのとき、日本が中国の保有ミサイル数（現時点でさえ2000発と言われています）と同じ規模かそれ以上のミサイルを構えていれば、習近平国家主席も逡巡するでしょう。もちろん、巡航ミサイルは速度が遅く、迎撃されやすいので、可能な限り近い将来、弾道ミサイルや、極超音速ミサイルに切り替えねばなりません。

それがアメリカの核抑止力に連続する日米同盟の通常戦力の抑止力の一部となるのです。抑止は盤石でなければなりません。抑止は、ダムの決壊のように、罅《ひび》の入った部分から破れていきます。アメリカは最近まで米露間のＩＮＦ（中距離核戦力）廃棄条約によって陸上配備中距離ミサイルの保有を禁じられていましたから、中距離ミサイルについては中国の方が圧倒的に有利です。この中距離ミサイル・ギャップは、日米同盟の大きな弱点なのです。そこで日本が中距離ミサイルを持たなければ、日米同盟の抑止力は脆弱性を抱えることになります。日本の中距離ミサイル不保持は、抑止の壁にくっきりと入った罅なのです。

国家の第一の目的は国民の生命の安全確保にあります。国家、国民の防衛のために必要な軍事力は、敵の軍事力の大きさに比例します。自衛権行使の比例原則とはそういうことです。さすがに第二次安倍政権での国家安全保障戦略策定以降、40年以上経った基盤的防衛力は徐々に廃れ、政府内では最早誰も顧みるものはありません。国民だって理解できないと思います。国民防衛という原点を忘れた安全保障論議はとても危険です。国民の命より大切なものはないからです。

第2章

価値観の外交の時代

Diplomacy of Values: Freedom, Democracy, and Rule of Law

自由、民主主義、法の支配といった
普遍的と思われる価値観は、なぜ重要なのか。
そして、それらの価値観に基づいた外交が求められる理由とは。

価値観の外交とは何か

21世紀を迎える頃から、日本人も自由や民主主義や法の支配といった自らの価値観や信念に基づいて外交をやるべきだという考え方が定着してきました。価値観の外交です。当たり前のことです。残念ながら、冷戦中は西側の自由主義陣営に与する自由民主党と東側の共産主義陣営に与する社会党・共産党が、イデオロギーや価値観の面で全面的に対立しており、価値観に関する日本全体のコンセンサスはありませんでした。

日本は、戦後、奇跡の経済復興を経て経済大国となり、大規模な政府開発援助（ＯＤＡ）を行い、また、国連拠出金をアメリカと並ぶまで大幅に増やしました。冷戦後になると「国際貢献」を旗印に国連平和維持活動（ＰＫＯ）や９・11アメリカ同時多発テロ事件への対応など、自衛隊による国際平和と安定への貢献を始めました。敗戦国日本の復権は、まず経済面で、続いて安全保障面で進みました。

しかし、前世紀の間は、敗戦国となった日本は、未だ自らの価値観を打ち出すことや政治的リーダーシップを取ることは憚られていました。冷戦終結当時、日本外交の舵取りを担当した栗山尚一外務次官は、あくまで「大国面しないで大国外交をやろう」とおっしゃっていました。これはヨーロッパの同じ敗戦国であるドイツと似たような状況です。

冷戦後30年経ってようやく、日本は自由主義社会の一員であり、しかもリーダーの一人であるという国民的コンセンサスが確立してきました。今世紀に入ってから、うなだれた敗戦国の外交と決別し、冷戦が生んだ保守・左翼のイデオロギー的国内分断を克服し、あるいはまた、経済大国、政治小国という歪んだ自画像から決別して、世界の指導的な国家の一つとなり、日本が拠って立つ自由主義的な価値観を正面に掲げた外交を、胸を張ってやろうじゃないかという機運が醸成されてきました。世界史の波頭に立とうという気概が出てきたのです。

日本の価値観外交は、第一次安倍内閣の麻生太郎外相の「自由と繁栄の弧」演説（2006年）から始まり、安倍晋三総理のインド国会での「二つの海の交わり」演説（2007年）、そして第二次安倍政権の安倍総理の「自由で開かれたインド太平洋（FOIP）」構想（2016年）へと肉付けされ、国内においてのみならず、国際社会においても大きな反響を呼んできました。

それでは、私たちが今、生きている自由主義的な国際社会とはどういうものでしょうか。それは、どのようにして成立してきたのでしょうか。私たちは、価値観外交を唱える以上は、自らの魂の底を凝視して、まず自分たちの価値観を確認し、そこでしっかりと足を踏みしめる必要があります。

日本人にとって自由とは何か

自由主義的な国際社会をアメリカの人は「自由主義的国際秩序（Liberal international order）」、欧州の人は「ルールに基づく国際共同体（Rule based international community）」と呼んでいます。

それでは日本語で「自由で開かれた国際社会」と言われたとき、どのような国際社会を想像しますか。この3つは、皆、同じものを指しています。それは、今日、私たち日本人が、息をするように当たり前と思っている安全で自由で幸福な日常生活を営める国際社会のことです。

最近、私たち日本人も「日本は自由主義的な国際社会を支える主役の一人だ」と、主張するようになってきました。

亡くなった安倍晋三総理の活躍もあって、国際的に日本も当然に主役の一人だと認められるようになっています。安倍総理は、自由主義圏のリーダーとしての自覚をもって、初めて「主張する日本」（assertive Japan）を演出した総理大臣でした。

ではなぜ自由主義を守ることが重要なのでしょうか。

それはこの自由主義による国際秩序が「私たちの国益を最大化できる場」、具体的に言うと「国家と国民の安全が守られて、市場原理の下で経済を発展させることができ、私たちが最大限生きる力を発揮して自己実現できる社会」だからです。

では、さらに突き詰めて、自由とは何でしょうか。

今の若い日本人には、自由とは、定義さえ要らないほど当たり前のものだと思います。もう40年も前のことですが、私が学生だった頃は、しばしば「自由のために死ねるか」という議論をしたものです。皆の答えは「そんなバタ臭いもののために死ねるか」というものでした。ハリウッド映画のセリフのようで気恥ずかしかったのです。まだ「自由」という言葉に外来語のイメージがありました。

では、日本人にとって、自由とは何なのでしょうか。

私たちには動物の本能として、温かい心や優しさが備わっており、誰も見捨てない包摂的な社会をつくって、皆で共に力を合わせて生き延びようとします。人間は、そのように造られています。優しさがあるから、大きな困難があれば力を合わせて、全員でそれに立ち向かうことができるのです。大人たちは、子供たちをはじめとして、弱いものを守ります。

この日本語で「優しさ」といわれる道徳感情は世界共通で、普遍的な価値観の根源です。まだ世界共通の名前がありません。キリスト教では「愛」、儒教では「仁」「不忍人之心《しのばずのこころ》」「惻隠之《そくいんの》情《じょう》」、仏教では「慈悲」、イスラム教では「兄弟愛」というようにいろいろな名前で呼ばれています。この道徳的な感情があるが故に、人は社会に貢献しようとか、弱者を救おうとか、公の大きな目的のために自分の能力を活かそうと考えたり、場合によっては自らを犠牲にしようとさえ考えたりするのです。

そして最終的に自分が本当にやりたいと思うことをやる、正しいと思うことをやる、つまり自己実現へと向かっていくことになります。この自己実現こそが本当の自由です。

自由とは「美味いものを食べたい」「いい車に乗りたい」というような表層的な欲望ではありません。自由とは、社会と自分を結んでいる絆を最大限に太くして、公への貢献に自らの英気を最大限に流し込むということです。英気とは、古い言葉で「浩然の気」のことであり、今風に言えば、アドレナリンが噴出する精神状況のことです。

自分が「本当にやりたいこと」とは、突き詰めれば自分が「必ずやらねばならないこと」と同義です。古来、日本人が「本当の自分を見つける」、あるいはさらに進んで「無我の境地」という言い方で求めてきたもの、それが「自由」の本当の姿なのです。日本人は、武士道や、仏教や、儒教、神道の影響を受けて、内省的で、倫理性が強く、高潔な民族です。誰にも寄りかからず、本当の自分を探し続けてきたからです。本当の自分を実現することこそが自由なのです。

日本では、自由とか、フリーダムと言えば天賦の人権[*1]であり、抵抗の象徴のように考えられることが多いですね。フランスでは、ブルボン王家の絶対王政の下で、研ぎ澄まされた民主主義論がたくさん書かれました。自由と言えば、代表的な『社会契約論』を展開した思想家、ジャン・ジャック・ルソー[*2]のように圧政への抵抗をイメージする人が多いと思います。

しかし、自由には別の側面もあります。例えば、宗教改革の狼煙《のろし》を上げたマルチン・ルター[*3]は、『キリスト者の自由』という歴史的な書物を著しています。その中で、ルターは、神を見た自分は何者から も（教皇からさえも！）自由であり、かつ、万人の僕であると述べています。ルターのいう自由もまた、自由の大切な側面を語っています。神の国は自分の中にしか見つけられない。神を見るものは無限の愛を知る。愛を知るものは他者に尽くすようになる。愛の力は溢れて止まることがない。だから万人の僕になるのです。創造主はそのように私たちを創られた。ルターはそう言っているのです。

＊1　絶対王政
アンリ4世の孫、ルイ14世（1638〜1715年）の時代に築かれた政治形態。王の権力が神から与えられたする王権神授説に基づき、官僚制と常備軍を整えた。絶対王制。絶対主義。

＊2　ジャン・ジャック・ルソー
1712〜1778年。フランスの思想家。作家。『人間不平等起源論』『社会契約論』など平等主義・民主主義理論を提唱した。

＊3　マルチン・ルター
1483〜1546年。ドイツの宗教改革者。1517年、教会の贖宥状（免罪符）販売を批判する『95ヶ条の論題』を発表し、宗教改革のさきがけとなった。

本当の日本人を取り戻す

そこまで来ると、「本当にやりたいこと」とは、実は、「やらねばならないこと」と同義になります。権利と義務が一体化し、自他が不異となり、我と宇宙が一如（梵我一如）となります。己の中に神を見ます。そして、自己が宇宙の真ん中で神の前に屹立します。それは洋の東西を問いません。

そのとき、何に尽くそうとするかは人によります。大切な家族かもしれません。生まれ育った故郷かもしれません。国家かもしれません。人類そのものかもしれません。13世紀の元寇や19世紀の西洋列強による植民地化の危険など、国家の安危に係る状況に直面すると、日蓮[*4]や吉

＊4　日蓮

1222〜1282年。鎌倉時代の僧。日蓮宗（法華宗）の開祖。災害や争乱などで混乱する民衆を救うべく「南無妙法蓮華経」（法華経に帰依する）という真言を発表、教えの中心となった。

＊5　吉田松陰

1830〜1859年。幕末の志士。長州藩士。松下村塾を主宰し、高杉晋作や伊藤博文といった幕末・明治期の指導者を育成した。

田松陰*5のように、日本という国をたった一人で救おうとして、心の底から噴き出す炎によって、人生を燃やし尽くしてしまう人が出ます。

また、精神が荒廃し、魂の混迷する暗闇の時代には、法然、親鸞などの鎌倉時代の高僧や、あるいは、現代のガンジー*6やキング牧師*7のような聖人が出ます。「衆生済度のためにこそ自分は生まれてきたのだ」と確信する聖人たちは、世俗の欲望をすべて捨て、財産をなげうち、家族をも捨てて、命を懸けて神や仏のメッセージを人々に届けようとします。憂患の時代には、私たちの内に秘められた途方もないエネルギーを無限に発散させる英雄や聖人が出てくるのです。

このエネルギーを生むものが愛です。人は愛によって生きているのに、この当たり前のことに、人はなかなか気がつきません。トルストイは、短編小説『人は何によって生きるか』で面

＊6 マハトマ・ガンディー（ガンジー）

1869〜1948年。インドの宗教家。政治指導者。インド独立の父。第一次世界大戦後、非暴力・不服従運動を行いイギリスからの独立を達成した。

＊7 マーティン・ルーサー・キング・ジュニア（キング牧師）

1929〜1968年。アメリカの牧師。黒人解放運動家。非暴力による人種差別撤廃運動を提唱した。「I Have a Dream」のスピーチが有名。

白い寓話を書いています。神は天使ミカエルを地上に突き落とし、3つの問いを与え、正解すれば天上に帰すと約束します。3つの問いとは、人は何を与えられているか、人は何を知らないか、人は何によって生きるか、です。地上で苦労したミカエルは、人には愛する力を与えられており、にもかかわらず人はそのことになかなか気づこうとしない。それでも人は愛の力によって力を合わせて生きている、と気づき、再び昇天を許されます。そしてトルストイは、天上に向かうミカエルに「神とは愛である」と言わせています。

長い間、日本人は、サムライに典型的にみられるように、誰にも寄りかからず逞しく自立し、また、災害の多い厳しい自然の中で優しく寄り添って生きてきました。また、御《み》仏《ほとけ》の教えに従って深い瞑想の中で自分の心の底を凝視して、自分が本当にやりたいこと、やらねばならないことを見出すことに努めてきました。

自分は自分です。世界の大宗教は、皆そう教えます。キリスト教は、神の国は汝のうちにありと教え、仏教は、自灯明、法灯明と教えます。本当の自分を見つけることが、本当の自由の希求なのです。日本人は、自由という言葉を明治まで知りませんでしたが、自由とは良心と愛が求める自己実現のことであり、実は、それは日本人が一番大切にしてきたことなのです。

自由という言葉は、もともと仏教用語です。それは「己に依る」という意味であり、自らの内にある仏心（良心）のみに従って生きるという意味です。フリーダムを自由と訳した明治の人々は、真の自由の意味を摑《つか》んでいました。四民平等を実現し、３０００万（当時）国民の自己実現を可能とした明治人の方が、今の日本人よりはるかに真の自由人だったのではないでしょうか。

日本人は、もう一度自由の意味を再定義して、本当の自分、本当の日本人を取り戻すときを迎えているのです。自由とは、本来独立不羈《ふき》のサムライにこそふさわしい価値観なのです。

絶対君主にならなかった天皇

自由主義社会に欠かせないものとして、民主主義の制度や手続きがあります。民主主義的な制度や手続きがなければ、自由はすぐに圧死させられてしまいます。明治から１５０年、戦後75年の節目を越えた日本では、民主主義が空気のように当たり前になっています。しかし、私たちは、民主主義がどういうものかを突き詰めて考えたことがあるでしょうか。

戦後しばらくの間、日本人の間では、３００万人の死者を出した太平洋戦争や国家総動員の苦しい思い出が強く、また、戦中、戦後と、軍国日本を糾弾する厳しい連合国の戦争宣伝にさらされ、さらに戦後には敗戦国として占領軍から軍国主義の強い反省を求められたこともあり、「戦前の日本は民主主義国家ではなかった」という誤った認識が広がりました。

また、冷戦の初期には、レーニン主義的な全体主義国家であるソ連や中国も、アメリカが主力であった連合国の一員として似非「民主主義」国家を標榜していましたから、民主主義という言葉の持つイメージも混乱していました。

実は、日本こそ、アジアで最古の民主主義国家です。その誇りを持つべきです。

そもそも日本人は強大な中央集権を嫌う民族性です。近代民主政治が到来するはるか前から、日本は、皇帝が頂点に立つ中国風の王朝型垂直型秩序ではなく、武士集団が並存するフラットな日本型秩序を好みました。日本の憲法は、明治憲法の前は大宝律令（701年）に遡りますが、大宝律令は、隋唐以来、絢爛たる王朝を築いた中国皇帝に倣って、天皇親政の中央集権政治を定めていました。その通りになっていれば、日本の天皇は、歴代中国皇帝やブルボン家のフランス国王のような絶対君主になったはずですが、そうはなりませんでした。

早い段階から天皇家は「君臨すれども統治せず」を貫き、各地の荘園警護から生まれた武士集団が、誰にも寄りかからずに自力で生きてきました。武士集団は覇権を巡って激しい権力闘争を繰り返しました。長い室町の戦国時代を抜けて、徳川家が300年近い平和な統治を実現します。徳川家による長い平和は武威によって保たれましたが、一極集中型の強大な中央権力による独裁ではなく、独自の軍を備えた各藩を束ねた連邦制のような体裁でした。

長い武士の時代を通じて、天皇家の権威は保たれ、天皇家を滅ぼそうという武家は現れませんでした。統治の実権は、武士集団側が実力で奪い合っていました。日本は、実は、中国風の大宝律令とは関係なく、象徴的な権威である天皇の下に、分権的な武士集団が割拠する水平な秩序を作ってきました。個々の武家集団の内側は規律の厳しい縦型秩序ですが、それを全国レベルで水平に束ねる強大な権力は存在しませんでした。日本は、大宝律令という成文憲法があったにもかかわらず、どちらかといえばイギリスに似て、天皇家と武士集団が、長い年月をかけて固有の政治体制、政治慣習を生み出した慣習憲法の国なのです。

全国に広がった武家集団の上には、天皇家の権威だけがありました。ところで、一般的に、賢明な王家は王統を危険にさらす戦争が嫌いです。また、醜い政争や武力闘争からは距離を置きます。「君臨すれども統治せず」というのは、王家が生き延びるための最高の政治的英知なのです。天皇を象徴と規定した戦後憲法が書かれるはるか以前から、日本の天皇家は、イギリスの王室と同様、この王家の知恵に徹底して忠実でした。だから世界最古の王家になれたのです。

国の象徴たる統治者が具現すべきは善です。日本語では優しさです。近代日本の天皇陛下は、みな、御名前に「仁（優しさ）」がつくのはそのためではないでしょうか。明治天皇は睦仁《むつひと》、大正天皇は嘉仁《よしひと》、昭和天皇は裕仁《ひろひと》、上皇陛下は明仁《あきひと》、今上天皇陛下は徳仁《なるひと》です。

徳川の世は、明治維新で終わりますが、維新の冒頭に、明治天皇は、五箇条の御誓文を発し、「広く会議を興し、万機公論に決すべし」と述べられました。日本の近代民主主義の原点です。明治政府は徳川時代の封建的な士農工商というカースト制を廃止して、四民平等を実現し、当時3000万人の日本人の巨大な国民的エネルギーを解放しました。これが明治維新の最大の業績です。日本人はすべて天皇の赤子として日本国民になり、日本はアジアでいち早く国民国家化します。中国や韓国の民族主義意識が成熟するのは20世紀に入ってからです。日本は半世紀早く国民国家化しました。日本はそのまま工業化し、富国強兵へと進みます。

日本人が大切にしてきた政治のあり方とは

明治日本の民主化のスピードは特筆されるべきです。明治維新からわずか20年後の1889年に、明治の志士たちは、近代的な大日本帝国憲法を書き、翌1890年には帝国議会を開設し、総選挙を実施しました。1925年には男子普通選挙を実現しています。司法の独立も早くから確立しています。

これはアジアにおいては驚くべきスピードです。お隣のロシアでさえ、帝政下の1906年に初めてロシア憲法を書き、ドゥーマ（国会）を開いています。日本より十数年遅いですね。明治維新は、国家、社会全体を一挙につくり変えた、世界でも稀に見る劇的な社会改造であり、日本の近代民主主義へのスタートは世界史的に見てもとても早いのです。帝政ロシアからいきなり共産党独裁に進んだソ連（ロシア）はもとより、明治の終わる年に大清帝国が滅亡し、そのまま軍閥、国民党、共産党が入り乱れた内乱に入り、続く日中戦争を経て、レニニズム的共産党一党独裁を奉じる中華人民共和国建国へと進んだ中国も、そもそも民主主義が何かを知りません。

それでは民主主義の本質とは何でしょうか。私たちの世代の少し前には、情けない話ですが、「民主主義は占領下でアメリカに与えられた」と思っている人がいました。とんでもない話です。

自由主義社会とは、一人ひとりが自分の良心に基づいて、愛に触れ、愛を知り、自分が本当にやりたいことを見つけることができる社会、自己実現が可能な社会です。しかし、社会が社会であるためにはルールが必要です。そしてルールを作る透明で公正な手続きが必要です。

民主主義とは要するに「人には愛が与えられているから、弱者を置いてきぼりにしない包摂的な社会がつくれる。人々が公の場で熟議すれば、大きな方向性で合意することができる。大きな方向性にさえ合意できたら、後は理屈抜きの政治的妥協をして、みんなが納得するルールを決める。駄目なら多数決だ。この手続きを常に公正なものにしよう」ということです。理念だけではなく、手続きがしっかりしていることが大切なのです。

ところで、民主主義国家において、妥協することは決して恥ずかしいことではありません。意地の張りすぎはよくない。イデオロギーや路線闘争にはまって徹底抗戦するのは民主主義としては邪道です。他人も自分と同じ価値があるのだから、意見が違えば、妥協することは当然なのです。妥協に論理は必要ありません。足して二で割ればよいのです。喧嘩両成敗です。それは、日本人が、これまでずっと、大切にしてきた政治のあり方です。

民主主義は大人の制度です。大きな妥協を上手にやれるかどうかが、その国の民主主義の価値を決めます。意固地になって自分の意見を譲らず、最後は議論の府である国会で物理的に殴り合う議員の姿は、決して子供に見せられるようなカッコいいものではありません。人間は平等なのですから、自分の意見を押し付けることはできません。最後は、取引(ディール)や、思い切った妥協が必要なのです。民主主義は、そのための制度です。

民主主義的な政治過程が機能するには、まず良心の自由、言論の自由、報道の自由、集会の自由(公開の討論)といった人権が保障されていなくてはなりません。そして、国民の一般意思を確認するために、公正な普通選挙と、複数政党制からなる議会政治が必要です。

要するに、一人ひとりが正しいと信じることを発言できる、それが広く伝わる、公に喧々諤々とした議論が行われる、そして、国民の代表による国会での議論によって国民の一般意思が確認され、国政の方向性が収斂《しゅうれん》し、ルールが作られる。行政府がそのルールを執行する。それが民主主義国家の政治過程のあるべき姿です。

現代のような産業社会では、複雑な利益集団が相互に絡み、また、社会の変化も猛烈なスピードで進みます。産業革命以降、繊維から自動車、自動車からインターネットへと産業の変化は、加速度的に速くなっており、産業技術の発展に合わせて人々の生活も恐ろしいスピードで変わっています。このように恐ろしいスピードで激変する複雑な現代社会に、社会のルールがついていくには、恒常的に話し合ってルールを改変する民主主義の制度は欠かせないものとなっています。

自由主義的国際秩序とアメリカのリーダーシップ

国際社会にも民主主義的なルールが適用されています。20世紀に入って、それまで禽獣世界のように弱肉強食だった国際政治の場に民主主義的な一国一票や多数決のルールを持ちこんで、国際社会を組織化しようとしたのはアメリカです。第一次大戦後にはウィルソン大統領が国際連盟を提唱しました。続く第二次大戦後には国際連合が創設されました。主権平等を前提にした民主主義的な手続きを備えた国際機関が生まれたのです。同時に、紛争の平和的解決が慫慂《しょうよう》され、ハーグの国際裁判所などの国際司法の手続きも整っていきました。第一次世界大戦、第二次世界大戦で圧倒的な国力を見せつけ、2度の世界大戦でも国土が荒廃しなかったアメリカは、20世紀の国際政治を主導しました。20世紀が「パックス・アメリカーナ」の世紀と呼ばれる所以です。

日本では、明治期には未だ世界の偉大な田舎だったアメリカよりも、都会のロンドン、パリ、ベルリンを留学先に好む雰囲気が強かったようです。また、20世紀前半のアメリカでは、まだ人種差別が根強く残り、特にアフリカ系アメリカ人が厳しい制度的差別の下に置かれ、異人種間の婚姻は犯罪にされていました。また、日本人や中国人のカリフォルニア州への移民が当時の黄禍論（黄色人種が白色人種を脅かすという考え）の影響で厳しく制限されました。当然、日本の国民世論には、アメリカへの反感が強く出ます。

20世紀前半のアメリカ合衆国は、ウィルソン大統領が頑なまでに戦後のアメリカの理想主義的側面を垣間見せてくれていました。しかし、20世紀の後半に人類を導くことになるアメリカの発する自由や民主主義といった価値観のビーコンは、20世紀の前半には、未だ醜い人種差別の陰に隠れて、日本人にはよく見えなかったのです。

逆に、日本人は、むしろヨーロッパ列強の獰猛な帝国主義の毒気に当てられて、国際社会のルールは室町戦国時代のような弱肉強食だと思い込んでいました。当時の日本人は、アメリカの独立宣言に書かれた人類の理想の普遍性を理解できず、アジアに広がる欧米諸国の広大な植民地帝国を見て、自由も民主主義も白人世界の綺麗ごとであり、有色人種には認められていないという国際社会の現実を見て、慄然としていました。「英米本位の平和主義を排す」を書いた近衛文麿もその一人でしょう。この立場の違いが、やがて日米両国の太平洋での激突を招く大きな要因の一つとなりました。

戦後になると、戦勝国、占領軍となったアメリカの圧倒的な文化的影響が入ってきますが、日本のメディアやアカデミアの世界では、アメリカ憲法の理想よりも、ソ連や中国の急進的な共産主義イデオロギーに共鳴した知識人が圧倒的に多かったのです。21世紀の今でも、日本には「理念の国」と呼ばれるアメリカの民主主義への非常に強い心理的傾斜を本当に知る人は少ないように思います。また、日本では、18世紀後半のアメリカ合衆国の独立宣言の文言こそが、今日の自由主義的国際社会の起点であることを看過している人が多いようです。

「すべての人間は生まれながらにして平等であり、創造主によって侵すことのできない権利を与えられている。そこには命、自由、及び幸福を求める権利が含まれる。これらの権利を保障するために人々は政府を樹立する。政府の正統な権力は被治者の同意に基づく(筆者訳)」。この独立宣言のわずか数行が、プラチナ製の強固なアメリカ合衆国のアイデンティティを生み、まるで単一民族であるかのようにアメリカ人を団結させています。

アメリカ人は、心の底から公論と選挙で民主主義は機能すると信じています。その思い込みの激しさは、日本人の想像を超えます。例えばアメリカが攻め込んだアフガニスタンやイラクで性急に進められた民主化は成功していませんが、当時の第43代ブッシュ大統領やライス国務長官は、選挙さえすれば、インスタントラーメンのように瞬く間に民主主義国家ができると、本当に心の底から信じていました。

人は何人も奪うことのできない権利を創造主から与えられており、人は愛に基づいて生きており、討議と合意によって良い社会をつくれるというアメリカ人の信念が、民主主義への無条件ともいえる強い信頼の土台となっているのです。実際、彼らは、豊臣秀吉のような全国統一戦争の英雄を生みませんでした。果てしのない妥協と合意と取引を無限に繰り返すことによって、今日の超大国をつくり上げたのです。稀有な国です。

激しい社会の分断ばかりが報道される昨今のアメリカですが、全ての人には尊厳があり、良心と愛が与えられており、いかなる差別も許されず、話し合いと妥協によって社会をつくることは可能であるという逞しい信念が、今もアメリカを支えているのです。

アメリカが掲げる価値観は、やや理想的に過ぎる面がありますが、20世紀後半に国際社会の若き指導者となったアメリカは、自らの価値観の伝搬にこだわりました。自由、平等、民主主義、法の支配といった、今日、普遍的価値観と呼ばれるようになった価値観です。それは、20世紀の百年間、世界各地に広がり、その地の人々が、不当な独裁、人種差別、植民地支配を引き倒すうえで大きな力になりました。

建国初期にはアジア系の先住民を虐げたり、アフリカから大量に奴隷を導入したり、20世紀後半に入ってからも、ベトナムを再侵略しようとした宗主国フランスに肩入れしてベトナム戦争に参戦したり、アメリカ人もヨーロッパ人に劣らずひどいことをしているのですが、その過ちを自らの憲法原則に反するとして、自力で是正する力、すなわち、正義の復元力がアメリカ人の本当の力です。それは、憲法に書いてあるというだけではなく、人間は原罪を有しており、常に、キリストの愛に導かれて、自らの醜い罪を償わねばならないという宗教的な信念が社会の根底にあるからできることなのでしょう。

明治150年の節目を経て、日本の民主主義も成熟してきました。国民の総意が法となり、権力を拘束する民主主義とはどういう制度か。その本質は何か。なぜ民主主義が大切なのか。国民が主権を行使するとはどういうことなのか。民主主義を地球的規模で広げることは可能なのか。そのためにはどうしたらよいのか。日本人も、じっくりと自分自身の答えを出すときに来ていると思います。

法の支配とは何か

最近、よく岸田文雄総理が「法の支配に基づく国際社会」と口にされています。法とは、人間が自発的につくっていくルールです。実は、自由主義、民主主義、そして法の支配とは、現在、私たちが生きている自由主義的な社会を、角度を変えて説明しているだけです。

人の社会があるところ、必ず法があります。法は、紙に書かれる前から存在します、私たちのDNAに書かれているのです。私たちは、集うことによって群れ（共同体）を作り、助け合うことによって生き延びるように造られています。自分たちを守り、生き延びるためにそのためにリーダーを選び、権力を立てます。そこには自然の掟が働いています。人間だけではありません。蟻も、蜂も、狼も、イルカも、シマウマも、水牛も、象も、みんなそうです。原初の法は、群生で生き延びるようにつくられた被造物としての人間が背負う生物学的な宿命であり機能です。だから自然法が存在するのです。

法は、実在の力として、権力を縛ります。リーダーは、集団の構成員全員の生存に責任を持ちます。逆に被統治者を虐げることは許されません。法の目的が、集団の構成員の生存と幸福の確保にあるからです。暴虐な支配者は抵抗にあい、追放されることもあります。それは人間集団の病理ではなく、生理なのです。

人間は知的営為によって法の中味を書き出して、共同体の仲間たちとシェアします。公の議論を通じて生まれる国民の総意を踏まえて法を書き、選挙で選ばれた者がリーダーとなり、法を執行するために権力を行使して、国民の生存とより良い暮らしを確保する。くどいようですが、それが私たちの政治過程です。これが自由主義、民主主義、国民主権ということです。

それは国民一人ひとりのDNAに刻まれていることであり、独裁者が成文憲法によって書き直すことはできません。憲法には、書き直すことができない原理的部分があるのです。私たちは、生まれ落ちたそのときから、力を合わせて生き延びるために、本能に縛られて、群れをつくります。群生の動物には、紙に書かれる前からＤＮＡに刻まれた掟があります。それが法です。法とは、生存本能が生みだす、生き物としての人間集団を規律する掟です。私たちは生き物として法に縛られています。それが法の支配ということです。

　問題は、その法の中身を、この変化の速い複雑な産業国家の時代に、世の中の移り変わりに応じてどう確定するかです。人間には、高い知能があります。人間は、本能にのみ従って生きるというわけにはいきません。特に、現代の人間社会のルールは、非常に複雑ですし、かつ、猛烈なスピードで変化していきます。人は、どんどん変わるルールを、知能を使って書き出して そして書き直して、皆で守り合わねばなりません。

　では、どうやってルールを作るかといえば、先に述べた自由主義的な個人主義の考え方に立ち、公正で透明な民主主義的方法でルールを作ります。個人の自由意思に基づき、良心の命ずるところに従い、愛という道徳感情に導かれて、公の場で話し合い、社会のルールを決める。自由意思に基づいて、一人ひとりが自らの良心に照らして正しいと思うことを、責任をもって公の場で発言する。それが自由主義です。リベラリズムです。公の議論こそが法の内容の確定のために最も重要な手続きです。だから民主主義の手続きが大切なのです。自由主義、民主主義があってこそ、法の支配が実現されます。

ところで、古代の中国にも同じ考え方がありました。孔子や孟子の時代です。人間の内面には深い優しさ（仁）があり、善を求める固有の力が備わっており、その実現に向けて英気や浩然の気が解き放たれるという考え方が主流でした。最良の人材を天が選び、天下統治の命を与えると考えられました。孟子は、天の意思とは民の意思であり、民を虐げる悪王ならば天命を失うので、誅殺しても構わないとさえ述べています。中国の古典的政治思想は、実は18世紀の欧州啓蒙時代の政治思想にとてもよく似ています。

残念なことに、中国では、レニニズム的独裁政治を導入した毛沢東以降の共産主義者が、強烈なイデオロギー臭のする個人崇拝と思想改造によって、中国古代の優れた政治思想を消去してしまいました。習近平国家主席の言う「法による支配」とは、権力者の意思がそのまま法であるという独裁思想なので、私たちの「法の支配」は全く違うものです。

習近平に退任を強要された李克強前首相は、若い頃、英語の習得に熱心で、「法の支配」という本を中国語訳したと言われています。残念ですが、彼が率いた中国共産主義青年団（共青団）のエリート集団は、粗暴な習近平の対立派閥であり、現在、権力中枢から完全に排除されています。今の中国には、国内にも、対外的にも、「法の支配」という発想はありません。

第3章
グローバル・サウスと自由主義的国際秩序

Global South and Liberal International Order

アジア・アフリカの新興諸国の多くは
国民国家建設の途上にある。人類史のナラティブを知ることで、
彼らと仲間になる道筋が見えてくる。

力をつけるグローバル・サウス

今日、私たちの支えている自由主義的国際秩序が、グローバル・サウス（南半球に多いアジアやアフリカなどの新興国・途上国の総称）を含めて地球的規模でどんどん拡大するのか、それとも逆に縮小に転じるのかが問われています。特にアジアは、今世紀中に、人口とGDPの双方で世界の6割を占めると言われています。既に日本の経済規模の8割に迫るインドも、日本の7割5分に達したASEANも、あと10年で日本のGDPを抜き去ると言われています。

これからますます力をつけてくるアジアの国々は、日米欧を主軸とする西側諸国がこれまで創り上げてきた自由主義的国際秩序に、責任あるパートナーとして参画してくれるでしょうか。それとも今の中国のように、私たちに背を向けるのでしょうか。

日本には、アジアの中で普遍的価値観に基づく自由主義的な国際秩序を広めていく責任があると思います。日本は、19世紀後半から20世紀前半にかけて、アジアの国から唯一、欧米諸国の植民地支配を逃れて先発の工業国の一員となり、近代的立憲政治、議会政治を確立し、同時に広大な植民地を経営する帝国主義国家群の一角を占めました。

一方、日本人は、肌の色が違うというだけで差別され、鉱山やプランテーション農場で奴隷のように搾取されたアジア人の辛さも悔しさも理解することができました。また、日本人には、主権と人権を踏みにじられてきたアジア人だからこそ、主権と独立、人間の尊厳、自由や平等が、肌の色に関係なく、普遍的に実現されねばならないと強く思っていることも、痛いほど分かりました。

さらに、日本人は、明治以来150年間、欧米の近代的民主主義制度の導入に奮闘してきました。だからこそ、西洋生まれの民主主義制度がアジアで花開くには、その土台に成熟した道徳哲学や宗教哲学が必要であること、そして、アジアの人々が自らの儒教、仏教、ヒンズー教、イスラム教などを通じて育んできた優しさや温かい心が、欧米の普遍的価値観の根底にある愛と同じものであること、そして、その温かい心を生む良心は、全ての人類に共通のものだということを、自らの経験に基づいて語ることができ

グローバル・サウスのイメージ

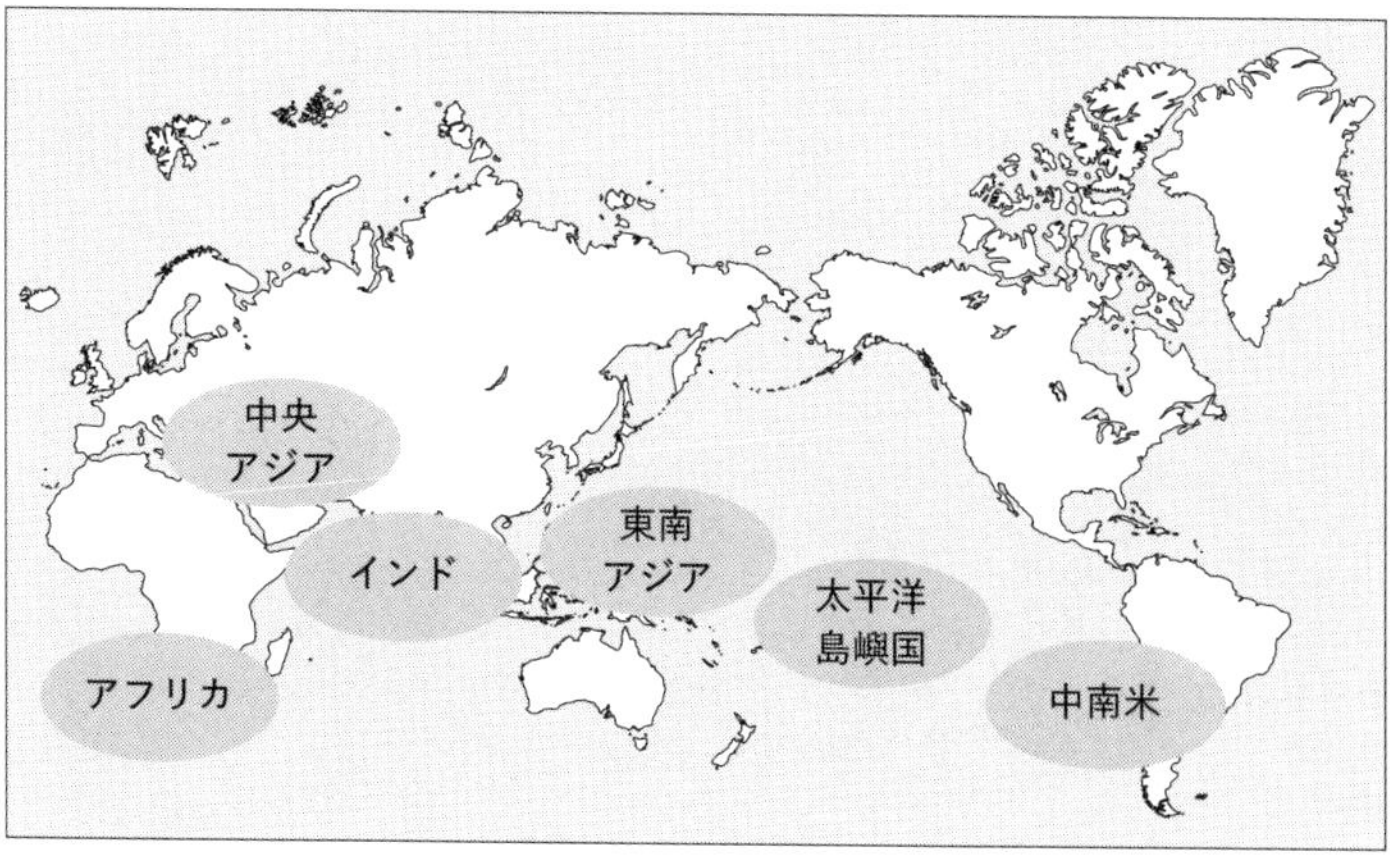

るはずです。

グローバル・サウスの国々は、先進工業国家と全く異なる道を歩んできました。欧米、そして日本では、19世紀は民主主義と自然科学と産業技術が人々の生活をよりよく変えていった世紀であり、正に「光の世紀」でした。しかし、それは同時に帝国主義を掲げたこれらの国々が地球を貪欲に分割し終えた世紀であり、また、戦争し放題で弱肉強食が許された時代でした。「春秋に義戦なし」[*1]の戦国時代同様でした。誇り高いアジアやアフリカの国々にとって、それは植民地支配によって屈辱と隷従を強いられた「暗黒の世紀」でした。

アジアやアフリカの人々と共に、今日の自由主義的国際秩序を支えていくためには、この「光の世紀」と「暗黒の世紀」という2つの対照的な歴史観の対立を克服して、共通の世界史を持

＊1　春秋に義戦無し
孟子の言葉。孔子が編纂したとされる歴史書『春秋』に記された時代には、正義のための戦争と呼べるものはなかった、の意。

たなければなりません。人類全体で共有できる世界史のナラティブ（物語）が必要です。西側諸国も、グローバル・サウスの国々も、共に、20世紀を通じて生じた地球的規模での人類社会の倫理的成熟の一部だったのです。自由や平等といった普遍的価値観が、肌の色を超えて、地球的規模で本当に普遍的になったのです。

西側の国々もまた、20世紀後半には、民族自決と人種差別撤廃に賛同し、多様性こそが価値であると信じるようになったことを、グローバル・サウスの国々に理解してもらわなくてはなりません。また、西側の国々には、かつて彼ら自身が冷酷な宗主国であったことを思い出させるような上から目線で、自分たちが今日実現している高いレベルの人権意識や民主主義を問答無用で押し付けたり、やみくもに制裁を加えたりすることを控えてもらう必要があります。制裁を云々する前に、対等なパートナーとして、グローバル・サウスの国々と向き合い、私たちが彼らと普遍的価値観を共有していることを説得することが大切なのです。

グローバル・サウスの国々は、まだ自由や民主主義といった価値観よりは、豊かな生活を実現することの方に関心が強く、また、国民国家（nation-state）、工業国家、民主国家の建設という、まるで昆虫の変態のような社会の全面的な改造に取り組んでいる最中です。近代国家への変貌がどれほどの痛みを伴うものかは、先進国もよく分かっているはずです。それは、今、先進国といわれている国々が、実に２００年以上かかって通ってきた苦難の道だからです。日本も明治時代の大変な苦労を思い出して、彼らの近代化への苦しみを理解しなくてはなりません。

「グローバル・サウスは一枚岩」という誤解

グローバル・サウスといっても一枚岩ではありません。かつては、非同盟諸国、第三世界、(北に対する)南の国々、開発途上国と呼ばれていました。今日、グローバル・サウスが大きく取り上げられるようになった理由は、世界経済におけるG7を中心とする西側先進諸国の相対的な地位の低下と、それに比例した途上国側の比重の増大があるからです。

グローバル・サウスの内情は一様ではありません。その中で力をつけてきた国々が主導権を争っている状況です。筆頭は、BRICS(ブラジル、ロシア、インド、中国、南アフリカ)の5カ国です。後に述べるように、決して一枚岩ではありません。2023年のBRICS首脳会合で、アルゼンチン、エジプト、エチオピア、イラン、サウジアラビア、アラブ首長国連邦が新加盟国として迎えられました。湾岸の石油大国にBRICSが関心を示すのはわかりますが、他の3国については、どうして選ばれたのか、首をひねりたくなります。

グローバル・サウスの中で、特に影響力を持つ国々の国力を、人口と経済規模で比べてみれば次の表の通りです。

一見、まとまりのないグローバル・サウスの国々ですが、彼らが共有する思想的な底流、近現代史に対する感情があります。それは、非植民地主義です。

1950年代、1960年代に多くのアジア、アフリカ諸国が独立しました。彼らは、東西冷戦にはいずれとも与しないと宣言して、途上国同士で団結しました。だから非同盟と呼ばれるのです。初回の非同盟会議は、スカルノ大統領のインドネシアが議長国となったバンドン会議（1955年）です。そこでのメインテーマは、「世界の反植民地主義の発展を促す」というものです。非植民地主義は、未だ熱量を保っており、1985年にはバンドン会議30周年記念会議（1985年）が

グローバル・サウスの国々の人口と経済規模

	国名	人口（人）	GDP（ドル）	GDP国際比較
BRICS	中国	14億1314万	18兆1000億	2位
	インド	13億9917万	3兆3864億	5位
	ロシア	1億5000万	2兆2150億	8位
	ブラジル	2億1868万	1兆9241億	11位
	南アフリカ	5804万	4057億	38位
BRICS以外	メキシコ	1億2670万	1兆4141億	14位
	インドネシア	2億7947万	1兆3188億	16位
	サウジアラビア	3595万	1兆1081億	17位
	トルコ	8478万	9055億	19位
	アルゼンチン	4662万	6322億	23位
参考	日本	1億2570万	4兆2335億	3位
	アメリカ	3億3190万	25兆4644億	1位
	韓国	5174万	1兆6653億	13位
	台湾	2326万	7626億	21位

出所：IMF、外務省Webサイト等を基に作成

開かれています。

彼らを貫くのは、強い主権意識と自立意識です。非同盟諸国間の連帯を重視します。欧米が牛耳った長い植民地時代を歴史的不正義と認識していますから、人権等の理由で欧米が介入することに強く反発します。国際政治経済における欧米の力の独占を崩し、より対等な多極化した秩序を求めようとします。

工業化と繁栄への強い渇望

ただし、グローバル・サウスの国々は、北半球の豊かな先進工業社会に対する強い憧れを持っていることにも留意が必要です。先進工業民主主義国家に遅れること200年。その間、アジア、アフリカの国々は植民地に貶められ、工業化の進んだ北半球に一次産品を低い利益で輸出する世界経済構造（従属理論）が定着しました。人種的に差別され、モノカルチャーを押し付けられ、国民教育の機会を奪われ、工業世界から締め出されて資源供給基地に貶められた植民地時代の痛みは消えていません。

今、彼らが求めているのは、明治の日本と同じ富国強兵です。特に、近代化と工業化を渇望しています。彼らの姿は、後発の工業国家として米欧の工業国家群に「追いつき、追い越せ」

と懸命だったかつての日本の姿を思い出させます。彼らは西側諸国と対等になりたいのです。

ソ連が崩壊して、冷戦が終了した今、共産革命や世界革命に自らの発展の活路を見出そうという国はありません。東欧の共産圏は倒壊しましたし、中国やベトナムは、共産党一党独裁を守りながらも、経済面では資本主義へと舵を切っていきました。今、残っている純正共産主義国といえば、キューバと北朝鮮くらいです。

グローバル・サウスの国々の先進工業民主主義国家群に対する姿勢には、かなりの差があります。地球的規模で広がった自由主義経済システムを最大限に活用しようという姿勢は共通なのですが、西側諸国の主導する自由主義社会に対する姿勢には差があります。

後の章で詳述しますが、途上国の経済を発展させるのは、自由貿易体制です。資本は、国境を無視して、利潤を上げられる場所に移動します。廉価で優秀な労働力を抱えた地域に、直接投資というかたちで工場が移転します。例えば、日本の大企業のほとんどが、外地で生産をしています。自由貿易体制の下では、残酷ですが、先進国における製造業の空洞化が始まるのです。これに対して、グローバル・サウスの中で工業化に先行する国々は、西側諸国に対して、一層の技術移転、直接投資と、巨大な消費市場の開放を要望するようになります。

新NAFTAでアメリカとの関係を緊密化させているメキシコがその例です。中米にありアメリカの隣国であるメキシコは、強大なアメリカの影響力に対して反発の強い南米大陸の国々とは一線を画して、アメリカとの距離を縮めています。

ただし、2010年代後半のトランプ大統領が唱えた「アメリカファースト」主義に翻弄され、困惑しています。アメリカが一方的に関税を引き上げたり、移民の流入を阻止するということが行われると、メキシコにはすぐにそのしわ寄せがきます。トランプ大統領の「アメリカファースト」の主張は、アメリカの魅力だった開放的な巨大市場を自ら閉ざすことで、アメリカの魅力と同盟国や友邦への影響力を減殺させています。それはアメリカの強さではなく、弱さの表れです。

「西側」だがEUに入れないトルコ

トルコは、NATOの南翼を担っており、れっきとした西側の一員です。アメリカに次ぐNATOへの兵力拠出国で、朝鮮戦争にも参戦しています。トルコは巨大なEU経済との連携を進めています。ただし、ケマル・パシャ以来、西側に軸足を置く唯一の世俗イスラム国としての立場は、エルドアン大統領以来、不透明感を増しています。トルコは、自国の利益が十分に他の西側諸国に尊重されていないと不満を募らせているのです。日本人がかつて苦しんだように、白人のキリスト教国が多い欧米諸国は、本当にトルコを西側の一員として遇しているのか、本当は「中央アジアへ帰れ」と思っているのではないかというわだかまりが心の底に残っているのです。

最も難しい問題はクルド人問題です。トルコは、シリア戦争においてアメリカがイスラム国(IS)と戦うクルド人を厚遇することに立腹しています。クルド人は、国家を持たない世界最大の民族で、トルコにも多数居住しています。EU諸国の中にはクルド人の民族自決の感情に自由主義的立場から共感する人々もいます。しかし、トルコでは一部のクルド人組織は、テロリスト扱いされているのです。

トルコはEUへの加入を望んでいますが、人口が大きすぎてEUには入れません。独仏伊西が取り仕切るEU内の権力構造を変えてしまいかねないからです。対米関係もぎくしゃくしています。トルコはNATOの宿敵であるロシアからS400地対空ミサイルを導入しました。これに対しアメリカは、最新鋭ステルス戦闘機F35の共同開発からトルコを排除してしまいました。

ウクライナ戦争では、トルコは西側に立ち位置を取りながら、微妙に対露バランスを取っています。ウクライナに対してはドローン提供などの支援をしつつも、ロシア制裁には加わらず、一定の関係を維持して、エネルギー輸入、黒海西岸の通航権問題でトルコの利益を追求しています。

また、トルコは、米露の影響力の後退した中東地域で、イランに対抗しつつ、オスマン帝国以来の影響力の復活を狙っています（トゥラン主義）。広義のチュルク族（アゼルバイジャン、イラン系のタジキスタンを除く中央アジア）への影響力復活にも余念がありません。同族のアゼルバイジャンとは軍事同盟協定を締結しました。アゼルバイジャンは、近年、ロシアの影響力の強いアルメニアとのナゴルノカラバフ紛争において、トルコの支援でドローンなどを活用し、アルメニア軍を一蹴しています。

トルコが、今後とも、西側の一員としてとどまることは、トルコのみならず、西側全体の利益です。アジアから初めて西側で指導的立場に上った日本は、同じアジアのトルコ人の気持ちを理解する必要があります。

対米自立を望むブラジル

さて、西側の背中を追いかける筆頭はＢＲＩＣＳ諸国（ブラジル、ロシア、インド、中国、南アフリカ）ですが、その内情はバラバラです。ブラジルは、南米随一の大国です。西側と中露との狭間で独自の存在感にこだわり、多極化を志向する国です。

ブラジルは、南米では周りの中小国の利益を一顧だにしない自由度の高い外交を行いますが、北米のアメリカには全く歯が立ちません。ルーラ現政権の左傾化が目立っていますが、もともとアメリカの影響力からの自立願望の強い国なのです。ブラジル外交は、イデオロギーよりも対米自立意識に駆られているように見えます。

ブラジルは、周辺に大国がなく、唯我独尊的な傾向があります。南米唯一のポルトガル語の国です。スペイン語を母国語とするメキシコやアルゼンチンといったラテンアメリカの国々は、ブラジルに従うことはありませんが、ブラジルの国力に適う国はありません。そんなブラジルにとって、巨大なアメリカは唯一の目の上のたんこぶなのです。ブラジル外交は、強大なアメリカの圧力をかわすために、多極世界を志向しがちです。インド、中国、ＥＵ、ロシアとの関係を重視しています。

ルーラ大統領は、ウクライナ戦争に対しては、中立的仲介者を志向していますが、クリミア半島のロシアへの割譲を提案したり、アメリカが紛争を長引かせていると発言したりで、ウクライナの反発を買って空振り気味です。アメリカに対しては、２００３年のイラク侵攻、２０１１年のＮＡＴＯのリビア空爆を持ち出して、アメリカだって独自の武力行使をしているではないかと「二枚舌外交」を批判したりしてアメリカを鼻白ませています。

なお、日本とは、大勢のブラジル移民を通じた深い絆があります。また、ブラジルはメルコスール（南米南部共同市場：アルゼンチン、ボリビア、ブラジル、パラグアイ、ウルグアイ、ベネズエラ）という南米の経済圏を主導しています。日本の次のメガ経済連携協定はメルコスールを狙ってもよいと思います。

米中に並ぶ民主主義大国インド

日本にとってＢＲＩＣＳの中で最も注目するべきはインドです。２０２３年にはＧ20の議長国を見事に務めました。インドは、今後10年で日本の経済規模を抜き、早晩、米中に並びます。人口はもうすぐ中国を抜きます。平均年齢も28歳で、米中より10歳、日本より20歳も若い国です。自由主義世界の中で、多極化秩序を目指し、指導的一極となることを目指しています。

インドは、聖者ガンジーが生み、ネルーが育てた生まれながらの民主主義国家です。伝統的に対中警戒感が強い国です。中国は、①１９６２年にチベット問題絡みでインドを侵略し、②アルナーチャルプラデーシュ州をはじめインドとの領土紛争を抱え、かつ、③遠交近攻策に基づいて宿敵のパキスタンを支援してきました。

インドは、キッシンジャーのデタント時代以降、米中枢軸に反発して、非同盟を掲げながらもロシアに接近しましたが、ウクライナ戦争で苦境に立つプーチン大統領が中国との距離を縮め、また同時に米中大国間競争が始まる中で、徐々に西側に接近してきました。モディ首相はその傾向が顕著です。安倍元総理のインド重視外交が奏功したのは、そういう背景があるからです。但し、伝統的な対露関係はすぐには切れませんから、トルコ同様、原油輸入など、ロシアとは一定の関係を維持しています。

現在では、世界の多くの国々がインドを、今世紀、最重要プレイヤーの一国と認識しています。インド洋と太平洋を合わせたインド太平洋地域を一枚の戦略絵図と捉える認識が広まってきました。インドは、ヒンドゥーナショナリズム（ヒンドゥトバ主義）の行き過ぎに若干の人権上の懸念が残っていますが、民主主義国家ですから、中国のウイグルやチベットのような弾圧はありません。

BRICSに共感する南アフリカ

南アフリカは、特にラマポーザ大統領以降、西側諸国との経済関係を強化してきています。しかし、アパルトヘイトの人種差別に苦しめられてきた国ですから、伝統的に反植民地主義（＝反欧米）の色彩の濃い外交をしがちです。マンデラ5原則（汎アフリカ主義、南南協力、非同盟、独立、国際的進歩主義）のうち、国際的進歩主義の色が強く出ます。進歩主義は、南北の経済格差是正を政治的に解決することを目指しますから、それが西側諸国との心理的な距離を広げています。

ラマポーザ大統領は、「ＢＲＩＣＳがグローバル・サウスの擁護者になる」と公言して、グローバルな公平性のみならず、グローバル・ノース（先進国）の支配の終焉を唱えています。そういうイデオロギー的な背景があるので、西側というよりも、ロシア、中国、インドなどのBRICS諸国へ傾斜しがちです。G20の一員です。ロシアのウクライナ侵攻については批判していません。

中国を警戒するASEANの大国インドネシア

BRICSの一員ではありませんが、今後10年で日本の経済規模を抜くと言われるASEANの雄はインドネシアで、G20の一員です。ASEAN随一の大国として、グローバル・サウスを代表する意気込みです。ジョコ大統領は自国の経済発展が最優先で、イデオロギー的に西側と対決するという姿勢は取りません。

ただし、ジョコ大統領は、一次産品をそのまま輸出することに抵抗感が強いようです。自国内で加工してから輸出する方針を取っています。実際、ニッケル等がその規制にかかっています。

オランダ植民地時代に支配層のオランダ人に近かった華僑に対して反感があり、また、中国の共産革命輸出に対して神経を尖らせたこともあり、対中警戒感の強い国です。逆に、親日感情はとても強い国です。太平洋戦争中の日本軍による占領は、インドネシアにも傷跡を残しましたが、同時に、オランダの植民地支配を終わらせたことに対する一定の評価もあります。日本にとって、インドネシアは、アメリカの同盟国のフィリピン、対中警戒感の強いベトナムと並んで対ASEAN外交の要です。

なお、イスラム教徒の多い国ですから、イスラム諸国との連携を重視しています。特に、パレスチナ問題では、イスラエルを厳しく批判しています。

自由主義社会に対抗する中国

中国の立ち位置は特殊です。途上国の一員といいながら、最初かられっきとした共産圏の一員だからです。習近平は、ソ連崩壊後、自由主義社会と対抗する最大勢力は中国であると考えているようです。中国については別の章で詳述していますので、ここでは説明を省きますが、中国のような旗幟鮮明な反西側のスタンスを取る国は、珍しいと思います。

西側の巨大な消費市場や開放的な経済システムを最大限利用して経済発展を進めながら、自由主義社会に敵対し、自らの勢力圏を確立するという習近平の姿勢は、大日本帝国の大東亜共栄圏構想に似て、根本的な矛盾をはらむものです。西側の巨大市場から切断された中国の繁栄は不可能だからです。

また、グローバル・サウスの多くの国は、西側の強大な影響力や欧米中心主義に反発して、ＢＲＩＣＳ等による多極化を志向しがちですが、中国の唱える「運命共同体」のような反西側のブロックができることはないと思います。

中国は、多くの国際機関で、途上国代表を名乗り、途上国を団結させて、西側と対峙して団交に持ち込もうとしますが、民主主義は数のゲームではありません。一つ一つの国が正しいと思うことを持ち寄って、コンセンサスを作ることが大切です。それが国際社会におけるリベラリズムです。労働組合が強すぎると経営がおかしくなるのと同じで、途上国を糾合して中国の立場を押し通そうとすると、かえって国際機関自体の信頼と実効性が失われることになりかねません。

ちなみにロシアは、先進国の一員でありグローバル・サウスの一員ではありません。電子産業に乗り遅れ、軍事と石油ガスといったエネルギー輸出だけで存在感を維持している国です。ウクライナ戦争という暴虐は、今後、ロシアの国際的な地位を一層落とすことになります。大国の一角を占め続けることはできるでしょうが、その影響力は、限られたものになるでしょう。

対内調整に苦心するASEAN諸国

インドネシアについては先に述べましたが、ASEAN諸国は、中小国が多く、アメリカと中国といった大国間の緊張関係に巻き込まれることを本能的に忌避しがちです。自らが培ってきた対話重視の多国間外交に誇りを持っています。日米中露印といった大国を招待する東アジアサミットを毎年対話の場として提供しています。ASEANが中心となって地域の緊張を和らげたいとの願望をもっているのです。

ただし、ASEANは、対外調整よりも対内調整にエネルギーを割かれる組織です。対中態度も一貫していません。押しなべて中国との経済関係の維持促進は、ASEAN諸国にとって重要な国益です。しかし、強大化した中国に圧迫されることは誰も望んでいません。特に対中警戒感が厳しいのは、中国が一方的な現状変更を進めている南シナ海沿岸諸国のフィリピン、ベトナム、インドネシアです。また、中国と親しかったナジブ首相退任後のマレーシアも対中警戒感が強くなってきています。タイは文明的、民族的に中国文明に近く、中国への警戒感が薄い国です。西側から制裁を受けているミャンマーは、やむを得ず中国にすり寄っています。ラオス、カンボジア、ブルネイなどの小国は、中国の強い影響力を受けています。

中国が近寄る太平洋島嶼国

西太平洋の勢力図としては、北半球のミクロネシアが日米、南半球西側のメラネシアが豪州、南半球東側のポリネシアがニュージーランドとの棲み分けになっています。最近、中国が、新たに戦略的に太平洋島嶼国に進出してきました。島嶼国は小国が多く、中国の提供する経済協力は魅力であり、未だに対中警戒感が薄いというのが現状です。

中国は、日本の帝国海軍と同じ進出経路（パプアニューギニア、ソロモン、バヌアツ、フィジー、サモア）を取っています。有事においてアメリカと豪州の連携を遮断するのが目的なのでしょう。日米豪ニュージーランドは、共同歩調で、中国以外にも選択肢はあるということを示し、経済協力のみならず、漁業開発、観光開発、密輸密漁取り締まり等、幅広い協力を提示して、西太平洋経済圏に島嶼国を統合することを提案しています。

なお、ソロモン諸島（首都はガダルカナル島のホニアラ）は、最近、中国の影響力が増しています。ガダルカナル島は、親中派の本島人と親台湾派の島外からの移住組の間に緊張関係があり、内政が絡んでいるために複雑です。現政権は本島人の政権で、中国寄りです。中国との軍事協力関係に踏み込むことがないか、日米豪諸国が見守っているところです。

「共通の世界史」は可能か

それでは、私たち先進国は、このグローバル・サウスの人たちと、共通の国際秩序を創り、支えていけるでしょうか。そのためには、歴史観の克服が必要です。なぜなら、グローバル・サウスの人々は、私たち先進工業国家とは全く異なるいばらの道を歩んできたからです。私たちはグローバル・サウスの人々と共通の世界史を持つことができるでしょうか。一つの切り口は、自由や平等といった普遍的価値観が、どのようにして肌の色に基づく差別を克服し、真に地球的規模で普遍性を獲得した価値観となったかを辿ることです。それは、人類社会の倫理的成熟の筋道を辿ることに他なりません。

人間が皆平等で、等しく尊厳を持っているというような自由主義的な考え方は、世界各地の宗教思想の中によく見られます。神や仏の救いは全ての人間に対して絶対的に平等であるという考え方は、宗教界では当たり前の考え方です。しかし、そのような考え方が、政治思想として今日のような近代的な形に整理され、西洋の政治制度の設計に大きな影響を与えたのは、日本でいえば江戸時代中期、ルソーやモンテスキューといったヨーロッパの啓蒙思想を築いた人たちの功績です。

よく「自由主義を支える議会制民主主義の原点はイギリスにある」と言われます。イギリスでは、血縁と相続の関係で、オランダやドイツのような外国から王様がやってくることがありました。イギリスで発達した議会は、英語の喋れない国王に勝手なことをさせないための制度であり、古くから存在しています。それは、私たちのイメージする日本の国会とは違ったものでした。キャンベラにあるオーストラリア議会の議事堂に展示されている大憲章（マグナカルタ）も、高尚な理念よりも、国王の専横を戒める具体的内容を羅列しています。

民主主義が理論的に先鋭化されたのは、イギリスというよりフランスです。18世紀のフランスはブルボン王家の権力が絶対的な中央集権型国家だったので、イギリス風の穏やかな議会制度論よりも、王権に対抗する急進的な抵抗型の民主主義論の方が受け入れられやすかったのです。フランスは、長い王政の伝統を持ちますから、ゼロから国を建てたアメリカのように一直線に民主主義国家をつくるというわけにはいきませんでした。フランス革命の後も、ナポレオンが皇帝になったり、王政が復古したり、パリコミューンが立ち上がったり、七転八倒しながら、今日のフランス共和国に辿りつきました。

世界初の民主主義社会

論理的に整理した民主主義社会を、世界で初めて人工的につくったのは、アメリカ合衆国です。フランス革命に先立つ1776年、ペンシルバニア州のフィラデルフィアで13の州の代表によって採択された独立宣言は、それ以降、200年にわたって世界に広がり続けている近代民主主義の原点です。

「すべての人間は生まれながらにして平等であり、創造主によって侵すことのできない権利を与えられている。そこには命、自由、及び幸福を求める権利が含まれている。これらの権利を保障するために、人々は政府を樹立する。政府の正統なる権力は被統治者の同意に基づく（all men are created equal, that they are endowed by their Creator with certain unalienable Rights, that among these are Life, Liberty and the pursuit of Happiness.--That to secure these rights, Governments are instituted among Men, deriving their just powers from the consent of the governed）」

　この数行ほど、力強く人間の心に沁みわたり、また、いつの日も人々が立ち返ることのできる原点は他にありません。トマス・ジェファソン[*2]、ベンジャミン・フランクリン[*3]など、アメリカ合衆国独立宣言を起草した人たちは、敬虔なイギリスの哲人、ジョン・ロック[*4]の政治哲学を自らのものとして、人間の政治的思考の原点を鮮やかに描写し、その本質をズバリと言い当てました。

　60万人が死んだ南北戦争[*5]という宗教がかった奴隷解放戦争を除けば、アメリカは天下統一のための内乱を経験していません。日本の信長や秀吉のように、武力で天下統一を考えた人は現れませんでした。多種多様なバックグラウンドの人たちが集まって、営々としたディールと合意を無限に積み重ね、ゼロから今日の超大国を築き上げました。人類史の奇跡です。

このアメリカの憲法思想には、キリスト教の教えである愛の思想に従い、人は共に生きていけるという確信があり、もう一方に、原罪を持つ人間は必ず間違いを犯すので、所詮、俗世の存在である権力を信用してはならない、まずは皆の話し合いでルールを作り、権力の乱用がないように必ずチェック・アンド・バランスを働かせることが大切だとの考え方があります。性善説と性悪説の絶妙なブレンドです。

現代の自由主義的国際秩序の原点がここにあります。その輝きは200年経った今日も変わりません。アメリカ人の憲法に対するコミットメントは非常に強いものです。アメリカ人は本当に多様です。メイフラワー号で来たピルグリム・ファーザーズたちの子孫も、奴隷船で運ば

＊2　トマス・ジェファソン
1743〜1826年。アメリカの政治家。第3代大統領。独立宣言起草委員の一人。草案の執筆を担当した。現在の民主党の前身である民主共和党を創設した。

＊3　ベンジャミン・フランクリン
1706〜1790年。アメリカの政治家、科学者。独立宣言起草委員の一人。雷が電気であることを明らかにした。

れてきたアフリカ系アメリカ人の子孫も、皆、同じアメリカ人としてアメリカ憲法と星条旗に強烈なプライドを持っています。人種も、民族的背景も、宗教も全く異なるアメリカ人が、強固な「国民的 (national)」アイデンティティを生み、アメリカ人という「国民 (la nation)」が誕生したのは、アメリカ憲法の価値観がアイデンティティの核心になっているからです。

先だって、米海軍士官学校のあるアナポリスを訪問しましたが、そのスローガンの一つに、米海軍は「祖国を護る」ではなく、「憲法を護る」と書いてあることに感銘を受けました。

20世紀後半には、アメリカ人の自らの価値観への強いコミットメントが、アメリカの軍事力、経済力とあいまって、世界の歴史を動かしてきたのです。

＊4　ジョン・ロック
1632〜1704年。イギリスの哲学者。社会契約による人民主権を提唱し、フランス革命、アメリカ独立に大きな影響を与えた。

＊5　南北戦争
1861年4月〜1865年4月にかけて行われた、北部のアメリカ合衆国と南部のアメリカ連合国の内戦。

吹き荒れる全体主義の嵐

多様なバックグラウンドからなる個人主義に基づく自由主義、民主主義に対立したのが20世紀初頭に現れた全体主義の思潮です。第一次世界大戦の結果、それまで世界を仕切ってきたヨーロッパの秩序が突然崩壊して価値観の真空が生まれ、思想の混乱が始まりました。第一次大戦で、ロシアのロマノフ家、オーストリアのハプスブルク家、プロイセンのホーエンツォレルン家といった歴史のある王家が次々と倒れました。ベル・エポック（美しい時代）の終焉です。

ほぼ半世紀前に日本が明治維新に際して、古色蒼然とした徳川幕藩体制が全面的に崩壊し、その後生まれた価値観の真空の中で、どういう国を作ろうかと青写真が描けないまま明治の志士たちが右往左往した頃と同じような劇的な社会変動がヨーロッパ全土に出現したわけです。

この価値観の真空を埋めるようにして、議会制民主主義を否定し、独裁権力が一撃で急進的な社会改造を実現すれば、資本主義社会の宿痾である社会格差を是正し得るという全体主義的な思想が、政治勢力の左右を問わず疫病のように流行しました。

当時は、福祉国家という観念がありません。工業化に伴う社会格差、特に都市労働者の生活の悲惨さが大きな社会問題となっており、資本主義の悪弊という考え方は、広く受け入れられるものでした。ロシアの共産主義、イタリアのファシズム、ドイツのナチズム（ドイツ労働者党の国家社会主義思想）、といった急進的な全体主義思想が、世界のあちこちで大いに流行しました。日本では社会主義、共産主義は弾圧されましたが、政治的エリートだった中堅の軍人が昭和維新を叫んで政治化しました。

第二次世界大戦で右の全体主義は滅びましたが、左の全体主義であるソ連や中国といった共産主義国家は、戦勝国として連合国の一角を占め、第二次世界大戦後の世界で大きなイデオロギー的な影響力を持ちました。その後、半世紀に及ぶ絶対的価値観の対決となった東西冷戦が現出します。東西冷戦の圧力は、敗戦国となった日本では深刻な保革対立の国内政治構造を生みました。20世紀末になってようやく共産圏の首魁であったソ連が、政治体制としての生命力を失い、内側から崩落しました。

結局、最後に勝ち残ったのはアメリカやフランスが18世紀の末から主張してきた個人の良心と自由な意思を統治の正統性とした古典的な自由主義、民主主義でした。自由主義、民主主義の歴史がないロシアで始まったマルクス・レーニン主義の実験は、労働者による独裁というユートピアに酔いしれて、独裁政治が呼び起こす支配者の邪悪さに気づくことができず、ディストピアを生みました。

なぜ社会は発展するのか

また、労働だけが価値を生むという極端な労働価値説は、才気溢れる起業家の才能を絞め殺してしまいました。ライト兄弟がいなければ飛行機はありませんし、スティーブ・ジョブズがいなければスマートフォンはありません。松下幸之助がいなければパナソニックはなく、豊田喜一郎がいなければ世界のトヨタはありません。

人々の暮らしを良くしようとして、情熱をもって自らの才能と財産をつぎ込む人たちがいるから社会は発展するのです。マルクス主義ではブルジョワ（新興階層）というと悪人の代名詞のように言われますが、腐敗した貴族政治に対抗して生まれた敬虔で、勤勉で、質実で、才能に溢れた人々が支えた保守的な起業家の階層です。富の再分配が仕事の労働組合だけでは社会の進歩はありませんし、労働者の代表が権力を奪って独裁しても、経済社会は発展しません。

中国は、「中国の特色ある社会主義」の看板を掲げ、共産党による独裁政治を維持しながら、経済だけ資本主義になりました。当初は労働者、農民を代表した清楚な雰囲気の共産党は、経済成長の後、金権腐敗の政党になり下がりました。今はまだ先進国に「追いつけ追い越せ」の段階です。アメリカ人の技術者は、自分たちはシェフだから散々苦労してレシピを作るが、中国人はコックだから人のレシピをまねて料理を作るだけで、追いつくのが速いんだと言います。

模倣は創造よりもはるかに簡単です。

しかし腐敗や強権政治といったレニニズム的共産党一党独裁の悪弊は、国の政治的生命力を奪います。共産主義国家第一号となり、アメリカと世界覇権を競ったソ連は、やがて立ち枯れて、内側から崩落しました。未だに指導層が独裁権力の特権にしがみついている中国が、自前の科学技術の発展を実現し、真に活力ある経済社会をつくれるでしょうか。その答えは、10年後の習近平の中国が出してくれるでしょう。私には、個人の自由を奪う社会が、永遠に発展するとは思えません。

国内の民主化と国外の植民地化

それでは、このような先進国、特に西側諸国の歴史のナラティブを、グローバル・サウスの人々が、そのまま素直に受け入れてくれるでしょうか。そう簡単ではありません。欧米各国も日本も、19世紀に入ると国内で民主化が進むのと並行して、対外的には植民地帝国の膨張への道を歩んだからです。まるでジキルとハイドですね。内面《うちづら》と外面《そとづら》が違いすぎるのです。

20世紀前半まで、欧米の先進国内の自由や平等という価値観は、肌の色の違うアジア人やアフリカ人には適用されないと考えられていたのです。戦争し放題の19世紀でしたから、征服されて主権を奪われて植民地に貶められると、国際社会の一員としての資格を失い、国際政治の主体から客体に貶められます。植民地にされたアジア・アフリカの国からすれば、今の西側先進工業民主主義国家こそ宗主国だったのであり、先進民主主義国家こそ、肌の色で人間を差別し、人権を蹂躙し、主権と尊厳を奪った国々だったではないかと思っているわけです。

このわだかまりを解かないと、私たちは自由主義社会を共に牽引するどころか、グローバル・サウスに自由主義や民主主義を根付かせることもできないでしょう。

1980年代後半のG7（米、英、仏、独、日、伊、加）は、全世界のGDPのほぼ70％を占めていましたが、今では50％を切っています。グローバル・サウスが大きくなってきたためです。この傾向が逆転することはありませんから、私たちがグローバル・サウスの国々をどんどん友人にしていかなければ、地球的規模で見た場合、西側の自由主義社会はどんどん縮小していくでしょう。西側の国々は今、大きな岐路に立たされているのです。

グローバル・サウスの友邦と共に自由主義的な国際秩序を支えていくには、彼らと共有できる世界史のナラティブが必要です。それは、地球的規模で見た人類社会が、氷河期の終焉から始まった農業社会から、18世紀の末から始まった工業社会へと移行する過程で、一つの共同体として倫理的に成熟してきたという壮大な人類史のナラティブでなければなりません。

現在、彼らと私たちの世界史観は、全く違います。先進国の多くは「産業革命以降、西側諸国は、次々と全体主義国家をなぎ倒し、その一部を取り込むことによって、自由主義的国際秩序を地球的規模で定着させてきた」と考えていますが、先ほど述べた通り、アジア・アフリカの人たちは「自由主義国家こそが、我々を蹂躙し植民地にして、世界史の日陰に追いやった宗主国である」と思っています。

その人たちに私たちと共に自由主義社会を支えてほしいというためには、西側諸国が「私たちは変わったのです。個人の自由意思に秩序と権力の正統性を求める私たちの価値観は、本来アジア・アフリカの人々と分かち合える普遍的なものなのです」ということを改めて説得して、理解を得なければなりません。西側もまた、20世紀の後半、民族自決を認め、人種差別を撤廃することにより、倫理的に成熟し、自らの価値観の普遍性を高めてきたのです。だからこそ、私たちは、今、地球的規模で普遍的な価値観を論じることができるのです。

アジアやアフリカの国々は、ガンジーやネルーによって率いられたインドのようなわずかな例外を除いて、銃を手にして独立を果たした後、手っ取り早い富国強兵を目指して独裁に走りました。しかし、20世紀末から、多くの国が民主化に向かって舵を切りつつあります。アジアでは、86年にフィリピン、87年に韓国、96年に台湾が民主化しました。ASEANの国々も一部が民主化しました。

独裁を抜け出したグローバル・サウスの国々に歩み寄って、自由主義的な国際秩序を支える責任を分有するタイミング、仲間になれるタイミング、それが今なのです。このタイミングを活かすには、何度も言うように、私たちと彼らの間に、共通の世界史、人類史のナラティブがなければなりません。

グローバル・サウスの人々との世界史の共有は可能でしょうか。実は、近代以降に生まれた国民史観は、国民的アイデンティティやナショナリズムに絡みます。20世紀後半に生まれた新興諸国は、まだ国民国家建設の途上にあり、国民的アイデンティティを確立させている最中です。ナショナリズムが横溢する近代化と建国のプロセスの真っただ中なのです。自己主張の強くなった青年と同じで、彼らと共通の世界史観を持つことは、とても難しい課題です。

しかしそれは必ず実現できます。なぜなら、人間は共に生きるように造られているからです。人類社会という一つの共同体を構想することは可能です。

現代は「第3のパンゲア時代」

話が少しずれますが、太古の昔、世界にはパンゲア（盤古大陸）という1つの大陸しかありませんでした。それが地殻変動により今の5大陸に分かれていきました。わずか200万年前に人類が登場し、1万年前の氷河期の終焉と共に、大河のほとりを中心に治水に優れた色とりどりの農業文明を起こすようになったのです。

バラバラになっていた人類を最初に地理的にまとめようとした（征服しようとした）のは、13世紀のチンギス・ハーンでした。ユーラシア大陸の大半がチンギス家の支配下に入り、アジアとヨーロッパが陸路でつながりました。16世紀の大航海時代に入ると、ヨーロッパ人が帆船を使って世界中に飛び出し、人類は海を通してつながるようになります。帆船によって人類が一つにつながったという意味で「第2のパンゲア時代」ともいわれます。南極大陸以外の大陸が海路と貿易で結ばれました。

工業化時代に入ってからは、巨大な国力を手にしたヨーロッパ人が、アジアとアフリカを武力で征服し、日本、タイ、トルコ、中国を除いて多くのアジア、アフリカの諸民族が欧米の植民地帝国に併呑《へいどん》されました。近代化、産業化に遅れ、民族意識の育っていないアジアとアフリカの征服は容易なものでした。日本もまた近隣の台湾や朝鮮半島を経営するようになりました。アジア、アフリカの国々は、やがて民族意識に目覚め、独立と自由を求めて、20世紀の中葉に次々と独立を果たします。国の数が第二次世界大戦終了時の50から現在の200に増え、世界はバラバラになったように思いがちですが、ところがどっこいで、世紀末に生まれたインターネットの登場にともなって世界中が光ファイバーの海底ケーブルでつながりました。世界がインターネットを通じて一体化した現代は、「第3のパンゲア時代」と言ってよいと思います。

現在、天文学的な量のデータが、距離の制約なく世界中に瞬時で伝達される時代になりました。この通信技術の劇的な向上は、地球的な規模で人々が情報を瞬時に共有することを可能とし、感情の共有ができる時代をもたらしました。

現在、世界中の人々は、言葉は通じなくても、同じ映像を見て共感することを実感するようになりました。ヒナをかばう親鳥や、溺れる子象を救う大人の象たちなどの動画に、多勢の人たちが「いいいね」を付けているのを見れば、愛、仁、慈悲、兄弟愛、実存、優しさなど、呼び方こそ違いますが、人間が深い優しさを共通の道徳感情として持っていることが確認できます。無数の「いいいね」は、人類共通の普遍的な道徳感情の存在を証明しているのです。

それは、私たち一人ひとりが生まれながらにして愛や良心を持っており、だからこそ人間の尊厳は絶対的に平等であり、一人ひとりの自由な意思こそが権力の正統性の原点であるという自由主義的な価値観が、いわゆる先進国にとどまるものではないということを証明しています。世界中の人が愛や良心を生まれながらにして持っている。善と悪を生まれながらの道徳感情によって理解できる。この当たり前のことを無数の「いいいね」が示しているのです。

人類社会の倫理的成熟とそのヒーローたち

振り返れば、20世紀は本当に残酷な世紀でした。その中葉まで2度にわたり世界大戦が起きて数千万人が死に、共産圏では暴力的な革命や、毛沢東の大躍進のような過激な農業集団化等の過程で数千万人が死に、また、数十億の人々に対する不当な人種差別や植民地支配がまかり通っていたのです。ナチスドイツのヒトラーや、カンボジアのポル・ポトのジェノサイドもありました。

私たちがこうして当たり前と思っている自由主義的な社会は、誰にも記憶されずに歴史の闇に流れ去った夥しい数の人々の犠牲の上に、つい最近、それも20世紀の末近くになって、ようやく地球的規模で成立したものなのです。

自由と平等といった価値観を、世界的規模で押し広げた英雄は誰でしょうか。彼らの英雄譚が、新しい世界史のナラティブの中核になります。20世紀中葉、愛と真実（サティヤグラハ）を掲げ、インドを支配していたイギリス人が当然視していた人種差別や植民地支配が人間の真実に反するという強いメッセージを発したのが、インドのガンジーです。

また、アフリカ系アメリカ人に対するアメリカ内のひどい制度的人種差別に憤り、非暴力に徹しながら命を懸けて戦ったのがキング牧師です。聖人と呼ばれる人々です。2人とも、卑劣な暗殺者の犠牲になりました。しかし、彼らの発したメッセージは世界中に広がり、今日の私たちの常識となっています。彼らの名前は、不朽の命を与えられました。

それ以前、19世紀には、リンカーン[*6]大統領が奴隷制を廃止しました。彼もまた、暗殺されましたが、不朽の名声を残しました。また、ネルソン・マンデラ[*7]南アフリカ大統領は、最後に残った人種差別の牙城であるアパルトヘイトを引きずり倒した男として世界史に名を刻みました。

21世紀の末、20世紀最大の偉人たちとして名前が挙がるのは、第二次世界大戦を指導したルーズベルト米大統領、チャーチル英首相、ドゴール仏大統領でしょうか。そうかもしれませんが、私は、やはり聖人のガンジーや、キング牧師だと思います。彼らのお陰で今の多様性を尊重する自由主義的な価値観が、アジア、アフリカを貫いて地球的規模で存在しているからです。

＊6　エイブラハム・リンカーン

1809〜1865年。アメリカの政治家。第16代大統領。南北戦争時に奴隷解放を宣言。「人民の人民による人民のための政治」というゲティスバーグ演説が有名。南北戦争の終結、アメリカ統一へ導いた。

＊7　ネルソン・マンデラ

1918〜2013年。南アフリカ共和国の政治家。南アフリカ共和国大統領。反アパルトヘイト運動を指導し、国家反逆罪で終身刑の判決を受ける。27年間の獄中生活の後、1990年に釈放される。

聖人ばかりではありません。この他、50年代、60年代に、自由や独立を求めて立ち上がった人々が、何を考え、何を求めていたのかを知ることは重要です。日本人は、先進国ばかりを見てきましたから、アジアの人々のことをあまり知りません。康有為（中）、孫文（中）、蒋介石（中）、毛沢東（中）、李登輝（台）、ファン・ボイチャウ（ベトナム）、ホー・チ・ミン[*8]（ベトナム）、ホセ・リサール（フィリピン）、アギナルド（フィリピン）、チャンドラ・ボーズ（インド）、ネルー（インド）、スカルノ[*9]（インドネシア）、スハルト（インドネシア）、アウンサン将軍（ミャンマー）、朴正煕（韓）、金大中（韓）などのアジアの英傑たちが、暗闇の中から光を求めて何をもがいてきたのか、何を求めてきたのか、私たちはもっと知るべきです。そこには独裁や強権政治と言った過ちが含まれます。しかし、彼らが自分の国を自分の足で立てるようにしたのです。

＊8　ホー・チ・ミン

1890～1969年。ベトナムの政治家。初代大統領。ベトナム建国の父。第二次世界大戦中にベトナム独立同盟会（ベトミン）を組織し抗仏・抗日活動を展開した。

＊9　スカルノ

1901～1970年。インドネシアの政治家。初代大統領。インドネシア建国の父。植民地時代（オランダ領東インド時代）にインドネシア国民党を結成し独立運動を指導。

　例えば、インドネシアのスカルノが、日本敗戦の日、ジャカルタの旧海軍前田精少将の公邸で、皇紀2605年8月15日と日付を打った独立宣言を起草したとき、彼の胸の中を去来していた思いは何だったのでしょうか。ホー・チ・ミンが、アメリカに対フランス戦争への支持を求めて断られたとき、彼は何を考えて、フランスに、そして超大国のアメリカに対して銃を取ったのでしょうか。軍事クーデターを起こして民主主義を抹殺し、しかし、漢江の奇跡と呼ばれた韓国の経済発展を実現した朴正熙[*10]は、日本の陸軍士官学校や満州国での軍務をどのように思い出していたのでしょうか。私たちは、何も知りません。

　地球的規模での自由主義的国際秩序の創成と成熟は、先進民主主義工業国家群だけが牽引したわけではありません。20世紀前半の戦争という暴力の否定、20世紀後半の民族自決運動によ

＊10　朴正熙
（パク・チョンヒ）

1917〜1979年。大韓民国（韓国）の政治家、軍人。第5代から第9代大統領。1961年クーデターにより軍事独裁政権を樹立。日本との国交樹立、ベトナム戦争への参戦、開発独裁による経済発展などを推し進めた。2013年に韓国初の女性大統領となった朴槿恵（パク・クネ）は娘にあたる。

る植民地支配の崩壊、肌の色や性別などに基づく差別の禁止、そして20世紀全体を貫いて見られた全体主義的な独裁政治の否定があって、初めて生まれたのです。言い換えれば、それは人類全体の道徳的成熟によって進展してきたのです。

グローバル・サウスの新興国の勃興は、18世紀末からイギリスに始まった人類全体の工業化、近代化、そして民主化という人類の歴史の新しい章が、まだその展開の途上にあることを示しています。農業文明という水の文明から、工業文明という火の文明に移り変わるプロセスは、巨大な絵巻物が次々と次のシーンを描き出していくように、18世紀末のイギリスから数世紀にわたって世界中に広がり展開し続けています。

200年前に始まった工業化の第一陣に乗り込んだ米欧日の国々の覇権時代は終わりました。今、アジア・アフリカの国々が2世紀遅れて工業化に邁進しているのです。人口の多いアジアの国々は、これから先発組の中規模国家をどんどん追い抜いていくでしょう。今は中国の台頭がかしましく論じられますが、次は、インドやASEANが力をつけて国際秩序の階段を駆け上がってきます。今世紀後半になれば、アフリカ大陸が離陸するでしょう。そうしてようやく3世紀にわたった人類全体の工業化、近代化、民主化の歴史が終わるのです。

22世紀の中葉、人類の工業化の歴史の最後に立ち上がってくる人類社会は、個人の尊厳と平等を前提にして、一人ひとりが良心と自由意思に基づいて、公の議論によってルールを作っていける地球的規模の自由主義社会であってほしいと願います。

このような世界史のナラティブをグローバル・サウスの友邦と共有することが、自由主義社会を支えていくために必要だと思います。

世代による価値観の違い

日本自身は、先に述べたような世界史のナラティブを共有できるでしょうか。21世紀の今を生きている若い日本人には、自由主義的な歴史観は、特に抵抗なくすっと頭に入っていくと思います。令和を担当する若い世代は、人種差別も、植民地支配も、ソ連共産党も知りません。生まれながらにして自由主義者であり、21世紀の自由主義的国際秩序をしょって立つリーダーたちです。堂々と胸を張って、自分の信じるところに従って生きてほしい。地球的規模で人類に貢献できる国際人になってほしいと願います。

彼らに先行する昭和、平成の日本人は、世代によって価値観や歴史観が大きく異なります。大日本帝国を知る戦中派世代から戦後の左翼世代へ、そしてさらに自由主義世代へと世代交代が進む中で、日本人自身も、自らの価値観や歴史観について決着をつけねばなりません。それは、日本が自由主義社会のリーダーとなり、世界政治においてリーダーシップを取るために、避けては通れない道なのです。

現代日本の国民的歴史観といえば、歴史作家の司馬遼太郎の歴史小説がすぐに思い浮かびます。大日本帝国は、満州事変辺りから軍部の専横が始まっておかしくなったが、明治や大正の日本は立憲主義、民主主義、富国強兵の立派な国だったというものです。ただし、日本近代史、日本国民史の色彩が強く、世界史という感じはしません。

これに対し、戦後すぐの世代は、平和主義とマルクス主義の影響が強く、独特の歴史観を持っています。アメリカ、ソ連といった連合国による日本の完全非軍事化方針は、戦前の日本のイメージを軍国主義一色に塗りつぶしてしまいました。左翼世代の日本人の中にも、戦前の日本は軍国主義一辺倒だったと思い込んでいる人がおられます。

また、戦後一時期、一世を風靡したマルクス主義的な歴史観は、資本主義社会を糾弾する立場から、日本の近代を帝国主義、それ以前を封建主義として切り捨てます。明治以降の日本を、強欲な資本に駆りたてられて、日清戦争、日露戦争、日中戦争、太平洋戦争と突き進んだ帝国主義国家として切り捨てます。しかし、それは司馬遼太郎が正当に指摘するように、明治や大正の日本の民主主義の発展や、マルクスのドイツよりも、レーニンのロシアよりも、はるかに長く豊かな近代以前の日本の歴史を無視した見解です。

戦後、既に70年を越えました。日本人自身も、国家や国土のみならず価値観さえ崩壊させた敗戦の経験や、東西冷戦の重圧がもたらした価値観や歴史観のイデオロギー的分断を終わらせ、自分自身が納得する世界史のナラティブを持ち、そこを立ち位置にして日本の近現代史を捉え直す時代に入っていると思います。

今、60代以下の日本人は、高度経済成長下の日本しか知らず、福祉国家を実現した日本しか知らず、人種差別も、植民地支配も終わった後の世界しか知りません。もう少し若くなると、最早、東西冷戦もソヴィエト連邦も死語となった世代です。彼らは皆、堂々たる自由主義者、民主主義者であり、胸を張って、世界史の波頭に立つ世代です。彼らは、今の自分の価値観から振り返って、どういう歴史観を持つでしょうか。それは、左翼世代の後継世代である私たちの自由主義世代が答えを出さねばならない問題です。

日本は、アヘン戦争での清国の敗退を見て、植民地化の恐怖におののき、急激な欧化、近代化へと突き進みます。明治維新で天皇親政の復活と同時に四民平等を実現し、近代的日本人のアイデンティティを創り出し、立憲主義、民主主義、国民国家、富国強兵に成功した後、大正デモクラシーへと向かっていきます。また、猖獗《しょうけつ》を極めた欧州勢の帝国主義の毒気に当てられた日本は、当時のヨーロッパ諸国と同じように、植民地帝国として国外へと膨張しようとしました。当時は当然視されていた弱肉強食と適者生存の国際政治観にはまったのです。近代日本も欧米先進国（かつては帝国主義国家と呼ばれました）と同様、国内の自由主義の浸透及び民主化と、対外的な力による拡張という両面を持っていたのです。

明治維新によって急速に国力を上げた日本でしたが、獰猛な欧米諸国がアジアの国々を植民地支配していく様を見て恐怖に総毛立ちます。特に、帝政ロシアの南下が大きな脅威でした。日本は、日清戦争、日露戦争で帝政ロシアの脅威を押し返すと、第一次世界大戦の途中から、日本の外交の先生だった大英帝国を見習って拡張主義のまねごとをしようとします。それが対華21カ条要求です。これを主導した加藤高明外相は、決して軍国主義者ではなく、外務省きってのイギリス通でした。これは辛亥革命を経て民族意識の芽生え始めた中国の激しい反発を招いて挫折します。

大日本帝国滅亡の直接の原因となった本格的な拡張主義は、昭和前期の満州事変以降の陸軍を中心とした中国大陸進出の動きに出てきます。1930年代に入ると、軍人によるテロやクーデター未遂事件が相次ぎ、世相が荒れる中で、軍部の専横が始まります。

「現状打破」の動き

1929年の大恐慌以降の先進国は、米英仏蘭やベルギーなどの広大な植民地を持ち、自給的経済圏を作り得る国々（現状維持派で「持てる国」と言われました）と日独伊のような植民地の小さな新興国家（現状打破派で「持たざる国」と言われました）の格差を歴然とさせました。新興の日独伊で「現状打破」が叫ばれるようになります。

現状打破が叫ばれたのは、国際政治においてだけではありません。多くの国の国内政治においてもそうです。当時、ヨーロッパ諸国の国内では社会格差が大きな問題となり、第一次世界大戦中に立ち上がった世界初の共産主義国家であるソ連のイデオロギー的影響が、急進的社会改革を求めるヨーロッパにこだましていました。その中で、革命を唱える共産主義だけではなく、ナチズムやファシズムといった急進的な国家社会主義を掲げる政党が人気を集め、ポピュリズムに乗った独裁権力が生まれやすくなっていました。急進的な社会改造と格差是正を求める政治的主張は、大恐慌後の日本でも大きな影響があり、エリート集団である軍部の青年将校たちを政治化させました。

国内的にも、国際的にも、急進的に現状打破を唱える思想が流行しました。革新、維新、思想、改造という言葉が流行ります。熱に浮かされたような雰囲気の中で、昭和前期の日本人の多くが、自給的経済圏獲得を夢想するようになりました。それを武力で実現しようとしたのが、関東軍の引き起こした満州事変です。満州事変はいったん塘沽（タンクー）協定で停戦に向かいますが、１９３７年以降、全面的な日中戦争が勃発します。

アジアの解放という大義

その後、日本は、欧州における第二次世界大戦開戦の2年後、ハワイの真珠湾を攻撃して、第二次世界大戦に参戦しました。日本軍は、米領のフィリピンはもとより、ヒトラーとの戦いで疲弊しきっていた英仏蘭のアジアの広大な植民地を一瞬で崩落させました。この頃、満州、朝鮮、台湾に東南アジアを加えて大東亜共栄圏にするという発想が出てきます。

当時、戦争の大義に悩んだ東条英機内閣の外相重光葵《まもる》は、世界から尊敬された親イギリス派の外交官です。重光は米英が戦争の大義を掲げた大西洋憲章を意識して、大東亜会議を開催して欧米植民地勢力からの武力によるアジアの解放を戦争の大義に掲げました。しかし、軍部の謀略で満州を武力で奪い取り、日中戦争という泥沼にはまっていた日本が、武力を用いた「アジアの解放」を訴えても、説得力はありませんでした。日本のおかげで独立を果したインドネシアやミャンマーのような国々の中には、一部に日本を評価する声もないわけではありませんが、フィリピンや中国のように悲惨な戦場となった国には強い反日感情が残りました。

敗戦によって灰燼に帰した日本では、権力の真空の中に冷戦の冷気が流れ込み、国内政治に深い分裂が生まれます。政府と与党自民党は西側に深く軸足を踏み入れました。しかし日本の国会は、3分の1の議席を東側に軸足を置いた社会党と共産党に押さえられたために、冷戦の期間中、米ソ対立をそのまま反映して、安全保障政策を巡って政府与党と野党の間に激しい対立が生まれました。戦後の安全保障政策を巡る争いは、戦後日本の思想的、イデオロギー的アイデンティティを巡る争いでもありました。

日本の安全保障政策は、しばしば国会周辺での労働組合や学生活動家を中心とした大規模な集団示威行動によって翻弄されました。日本の左派勢力は、アメリカが主導する自由主義圏に加わることを拒否して、中立を主張しました。さらに彼らは、非武装を主張しました。ただし、当時の中立とは、日米同盟破棄と同義でした。日米同盟を破棄して、非武装を進めれば、結果はソ連の衛星国家となるしかありません。今から振り返れば、非武装中立は荒唐無稽な安全保障政策に見えますが、冷戦の初期、東側陣営に軸足を置けば、当然の主張だったのかもしれません。

戦後の西側諸国の変貌

私たちが自由主義的な世界観、歴史観を持つために乗り越えるべきなのは、東側陣営に軸足を入れた左翼世代の歴史観だけではありません。保守派の一部にも、自由主義的な世界観、歴史観を偽善だと考えるシニア層があります。

敗戦の結果、日本の保守層の一部に強い反欧米感情が出ました。その理由は何でしょうか。終戦直後は、植民地支配も人種差別も終わっておらず、むしろ連合国に回った英仏蘭といった国々は、アジアの植民地再征服の動きを見せていた頃です。アメリカは早々にフィリピンに独立を与えますが、フランスはベトナムに、オランダはインドネシアに、イギリスはマレーに銃を持って再征服に帰ってきました。

東京裁判で日本の拡張主義を罰せられたと感じた保守的な日本人は、日本の敗戦後、ヨーロッパ人が再び堂々とアジアを再征服しようとするのを不条理であり、欧米人の正義は偽善だと感じたのです。

日本敗退の後、自由主義的な国際秩序は、地球的規模ではまだ生まれておらず、むしろ、ヨーロッパ人は植民地帝国の復活を目指したのです。敗戦後、日本は、アジア人の主権と自由を踏みにじったからではなく、アジア人の主権と自由を踏みにじっていた欧米植民地帝国を破壊したが故に罰せられたのです。シニアな日本人の中には、それを不条理だと考える人が多いのです。このわだかまりが東京裁判批判につながっていきます。

ところが20世紀後半に入ると、時代は大きく良い方向へと急激に変転します。民族意識がアジアやアフリカの国々に育ってきたからです。一旦、民族意識に目覚めて「国民」になれば、お百姓さんの子供でも、漁師さんの子供でも、国家と自分を同一視して、国家のために銃を取ることもいとわなくなります。これが初期の近代的「国民」の姿です。

目覚めたアジア人は非常に数が多いので、次々とヨーロッパ人を追い払っていきます。ガンジーが大英帝国の王権のくびきを外してインドを独立させ、ベトナムは300万人の同胞の命を引き換えにして、宗主国フランスと超大国アメリカをインドシナ半島から叩き出しました。国連を通じたアメリカの介入を得て、インドネシアはオランダ軍を追放しました。ASEANの国々がどんどん独立していきました。

20世紀後半には、西側諸国も大きく変わりました。皮膚の色に価値や差別の根拠を置くという醜い思想が消えていきました。全ての人間に尊厳を認め、多様性を重視するようになったのです。カウボーイハットを被った白人スターが、襲い掛かるアメリカ先住民(かつては「インディアン」と呼ばれていました)を馬車から次々と撃ち殺すのが1950年代のアメリカ映画でした。今から思えばとんでもない話です。それが今では、多くのハリウッド映画では、ヒーローがインド系やアフリカ系の女の子で(ヒーローというよりヒロインですね)、白人や東洋人の男の子がその後に従って悪党を倒すというものになりました。多国籍チームが銀幕上で活躍する時代です。

公民権運動の後のアメリカのイメージは、肌の色に関係なく、ニューヨーク・シティやサンフランシスコで、アメリカンドリームを夢見る世界の若者たちが活躍する国へと変貌していきました。

日本の自由主義世代の登場

敗戦後、日本人が心の底にわだかまりとして持っていた植民地支配と人種差別への反感が、20世紀後半になると、日に当たった霜のように溶けてなくなってしまいました。私は1959年生まれですから、ちょうど私たちの世代が物心つく頃です。

日本人の価値観の揺らぎも徐々に収まっていきました。終戦直後には、戦前の軍国主義化への反省と平和主義が強く出ました。冷戦が本格化すると、当時の日本は高度経済成長以前でしたから、ソ連共産主義のイデオロギー的影響が強く出ます。国民皆保険、福祉国家日本は、まだありませんでした。共産主義を掲げるソ連と中国を支持する社会党及び共産党と、自由民主主義を掲げてアメリカを支持する政府、自由民主党によって、国内政治が真っ二つに分断されます。この思想的分断の克服は、戦後日本の大きな課題でした。

終戦直後の日本人の中には、「理想の社会をつくるために必要なのは急進的な社会改造だ。議会制民主主義などまどろっこしい」と考える社会党、共産党、官公労などの急進的革新派の人たちと、吉田茂総理をはじめとする古典的な自由主義への信奉者の対決でした。前者がソ連側に、後者がアメリカ側に付きました。両者の対立が構造化されたのが、55年体制と呼ばれる自民党対社会党・共産党が対峙する国内政治体制です。

このように国内が割れる状況になったのは、実は日本だけです。東西ドイツ、南北朝鮮、台湾と中国、南北ベトナムのように分断された国々とは違い、日本は幸いにして敗戦国でありながら国土の分断はありませんでした。しかし、東西冷戦のせいで国内政治が分裂してしまったのです。これほど激しい国内政治の分断は、他の西側諸国の中にはありません。

米国民主党、イギリス労働党、フランス社会党、ドイツ社会民主党は労働組合の利益を代弁しますが、皆、安全保障上は、西側の一員、NATOの一員です。しかし、日本では野党側の軸足は共産圏の東側にありました。そのため、日本は、安全保障や歴史問題、価値観にコンセンサスを持てない国になってしまいました。中曽根総理が1980年代に「日本は西側の一員だ」と言ったときには、「日本は中立だ」という批判の声が上がったほどです。

マルクス主義を奉じる左派勢力からすれば、そもそも資本主義は悪であり、共産革命以前の資本主義時代、あるいは、その前の封建時代は否定されるべき存在でした。そこに冷戦期の日本再軍備反対、日米同盟反対というソ連の利益が入り込みます。ソ連の利益を代弁した左派勢力は、日本の再軍備を「戦前の軍国主義の再来」だと批判しました。戦前の日本がすべて悪だったかのようなイメージがあるのは、この国内冷戦によるプロパガンダ戦の影響も多分にあると思います。

その後、1960年代の高度経済成長と自民党政権による国民皆保険制度の導入は、日本人の自意識を一億総中流、経済大国、福祉国家へと変えていきました。焦った過激な左派の三菱重工爆破事件や、浅間山荘立てこもり事件、連合赤軍による内ゲバ・リンチ殺人事件という暗い事件が続き、日本国内冷戦の東西天秤は、徐々に西側へと傾いていきました。1956年にフルシチョフ・ソ連共産党第一書記が激しいスターリン批判を行い、1976年に鄧小平が毛沢東批判を行うと、共産圏の過酷な政治の実態が少しずつ外の世界に知られるようになりました。

私のように、この頃に生を受けた人間は、思想改造とか革命という言葉が急速に色あせた時代しか知りません。さらに進んで80年代のバブル経済に浮かれた時代になると、最早、日本中に労働争議の赤旗が翻り、トロイカや黒い瞳やカチューシャのようなロシア民謡が街角にこだましていた時代は、想像することさえ難しくなっていました。

地球的規模のリーダーシップを取れる国へ

1991年に冷戦が終結し、社会党が崩壊して、イデオロギー対立の制約から解放された日本は、西側に軸足があることを鮮明にし、現実主義に大きく舵を切っていきます。今では日本が西側の一員であることは常識になっていますが、実は中曽根総理まで、これを日本外交の旗印にしようという総理大臣は出ませんでした。

まだ敗戦国という負い目があったのでしょう。国会における社会党、共産党や左派メディアの反発も怖かったのだと思います。今からは想像もできませんが、メディアも、中曽根総理の以前は、産経新聞以外は、ほとんどが左派政党寄りの論調でした。今のように、右から産経、読売、日経、毎日、朝日、東京（あるいは地方紙に影響の強い共同通信）と、新聞の論調にグラデーションが出るのは、中曽根総理の時代以降です。これは、当時の国民世論のグラデーションをそのまま映しています。国民意識も変わってきていたのです。

中曽根総理は、レーガン米大統領の盟友となり、国際的指導者として認められましたが、まだ敗戦国の負い目を引きずっていました。世界史の波頭に立とうとされた中曽根総理でしたが、当時は未だ「戦後政治の総決算」と声高に言わなければならない時代でした。

冷戦が終了すると、東西対立の二極の磁場から解放された日本は、国内の思想的分断を克服し始めます。戦後日本のアイデンティティ問題は、冷戦の影響で安全保障問題、憲法9条問題と密接に絡んでいました。戦後の日本人のアイデンティティは、安全保障政策を巡って大きく分裂していたのです。しかし国内の分断が克服されるにつれて、安全保障政策が現実主義的なものに変化していきました。

第1章でも述べましたが、冷戦終了直前の1990年に、イラクのサダム・フセインという独裁者が隣国のクウェートを併合しようとして侵略します。既にレーガン大統領の率いるアメリカとゴルバチョフ書記長の率いるソ連の関係は改善に向かっており、国連安保理も機能し始め、アメリカは同志国を募って反撃に出ます。このとき、憲法9条の制約から自衛隊派遣はできないと思い込んでいた日本は、ガソリン税を上げて2兆円（130億ドル）を絞り出し、同志国に供出しました。

しかし、国際社会の対応は非常に冷たいものでした。同志国は数十カ国ありました。小さな国の軍隊もたくさんやってきて砂漠の陣地に国旗を掲げていました。「役に立つ、立たないではない。経済大国と言われる日本が、国際正義が蹂躙されているときに、お金だけで済まそうというのか」という冷たい反応が返ってきたのです。

1990年の湾岸戦争は、日本は憲法9条があるのだから、軍事や安全保障の国際責任からは免除されているという独善的な思い込みが、厳しい現実に突き当たった瞬間でした。それから日本政府は、「国際貢献」という旗印の下で、自衛隊を派遣して、安全保障上の責任も果たさなくてはならないと真剣に考えるようになりました。

90年代に入り、冷戦が終結すると、私たちが自由で平和な暮らしを享受しているこの自由主義的な国際秩序を守ることは、再び大国となった日本として当然の責任であり、安全保障、経済、価値観の三本柱の国益を定義して、応分の負担を引き受けよう、国際政治のリーダーシップを取ろうという現実主義的な外交への転換がなされたように思います。先に述べたように、国連平和維持軍への参加が始まり、北朝鮮の核危機に対応して日米ガイドラインが改定され、重要影響事態法が制定されて対米軍後方支援が可能となり、9・11同時多発テロ事件の後は、インド洋で給油作戦を担当してアフガニスタン戦争に加わりました。

価値観外交と戦後70年総理大臣談話

世紀が変わると、前述したように、日本外交に価値観を前面に押し出した外交が出てきます。第一次安倍政権の麻生太郎外相が「自由と繁栄の弧」というスピーチの中で、価値の外交を押し出したのも、この流れがあってのことです。安倍晋三総理がインド国会で行った「二つの海の交わり」演説は、その後世界中に広まったインド太平洋戦略の原点となりました。

特に、その後、安倍総理が打ち出した「自由で開かれたインド太平洋」構想は、世界的に大きなインパクトがありました。自由主義社会はヨーロッパで始まって、大西洋を越えて南北アメリカ、さらに環太平洋に広がってきました。今、民主国家として力をつけているインドを取り込めば、自由主義秩序が大西洋、太平洋、インド洋と、地球をぐるりと包み込む規模になるからです。地球的規模で自由主義社会のリーダーシップを取ろうという日本が打ち出すのにふさわしい構想でした。

今日、自由主義的国際秩序が確立し、その中でリーダーシップを取ろうとする日本は、明治から令和までの日本の歩んだ曲がりくねった道を、今の私たちの立ち位置から見て、再度、光を当てて評価し直す必要があります。戦後、国内政治の分断に苦しんだ日本は、長い間、「自らの過去と決着をつけられない国（Japan cannot come to terms with the past）」という国際的な評判に甘んじてきました。それを克服する時です。それは日本が自由主義国家として指導的役割を果たすために、どうしても必要な知的営為なのです。

安倍総理が、戦後70年談話で試みたのは、こういう新しい歴史観を次の世代に提示することでした。それは高度経済成長時代に物心がつき、自由主義社会の一員となり、さらにリーダーとなった新しい日本人のアイデンティティを生み出す作業でもありました。戦後初めて、自由主義社会のリーダーとして国際的評価を確立した安倍総理にふさわしい談話でした。戦後70年談話は、国民の強い支持を得て、安倍政権の支持率は急上昇しました。国民もまた、新しい歴史のナラティブを待っていたのです。巻末に掲げますから、ぜひ、一読してみてください。

この談話が出された後、たまたま日本を訪れていたベトナム代表団の女性外交官が、首脳会談の後、総理官邸で代表団を離れて安倍総理のエレベーターに飛び込んできました。そこで突然、安倍総理に向かって「70年談話をありがとうございました」と言いました。戦後70年談話の新しい歴史のナラティブは、アジアの人々の心にも刺さっているのだと感じました。

第4章 安定と安全がもたらす国際社会の平和

Stability and Security

安定と安全は異なる。歴史的な国際秩序の変遷を把握し、
近代国家の成立の背景を知ることで、
各国のアイデンティティが持つ意味も理解可能になる。

安定と安全の違い

ここから外交、安全保障の本体の話に入ります。第1章でも述べましたが、平和の実現には安定（stability）と安全（security）が必要です。この章では、主に安定について話します。言葉は似ていますが、安定と安全は別のものです。

安全とは、例えば家にたくさんの鍵を取り付けたり、護身用の銃や刀を買ったりするのと同じです。分かりやすいですね。

一方、安定は、国家間において派閥間の力関係のバランスを図ることで、特定の国の力ばかりが大きくなって拡張主義に走り、秩序が不安定化しないようにすることです。生存競争があまり激しいものになり、生存そのものが脅かされるときには、途中でバランスを取って安定を図るのが群生の動物の本能です。国家間の権力闘争も、会社の中の派閥抗争も、政党の派閥抗争も、それは同じです。無限に戦う動物はいません。どこかの段階で人間は争いを止め、バランスを取ろうとし始めます。それが安定です。

世界政府のない分権社会の国際社会では、この安定が一つの価値になります。時には、別の重要な価値である少数民族の民族自決が、周辺の大国の力関係を不安定化させるとして抑え込まれたりします。クルド人問題や、中国のウィグル人問題、チベット人問題や、今の台湾問題もそうですね。残念ながら、現在の国際社会の限界の一つです。

人は生き延びるために権力を立てて、リーダーを選び、序列をつくって権力体を構築します。通常、権力を追求する集団は複数できて、リーダーを狙う者は競争させられることになります。競争しなければ、強く賢明なリーダーを常に確保できないからです。

しかし、複数の集団のぶつかり合いが果てしなく続けば、やがては殺し合いになってしまうので、どこかのタイミングで常識が働いて、力関係のバランスを取り、安定を目指すようになります。安定させる方法としてよく見られるのが、競争順位の1位と3位、あるいは2位と3位のグループが連合するケースです。これが勢力均衡といわれるものです。不思議なことに1位と2位の連合は決して起きません。両雄並び立たずです。

国際社会でも、いかに国家間の権力関係を安定に持ち込むかは、大きな課題の一つです。安定それ自体が平和をもたらすからです。

日本国内の場合は、警察権力が確立しており、治安が確保されているので、そもそも安定が価値だという発想が起きません。しかし国際社会は分権社会なので、競争、闘争、手打ち、その後の権力均衡、そして秩序の安定という流れが繰り返されます。

国際社会において、均衡を用いて安定を図る方法を一番研ぎ澄ましたかたちで発展させたのは、ヨーロッパ人です。アメリカの国際政治学者で、国務長官も務めたヘンリー・キッシンジャー氏は、権力均衡を切り口に近代国際政治を説明した名著『国際秩序』の中で、ヨーロッパ型の権力均衡方式の原型はウェストファリア型国際秩序だと書いています。

ウェストファリアは1648年、ドイツ30年戦争の講和条約が結ばれた地で、条約にもその名が付けられました（ウェストファリア条約）。30年戦争は、ドイツ国内の宗教戦争がヨーロッパ中を巻き込んで大戦争になりましたが、講和条約では約300を数える諸侯の領邦をそれぞれ主権国家として認め、並列化することで均衡を図りました。教皇の権力は抑えられ、多数の主権国家の絶対君主が、力関係の釣り合いを取りながら全体の平和を守るかたちになったわけです。ヨーロッパでは、長い間、ウェストファリア型の国際秩序が、均衡と安定を図るための考え方の基盤となりました。

日本にも、室町時代のような群雄割拠の時代がありましたが、最後は信長、秀吉、家康が天下を統一しました。しかしヨーロッパは武力統一されたことがありません。ナポレオンも、カイザー（ヴィルヘルム2世）も、ヒトラーも失敗しました。第二次世界大戦後、欧州連合ができるまで、約500年間、ヨーロッパ人は戦争をしては均衡を図るということを繰り返し続け、権力関係の枠組みが営々と組み替え続けられてきたのです。実際、ヨーロッパ人は、まるで日本の室町時代が大正時代まで続いたかのように、ひっきりなしに戦争を繰り返していました。戦争上手になるはずです。

入れ替わる世界の主人公

この５００年におよぶヨーロッパ戦国時代には、次々と大きな権力関係の組み替えが発生しています。台風の目となる主人公も頻々と入れ替わります。まずは大航海時代、スペインとポルトガルが台頭してきます。彼らはレコンキスタ運動（キリスト教勢力による失地回復運動）で後ウマイヤ朝をイベリア半島から追い出し、続いて、オスマン帝国に支配された地中海を制覇することを諦め、アジアの富を求めて大西洋に飛び出しました。マゼランは西回りで太平洋を横切ってアジアに達し、バスコ・ダ・ガマは東回りで喜望峰（ケープタウン）を回ってインド洋を横切りアジアに達しました。

コロンブスが新大陸に到達して、そこをインドと勘違いしたという話は有名ですが、初めて見たアジア系の先住民に対するスペイン人、ポルトガル人の対応は苛烈でした。彼らの豊かな文明を破壊し、金銀を奪い、貿易を独占し、鉱山や農場で奴隷労働を強制しました。ラス・カサス[*1]のように良心に激しい痛みを感じたキリスト教の聖職者たちが人道的立場から異議を申し立て、「インディオは人間か」という議論が真剣に戦わされていました。ポトシ銀山で発見された銀は、まさにインディオたちを絶滅の危機に追いやった奴隷労働によって掘り出され、スペインを欧州一の強国に押し上げたのです。

それにチャレンジにしたのがイギリスです。植民地帝国としてのイギリスは、最初はカリブ海で砂糖を作ったり、奴隷貿易をやったりしてカリブ海帝国へと変貌していきますが、それを可能にしたのが、１５８８年にドーバー海峡でスペインの無敵艦隊を打ち破ったアルマダの海戦でした。かなりツキもあったと思います。その後、イギリスが新大陸貿易を取り仕切り、海洋国家として国力を付けるようになりました。イギリスを追いかけるのがスペインから独立したオランダで、以後、海洋に活路を求めたイギリスとオランダが世界で勢力圏競争を繰り広げます。

　カルヴァン派[*2]の新教徒が作ったオランダは小国ですが、カトリックを奉じる宗主国ハプスブルク・スペインと80年にわたる独立戦争を戦って勝利をおさめ、百戦錬磨の軍隊を抱えていま

＊1　バルトロメ・デ・ラス・カサス

1474〜1566年。スペインの聖職者。スペインによるインディオ虐待を告発し、植民者に土地の支配と先住民の強制的労働を許すエンコミエンダ制に反対した。

＊2　カルヴァン派

予定説、禁欲的な信仰生活を強調し、勤労を推奨したジャン・カルヴァンの主張に基づいたプロテスタント主義の一派。

した。オランダが香料諸島などスパイスの取れるインドネシアを押さえると、イギリスはマレーに追い出され、インドに目を付けます。香料諸島の住民はほぼ絶滅させられたと言われています。イギリスがインドを押さえると、フランスが追い出されてベトナムに目を付けます。この間、一貫してロシアは急速にユーラシア大陸を南下していました。

ヨーロッパでは勃興するイギリスを押し潰そうとする動きが出てきました。アメリカ独立戦争です。この戦争では、フランスもスペインもオランダも、アメリカを助けてイギリスに対抗する側に回りました。アメリカの独立はワシントン将軍が頑張ったということもありますが、反英の欧州勢力に勝たせてもらったというのが実情です。

このように18世紀頃になると、ヨーロッパでは突出した国を周りの国が抑える傾向が顕著に見られるようになってきます。イギリスの次に叩かれたのが、フランスです。フランス革命後に起こるナポレオン戦争（１７９６～１８１５年）では、当初、軍事の天才ナポレオンが周辺の君主国家が介入してくるのを跳ね返していました。しかしこれが逆に周辺国を団結させる結果となり、最後は旧態依然とした君主国連合（神聖同盟）に押し潰されてしまいました。

フランスの次に台風の目になったのはドイツです。鉄血宰相ビスマルク[*3]がその立役者です。ビスマルクが岩倉遣欧使節団に、国際法など守って何になる、国際政治は所詮力なのだと言った話は有名です。１８７１年にはプロイセンが普仏戦争に勝って、ベルサイユ宮殿の中でドイツ帝国建国が宣言されます。ウェストファリア条約当時から分かれていた小さな領邦国家がまとまると、ドイツの人口は当時のフランスより多くなり、一気にヨーロッパ最強の国にのし上がりました。強国の仲間入りを果たしたドイツは、第一次、第二次世界大戦で欧州での覇権を握ろうと試みますが、双方ともヨーロッパを荒廃させただけで、失敗に終わっています。

二度の世界大戦で欧州諸国が疲弊しきると、アメリカとソ連という2つの超大国が存在感を増していきます。どちらも国土が広くて資源が豊富なので、産業革命以降、超大国化する資格がありました。ただし、ソ連は、急進的な共産党独裁を掲げていたために、アメリカの価値観と正面からぶつかり、米ソという二大戦勝国の対決は、第二次世界大戦後の半世紀に及ぶ冷戦へとつながっていきます。核兵器の登場によって、米露間には相互核抑止が成立し、第三次世

＊3　オットー・フォン・ビスマルク
1815〜1898年。ドイツ（プロイセン）の政治家。軍備増強を図り、普墺戦争、普仏戦争に勝利。ドイツ統一を達成した。

界戦争は起きませんでしたが、地球を二分した冷戦は、1991年のソヴィエト連邦崩壊まで続きました。

戦後の国際秩序はどう変わったか

第二次世界大戦後、冷戦中にも、国際社会の力関係、均衡の構図は刻々と変わっていきます。まず敗戦国の日本、西ドイツ、イタリアは、自由主義を掲げる西側に組み入れられ、後のG7(先進民主主義工業国首脳会議)を支えるメンバーになっていきます。日本では吉田茂総理、ドイツではアデナウアー首相が、豪胆にも西側への急カーブを切りました。この二人が並び称される理由です。共産圏では建国後の発展に焦る中国の毛沢東がソ連のスターリンに急速に接近します。第二次世界大戦時、中国(中華民国)で日本と直接戦っていたのは国民党を率いる蒋介石であり、スターリンも蒋介石を支援していましたから、スターリンが戦後直ちに共産党の毛沢東に支援を切り替えたことは、毛沢東にとっては、何物にも代えがたくありがたいことだったでしょう。毛沢東はスターリンにすがりながら、1949年の中華人民共和国建国に漕ぎ着けます。

しかし、中国とソ連の蜜月は短いものでした。スターリンの次にソ連の指導者となったフルシチョフ第一書記が、1956年の党大会でスターリン批判を行ったのが、その原因です。毛沢東はスターリンを信奉して中華人民共和国を建てたので、モスクワがスターリン批判をするようになっては中国共産党の思想的拠り所がなくなり、独裁的な手法で建国中の中華人民共和国の動揺を招きかねません。毛沢東は、フルシチョフを修正主義者と呼んで厳しく批判し、その後、中国とソ連は先鋭に対立するようになりました。

1969年、毛沢東はウスリー川のダマンスキー島に攻め込みましたが、ソ連の本格的な反撃に遭います（中ソ国境紛争）。ソ連の6個師団がモンゴルに配置され、「北京も蹂躙されるのではないか」という不安から、毛沢東は西側に急接近し始めます。これが1972年の米ニクソン大統領の訪中や、日中国交正常化の背景です。ここからしばらくは、西側と中国が手を組んで、ソ連に対立するという構造になります。

このとき、忘れがちなのがインドの立ち位置です。インドはチベットで起きた反乱をきっかけに、1962年に中国に攻め込まれています（中印国境紛争）。その頃には中ソ対立は始まっていますから、インドはソ連に近づきます。対中牽制ということで、近づかざるを得なかったのです。インドは、表向きは非同盟主義を掲げてはいたのですが、「背に腹は代えられない」ということだったのでしょう。特に、最新鋭の武器を購入するには、ソ連に接近するしかありませんでした。日中・米中が接近する反作用で、インドはますますソ連側に追いやられていきます。これが冷戦後期の構図です。

この構図は１９９１年にソ連が崩壊し、弱体化したソ連に台頭する中国が再接近して激変します。中国は19世紀以降、北方のロシアと海洋側の日米欧勢力にはさまれ、悩まされてきました。毛沢東は最初はスターリン、次にニクソンと、組む相手を替えて二正面を敵に回さないようにしてきましたが、突如、北方のソ連の圧力がなくなりました。中国はこの機を逃さず、４０００㎞の中露国境を画定して北方の大陸側の脅威を除き、同時に、海側の日米同盟を中心とするアメリカの勢力圏への対決姿勢を強めたために、米中大国間競争が始まり、世界の権力構図はまた一気に変わることになりました。

立ち位置を探す国、インド

リーマンショックが起きた２００８年以降、中国経済は著しく巨大化し、その後の10年間でＧＤＰは日本の4倍にまで伸びました。10歳の子供がいきなり20歳になったような感じです。残念なのは李克強のように、幅広い教養を持ち、おそらく自由主義者社会に憧れのあったであろう共青団のエリートではなく、狭隘《きょうあい》なイデオロギーと強権政治で共産党の統制力復活を狙う復古主義型リーダーの習近平が最高指導者になったことです。

今の中国は、イデオロギー的には毛沢東時代に先祖返りしつつあると思います。復古主義的な習近平は、市民社会やマーケットとの共存など考えたこともなく、強権しか共産党の支配力強化の方法を思いつかないのでしょう。香港の自由を弾圧し、チベット、ウィグルで少数民族を弾圧しています。それは第一次、第二次世界大戦を勝ち抜き、冷戦でソ連を下して、全体主義を駆逐して自由主義を守ったと自負するアメリカを強く刺激しました。ついに、米中両国が、地球的規模のリーダーシップをかけて、価値観対決を含んだ大国間競争に突入する時代になったのです。それが現在の米中大国間競争時代です。

またインド、ASEANも大きく成長してきました。日本をはじめとして西側先進国は相対的な縮小傾向が続いています。GDPを見れば、ASEANだけで日本の75%にも

GDPの推移（予測）

（単位：10億ドル）

	2024年		2025年		2026年		2027年		2028年	
順位	国名	GDP	国名	GDP	国名	GDP	国名	GDP	国名	GDP
1	アメリカ	27,741	アメリカ	28,766	アメリカ	29,903	アメリカ	31,092	アメリカ	32,350
2	中国	20,881	中国	22,408	中国	24,036	中国	25,722	中国	27,493
3	EU	18,513	EU	19,283	EU	19,990	EU	20,613	EU	21,111
4	日本	4,526	日本	4,731	日本	4,923	インド	5,153	インド	5,575
5	ドイツ	4,446	ドイツ	4,635	ドイツ	4,822	日本	5,077	日本	5,344
6	インド	4,062	インド	4,403	インド	4,766	ドイツ	4,947	ドイツ	5,044
7	ASEAN5	3,620	ASEAN5	3,879	ASEAN5	4,148	ASEAN5	4,431	ASEAN5	4,732
8	イギリス	3,375	イギリス	3,574	イギリス	3,793	イギリス	4,016	イギリス	4,245
9	フランス	3,019	フランス	3,133	フランス	3,233	フランス	3,322	フランス	3,391
10	イタリア	2,218	ブラジル	2,322	ブラジル	2,449	ブラジル	2,588	ブラジル	2,759

ASEAN5はインドネシア、マレーシア、フィリピン、タイ、ベトナム
出所：IMF資料を基に作成

なっています。インドも日本を猛追しています。あと10年もすれば、日本はインドやＡＳＥＡＮに経済規模で抜かれるのです。彼らの政治的、経済的比重が増大するからこそ、インド、ＡＳＥＡＮをどう西側の自由主義社会に取り込むのかが問題となってくるのです。最早、インド、ＡＳＥＡＮ抜きの戦略は考えられません。

インドは今、激動する米中露関係を見ながら、懸命に戦略的立ち位置を探しているところだと思います。60年代初頭に中国に攻め込まれてソ連に近づいたものの、そのソ連は91年に崩壊しました。

ロシアは、その後一旦は、中国やインドといった新興国の台頭に伴うエネルギー価格高騰で息を吹き返しますが、今回のプーチン大統領によるウクライナ侵攻で、今後、決定的に国力を落としていくでしょう。ウクライナ戦争の帰結次第では、西側のウクライナの安全保障へのテコ入れや対ロシア制裁は続くでしょうし、そうなるとロシアはますます中国にすり寄らざるを得なくなるでしょう。ロシアと中国は、決してお互いに信頼し合っている関係ではありません。特に、チンギス家に蹂躙され、三世紀近くモンゴル帝国に朝貢の礼を取らされたロシア人は、中国人の弟分になることに強い忌避感があります。カザフスタンへの影響力を巡っては、既に中露間のさや当てが始まっています。しかし、最早、ロシアは、たとえジュニアパートナー（弟分）になっても、中国に接近せざるを得ないほど追い詰められています。

中国に強い警戒感を抱き続けているインドとしては、ロシアの凋落と対中接近を見て、これからどうすべきか考えているはずです。巨大化する中国を牽制するためには、中国の隣国である大陸国家のロシアとの関係は切るに切れないけれども、凋落し、対中接近するロシアにいつまでも頼ってばかりもいられず、今後はもう一本の軸足を西側にも差し込もうというのがインドの戦略だと思います。

インド人は自らを、東西どちらにも与しない非同盟、グローバル・サウスのリーダーだと言ってきましたが、その実、「我々はグローバル・サウス諸国の頂点にいて、もうすぐ先進国へと抜け出る国である。やがては先進国クラブの横綱になり、世界を睥睨《へいげい》するリーダーになる。早晩、アメリカ一強支配は崩れて、自由主義世界は多極化する。そのとき、アメリカに次ぐ国際秩序の柱はインドだ」、そう考えているのではないでしょうか。

ロシアの凋落がもたらすもの

一方、ウクライナで愚かな戦争を始めたロシアは凋落するでしょう。今でもGDPはカナダと同じくらいのサイズで、日本の2分の1です。中国と比べればほぼ10分の1に過ぎません。ロシアの人口も1億5000万人と、日本よりやや多いくらいしかいません。国土だけが広く、資源も多いのですが、ほとんど人が住んでいない極寒の地ばかりです。

シベリアの草原は特殊な空間です。大陸というよりも大海原に感じが近く、数千年の間、定まった国境もなく、遊牧民族が数千㎞にわたって自由に移動していた空間なのです。男子は武装して馬に乗り、女子は家財道具を積んでラクダに乗り、数十頭の羊を連れて草原を渡り歩くのが彼らの生活です。時折、軍事的才能に優れたリーダーが出ると、チンギス・ハーンやチムール大帝のように、騎馬軍団を駆使して大帝国をつくることがあります。中国北方の契丹や遼もそうですが、騎馬民族国家とは、移動する遊牧民の武装集団のことなのです。彼らは私たちが想像するように、明確な国境の内側で、城を築き、川の水を引き、土を耕して農耕にいそしむような人々ではないのです。シベリアは、遊牧民の大地でした。

軍事的才能に長けたモンゴル・チュルク系の彼らは、実は、欧州勢による地球分割以前、満州族の清、チュルク族のオスマン帝国、モンゴル系チムール帝国末裔のムガール帝国、長いモンゴル支配を脱したロシアのリューリック朝とロマノフ朝と、ユーラシア大陸を席巻していたのです。エジプトやインドに見られた奴隷王朝も、要するにチュルク系の傭兵の王朝ということでした。

モンゴル・チュルク系の騎馬民族が支配していたシベリアの大地に、初めて西から逆流して侵入し、広大な大地を征服したのが帝政ロシアです。帝政ロシアが不毛なシベリアの大地で膨張しても、当初は誰も関心を払いませんでした。しかし、ユーラシア大陸をどんどん南下してくると、インドと中国を押さえた大英帝国とロシアの間で、ユーラシア大陸の覇権争いが引き起こされます。グレート・ゲームです。

産業革命以前には毛皮採集以外に何の価値もなかったシベリアの大地が、産業革命以降の工業時代になると、石油や天然ガスなどをはじめとする資源豊富な宝の大地になります。ロシアは、広大なシベリアの大地を征服することにより、工業化時代の超大国になる資格を手に入れたのです。今も世界のガス・石油の輸出市場の3割はロシアが押さえているので、エネルギー市場では非常に存在感のある国です。

ロシアを可哀想に思うのは、未だに国民に明確に規定された近代的アイデンティティがないということです。ここで言うアイデンティティとは、集団への本能的な帰属意識であり、国民の価値観や正義観が収斂するシンボルのようなものです。共通の言語も有力なアイデンティティの要素ですが、国民的アイデンティティは、その国の歴史のナラティブの方により密接な関係があります。例えば日本は、欧米列強による植民地支配の恐怖、明治維新、天皇親政、四民平等、五箇条の御誓文、明治憲法、富国強兵、帝国議会開設、大正デモクラシーなど、今日の立憲主義的、自由主義的、民主主義的なアイデンティティにつながる歴史を持っています。

しかし共産圏のロシアにはそうしたものがありません。ロシアでは絶対帝政が終わってすぐ、共産革命へと移ったので、彼らは自由主義社会を全く知らないのです。共産主義はただの無神論のイデオロギーであって、暴力革命を肯定しますから、人の心に沁み込むことができません。共産主義は、ロシア国内の多民族を糾合できるようなアイデンティティにはなりませんでした。人間の魂の芯に触れるもの、「愛」や「仁」などの基本的な道徳感情と結びつくものでなければ、アイデンティティの核にはなり得ないのです。ソ連邦は分裂しました。ユーゴスラビアも分裂しました。チベット人、ウィグル人、モンゴル人を弾圧する中国も、同じ道を歩んでいるように見えます。結局、「ソ連人」「ユーゴスラビア人」は生まれてこなかった。「共産中国人」もおそらく生まれないでしょう。共産主義を掲げる多民族国家で、国民的アイデンティティが生まれたことはないのです。

これに比して、全く共通の民族的、歴史的背景がない人たちがアメリカ合衆国をつくったにもかかわらず、「アメリカ人」は生まれました。アメリカ人のアイデンティティには、天賦人権を掲げるアメリカ憲法が強烈な中核的要素となっています。

近代国家が成立するとき、多くの国民が自身のアイデンティティ創出に悩みます。そのとき出てくるのがナショナリズムです。多くの場合、古い神話を持ち出して、人工的に自分たちのルーツに係るナラティブを作り出します。工業化、近代化の過程で大規模に団結する「国民（la nation）」が生まれるから、「ナショナリズム（le nationalism）」が生まれるのです。フランス革命を彷彿とさせるフランス国歌「ラ・マルセイエーズ」は、フランスに生まれた近代的「国民（la nation）」の歌です。農民や漁師の子供が、国家に忠誠を誓い、国家と自分を同一視し、兵士になり銃を取り始めるのは、近代になってからです。「国民（la nation）」が登場し始めた後に出てきた現象です。近代国家形成期は国力が旺盛な時期なので、ナショナリズムはしばしば対外的な拡張主義に結びつきます。

プーチン露大統領は、ソヴィエト連邦が「ソ連人」というアイデンティティの創出に失敗して崩壊した後、「ロシア人」というアイデンティティを確立させようとしているのです。その過程で「大ロシアの復興を目指す」と言い始めました。そして「ロマノフの大地は絶対に譲らない」と唱えて、独立国家となった

キーウ大公国

ウクライナを奪いにいきました。ウクライナ首都のキーウ（キエフ）は、キーウ大公国の生まれた場所で、ウクライナのみならず、ロシアにとっても建国の地なのです。特に、ウクライナ東部には、ロシア人に近いウクライナ人も多く住んでいます。

しかし私たちが信念にしている自由主義の考え方では、「かつてその土地に誰が住んでいたか」どうかではなく、「今、住んでいる人」の自由意思が重要です。「そこは先祖代々ウチの土地だ」と難癖をつけて攻め込むことは許されません。そんなことを言えば、ロシアの大地は、ほとんどモンゴル人に返さなければならないでしょう。歴史も大切ですが、現在、住んでいる人々の自由な意思を尊重しなければなりません。それが自由主義的なものの考え方です。

ところがプーチン大統領は、相変わらず共産革命輸出に似た戦争をしていて、ウクライナに攻め込んで軍政を敷くと、直ちに住民に踏み絵を踏ませます。「ロシアに協力するか」と聞いて、拒否する住民を殺害してしまう。あるいは、投獄してしまう。実際にウクライナのブチャでは虐殺に走ってしまいました（ロシア軍がウクライナ侵攻の中、ブチャで大量虐殺を行ったとされている）。あるいは未だ頭の中が真っ白な子供を親からさらって、ロシア人として教育しようとする。こうしたことは世界中の誰も支持しません。

ウクライナ侵攻は、西側の支援を受けたウクライナ側の勝利で終わるでしょうが、それはウクライナが奪われた領土の一部を取り戻すという意味で、モスクワが降伏することはありません。それどころかウクライナの占領地域を一部手元に置いたまま、プーチン大統領は「ロシアは勝った」と言うかもしれません。将来、ロシアがウクライナを再侵略する恐れが払拭されることはありません。ロシアに対する西側の制裁は終わらず、ウクライナの安全保障への西側支援も、たとえ停戦が成立しても、一層強固になっていくでしょう。ＮＡＴＯ諸国によるウクライナのバックアップが強くなり、ますますロシアの凋落が進むことになります。そのＮＡＴＯは、スウェーデンとフィンランドを加えてさらに拡大しています。

味方がいなくなったロシアは、ジュニアパートナー（弟分）になってでも中国にすがりつかざるを得なくなり、その反動で、インドは、今後ますます自由主義社会に軸足を移すことを、真剣に考えるようになるでしょう。

今、ＮＡＴＯは、冷戦終結後に新たに加盟したバルト三国、ポーランド、チェコ、スロバキア、ルーマニア、ブルガリアからなる対露正面の強化に入っています。また、これから加盟してくるフィンランドやスウェーデンを軍事的に支えていくことになるでしょう。冷戦後、ソ連という共通の敵を失い立ち枯れていたＮＡＴＯが、プーチン大統領の暴虐により軍事機構として息を吹き返すのです。皮肉な話ですが、日本としては、アメリカのリーダーシップと西側の強固な団結を見て喜んでばかりはいられません。アメリカの国力が欧州に割かれ、台湾正面が手薄になるのが心配なところです。

アイデンティティとナショナリズムがなぜ必要か

国民のアイデンティティとナショナリズムの話が出たので、少々付け加えて説明しておきましょう。ナショナリズムは、依然として現代国際社会を動かす大きな力だからです。

近代社会においては、農業社会から工業社会に移行する過程で、多くの地縁に基づく小規模な人間集団が融解し、近代的な国民国家を形成することになります。近代的「国民（la nation）」の登場です。そのとき、皆が共有できる国民的アイデンティティをつくり直す作業が必要です。

例えば、明治の日本では、長州藩、薩摩藩、会津藩など、藩への帰属意識しかなかった人々を、天皇親政を復活させた「日本」という国家に忠誠を誓う「日本国民」に変貌させることが必要でした。また、日本国民軍の建軍が必要でした。このとき、忘れてはならないのは、封建的な士農工商のカースト制を廃止して、四民平等を実現したことです。自由と平等が保障されたことで、当時の約３０００万人のエネルギーが解放されました。そうして全く新しい日本人が生まれたのです。

アイデンティティをつくり替えるに当たっては、国民に強烈な国民教育を施すわけですが、その過程でナショナリズムが強くなる傾向があります。新しく生まれた近代国家への帰属意識が急激に高まるので、少なくとも一時的に非常に排他的になる傾向があるのです。ほぼ単民族の日本ではあまり見られませんが、ヨーロッパや中東では、つい昨日まで、異民族同士が平和に暮らしていた街で、急に少数民族の虐殺が起きることがあります。

こうした現象は、近代国家になるプロセスで表層化する集団心理、群生の本能が原因ですから、必ず現れます。近代化の過程でかかる麻疹のようなものです。ナショナリズムの勃興期に現れる排他性という病気を上手に乗りきれないと、誤った民族的優越意識が生まれ、少数民族を差別したり、弾圧したり、あるいはやみくもに拡張主義に走ってしまう危険があります。

戦前、アジア各国が簡単に植民地化されたのは、国民国家（nation-state）になっていなかったからです。人々に「国民」であるという意識、つまり、覚醒した民族意識や国家への忠誠心が生まれていなかったからでしょう。ヨーロッパ人が現地の王様を恫喝したり殺したりすれば、比較的小さな兵力で、国全体を容易に奪えたのです。

しかし20世紀初頭からアジアにもナショナリズムが芽生えてきました。目覚めたアジア人は、もう絶対に植民地にはなりません。アメリカがベトナムに勝てなかったように、アイデンティティを持って近代的国民となった人間が千万単位で団結したら、欧米の植民地勢力よりはるかに強いのです。目覚めた民族を異民族が支配することは、最早、不可能です。

国民国家化、近代化は、どこの国にも必ず起きます。そのとき、ナショナリズムの台頭が起こります。アジアやアフリカで、今後、近代化する国が加速度的に増えていくでしょう。そのとき、ナショナリズムという病をどうコントロールするかは大切な問題です。これからグローバル・サウスでたくさんの国々が近代化し、経済発展に成功し、力をつけてきます。

それは歴史の必然です。その過程でナショナリズムが噴き出してきます。ただし、ナショナリズムの噴出は一過性の現象であり、アイデンティティの安定と共に、激しく排他的なナショナリズムも、時間と共に穏健な愛国主義へと成熟していきます。だから国際協調が可能であり国際社会の利益となり得るのです。だからこそ、現在の自由主義国際秩序を守ることが、どれほど彼らの国益に資するかを理解してもらわねばなりません。それは近代化に先駆けた私たち西側の国々の責任であると思います。

第5章

対中大戦略の構築

Grand Strategy for China

中国はいかにして経済成長を遂げ、現在の巨大な中国になったのか。
中国とどう向き合い、どう国際的な安定を図っていくべきだろうか。

天からすべてを与えられる中国皇帝

20世紀前半まで、世界を植民地支配したヨーロッパ諸国を中心とした力関係、その勢力均衡が国際社会全体に大きな影響を及ぼしていました。20世紀後半は、米ソ両超大国が冷戦を構えて、世界を東西両陣営に分断していました。昨今では、アジア諸国が力をつけ、特に、急激に巨大化した中国の動向が、世界の関心事になってきました。本章では、その中国とどう向き合い、どう国際的な安定を図っていくべきかについて話したいと思います。

まず、日本から見た中国とはどういう国でしょうか。その歴史をおさらいしておきましょう。

14世紀から17世紀半ばまで、ユーラシア大陸の東に存在していた明朝を破って、草原の騎馬民族である満州族が建てた国が大清帝国です。当時の中国は現代のような民族意識がありませんから、紫禁城(故宮)を取ってしまえば、中国全体が取れたのです。明が弱体化する原因を作ったのは豊臣秀吉です。秀吉の朝鮮出兵に対応したのは朝鮮の宗主国の明でした。二度にわたる戦乱は明を疲弊させ、李自成の乱で明は自滅します。その力の真空に入り込んできたのが満州族です。人口比は、中国を100とすれば、日本が10、満州族が1です。大清帝国の太祖ヌルハチにしてみれば、棚から牡丹餅だったのではないでしょうか。

中国人は、古来、「中原を制して中国皇帝になった者は、天から天下のすべてを与えられる。

周辺の王たちは皇帝の徳を慕って自ら服従し、朝貢する。服従しない者は化外の地の蛮族だけである」というビザンチン皇帝のような王権神授の発想をします。正式な朝貢の儀式においては、朝貢国は中国皇帝に対して「三《さん》跪《き》九《きゅう》叩頭《こうとう》の礼（３回跪《ひざまず》いて９回土下座する）」が求められます。イギリスや日本は、これを拒否していましたので、紫禁城には入れてもらえませんでした。対照的に、朝貢国家として中華秩序で高位を占めたのが朝鮮王朝です。

中国から見れば、産業革命前の貧しいヨーロッパ人には何の関心もありませんでした。イギリス初の使節団（１７９３年 マカートニー使節）が貿易を求めて乾隆帝に面会したとき、乾隆帝は「お前たちから買うものは何もない、好きなものを買って帰れ」と言い放ったといいます。

それから１００年ほどの間に、イギリスでは産業革命が起こり、国力は完全に逆転し、アヘン戦争で清はイギリスに敗北を喫することになりました。アヘン戦争の衝撃は、日本や清国を近代化に向けて大きく動かし始めます。当時、日本と清は、共に近代化に向けて格闘を始めていました。日本では文明開化、和魂洋才を掲げて、欧米の科学技術の導入が始まります。同じように中国では洋務運動が起こります。これは和魂洋才ならぬ中魂洋才といったもので、西洋の政治思想や政治体制から切り離して、西洋の技術だけを切り花のようにして輸入しようとしたのです。曽国藩や李鴻章といった乱世の名臣が現れ、中国の各地に船や武器の製造工場を建て始めました。

3番目の近代国家建設を図った日本

同じ頃、日本では佐久間象山、勝海舟らが熱心に西洋に学んでいました。好奇心と憂国の情にあふれ、幕末に次々と世界に飛び出していった日本人のバイタリティには驚かされます。明治維新が成就すると、新政府は幕藩体制を根底から覆し、全く新しい政治経済体制をスタートさせました。社会を完全に改造して、ゼロから近代国家をつくるという、劇的な近代国家建設を実地に移したのは、フランス、アメリカに次いで、日本が世界で3番目です。当時のヨーロッパは未だベル・エポックの時代で、ハプスブルク家、ホーエンツォレルン家、ロマノフ家も健在で、王政が存続する国が多い中、早々に徳川幕府を倒した日本は、世界史的にもかなり早い段階で全面的な社会改造という大実験をやっていたわけです。

日本がラッキーだったのは、この時期、ヨーロッパが民主主義に向かっている最中であり、技術と共に自由主義思想も入ってきたことです。これが五箇条の御誓文、帝国憲法、帝国議会、大正デモクラシーへとつながっていったと言えます。

明治維新の成功を傍目で見ていた中国では、「いくら洋務運動をしてもだめだ。技術の輸入だけではなく、政治体制を根本的に入れ替えないと本当の改革は望めない」という声を上げ始める人々が出ました。大同思想で有名な康有為[*1]をはじめ、梁啓超[*2]、章炳麟[*3]といった知識人の面々です。多くが日本を手本に取りました。しかし彼らの目論見は失敗に終わります。なぜ失敗したのか。それは巨大な清がなかなか倒れなかったからです。

清はイギリスの仕掛けたアヘン戦争や、農民の反乱である白蓮教徒の乱（1796年）、太平天国の乱（1851年）などで国内がひどく混乱し、英仏露独等の欧州列強による領土蚕食が始まっているにもかかわらず、なかなか倒れませんでした。国が大きいだけではなく、李鴻章や曾国藩のような清末の英雄が出て活躍したためでもあります。清は、老いた巨象が前膝をつき、やがて横転して倒れるかのように、ゆっくりと倒れていったのです。

辛亥革命が起こった翌年、1912年になって清はようやく滅び、中華民国が建国されます。1912年といえば明治天皇崩御の年です。つまり日本が自由主義的な欧州の憲法体制を導入

＊1　康有為（こうゆうい）
1858〜1927年。清末〜中華民国初期の思想家。政治家。変法自強を唱え、政治改革を試みた。反改革派である西太后によるクーデター（戊戌の政変）により日本に亡命し立憲運動を推進した。

＊2　梁啓超（りょうけいちょう）
1873〜1929年。清末〜中華民国のジャーナリスト。政治家。康有為に師事し変法自強運動に参加。戊戌の政変で日本へ亡命し立憲運動を推進。

し、国を挙げて富国強兵に突き進んでいる時期、衰退する清はまだゆっくりと滅亡に向かって進んでいたということです。中華民国建国後も、実際には、北方には軍閥が割拠して内乱状態が続きます。1920年代には、中華民国の執権党である国民党と新しく生まれた共産党が中国をさらに分裂させていきます。国民党も、共産党も、普通の政党というよりは、内乱を戦う軍事組織になってしまいました。

不幸なことにその頃、ヨーロッパでは全体主義が台頭し始めていました。共産主義、ナチズム、ファシズムです。近代国家建設に焦る中国の人々は、それを見て「これからの時代は、急進的な全体主義の時代だ」と思ってしまうわけです。ゼロから伝統ある中国社会をつくり直すとなったその瞬間に、欧州ではやり始めた全体主義の影響を大きく受けてしまったのです。ナ

＊3　章炳麟（しょうへいりん）
1869〜1936年。清末〜中華民国の思想家、政治家。戊戌政変を受け日本へ亡命する。「国学」を唱え大きな影響を与えた。

チズムとファシズムは終戦と共に消えましたが、中国では勝ち残った毛沢東が、ソ連のスターリンからレーニン流の共産主義を輸入することになります。

コミンテルンからの指導の下、１９４９年に共産主義の国、中華人民共和国を建てたのが毛沢東です。しかしすぐに朝鮮戦争（１９５０～53年）に巻き込まれます。ソ連とアメリカの代理戦争にソ連側（北朝鮮側）として参戦せざるを得なくなったのです。毛沢東は領土確保には真面目で、チベットやウィグル、内モンゴルも武力で確保した人ですから、「ここで参戦しないとソ連やアメリカに朝鮮半島を取られるかもしれない」という考えもあったのでしょう。

朝鮮戦争が終わると、フルシチョフと険悪になった毛沢東は独力で社会主義を具現化せざるを得なくなり、独自の「大躍進政策」を始めます（１９５８年）。これは強制的な集団農場化、工場化を大規模に行うものでしたが、結果は大失敗でした。むしろ生産性は低下し、農作物も不作で、この時期に数千万人が餓死したと言われています。

当然、毛沢東批判が起こり、国家主席の座を劉少奇に譲りますが、権力闘争の天才である毛沢東は、文化大革命の糸を引いて紅衛兵（毛沢東を支持する、青少年からなる組織）を煽り、秩序全体の破壊に打って出ます。政局の天才である毛沢東は破局の中に自分自身の復権、影響力強化の機会を見出そうとしたのです。文化大革命が続いた１９６６年からの10年、中国は大混乱し、国土も産業も教育も荒廃しきりました。

鄧小平の功績と習近平の登場

　その毛沢東が1976年に死去し文化大革命が終わると、合理的な鄧小平が登場します。何度も辛酸をなめながら不死鳥のようによみがえった彼は、胡耀邦と趙紫陽という若い改革派を党や政府の舵取りに据え、個人崇拝を禁止したり、党総書記の任期を5年2期に限定したりするなど、毛沢東のような極端な独裁的人物が二度と現れないように制度的予防線を張りました。鄧小平時代の中国は、毛沢東によってボロボロにされた国を、必死に建て直そうとしていたのです。鄧小平は、胡耀邦と趙紫陽という若手の改革派に中国の将来を託します。この頃はまだ、中国は繁栄の後いつか民主化するというほのかな希望がありました。

　ところが1989年、中国にとって不幸なことに、同じ共産国のソ連が崩壊を始めます。ソ連のゴルバチョフ共産党書記長の北京訪問で、ゴルバチョフから「新思考（ノーボエムシュレーニエ）」だの「情報公開（グラスノスチ）」といった話を聞いた中国共産党の保守的な幹部は、共産圏破滅の予感に怯えたことでしょう。同年、改革派だった胡耀邦が死去、その追悼に集まった学生や市民が民主化を訴え、党がこれに過剰反応した結果、学生たちは人民解放軍に虐殺され、天安門事件の惨劇が生じました。

　その後、鄧小平は、民主化への扉を固く閉ざしますが、経済の改革開放は蛮勇をもって推し進めます。天安門での武力鎮圧に異議を唱えた趙紫陽を外し、江沢民と胡錦濤を立てました。上海の江沢民派と北京の胡錦濤派（中国共産主義青年団（共青団）出身のエリート集団）という2大派閥を立てて均衡を図らせると同時に競争させ、近代化への道を歩もうとしたのです。

胡錦濤は中国共産主義青年団の出身のエリート、江沢民は商都・上海で力を付けた上海幇（上海グループ）の1人です。この2人の派閥を競わせ切磋琢磨させると共に、交代で政権に就かせ、経済発展を目指したのです。まずは疲弊した経済再生のために江沢民に国を任せました。朱鎔基首相という名伯楽を得た江沢民は、中国の成長を軌道に乗せることに成功します。

2002年には胡錦濤が交代で党総書記に就きますが、鄧小平は既に他界しており、両雄並び立たずのたとえ通り、胡錦濤の派閥は江沢民の派閥とぶつかるようになりました。三角大福（三木派、田中（角栄）派、大平派、福田派）が党内権力闘争にしのぎを削った昭和の自民党戦国時代と同じです。もっとも中国共産党内の権力闘争は、内ゲバに似てもっと苛烈でしょうが。

胡錦濤の政権運営は、江沢民派の掣肘《せいちゅう》を受けて、力を出し切れませんでした。経済成長は軌道に乗り、豊かさが実感されるようになると、党の支配が弛緩します。胡錦濤の任期が終わるとき、次の指導者を誰にするかで激しい権力闘争が生じます。胡錦濤派も、江沢民派も、自派閥の影響力を保とうとしますから、一方に有利な指導者の選出に反対します。こういうとき、神輿として担がれるのは、「彼ならいずれの派閥の脅威にもならないだろう」と思われる平凡な人材です。そうして選ばれたのが習近平でした。

習近平は最高権力者の地位に就くまで徹底して猫を被っていました。昔の彼を知る人で、彼が偉くなると予言した人はいません。皆、口をそろえて、大人しい人だったという評価です。ところが、習近平は、やがて本性を剥き出しにして、権力闘争の鬼になっていきます。彼は共産党内の権力闘争に天才的な冴えを見せました。出身派閥の江沢民派の周永康を解任して、彼が掌握していた検察当局を自身の手中に収めました。ほとんどの党幹部が家族ぐるみで巨額の汚職に手を染めていますから、検察を握った習近平には誰も逆らえなくなったのです。習近平は「蠅も虎も叩く」と豪語して政敵を威嚇しました。

リーマンショックでの西側経済の凋落を横目に、逞しく成長を続ける中国のGDPは、瞬く間に日本の4倍の大きさになりました。ところが、そのリーダーは先祖返りした習近平です。彼は叩き上げの中国共産党幹部で、中国政治に伝統的な苛烈な権力闘争しか知りません。力しか信奉しないところがあります。国際社会はこの事態にどう対応するべきでしょうか。

私たち西側諸国が習近平の中国に対応するに当たっては、習近平の政権の本質が復古的で、その発想がイデオロギー的に狭隘であることを考慮に入れなければなりません。また、極端な権力一極集中が実現しています。習近平の第3期の政治局常務委員の顔ぶれは、かなり特殊です。地方から引き上げた自分の息のかかった子分で固めているからです。日本なら組閣時、総理大臣は自分の出身派閥以外の派閥からも、バランス良く人を入れて挙党一致で政権を運営しようとします。しかし習近平は、ほぼ完全に自分の息のかかった人間で周りを埋めています。

「息のかかった人間」といっても、清水次郎長でいうところの大政・小政のような腕の立つ子分ではなく、昔、自分が地方にいたときの部下、秘書というような人物を政治局の常務委員に入れています。日本でいえば、岸田総理が広島の自民党県連から事務局の人を連れてきて内閣をつくるようなものです。今の習近平政権はそういう状況で、周りにイエスマンしかいません。親分の習近平が台湾で戦争をすると言ったら、皆、「親分についていきます」と賛同して、すぐに開戦になってしまうでしょう。

現代中国が抱える課題

この10年間、西側諸国は、その団結が危ぶまれていました。軍事に弱かったオバマ政権は、シリアの内乱やロシアのクリミア半島併合時に動けませんでした。トランプ大統領は「アメリカ・ファースト」を掲げ、さらにはイギリスがＥＵから脱退するなど、西側の団結に水を差す事件が次々と起こっていた時期です。しかしバイデン大統領の登場後、ロシアのウクライナ侵攻によって、西側の結束力は再び強固なものとなりました。これは習近平にはいい薬になっていると思います。

西側諸国全体を合わせると、その経済規模は中国の2倍の大きさになりますし、ここにインドやASEANを足すと、中国は決して追いつけません。これだけの大きさを持つ西側が団結すれば、強い立場から中国に関与することができます。

逆に、中国は国力のピークを迎え、少子高齢化に入っていて、国力は急速に縮み始めています。都市化が進むと子供の数が減るというのは世界共通の現象で、中国でも一時期は年間2000万人近い出生があったのが、今はその半分を切っています。一人っ子政策をやめ、政府が認める子供の数は3人までに拡大されましたが、それでも人口は増加に転じず、平均年齢も38歳とそれほど若くはありま

中国の人口と出生率

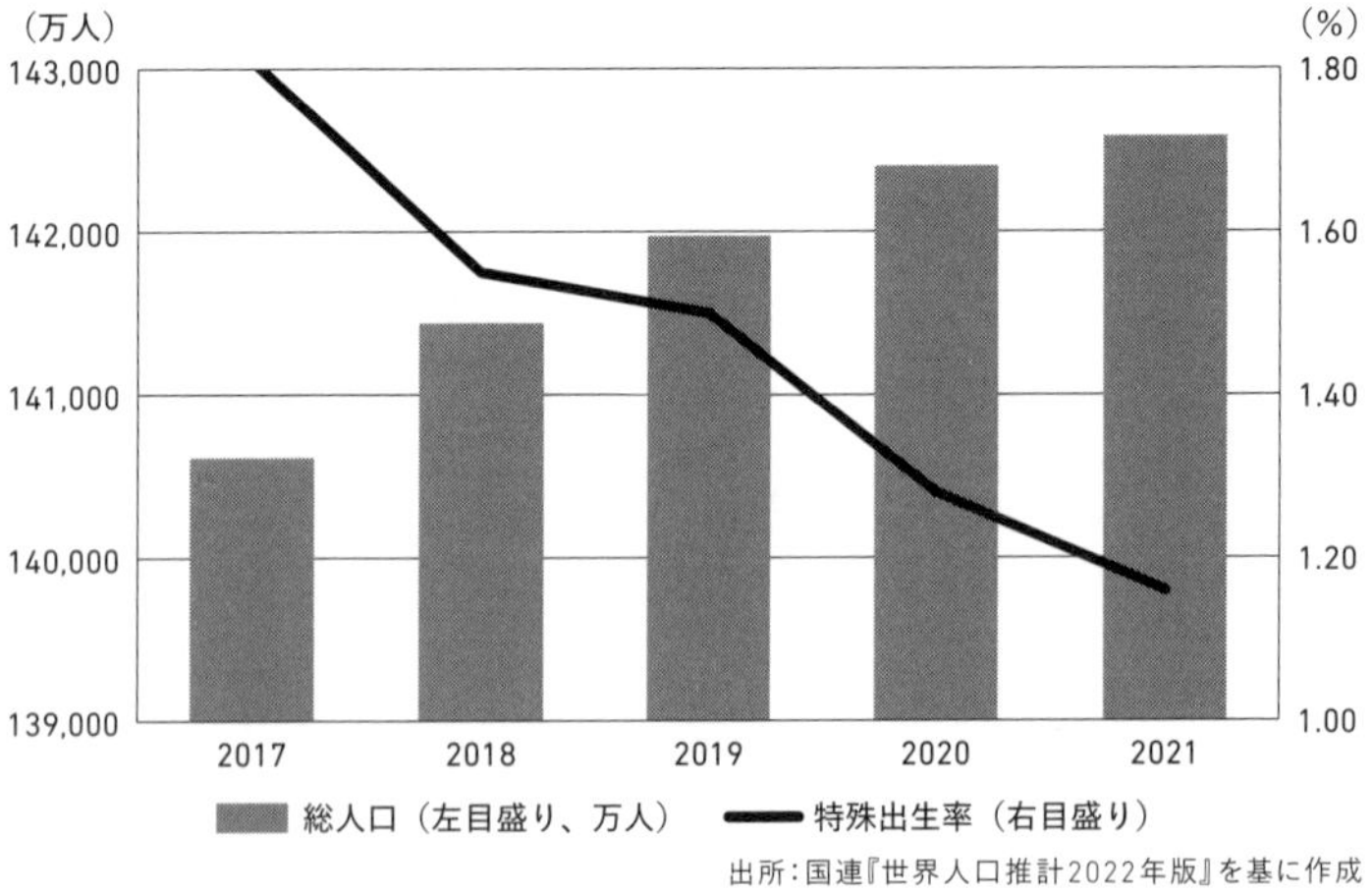

出所：国連『世界人口推計2022年版』を基に作成

せん（ちなみに日本人の平均年齢は48歳）。また労賃の上昇、米中経済対立の影響で、外国投資の流出も始まっています。例えば韓国のサムスン電子は、ベトナムなどに生産拠点を移しています。

コロナ対策として取った強烈なロックダウンの後遺症も大きい。地区をロックダウンして人々の日常生活に乱暴に介入すれば、さすがの中国人も反抗します。顔をマスクで隠して顔認証システムに捕捉されないようにした大勢の人々が、何も書いていない真っ白い紙を掲げて、「習近平、退場しろ！」と大声で叫ぶようになりました。この白紙デモに恐れをなした中国政府は、即刻、コロナ政策を変更しました。しかし、経済はなかなか上向きません。日本では、ようやく円安に助けられて、アベノミクスが目指したデフレマインド解消が始まりつつあり、物価も賃金も上がり始めましたが、中国では、逆に物価上昇率がゼロになってしまい、デフレが懸念されています（2023年7月現在）。締め付けすぎた経済が部分的に壊死して、ロックダウン解除後も動かなくなっているのでしょう。若年労働者の失業が懸念されています。GNPの3割を占める不動産業界も不調です。また、マーケット（市場）が党より力を持つことを決して許さない習近平の経済政策はアリババやテンセントのような大企業のエネルギーをゆっくりと奪っています。

中国には、アイデンティティ・クライシスと少数民族の問題もあります。ウィグル、チベット、内モンゴルなど、毛沢東が清時代の領土と少数民族を中華人民共和国に強制的に編入したことで、中国国内での少数民族問題は避けられない問題になってきています。本来ならこれをまとめるために、他民族の文明を許容するリベラルな「大中国」のアイデンティティをつくり直さなければなりませんが、前述した通り狭隘なイデオロギーに過ぎない共産主義はアイデンティティになりません。

そもそも江沢民時代に経済成長を始めて以降、中国共産党は貧しい農民の党から腐敗した金権政治の党に変貌してしまい、もう誰も昔の共産主義など信じてはいないのです。そこで出てきたのが「中華5000年の栄光」という復古的な漢民族ナショナリズムです。漢民族ナショナリズムは少数民族を疎外します。しかし、習近平は、北京に反抗する少数民族を、強制的に同化しようとして厳しく弾圧しています。弾圧されればされるほど、少数民族の抵抗心は燃え上がります。中国の少数民族問題は消えず、むしろますます先鋭化していくでしょう。

エレーヌ・カレール・ダンコースというフランスの学者は、冷戦が終わる10年も前に「少数民族が独立してソヴィエト連邦は分裂する」と自著『L'empire éclaté（崩壊した帝国）』に記しています。当時、それを読んだ私は「そんなことが起こるのだろうか」と疑っていましたが、実際にそうなりました。中国も、最後は似たようなことになるのではないでしょうか。

目指すべきは北京の民主化

いくつもの問題を内側に抱えた中国がこれ以上強くなって西側全体の総合国力を上回ることはないでしょうし、西側の総体としての国力も大きく落ちるわけではないので、西側が団結さえしていれば、中国に強い立場から関与することは可能だと思います。軍事だけでなく、地球環境、ビジネスなど幅広い分野で中国の関与を行い、常に外交の余地を残しながら、中国の針路をできるだけ良い方向へ変えていく、それが私たちの為すべきことでしょう。アメリカではこの幅広い関与政策を「統合抑止」と名付け、対中戦略として打ち出しています。

冷戦が始まった頃、アメリカの強硬論者の中には「ソ連を核で潰せ」と言う人もいましたが、国務省政策企画本部長だったジョージ・ケナンが悲惨な戦争になると言って、これを止めました。当時、彼は弱腰と批判されましたが、彼には「ソヴィエト連邦の独裁体制は3四半世紀で潰れる」という確信があったといいます。その確信は正しかったのです。同じように、現在の中国に対しても、西側の軍事的な勝利はありません。西側の勝利とは、何十年先になろうとも、北京の民主化以外にありません。

私が最近まで教えていた早稲田大学のアジア太平洋研究科のクラスにも、中国人の学生がたくさんいました。多少ナショナリズムの強い人もいますが、それ以外は日本人の学生と変わりません。「自由な日本で就職したい」と、日本への憧れを持っています。大使館の監視が厳しいので、決して口外しませんが、内心では自由に憧れているのです。

今の中国では、政治に触らず、批判せず、羊のように大人しく暮らしていれば、家族を守って幸せに暮らせます。まるでジョージ・オーウェルの『１９８４』の小説の世界ですね。しかし、中国共産党の強圧的な政治も、実は薄氷の上にあるのです。火山の上に座っているようなものです。目覚めた中国人がこれからどんどん増えていくので、今の腐敗しきった独裁体制が、永遠に続けられるとは思えません。いかに強圧的な政府でも、所詮、政府とは国民という大海に浮かぶ船にすぎません。

孔子は２５００年前に「人間社会には3つの大事なものがある。それは兵と食と信だ」と言っています。「その中で捨てるとしたら、どれを選ぶか」と問われた孔子は、まず兵を、次に食を捨てると答えています。「食べなければ自分は死ぬだろうが、人はいつか死ぬものだ。だが政治への信頼がなければ国が滅亡する」と考えていたのです。民心が離れた政府が潰れていくのは、大昔から変わらない政治の黄金律だということです。それを一番よく分かっており、恐怖心を抱きながらカレンダーを眺めているのは、実は孔子と同じ中国人の共産党幹部でしょう。私たちが共産化することは決してありませんが、賢明な中国人がいつの日か民主化することはあり得るのです。

第6章

台湾有事にどう備えるか

Prepare for Taiwan Contingency

分断国家として存在する2つの中国。
衰退する中国は、いつ台湾侵攻を始めるのか。
日本とアメリカが対処すべき「核の恫喝」とは。

台湾有事はいつ起こるか

第1章で少し触れましたが、今日、日本の安全を考える上で最大の問題は、台湾有事の可能性です。ロシアや北朝鮮と戦争になるとは考えにくいですが、中国と台湾の戦争に巻き込まれる可能性は否定できません。

台湾に限った話ではありませんが、域内最強の日米同盟がきちんと構えを取ることができるかが、巨大化した中国が冒険主義に踏み出すことを止め得るか否かの分かれ目になります。

現在、中国の経済力は日本の4倍、アメリカの75％まで伸びてきています。軍事費はアメリカの約7410億ドルには届きませんが、約3470億ドル（購売力平価を用いたドル換算）で日本の6倍以上（2023年）です。軍民融合下の不透明な開発費を足すともっと巨額になるのではないかと推測しています。これでは最早、アメリカを除くG7（日英仏独伊加）の防衛費を全部合わせても、中国の軍事予算規模に追いつきません。アメリカは、史上初めて、自国と対等の大きさの国と戦争になるかもしれないと思い始めています。ヒトラーのナチスドイツでさえ、アメリカの3分の1くらいの経済力でした。

台湾有事は起きるでしょうか。起きるとしたらいつでしょうか。ウクライナ侵攻が始まる前は、習近平が引退する頃、2030～35年にならなければ、米中の軍事力は拮抗せず、中国軍の準備が整わないだろうというのが相場観でした。最近はもっと時期が早まるのではないかと、アメリカは真剣に危惧し始めています。その理由は簡単で、アメリカがウクライナ支援に忙しく、台湾に思うように兵力が割けないし、アメリカや日本の戦争準備がきちんと整わないうちに戦争を始める方が中国にとって有利だからです。

ウクライナでの戦争が終わったとしても、ウクライナの完勝で戦争を終わることはありません。ロシアをウクライナ領の一部から追い出したところで終戦になるでしょうし、下手をするとロシア軍がウクライナ領の一部を押さえたまま停戦になるので、西側としてもすぐにウクライナから手を抜けない状態になります。アメリカを主力とするＮＡＴＯ諸国は、プーチンが停戦後もいつ攻め返してくるかもしれませんから、戦後もウクライナを支援しなければなりません。ウクライナのＮＡＴＯ加盟や、少なくともＮＡＴＯとの協力協定の締結は、最早、夢物語ではありません。アメリカの力は、停戦後も、相当にウクライナに割かれることになります。

しかし、中国にとっても、時間は決して中国の味方ではありません。人口減少が始まり、国力の衰退が始まっています。中国の国力増進中は、「待てば待つほど有利になる」という判断に説得力がありましたが、中国の衰退が始まっているとすれば、習近平の頭の中で、今、台湾侵攻をやっておくべきという考えに切り変わる恐れがあります。アメリカのバーンズＣＩＡ長官は、習近平が「２０２７年、自分の任期が終わるまでに台湾侵攻の準備をしておけ」と指令したという情報を得たと証言しています。

１９５３年生まれの習近平は、２０２３年で70歳です。今の任期が終わる２０２７年には75歳、次の任期切れの２０３２年には80歳になります。そこまで待つでしょうか。凡庸な独裁者ほど、悠久の国家の歴史ではなく、自分の寿命を時間軸にとって偉業を歴史に残そうとする傾向があります。愚かな指導者が夢見る最大のトロフィーは大戦争での武勲であり勝利です。ヒトラーもそうでしたし、今のプーチンもそうです。

習近平は、野心的な人です。しかし、愛や良心に基づいた人類史に残る大思想を持ち合わせません。毛沢東の名声を超えるには、毛沢東でさえできなかった台湾の武力併合を成功させるのが手っ取り早いと思いかねません。蓋棺《がいかん》の後、未だ大したものがない自分の「功績」に対する評価が低いであろうことを焦っているのかもしれません。今の中国人男性の平均寿命が75歳だと考えると、習近平に残された時間は少ないのです。

「1つの中国」「曖昧政策」の意味

１９７０年代半ばに日中、米中の国交が正常化して、日米両国とも中国の代表政府を台湾・台北から中国・北京に切り替えました。しかしこのとき、アメリカは中国が台湾を併合することには「NO」と言っています。北京を中国の代表政府として認める前提は「中台関係の現状維持」であり、それは裏を返せば、中国が武力を使って台湾を併合する気なら反対するということです。これは、日本政府も同様の立場です。そして、自由の島となった台湾が、独裁中国との統合を望むことは、決してありません。

ドイツ、朝鮮、中国、ベトナムは、強烈な冷戦の磁場の影響で、国家が分断されました。2つの国家が生まれたのです。このような分断国家は、世界史的にもとても珍しい現象です。東西ドイツと南北朝鮮の指導者は、2つの国家の並存を受け入れました。しかし、中国では、蔣介石も、毛沢東も、「1つの中国」にこだわりました。しかし実態は「2つの中国」が事実上存在するわけで、戦争になれば2つの国の正規軍同士が正面からぶつかって戦うことになります。事実の上では、「中華人民共和国」と「中華民国」という名前の2つの中国が分断国家として存在していることを忘れてはいけません。台湾の地位は、国際法上は未承認国家と評価するのが本当は正しいと思います。

日米両政府の台湾問題に関する立場は、「毛沢東、蔣介石のどちらも1つの中国と言い張る以上、そのフィクションには付き合う。中国の正統政府は、台湾から北京に切り替える。ただし、事実上、現状において中国は2つあり、中国が武力で台湾を併合することは認めない。台湾海峡の平和と安定は維持してもらう」という現状維持路線が、アメリカ、そして日本の立場なのです。

1972年の日中共同声明において、中国が「台湾が中華人民共和国の領土の不可分の一部である」と主張するのに対し、日本はその立場は理解・尊重するものの「ポツダム宣言第八項に基づく立場を堅持する」と記しています。これはどういう意味でしょうか。日本は1945年、ポツダム宣言を受け入れて無条件降伏したわけですが、そのポツダム宣言には、1943年時点で対日方針を定めたカイロ宣言が引いてあります。カイロ会談は中国を連合国に迎え入れるために、チャーチル、ルーズベルトが、蒋介石を招請した会合であり、そのカイロ宣言には「台湾は中国（中華民国）に返還する」と書いてあります。日本は日中共同声明で、カイロ宣言にそういう記述があったという経緯は「尊重する」と言っています。逆に言えばそれしか言っていません。

日本の本当の立場は、戦時中の首脳協議であるカイロ会談やポツダム会談での暫定合意の後、最終的で正式な日本領土の処理はサンフランシスコ平和条約で行われたのであり、そこでは日本は台湾を放棄しているので、「その帰属を云々する立場にはない」というものです。ですから、日本政府は台湾を中国の領土の一部と認めたことはありません。

アメリカも、「台湾が中国の一部だ」と言い張る中国の立場を「聞き置いた（acknowledge）」という立場です。1972年のニクソン訪中の際の上海コミュニケ（第12パラグラフ）には「米露は台湾海峡の両岸の全ての中国人が、中国は一つであり、台湾は中国の一部であると主張することを認識（acknowledge）する」と書いてあるだけです。見事なまでの玉虫色の文章です。これは、中国と台湾の双方が中国は一つと言っているということであり、裏を返せば、二つの中国が揃って中国は一つと言っているという意味です。この後、訪日した周恩来は田中角栄総理に「あれはキッシンジャーの傑作だよ」と話しています。

今の大きな問題は、アメリカの「曖昧政策（台湾防衛をするかどうかを曖昧にする政策）」です。アメリカは、未だに台湾有事に自分たちが台湾を守るかどうかを明言しようとしません。アメリカ議会では1979年に台湾関係法が作られていて、台湾が脅威にさらされたときには「適切な行動」を取ることになっています。一応、米軍は議会の命に基づいて、静かに、しかし、着々と台湾有事の準備はしているのです。

ウクライナと違って台湾は初めから西側の一員に入っています。特に、李登輝[*1]総統の台湾の民主化後、そして習近平の香港弾圧後、台湾は北東アジアにおける自由のシンボルになりました。李登輝総統はアメリカを台湾防衛にコミットさせ続けるには、台湾が本物の民主主義国家になるしかないと考えていたと言われています。価値観重視のアメリカ政治の本質を見抜いた天才戦略家です。李登輝の思惑は当たり、今日、アメリカでは反共産主義の共和党の伝統的保守派と、人権問題に厳しい民主党左派が、共に民主化した台湾を支持しており、昨今、米議会が最も強硬な親台湾、反中姿勢を取るようになりました。

ところが、実際に中国が台湾に攻め込んだ時、アメリカが助けに来るかどうかということは、未だに国務省が曖昧にしたままなのです。それは、中国を刺激しないためですが、実はそもそも中国にその能力がなかったので、あえて中国の面子を潰す必要がなかったからです。

しかし、今日、中国は台湾侵攻の能力を手に入れつつあります。自由を謳歌する台湾人が独裁中国と合併したいなどとは決して思いませんから、昨今の中国の軍事力による台湾恫喝は、人民解放軍の強大化に比例して、ますます大胆になってきています。それが台湾人の中国離れをどんどん加速させています。日々、中国の軍事的恫喝は、中間線をどんどん越えて行われる戦闘機の投入など、ますます烈度を上げてきていますが、その分、台湾人の中国に対する警戒心

＊1　李登輝（りとうき）
1923〜2020年。台湾の政治家。台湾出身者として初めて総統に就任。また、台湾初の直接選挙によって再任された。台湾民主化の父とされる。

は強くなっているのです。アメリカはそろそろ曖昧政策を放棄して、台湾の民主主義を守るとハッキリ言った方がいいと思います。

実際、バイデン大統領は最近、折りに触れて、台湾有事にはアメリカが介入すると公言し始めました。

欧州・清・日本・国民党が支配した台湾

中国が「昔から台湾は自国の領土だ」と主張していますが、それが事実かといえば、そうではありません。

かつて台湾には山岳部を中心に、マレー系の原住民の人たちが住んでいました。後に福建省から客家《はっか》を含む中国人（漢民族）が入り、西側の平野に定住するようになります。そこへ入ってきたのがポルトガルです。バスコ・ダ・ガマが地球を東回りにアジアに到達したからです。ポルトガルは、マカオのようなアジア貿易の中継地点を欲していました。台湾を美麗島（イラ・フォルモサ）と名付けたのはポルトガル人です。

1580年、ポルトガルがスペインに併合されると、台湾はスペイン領になります。新大陸を発見し大西洋貿易を独占したスペインは、インディオの奴隷労働でペルーのポトシ銀山の銀を大量に掘り出して、一躍、ヨーロッパ随一の強国にのし上がっていました。当時、スペインは血縁の関係でハプスブルク家の一部となっていました。台湾のすぐ下のフィリピンはスペイン領となり、全盛期のスペイン・ハプスブルク家の帝王フェリペ2世の名前を取ってフィリピンと名付けられたのです。

スペインはカトリックを奉じて新教徒を迫害したので、熱心なカルヴァン派のオランダ人が、80年間の厳しい独立戦争を勝ち抜いて独立を果たします。このスペインから独立したオランダが、今度はゼーランディア城を築いて台湾を貿易拠点にするようになりました。このように、台湾はヨーロッパ勢力の角逐を、そのまま鏡のように映していました。

これを激変させたのが豊臣秀吉です。秀吉は、朝鮮出兵で朝鮮や明と2回戦いました。実際は明軍との戦いです。日本統一を果たし、おそらく当時世界最大の50万の軍勢を抱えた秀吉軍との戦いは、明を疲弊させました。明は李自成の乱[*2]で自壊の道を辿ります。そこに満州族が入ってきて清を建国したのです。

近松門左衛門の『国性爺合戦』にもありますが、清に追われた明の残党が皇子を抱えて台湾に渡ります。それを助けたのが海賊の鄭成功[*3]です。鄭成功の母は平戸の日本人女性でした。だから『国性爺合戦』の主人公になり、日本の浄瑠璃で人気を博したのです。この明の残党による海上王国を清が倒したことで、初めて台湾は中国の一部になりました。

これが18世紀の直前です。実は、中国が台湾を領有していたのは、実質的には、それから日清戦争までの200年くらいしかないのです。しかも清は草原の騎馬民族である満州族の国ですから、熱帯の密林に覆われてマラリアが猖獗を極めた島である台湾など真面目に統治する気がなく、事実上放置していました。だから日清戦争後、日本に安易に割譲したわけです。

南進論の海軍は、大陸に野望を抱いた北進論の陸軍と異なり、イギリスやオランダのような貿易と移民を用いた海洋国家としての発展を国家戦略と考えていました。だから台湾を求めたのです。朝鮮戦争の支配権を巡る日清戦争の後に、遠く南の台湾島の割譲を求めた明治政府の戦略的判断は正しかったと思います。大陸で膨張を試みる国は、ドイツのように周辺の国々の反発を招いて早期に敗退することが多いからです。

＊2　李自成の乱
明朝末期の農民による反乱。1628年、陝西地方の大飢饉をきっかけに暴動が起き、反乱が拡大し北京が陥落。明朝を滅ぼした反乱の指導者李自成は清軍に敗れた。

＊3　鄭成功（ていせいこう）
1624〜1662年。中国明朝末期の軍人。政治家。隆武帝から明の国姓である「朱」を称することを許され国姓爺とも呼ばれていた。清軍と戦い、台南に拠点を置いた。日本名は田川福松。

スペイン、ポルトガル、イギリス、オランダ、フランスは海洋に進出して世界帝国となりました。残念ですが、日本はその後、昭和の前半、陸軍に引きずられて武力で満州に入り込み、自滅の道を辿りました。

話を日清戦争に戻しましょう。当時、おそらく清にとっては、台湾の喪失よりも、日清戦争の前の清仏戦争敗退による朝貢国ベトナムの喪失の方が、はるかに痛みが大きかったのではないでしょうか。

また、日清戦争後には、北京の入り口にある渤海湾を東側から塞ぐ遼東半島の方がはるかに大事だったでしょう。だから、李鴻章は、下関条約調印の日、露独仏を唆して三国干渉を行わせ、日本の戦利品となるはずだった遼東半島の租借権を日本から奪い返したのです。もっとも遼東半島はその後、直ちにロシアに奪われていますが。

日本による本格統治が始まって、台湾は近代化していきます。日本の植民地支配の方法はヨーロッパの国々とは相当に違います。日本は、ヨーロッパ諸国のように現地人をモノカルチャーのプランテーション農場や鉱山に押し込んで、鞭をもって奴隷か動物のようにこき使うというようなことはしていません。日本本土の延長のようにして一つの経済圏として、重工業化、国民教育を行いながら近代化を進める政策を取りました。台北の帝国大学の設置は、大阪大学や名古屋大学よりもはるかに早いですし、李登輝総統のように台湾から京都大学に留学する人物もたくさん出ています。甲子園に行った台湾の高校球児の物語は、映画『KANO』になりました。日清戦争終結から太平洋戦争終結まで、50年間にわたった日本支配の歴史は、中華の伝統を誇る台湾人のアイデンティティを彩る一部になっています。

終戦後、日本の代わりに国民党が入ってきたとき、台湾の人々は「犬が帰って豚が来た」と言ったそうです。「犬は役に立ったけれど、豚は食べるだけだ」という意味だそうです。新しく乗り込んできた国民党の兵士は、電気も水道も理解できず、19世紀に戻されたようだったと言われています。前世紀末の民主化後に表面化する話ですが、1947年には2・28事件が起きています。国民党の兵士がタバコ売りの老女に暴行を加えたことから台北で大暴動が発生し、蒋介石は鎮圧のために2万人を虐殺したと言われています。

自由台湾のアイデンティティが高まる

国民党の独裁的支配は50年続き、1996年に初の総統直接選挙を経て民主化されました。当時の台湾には本省人と呼ばれる土着の人が87％、大陸系は13％しかいませんでしたから、普通に選挙をすると国民党は勝てないので、台湾は民主化しないと思われていました。しかし国民党の李登輝は、「私は台湾で生まれた台湾人だ」と堂々と演説して本省人（現地の台湾人）の票を多数得て、「中華民国」総統の座を手にしました。

これを見た中国は焦ります。ウィグル、チベット、内モンゴルらの少数民族の民族自決の動きを何が何でも抑えなければならない中国にとって、台湾で「私たちは独自のアイデンティティを持った台湾民族です」と言われることに耐えられなかったのでしょう。しかし、台湾人は日清戦争終結以来、一世紀以上、大陸中国とは異なった歴史を歩んできた人々です。特に共産化した後の中国のことなど、自分達の歴史の一部と考えているはずがありません。中国共産党幹部は、国家が分裂するような危機感を持ったのではないでしょうか。

先に述べた通り、多民族国家を、国民国家に代えるのは容易ではありません。アメリカや、インドネシアが成功していますが、ソ連、ユーゴスラビアは最終的に分裂しました。多民族の共産主義国家が、国民的アイデンティティをつくり出して国民国家建設に成功した例はありません。中国もまたいつか分裂するかもしれません。だから、今、中国は、苛烈な強制的同化政策を新疆ウィグル、チベット、内モンゴルで実施しているのです。

１９９６年当時、「自由台湾」のアイデンティティが誕生しつつあることに驚いた中国共産党は、多数のミサイルを台湾近海、宮古島沖に撃ち込みました。しかし、人間の気持ちは、暴力を振るわれるとどんどん離れていくものです。中国の恫喝が激しくなればなるほど、台湾人のアイデンティティは強くなっていきます。

1990年代に中国が成長してくると、中国は台湾をお金の力で取り込もうとし始めます。2008〜2016年に台湾総統を務めた馬英九（国民党）は、これに歩調を合わせます。当時は、蒋介石や中華民国の歴史的再評価も行われました。

ところが、2014年、台湾にとって不利だと見なされていた中台サービス貿易協定の審議が始まると、「我々は民主主義国家ではなかったのか」と叫ぶ学生たちが立法院の議事堂を占拠する事件が起こります。「ひまわり革命（ひまわり学生運動）」です。これは中国にとって大きなショックでした。台湾が民主化してから生まれた若い台湾人たちが自己主張を始めたのです。中国は、台湾人の心は金では買えないと分かったのです。対中接近がアキレス腱となって、国民党は、その後の選挙では勝てていません。

中国は今、何とか戦争をせずに台湾を手に入れようと、国民党との距離を縮めています。「中国は国民党とは喧嘩しないし、台湾の面倒を見る用意がある」と一生懸命に説き、それに合わせて「逆に、民進党の蔡英文は対中戦争を招来する」というメッセージを発信しています。一方の総統・蔡英文は「中国が仕掛けてくる戦争に備えるべき」だと言っていますが、賢明な人で、決して独立を煽るようなことは言いません。

どちらに分があるかと言えば、蔡英文の方でしょう。民進党は2022年の台北市長選など、地方では負けましたが、それはコロナなどの影響もあってのことです。国政選挙になったとき、台湾人の票が対中傾斜を見せる国民党に大挙して流れることは、最早、ないだろうと言われています。2023年春現在、民進党、国民党、民衆党の三党鼎立状態の台湾政局ですが、支持率では、民進党が頭一つ抜けています。中国は、自由台湾のアイデンティティが強くなるのを不愉快に、かつ、とても心配に思って見ていると思います。

台湾有事のリアル

ここからは台湾有事のリアルについて、具体的に考えていきましょう。

まず、私たちは、友好的な台湾を失ったら、どうなるのでしょうか。日清戦争時、帝国海軍が南進論の一環として台湾を押さえたのには、先見の明がありました。もしそうしていなければ、今頃、台湾には巨大な人民解放軍の海上要塞があったでしょう。

台湾を失うことのインパクトは通常の想像力を超えます。そもそも台湾の人口は2300万人で、経済規模もG20サイズの国であり、人口も経済力もオーストラリアと変わりません。九州より少し小さい位のサイズです。ASEANのうち、経済規模で台湾を越えるのは人口2・7億人のインドネシアだけです。台湾軍は近代的で約20万の軍勢です。軍事的に利用価値の高い最先端半導体は、台湾のTSMCが世界市場でほとんど独占的に製造しています。その台湾が中国の一部になったら大変危険です。

そして何よりも、1996年以降、台湾は、李登輝総統の下で、堂々とした民主主義国家に変貌しました。人々は自由を謳歌していす。仮に、西側諸国が台湾を独裁の中国に差し出せば、西側諸国は永久に国際社会でのリーダーシップを失うでしょう。中国の金に目が眩んで自由の島となった台湾を売ったと言われかねないからです。

台湾を失えば、沖縄、九州の安全はとても脆弱になりますし、バシー海峡、台湾海峡、先島周辺は中国軍に完全に抑えられ、有事には通れなくなります。有事でなくても中国の機嫌を損ねれば、嫌がらせをされるでしょう。富士山より高い山々が連なる山脈には、高性能のレーダーが林立するでしょう。中国が強く

台湾周辺

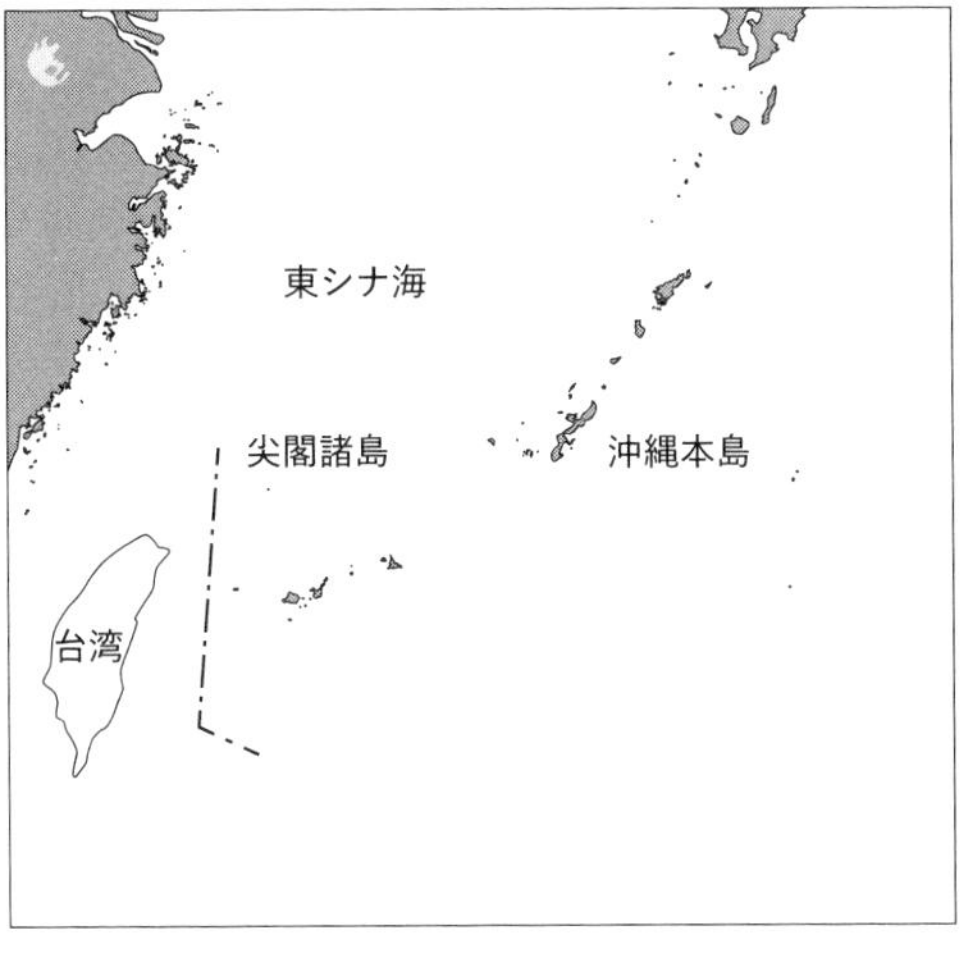

なればなるほど、台湾防衛の戦略的重要性は高まります。日本はアメリカと一緒に、台湾海峡の平和と安定を守っていかなければなりません。

アメリカが台湾に核の傘を被せて、核兵器の恫喝をもってしてでも台湾を守る決意を見せてくれれば、台湾有事は起きないでしょう。しかし、アメリカは伝統的に曖昧政策をとっているので、核の傘を被せようがありません。アメリカは、台湾有事を、核兵器を用いてでも抑止するという決意を未だしていないのです。日本防衛、韓国防衛、フィリピン防衛に比して、アメリカの台湾防衛は半腰なのです。習近平は、北東アジア戦域内で、中国の方が通常戦力で有利になりつつあるのだから、通常戦力で一気にアメリカを押し切ろうと考えるかもしれません。

米中のような核兵器国同士は決して全面核戦争は戦わないので、部分的な利益がかかった紛争では、かえって通常戦力の戦争が起きやすくなるという指摘があります（安定・不安定のパラドクス）。つまり、核兵器を相互に保有する国は、部分的利益だけがかかった紛争では、全面的核戦争になることはあり得ず、どこかで必ず停戦合意になるはずだから、通常戦力に有利な方が先に戦争に訴えて、現状を変更してから停戦に持ち込もうとする、ということです。なかなか説得力があります。

中国は1996年の台湾総統選挙の際、李登輝に反発して台湾沖にミサイルを撃ちましたが、このとき、アメリカが空母2隻を台湾海峡に送ってきました。空母には戦闘機・爆撃機などが約70機搭載されていて、周囲は防空用ミサイル約１００発を積んだイージス艦が多数護衛していました。海面下には原子力潜水艦が控えていました。空母とは、半径２００㎞の球形の防空網を持った巨大な移動する戦闘集団なのです。中国はこれに腰を抜かしてしまいました。その無様さを二度と繰り返さないために中国は、今、来襲する米海軍を狙う大量のミサイルや爆撃機を備えています。Ａ２ＡＤ戦略（Anti-Access/Area Denial：接近阻止／領域拒否）を取っているのです。

これではさすがの米空母機動打撃群も、迂闊に中国大陸に近づけなくなりました。しかし、だからと言って中国が簡単に勝てるわけではありません。台湾は、中国軍を台湾島に上陸させなければ、最終的には勝てます。サイバー戦、認知戦、海戦と空戦だけでは中国は台湾を制圧できないからです。台湾は岩島なので、着上陸できるポイントが限られており、そこは台湾軍が固めています。台湾軍は20万人ですが、兵法の常道は攻める方が3倍ですから60万人の兵力が要ります。仮に30万としても、それだけの人員を、台湾海峡を越えて船で台湾の岸まで届けるのは至難の業です。台湾海峡の東西の幅は約２００㎞です。まるでノルマンディー上陸作戦の中国版です。中国兵を乗せた艦船を次々と潜水艦で沈められれば、台湾への着上陸作戦を成功させることは不可能でしょう。これが中国のアキレス腱です。

アメリカは、潜水艦のみならず、遠距離に配備した空母からミサイルや爆撃機で中国の輸送艦攻撃を行い、日本国内にいる米軍も中国艦艇を叩くでしょう。

台湾と日米同盟、それにオーストラリアやイギリスが協同してくれれば、最後は勝てると思いますが、それをやっている間にも、日本や台湾は、サイバー攻撃やミサイル攻撃や爆撃機で攻撃され、破壊され続けます。おっとり刀のアメリカが半腰で介入し、日本と台湾が半殺しになる。これが安定・不安定のパラドクスから出てくる台湾有事の最悪のシナリオです。

日本は台湾同様に前線国家です。アメリカは太平洋の奥の安全地帯から参戦してきますが、前線にある日本と台湾はボロボロになります。日本としては、勝つことはもとより重要ですが、台湾有事を起こさせないことの方がはるかに重要なのです。アメリカには、中国に「台湾有事を起こすな」と断固として言ってもらわなければなりません。弱いものが強いものを抑止することはできません。しかし、日米同盟が西側の結束を維持し続ければ、中国に台湾侵略という冒険を思いとどまるよう説得することは可能です。本当は、アメリカが、早く曖昧政策を放棄して、台湾に核の傘を被せてくれるといいのですが。残念ながら、歴代日本の総理は核の問題になると突然腰が引ける人が多かったのです。そろそろ、首脳レベルで日本側から台湾に核の傘を被せるようアメリカに迫るときだと思います。

核の恫喝と「捨て駒」心理

プーチンはウクライナ侵攻に際して、核使用の恫喝をしました。国連安保理常任理事国であり、NPT（核兵器不拡散条約）体制下の正当な核兵器保有国の地位を与えられながら、ウクライナ侵略という暴挙に出て、しかも核の恫喝に訴えたのです。まるで警察官が拳銃強盗になったようなものです。

武力紛争が烈度を上げていくときの諸段階をエスカレーション・ラダーといいます。「次は核だ」というのは、通常兵力で押し込まれた弱い方が最初に言う言葉です。冷戦中は赤軍の戦車師団に押されたNATOが核の先行不使用宣言を拒否していましたが、冷戦後はロシアの方が通常兵力で弱くなり、「先に核を使う」と言うようになりました。

弱くなったロシアは核使用のハードルが低いと言われていて、すぐ「使う」と言い出します。ロシア側は「戦術核を早い段階で使ってロシアの決意を見せれば、敵はそれ以上の戦争ができなくなって平和になる」（escalate to deescalate）という手前勝手な理屈を付けています。西側諸国は、「核使用の敷居を下げると、そのまま大規模核戦争への階段を駆け上がりかねないので危険だ」というまっとうな考え方ですが、ロシアはこのような常識とは逆を向いているのです。

しかし、ロシアの思惑通りにはいきません。弱い方がどんなに決意を見せても、強い方は止りません。所詮、チキンゲームですから、エスカレーションが続くだけです。強い方の選択肢はたくさんあります。ロシアの戦術核使用に対するエスカレーション措置が、同じ戦術核兵器使用とは限りません。宇宙空間や、サイバー空間で、ロシアの戦闘能力を最も効果的に殺ぐ軍事作戦を大規模に展開することでもよいのです。いずれにしても、強い方が弱い方の核の恫喝に怯むと考えるのは、希望的観測です。

ウクライナの問題は、対岸の火事ではありません。話を台湾に戻しましょう。台湾侵攻における中国の勝ち目は、強大な米軍を相手にする以上、軍事的にはなかなか見えません。中国から見て、一番脆弱なのは核問題に無知な日本の世論でしょう。政治的に日本の腰を砕くことができれば、中国に勝ち目が出てきます。核の恫喝を行い、東京を政治的に混乱させて、内閣を吹き飛ばせばよいのです。日本が対米協力を拒否し、米軍が日本国内の基地を使えなければ、米軍はフィリピン、グアム、ハワイまで下がらなければならず、まともには戦えません。核を用いた政治的恫喝が効けば、孫子の言う通り、中国は戦わずして勝てるわけです。無手勝流の勝利こそ、中国が最も得意とするところです。

中国が日本を核で恫喝してくるケースは、想定しておかねばなりません。実際は、恫喝だけで終わるかもしれません。ただし、本当に使うのであれば、東京や大阪は避けるでしょうが、離島の自衛隊基地を攻撃するかもしれません。中国はまだ小型戦術核の実戦配備に至っていませんが、それができれば、日本の離島で小型核攻撃を実演してみせ、日本人を恐怖で震え上がらせて、自衛隊の士気を削ぐことができるでしょう。

そのとき、習近平は、アメリカがカリフォルニア沖からトライデント戦略核ミサイルを撃って報復するとは思わないでしょう。アメリカも、核で報復するとは言わないでしょう。離島を核攻撃された日本人の「核には核で報復してほしい」といった報復感情は、冷徹な米軍の軍事的合理的思考の枠外の話です。核戦争にエスカレートさせずに、通常兵力で勝つというのがアメリカの作戦構想なのです。

日本は、習近平に核の恫喝をされたときのことも、そろそろ真剣に考えておかなければなりません。今のプーチンもそうですが、追い詰められれば、中国の習近平がやらないという保証はありません。

核同盟の管理には、核兵器国と非核兵器国の間で、独特の心理的ダイナミズムがあります。核抑止の信頼性（credibility）、核の傘の保証（reassurance）と呼ばれる問題です。日本政府は、戦後3四半世紀、国民に対して極めて無責任だと思うのですが、核抑止の問題をアメリカに丸投げしてきました。これに比して、核問題に真剣に取り組んだドイツでは、核の傘の信頼性向上は、ドイツ国家とドイツ民族にとって死活問題と捉えられてきました。

米ソのような核大国同士は、互いが全面戦争に入って数千発の水爆を相互の同盟国を含めて撃ちまくれば、北半球のみならず全地球の人類が破滅すると分かっているので、核の全面戦争をできる限り回避しようとします。また、いずれかの段階で、徹底した透明性を確保し、相互信頼醸成を図るために、核軍備管理・軍縮のプロセスが始動します。それが冷戦末期にレーガン米大統領とゴルバチョフ・ソ連書記長の間で始まったことです。

ところが、東西対立の前線に立つ非核兵器国の持つ恐怖は違います。例えば、ドイツなら、自分の国（西ドイツ）がソ連の核兵器で破壊されても、それは米ソ全面戦争に値するほどの利益の喪失だと同盟国のアメリカが考えてくれないのではないか。むしろ、アメリカは、ソ連と停戦協定に動くのではないか。そしてドイツのいないヨーロッパの平和が回復するのではないか。そういう恐怖が出るのです。「捨て駒」心理です。前線国家である同盟国の国民の安心の問題です。これは同盟の信頼性の問題なのです。これがデカップリングといわれる問題の本質です。

日本は非核国家として前線に立つ

日本は台湾有事において、冷戦中のドイツのように、核の狭間の非核兵器国として、前線に立つことになります。そのとき、中国の核の恫喝にどう対処するのか。日本政府は、戦後、アメリカに核の傘の信頼性について質したことがありません。子供が親を信じるように、日本はアメリカに守ってもらえると思い込んでいるのです。それは、国民に対してあまりに無責任です。

日本政府はアメリカに核の傘の保証という手形を落とすよう、執拗に迫る必要があります。どういうことか説明しましょう。日本がＮＰＴ条約に加入して核兵器開発の道を自ら封じたのは、アメリカが日米同盟下で核の傘を提供すると保証したからです。アメリカは、国連安保理常任理事国以外に核保有を認める気はありませんでした。特に、敗戦国の日本とドイツはそうです。アメリカが、日本に核の傘を差し出したのは、日本が戦略的に非常に重要だからというだけではありません。日本の核武装を抑えようとしたのです。

日本のＮＰＴ条約加入とアメリカの核の傘は、日米間の取引なのです。日本は、アメリカに「核の傘をもっとしっかりしてくれ」という権利があります。同時に、それは日本政府の国民に対する責任でもあります。

アメリカは、今でも数千発の核兵器を持っている核大国です。アメリカに「絶対に対日核攻撃するな。アメリカは戦略核で反撃するぞ」と中国に強く言ってもらわねばなりません。日米同盟はアメリカのインド太平洋戦略の中核であり、日米同盟なくしてアメリカが太平洋国家であることは難しいわけですから、アメリカが戦略核で日本を守るのは当然です。

しかし、言葉だけではなく、その本気さを中国と同時に、日本国民にも伝えることが重要です。核抑止というのは、半分は同盟国国民の安心の問題だからです。先にも述べましたように、核兵器国と非核兵器国の同盟管理には必ず「捨て駒」心理が出てくるからです。

米中全面核戦争は起きないだろうが、日本が核攻撃されたら、アメリカは本当に日本のために核で反撃するだろうか、もし、大阪が核攻撃されたら、アメリカは、ニューヨークを犠牲にして、上海をトライデント戦略核ミサイルで攻撃するだろうか、などという疑心暗鬼が、非核の前線の同盟国からは、次から次へと出てくるのが普通です。だからドゴール仏大統領は、フランスの核保有に踏み切り、ドイツは、自らも使用することのできるＮＡＴＯ核の創設に成功したのです。

ＩＮＦ廃棄条約が失効した今、アメリカは地上配備の中距離ミサイルをつくっています。その飛距離はだいたい１０００〜３０００㎞くらいになるのでしょう。これでは米西海岸からアジアまでは届かないので、北東アジアに持ってきて配備する必要があります。現在、アメリカは、中距離ミサイルに核弾頭を積むことは考えていませんが、もし将来、この中距離ミサイルに核弾頭が積まれたら、何が起きるでしょうか。

アジアの同盟国のうち、韓国には広島、長崎のような核に対するアレルギーがないので、韓国政府が地上配備型中距離核ミサイルを受け入れる可能性があります。韓国の場合は、陸上国境で量的に大きな北朝鮮軍と直面しており、米軍と一体化した作戦運用をすることになっていますから、現在すでにNATOに配備されているF35に搭載可能な落下型小型戦術核（B61）を持ち込むだけでもよいと思います。これなら、今、すぐにでも核配備できます。

日本は非核三原則で、核を持ち込むな、持ってくるなという議論をしていますし、実際にアメリカの核兵器を日本に置くとなったら、どこに置くのかで地方は大騒ぎになるでしょう。

しかし、米韓同盟が核化し、日米同盟が非核のまま残るということは、決して戦略的に望ましいことではありません。韓国に再びアメリカの核兵器が持ち込まれたら、米韓間では、韓国領土内に配備されたアメリカの核兵器の管理、配備、運用に関する協議が始まるでしょう。もし、NATO核のような核の配備、運用に関する協力関係が米韓同盟で実現すれば、韓国も事実上、NATOのドイツ、イタリア、ベルギー、オランダ、トルコと並んで「核兵器を持てる国」になります。仮にそうなれば、もし、習近平が台湾有事に際して、アメリカに協力する同盟国を核攻撃するとしたら、まず核の置いていない日本から狙うでしょう。

では、日本は、アメリカに何を求めるべきでしょうか。私は、米軍の潜水艦に搭載する海洋核（核トマホークなど）を復活してもらうのが良いと考えています。現在、バイデン政権は、トランプ政権が考慮していた海洋発射の中距離核ミサイルの復活を拒否しています。

もしアメリカが、海洋核を攻撃型潜水艦に再配備するとなると、海洋核を搭載した米艦船の日本寄港が再開されます。日本ではまたぞろ、核の「持ち込み」の議論が再燃します。しかし、そもそも寄港は、日本に潜水艦用の燃料や食糧を積みに来るだけであって、すぐに出航します。米海軍は、沖合に出航してから核ミサイル発射を行うので、日本は核の管理、配備、運用に全く関与できません。こんなものをことさらに「持ち込み」といって問題にする方がおかしいのです。

冷戦中、核搭載艦船の日本寄港は、社会党や共産党が激しく核「持ち込み」だと批判していましたが多分に「ためにする議論」であって、正確にはドイツや韓国や沖縄で見られたような、本格的な核兵器の陸上基地への「持ち込み」というようなものではありません。持ち込みとは、陸上に核兵器を持ち上がることです。そこから核ミサイルを発射するなり、核兵器を積んだ戦闘爆撃機が直接作戦のために出撃することです。そこでは配備、運用に関して、同盟国とアメリカの間で緊密な核兵器に関する協議が行われることになります。

日本政府は、アメリカ政府に対して、核搭載の中距離ミサイルを攻撃型原子力潜水艦に再度配備してもらうことを求めるべきだと思います。海洋核は、本来、空母を守るための兵器ですが、もしアメリカが「日本が攻撃されたときの反撃用の戦術核は、アメリカの攻撃型原子力潜水艦に搭載されて北西太平洋を遊弋《ゆうよく》中であり、常に中国本土を射程に収めている」と明言してもらえたら、日本国民は安心するでしょうし、中国もアメリカの核の傘を一層本気にするでしょう。小型核なら日本に対して使ってもいいとは考えなくなるでしょう。

残念ながら、バイデン政権では、海洋核の開発を止めてしまいました。日本政府は、その復活を真剣に訴えることが必要だと思います。アメリカの核専門家の多くは、どうして日本政府は海洋核復活を米政府に申し入れないのかと訝しがっています。彼らには日本政府が思考停止に陥っているように見えるのです。それが実現したら、かつて民主党政権の岡田外相が述べたように、日本は非核三原則（持たず、つくらず、持ち込ませず）を修正して、海洋核搭載の米攻撃原潜の日本寄港を正面から認める必要があります。

アメリカの曖昧政策は米中軍備管理交渉の障害

中国の核弾頭は現在300〜400発、2035年には1500発、そのうち3000〜4000発になると予測されています。一方、アメリカは数千発持っています。今はウクライナ戦争のせいで効力が停止されていますが、ロシアとの新戦略兵器削減条約（新START条約）下で、米露の常時配備弾頭数は1550発とされています。中国は核爆弾運搬手段を先行して大量に揃えているので、保有核弾頭数が1500発になれば、それらは即時に配備されます。米中は、核対峙に関する限り、同等のレベルに近づきつつあるということです。

核保有国同士は、お互いに透明性を確保し、最低限の信頼関係を醸成することが不可欠です。

ホットラインをつなぐとか、相互に査察に入って管理状況をチェックするなど、絶対に間違いが起きないような仕組みを作らなければなりません。米露間はそうなっています。なぜかといえば、核兵器は万に一つの間違いがあっても、人類が破滅する危険がある本当に危ない兵器だからです。

アメリカでは敵のミサイル発射を、高度3万㎞の赤外線探知静止衛星で確認したら、直ちにあらゆるセンサーを使って弾頭を追尾し始めます。司令官はそれから20分の間に、大統領、国防長官、統合参謀本部議長に電話し、全員から承認を得た上で反撃ミサイルを発射し、ダッシュして核シェルターに駆け込む手順となっています。著しく緊張感の高い訓練を毎日やっているのです。機械で自動的に核反撃というわけにはいきません。最後の倫理的責任は人間が取らねばならないからです。時々、火山の噴火や鳥の群れを、コンピュータがミサイルと誤認することもあるといいます。そのような危険があるからこそ、核保有国同士、絶対に間違いが起きないように、核兵器の軍備管理・軍縮が進むのです。米露間で相互査察が行われるのは、そうした理由によります。

中国は、未だ自らの核兵器の弾頭数が、アメリカの水準に達していない劣勢な立場にあるとして、自国の核戦力を開示しようとしません。しかし、米中の核のパリティ（等価性）が現実のものとなれば、かつての米露間のような透明性のある信頼関係を築かねばなりません。

そのためには、今、アメリカが取っている台湾有事に関する曖昧戦略が有害になります。核攻撃する事態に発展するかもしれない重大な利益とは何かをはっきりさせておかなければ、偶発的な戦争の危険が高まりますし、疑心暗鬼が生じて、透明性と信頼関係を維持しようという話にはなりません。「核戦争につながりかねない台湾戦争はやるな」と、アメリカが中国に強く言うのであれば、アメリカが台湾有事に介入するかどうかを明言しないという現在のアメリカ政府の曖昧政策はそれと矛盾します。

もし10年以上経って米中間に核のパリティが成立し、アメリカが台湾に核の傘を被せれば、米中間に「冷たい平和」が訪れます。米中大国間競争に、軍事的な勝利はありません。勝利は、政治的なものです。独裁傾向を強める中国は、いつか多様性を求める国民の離反を招き、内側からゆっくり崩壊していくでしょう。それがソ連で起きたことです。

何十年かかろうとも、西側の勝利とは中国の民主化以外にありません。それまでの間、米中超大国の核の谷間にある台湾海峡では「冷たい平和」が実現することになるのではないでしょうか。それがおそらく将来、唯一の台湾海峡における現状維持のための有効な方策になっていくのではないかと思います。

米中核軍備管理・軍縮はすぐには動き出さないでしょう。登り坂の国は軍備に上限を設けられることを嫌います。中国は冷戦中のソ連のように、万単位で核弾頭を揃えるかもしれません。

しかし、国力が落ちてくれば軍備負担を軽くするために、軍備管理・軍縮交渉に乗ってくるはずです。それが冷戦末期に米ソ間で起きたことです。

「カウンターパート」の不在

岸田政権は、安倍政権からの宿題である常設統合司令部設置に踏み出しました。実は、日本は、陸上総隊司令官、自衛艦隊司令官、航空総隊司令官という陸海空3自衛隊の最高指揮官はいるのですが、自衛隊総軍の最高指揮官は、統幕長（統合幕僚長）が兼務することになっていました。

少し分かりにくいので、軍隊の構造から説明しましょう。普通、軍隊は、軍務（administration）を担当する軍官僚の系列と、実際の戦闘（war fighting）を担当する戦闘員の系列に分かれます。古い言葉で、軍務と軍令といいます。ボクサー（後者）とマネージャー（前者）の関係ですね。戦前だと、マネージャー系が陸軍省、海軍省、ファイター系が陸軍参謀本部、海軍軍令部です。ファイター系のトップが、各々、陸軍参謀総長、海軍軍令部総長です。現在では、前者が、陸海空幕であり、そのトップが陸幕長、海幕長、空幕長です。後者が、陸上総隊、自衛艦隊、航空総隊であり、そのトップが、先に述べた陸上総隊司令官、自衛艦隊司令官、航空総隊司令官です。

自衛隊の組織改編

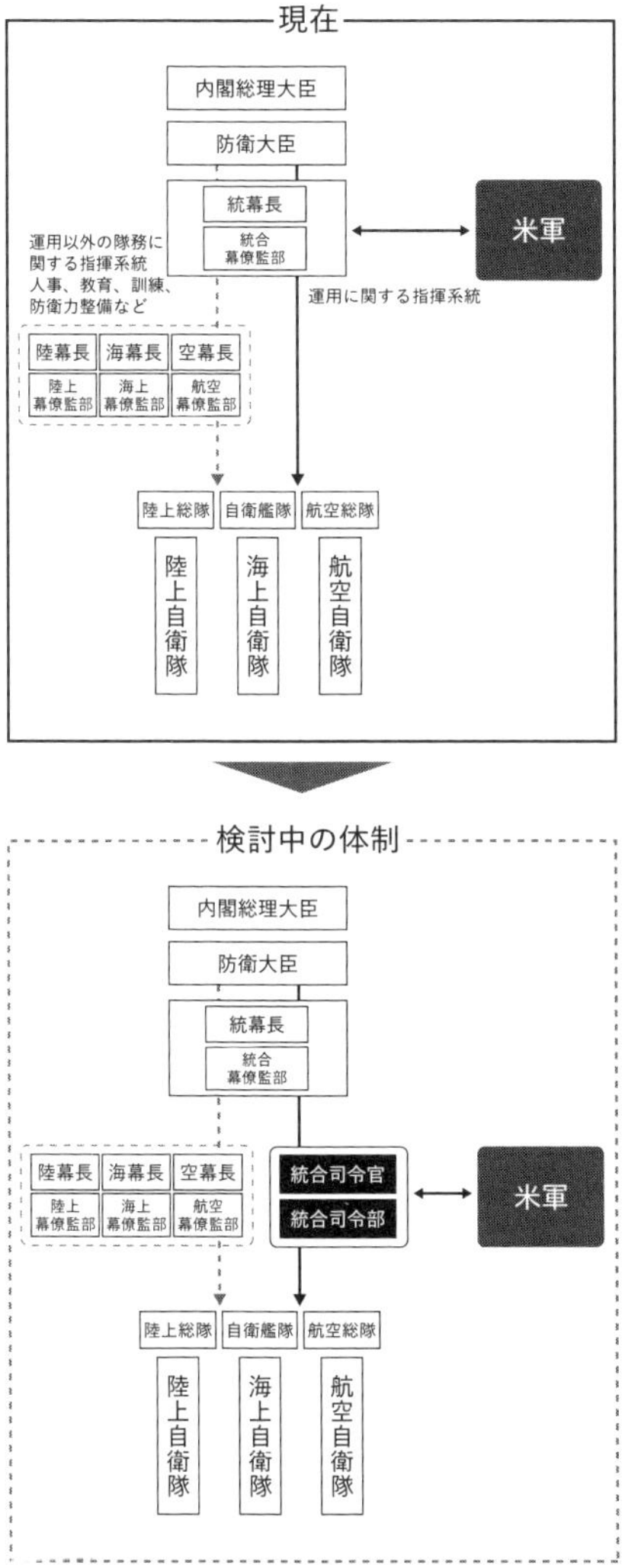

その両方を、統幕長がトップに立って取り仕切ることになっています。

問題は、現時点では（２０２３年秋）、統幕長が独りで軍務を担当しながら、戦闘の指揮を執ることになっているために、おそらく有事には超人的な重圧がかかり、物理的に任務を遂行することが不可能だと思われることです。軍務のトップであるということは、最高指揮官の総理大臣の軍事補佐官として片時も総理のそばを離れられないということです。アメリカの大統領をはじめとして、友好国の首脳からしょっちゅう軍事問題で電話もかかってくるでしょうし、総理が戦闘中の自衛隊に出す戦略的指導の内容を助言しなくてはなりません。

しかし、誰かが戦闘中の自衛隊の総軍に対して、日々刻々と変わる戦況を踏まえて、戦術的な指揮命令を適切に出さねばなりません。命令は防衛大臣の名前で出されますが、作戦を練り、攻撃し、その戦果を評価し、再び作戦を練り、攻撃し、その戦果を評価する。短時日で繰り返されるバトルリズムに合わせて、オーケストラの指揮者のように、自衛隊の総軍を見事に指揮するためには、統幕長の下に、独立した統合司令官と常設統合司令部の存在が不可欠なのです。

今、岸田政権が取り組んでいるのは、この統合司令官と常設統合司令部の創設です。わざわざ「常設」と銘打っているのは、小規模な紛争に地域レベルで対処するときにアドホックに設けられる統合任務部隊（JTF）や、戦争開始時になって初めて開設されることになっていた戦前の大本営と区別するためでしょう。

さらに問題なのは、日本に統合司令官が生まれても、アメリカ側のカウンターパートがいないことです。ハワイの米インド太平洋軍司令官は、台湾有事には、日本、台湾、フィリピン、オーストラリア他の同志国をすべて担当することになります。日本及び日本周辺の戦域に集中して責任を負う司令官ではありません。在日米軍司令官は、三沢、横田、嘉手納に展開する米空軍基地の管理に関する権限しか持ちません。

冷戦中は、日本の陸上自衛隊と航空自衛隊は、ほとんど独力で北海道に侵攻してきたソ連軍と戦い、海上自衛隊と米第7艦隊が米陸軍や米海兵隊の来援を実現するというシナリオでした。米陸軍、海兵隊が来援する頃には、北海道では勝負がついていて、陸上自衛隊と航空自衛隊の多くは消耗していると考えられていました。ですから、自衛隊と米軍は、海上で共同作戦を実施する海上自衛隊と米海軍の関係を除いて、共通の作戦があるわけではなく、指揮権も独立したままでした。NATOや米韓同盟では、アメリカ人最高司令官の下で、指揮権は一本に統一され、共通の作戦計画の下で戦います。それに比較すると、日米同盟は、同盟としては統合の遅れた海軍中心の緩い同盟だったのです。

台湾有事になれば、台湾近海や、日本の先島諸島近海は、中国軍によって封鎖されたり、戦闘区域にされたりします。米軍は、日本の自衛隊と共に、南西諸島に展開して、中国軍の爆撃や砲撃から日本を守り、海上優勢、航空優勢を守ろうとするでしょう。そこではアメリカ側の陸海空軍及び海兵隊と、日本の陸海空自衛隊の綿密な協調行動が必要になります。

ところが、まだ、アメリカ側では誰が日本戦域の担当司令官になるのかがはっきりしません。早くアメリカ側に日本戦域の責任者を決めてもらい、日米作戦の綿密なすり合わせを行う必要があります。アメリカ側でも検討が進められているようです。そのための日米共同指揮所の設置が急務です。

第7章

安保3文書と国家安全保障会議

National Security Council and National Security Documents

「国家安全保障戦略」「国家防衛戦略」「防衛力整備計画」
それぞれの位置づけ、そして本来の
シビリアンコントロールの姿が問われている。

安保3文書とは何か

本章では、まず岸田政権になって整備された安保3文書について解説します。安保3文書とは「国家安全保障戦略」「国家防衛戦略」「防衛力整備計画」を指します。最初の国家安全保障戦略は2013年、安倍総理が初めて策定した外交・安保政策の基本方針です。他の2つの文書には原型と呼べるものがあって、国家防衛戦略はかつての「防衛計画の大綱」、防衛力整備計画は「中期防衛力整備計画」がそれに当たります。

国家安全保障戦略は国家安全保障に関する基本方針です。国家安全保障戦略の策定に当たっては、決して間違ってはならない順番があります。まずは外交から考え始めるということです。他国と争いが生じそうになったとき、いきなり軍事の検討から入ってしまうのは愚の骨頂です。敵・味方の区別をつけ、敵が少なくなるように話し合いを続けながら、一方で自国の味方を増やすというのが、外交の賢いやり方といえます。敵が少数派になり、孤立すれば、戦わなくて済むだろうからです。

敵の敵を味方につけるとか、敵の後ろを押さえるのも外交の定石ですが、基本的には正しい主張をしていて、お金があって、軍隊が強くて、リーダーがしっかりしていて団結力のあるチーム、つまり長期的に主流派を占める勝ち組に入るのがベストな外交です。関ヶ原で東軍に入るようなものですね。こうした外交の基本方針を定めるのが国家安全保障戦略です。

外交でどうしても決着がつかない場合には、軍の出番となりますが、ここでもいきなり攻め込んだりはしません。軍は相手国に対して「本気じゃないですよね？　本当に戦うんですか？」と、刀の柄に手をかけて相手を抑止し、敵を外交に引き戻すのが仕事です。敵の軍勢に動員がかかり、実際に動き始めたら、それを止めることができるのは軍しかありません。力だけが物を言う段階に入ります。軍は戦うことが仕事と思われがちですが、もっと重要な仕事は相手に戦わせないことなのです。

孫子も「百戦百勝は善の善なる者に非《あら》ざるなり」と言っています。2300年も前に、戦わずして勝つことが最上の兵法（上兵）であって、いきなり戦う奴は馬鹿（下兵）だとハッキリ書いているんですね。これは安全保障を考える上で、普遍の黄金律です。

戦わせない、戦わないために、他国がどういう兵器を持ち、どのくらいの規模の兵力を持っていて、それに対抗するために自国としてはどういう軍備を備えておく必要があるかを考えるのが「国家防衛戦略」です。将棋でいえば駒揃えです。このとき、外交がうまくいっていれば、自分の陣営の駒が同盟国の分だけ増えますね。敵の陣営を外交的に切り崩していれば、敵陣営敵陣営の持ち駒が減るわけです。だから外交が重要なのです。「国家防衛戦略」は、10年から20年先を見据えて書きます。実際の防衛力整備は5年ごとに区切って行われますから、5年ごとの防衛力整備計画を記した文書が「防衛力整備計画」です。

万が一、最終的に戦争に突入してしまった場合に備え、どういうシナリオの下でどう戦うかを練ったものが軍事戦略です。将棋でいえば指し手、駒の運用です。不幸にして、万が一、戦争が始まれば、味方の被害を最小限に抑え、敵の被害を最大限にし、できるだけ短時間で勝つことが求められます。これは軍人の領分、それも軍事作戦を遂行する戦闘集団の世界です。ただし、軍事戦略とは、現在の軍事作戦計画のことではありません。国家防衛戦略が目指しているような5年後、10年後の防衛装備が実現すれば、どういう戦いになるかということを記した未来の軍事作戦予想図が軍事戦略なのです。

アメリカの国家安全保障戦略体系では、国家安全保障戦略の下に国家防衛戦略、国家軍事戦略が並ぶ論理構成になっていますが、日本の安保3文書の中に軍事戦略はなく、国家防衛戦略に溶け込ませるかたちで記されています。

国家防衛戦略は日本の防衛目標を設定し、それを達成するためのアプローチと手段を示すものです。まだ政府の中で世論との関係で憚られると考えられているのでしょうが、将来的には、軍事戦略も発表して、国民に正しくインフォームすることが、民主主義国家として、大切だと思います。

国家安全保障戦略、国家防衛戦略、国家軍事戦略が三位一体となっているのが普通の戦略文書です。なお、国家安保戦略の重要な部分は外交ですが、それは狭い意味の外交ではありません。情報、経済、軍事などすべて含めて、総合的国力を駆使して外交で勝つことを考えなくてはなりません。

アメリカの国家安全保障会議（NSC）でよく言われているのがDIMEです。戦略を考える際には「外交（Diplomacy）」「インフォメーション（Information）」「軍事（Military）」「経済（Economy）」の4大政策要素を総合的に検討しろと、アメリカ国務省、国防総省では若いうちから鍛えられます。

かつて国際協調の時代と呼ばれた1920年代に外務大臣を、終戦直後には総理を務めた平和主義者、国際協調主義者である外交官・幣原喜重郎は、「外交官は手品師ではありません」と言っています。これは軍事力や経済力、情報力、技術力の裏付けがなければ、まともな外交はできないという意味です。日本がこれまで、戦後3四半世紀も、国内冷戦の分断に翻弄されて、国家としてきちんとした安全保障戦略を策定してこなかったのは、手品で外交をしようとするのと同じだったわけで、とても恥ずかしいことだと思います。

明治日本の安全保障戦略

大日本帝国時代の日本には、「帝国国防方針」（1907年）というものがありました。これは後に総理も務める田中義一が書いたものがベースとなっています。日露戦争が終わった後の新しい国際政局や、その中でどう国軍をつくっていくかといったことが書かれています。田中はこうした大局的な話を、一介の中佐である自分が書いていると怒られると思い、「随感雑録」というエッセー集のようなタイトルをつけて、部内だけで回し読みさせていたらしいのですが、これが元帥だった山縣有朋[*1]の目にとまります。当時の総理は伊藤博文[*2]派の西園寺公望[*3]で山縣とは折り合いが悪く、「随感雑録」を黙殺していたのですが、山縣が明治天皇に上奏し、天皇がこれを嘉《よみ》したことで第一次帝国国防方針となりました。

第一次帝国国防方針では、日英同盟という基本外交方針を大戦略として、アジアに勢力を植え付けてきた他の植民地帝国と戦争になった場合、どういう兵力が要るのか（所要兵力）、どうい

＊1　山縣有朋

1838〜1922年。日本の政治家。陸軍大将・元帥。吉田松陰の松下村塾に学んだ。明治新政府で近代陸軍を創設。日清、日露戦争では陸軍最高指導者として活躍。政界でも絶大な権力をふるった。

＊2　伊藤博文

1841〜1909年。日本の政治家。立憲政友会初代総裁。内閣総理大臣（初代、5代、7代、10代）。吉田松陰の松下村塾に学ぶ。新政府で憲法立案、内閣制度創設を進めた。朝鮮の独立運動家安重根に暗殺された。

う戦い方をするのか（用兵綱領）が記されています。所要兵力と用兵綱領は、今日でいう国家防衛戦略と国家軍事戦略に相当します。第一次帝国国防方針は防衛省の防衛研究所に現物が残っており、青インクの角張った字で「山縣」と書かれているので、山縣本人が使っていたものなのでしょう。

第一次世界大戦で国際政治の枠組みが大きく変わった後、田中義一によって書き直された第二次帝国国防方針が出されますが、残念ながら現存しておらず、今となっては田中が第一次世界大戦後の国際情勢に照らして描いた日本の国防の姿は分かりません。この後、さらに第三次・第四次帝国国防方針が書かれますが、軍による専横と外交の壟断《ろうだん》の始まった頃であり、あまり中身がありません。

＊3　西園寺公望
1849～1940年。日本の政治家。内閣総理大臣（12代、14代）。「最後の元老」。伊藤博文の後を継いで立憲政友会総裁となる。教育にも注力し、立命館大学などの創設に影響を与えた。

ところで、軍は、外交が崩れて仮想敵が本物の敵に変わるとき、武力紛争を抑止するべく出番が来ますが、国家間の紛争はまず外交で平和的に解決することが前提なので、軍が最初にどの国と戦争をするかを選ぶことは許されません。外交が先に来るというのはそういうことで、当たり前のことですが、とても大切なことです。外交が不調となり、敵が出現するシナリオをいくつも検討しておき、演習を怠らず、誰と当たっても大丈夫なように日頃から戦いの準備をしておく。そして外交でどうしようもなくなったときに、「準備はできています」と言って話を引き継いで、相手国に「お止めください。お手向かい致しまするぞ」と言って刀の柄に手をかけ、敵軍の動きを抑えに入るのが軍の仕事なのです。それが抑止です。

軍が勝手に敵を選び始めると、国は崩壊します。1941年、太平洋戦争直前に決定された日本の「帝国国策遂行要領」は、「我が大日本帝国の道を阻むものとは誰とでも戦争する」という内容でした。アメリカ、ソ連、イギリス、フランス、オランダと具体的な国名も挙げられています。実際そのすべてと戦争をして負けました。子供が周りの大人全員に頭突きをしてまわるようなものです。軍が外交を壟断しています。こんな馬鹿なことをしていたら負けるのは当たり前です。孫子もいきなり城を抜きにかかるのは兵法としては下策だとこき下ろしています。まず、外交と謀略だというのが孫子の結論です。「帝国国策遂行要領」は、有史以来、日本でつくられた外交軍事関連の文書の中で最低のものだと思います。

1954年、自衛隊の発足においては「国防の基本方針」という、わずか700文字程度の文章が書かれました。これは自衛隊をつくることを宣言することが目的の文書で、自衛隊創設以外には、国際連合、日米安保条約、そして国民の愛国心が大事だと書いてあるだけのものでした。これではとても戦略文書とはいえません。国益の定義もなく、国益を実現する具体的手段も記されていないからです。

戦後3四半世紀の間、第二次安倍政権が国家安保戦略を策定するまで、実は、国家安全保障戦略体系は、わが国には存在しなかったのです。

「シビリアンコントロール」の誤解

国家安保戦略を決定するのは閣僚会議である国家安全保障会議（NSC）の仕事です。実際に筆を舐めるのは、その下の事務局である国家安全保障局（NSS）です。

戦前、帝国陸海軍が暴走した苦い経験から、戦後は「自衛隊をできるだけ動かさないようにすることがシビリアンコントロール（軍人ではない文民による統制）だ」という誤ったシビリアンコントロール論が政府の中で長く続きました。本当のシビリアンコントロールとは、有事に、民選の政治指導者である総理大臣が、軍の最高指揮官となり、民主主義の政治過程を運営し、国民を指導しながら、怒濤のように戦闘作戦行動に移る自衛隊の総軍を戦略的にコントロールするということです。総理大臣は、最高軍事指揮官であると同時に、銃後の政府の最高責任者であり、かつ、国民に勝利までの団結を語りかける戦争指導者なのです。

国家は国民の安全を守るのが一丁目一番地の仕事です。ところが、民主主義国家における正しい政軍関係とはどういうものか、民選の政治指導者が有事の際に最高指揮官として自衛隊をどうコントロールするのかという一番大切な問題が、日本では長らく議論されてきませんでした。軍のシビリアンコントロールは、民主主義国家における政軍関係の要です。しかし、それは同時に、民主主義国家の総理大臣が行う国家及び国民の戦争指導の一部にすぎないということも忘れてはなりません。

しかし、戦後の日本は、軍事的な議論を忌避する雰囲気が強く、自衛隊という虎を檻に入れておく議論ばかりで、有事に檻から出した虎を乗りこなせるのかという本当のシビリアンコントロールについて、あまり考えてこなかったのです。戦後、日本のシビリアンコントロールは形骸化し、立ち枯れていました。

NSC創設の最大の意味

これを何とかしようと創設されたのが国家安全保障会議（NSC）です。NSC創設の最大の意味は、本来のシビリアンコントロールの復活、正常な政軍関係の再構築だと思います。シビリアンコントロールとは、軍服ではなく背広を着た人が防衛大臣になるというような形式的なことではありません。国民から選ばれた総理が、①戦闘集団である自衛隊の最高指揮官として自衛隊を戦略指導し、同時に、②日本政府の最高指導者として政府を指導し、③同盟国の指導者から協力を取り付け、④主権者である国民とコミュニケーションを図りながら国民を指導し、いかにして戦争を抑止するか、戦争が始まったらいかにして味方の被害を最小限にして勝つか、戦争をどう速やかに終わらせるかを考え、実践することです。これを実現できるようにするためにNSCでは、外交と軍事を統括して、国民から選ばれた総理が一元的に政府と自衛隊を指揮できるようになっています。

戦争が始まったとき、総理はNSCの補佐を受けながら、主要な戦局推移の局面で重要な判断を行います。開戦準備、開戦、米軍来援準備、米軍来援と共同作戦の開始、敗退した戦域からの撤収、敵地の占領、戦後の領土処理、戦後賠償などです。これらは総理自身の判断が必要です。逆に総理はこれより下の戦術的な事項に口を出すべきではありません。アメリカなどでは、最高指導者による軍の指揮は、戦略指導と呼ばれますが、それは大局的な判断に限られるからです。

かつてベトナム戦争時に、マクナマラ国防長官が爆撃地点を細かく指示してアメリカ軍人を困らせたそうです。孫子も「将の能にして君の御せざる者は勝つ」と言っています。最高指揮官は、大局の指導に集中するべきであり、あまり細かいことに口を出してはいけません。軍事の要諦は、何千年経っても変わりません。

自衛隊は現在約24・5万人です。実際の戦闘経験こそありませんが、優秀な軍事組織で、演習を積み重ねているので、本番の有事にはきちんと動くでしょう。問題は銃後を守る政府自体が動けるのかどうかです。日本侵略が起きた場合（法律上は武力攻撃事態といいます）や、直近の隣国で侵略が起きたような場合など（法律上は存立危機事態といいます）には、防衛出動を下令して直ちに反撃に移ることになりますが、そのためには防衛出動下令のみならず、銃後の政府が為すべきことをまとめた「対処基本方針」を閣議決定して、国に提出することになっています。

しかし、これまでこの「対処基本方針」は書かれたことがありません。書く練習さえしていません。まともなひな形もありません。有事対応は、日ごろの訓練が全てです。スポーツと一緒で、練習していないチームが勝つことはあり得ません。有事対応の現場では、大勢の人が一瞬で命を失います。厄災は、老人も、女性も、子供も区別しません。政府が迅速に動かなければば、大きな被害が出ます。失敗に言い訳は許されません。結果が全てです。

日本政府は、地震対応にはすごく強いのです。震度6以上だと、夜中、何時でも関係省庁の担当局長が直ちに官邸に集まります。何千戸停電しているのかというようなことはコンピュータで分かりますが、夜中だと、どこの家が潰れているのか、誰が瓦礫の下で動けなくなっているのかは、実際に行ってみないと分かりません。自衛隊や、警察や、消防団の人たちに動員をかけて、真っ暗な中、人海戦術で見て回り、救助活動に入るわけです。対応に必要となるお金も補正予算から1000億円単位でどんどん出ます。

これができるのは日頃、演習しているからです。毎年、関東大震災のあった9月1日には、防災服に着替えた全閣僚が集まって、みっちり2時間の演習をやっています。しかし有事演習はやったことがない。戦争の準備をしていると言われるのが怖かったのでしょう。しかし、それでは総理、閣僚は務まりません。指導者失格です。天災である地震や津波より大きな被害が出るのは、人災の戦争です。地震は収まりますが、敵は日本が屈伏するまで破壊と殺人を継続します。人間にとって一番恐ろしいのは人間です。有事に為すべきことを閣僚が日頃から訓練しておくことは、とても大切なのです。

自衛隊は2年に1回、アメリカと大演習をやっていますが、閣僚は防衛大臣以外、誰も視察に行きません。意気地のない話です。平和主義に徹して、軍事には近寄ってはいけないと思っているのかもしれません。それは大きな間違いです。そんなものは平和主義ではなく、ただの世論への迎合であり、ポピュリズムです。総理やその他閣僚は、いざとなったら国民の安全に責任を取らなければならない人たちなのですから、大規模な日米演習や自衛隊単独演習へは、積極的に視察に行くべきだろうと思います。

国家防衛戦略の大転換

2022年の安保3文書では、1976年の三木内閣から続いた「防衛計画の大綱（防衛大綱）」が「国家防衛戦略」へと衣替えしました。変わったのはもちろん、名前だけではありません。重要なのは、防衛大綱にあった「基盤的防衛力構想」という考え方がようやく消えたことです。基盤的防衛力構想を平たく言えば、「自分が丸腰でしょっちゅういじめられると、ガタガタして地域の人にご迷惑がかかるので、最低限の武器は持たせてもらいます」というものです。良く分からない理屈ですが、これができた経緯を説明しておきましょう。

1970年代、日本の高度経済成長が軌道に乗り、日本の経済規模は既にイギリス、フランス、ドイツを抜き、アメリカに迫る勢いでした。当時、アメリカに「瓶のふた論」というのがありました。日本という鬼をビンに閉じ込め、日米同盟がそのふたになっている、アメリカが日本の軍国主義復活を抑えているという考え方を表したものです。アメリカが、戦後、結構長い間、「日本が再び戦前のような軍国主義に戻るのではないか」という懸念を持っていたことが分かります。

もちろん、東側陣営のドンであるソ連は、日本の再軍備に対して、アメリカよりもはるかに強い警戒心を持っていました。ソ連の対日政策は、日米同盟廃棄、米軍撤収、自衛隊弱体化であり、それを言い換えたものが社会党の非武装中立です。ソ連は、日本の弱体化と衛星国家化を狙っていました。

安保問題は、半世紀に及ぶ冷戦の間じゅう、与野党の激しいイデオロギー対決を引き起こして政局につながりやすい問題であり、歴代自民党政権にとって政局的に重たい案件でした。そこで平和主義を看板にしていた三木総理が打ち出したのが、「基盤的防衛力構想」でした。この構想は2つのものに紐付いています。1つは防衛費をGNP1%にとどめるということ。もう1つは「限定小規模侵略独力対処」で、ソ連軍による限定的かつ小規模部隊の北海道侵入には勝てるようにする、というものです。これは裏を返せば、ソ連の大規模攻勢がかかったら、日本独力での防衛は最初から無理で、国家の安全も、国民の安全も「アメリカにお任せする」という敗北主義に立った無責任な戦略でした。そもそも、どうして防衛費がGDP1%を超えたら、国民を守ることを止めてもよいという発想になるのか理解できません。国民の安全は政府の一丁目一番地の責任です。初めから理屈になっていないのです。

　それでもつい最近まで、この「基盤的防衛力構想」が、陰に日向に自衛隊を縛り、その戦略的思考を阻んできました。特に、「基盤的防衛力構想」では、特定の敵を想定しないということになっています。敵を想定しなければ戦略は組めません。「どの国と、いつ、どうぶつかる可能性があるから、こういう準備をする」という脅威対抗の考え方が普通の防衛戦略ですから、「基盤的防衛力構想」は、そもそも戦略的思考とは相容れないものなのです。

　ところで、国家防衛戦略は、10年から20年先の国際情勢を見据えて、日本の防衛態勢を考えていくものですが、この国家防衛戦略を踏まえて、5年おきに防衛力整備計画が作ら

日中の防衛費の推移

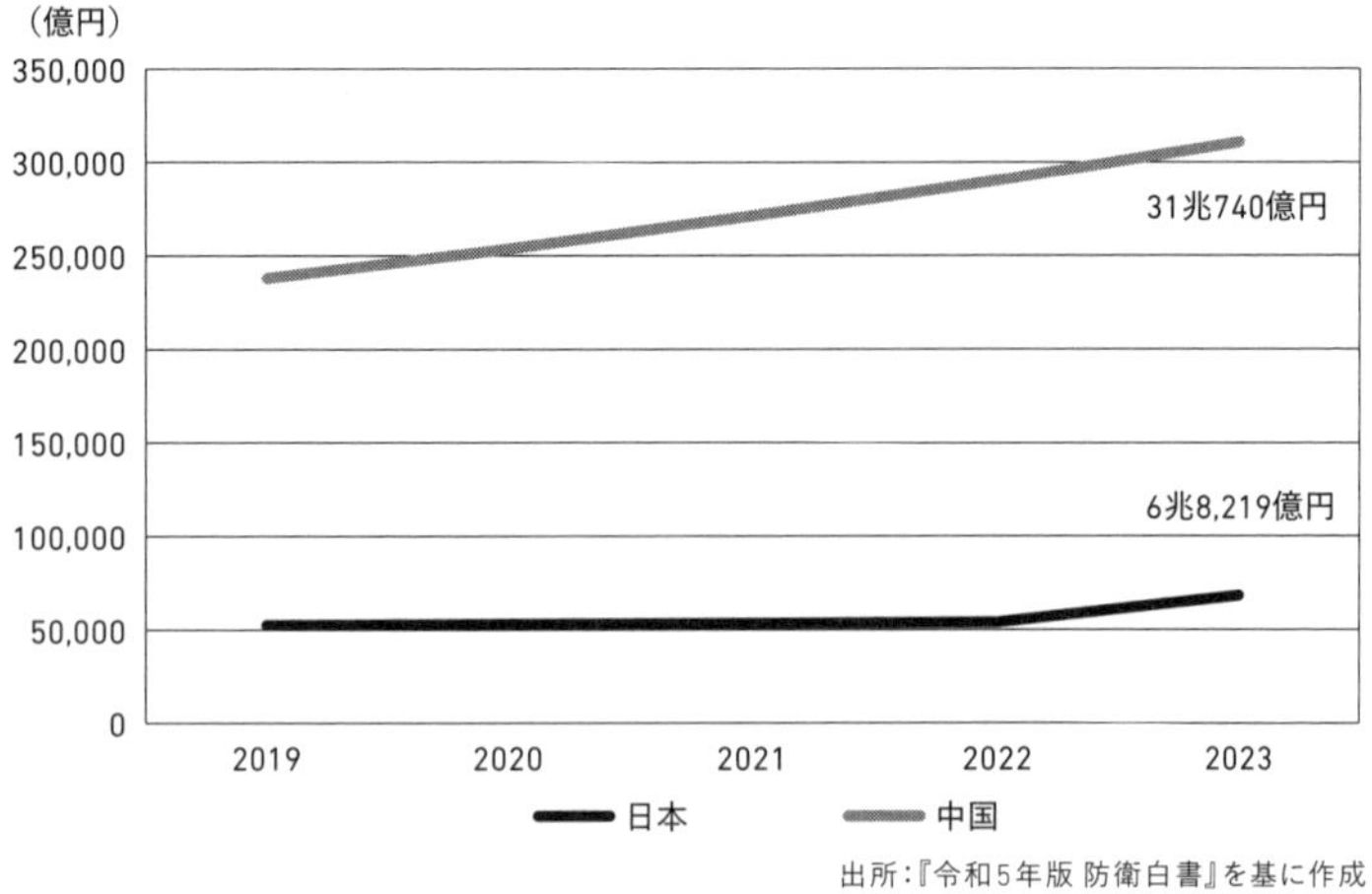

出所：『令和5年版 防衛白書』を基に作成

れます。防衛力を装備するには巨額のお金が必要ですから、防衛予算は、防衛力整備計画に従って、5年単位で予算を考えます。日本は、1986年から中期防衛力計画の仕組みを導入しました。

その後、数年で冷戦が終了し、日本は防衛費の伸びを一貫して抑えるようになります。ところが、この間、中国はすさまじい勢いで軍事費を伸ばします。しかし、日本は中国の大軍拡から目を逸らし、一貫して防衛費を削り続けてきたわけです。

中国は、第二次安倍政権の最中に、経済規模で日本を抜いたのみならず、あれよあれよという間に、日本の4倍の経済規模になりました。軍事費は、巨額であろう研究開発費を除いても、日本の4・5倍の30兆円です。

これでは日本の防衛が立ちゆかないと、安倍総理は8年の在任中に、補正予算をかませて1兆円の防衛予算増額を行いました。同時に、安倍政権は、消費税を5%から8%、そして10%へと2回上げています。5%の消費税増税は、10兆円くらいの税収増をもたらします。安倍政権末期には、防衛費は補正予算を入れて合計5兆7千億円になりました。しかし、中国の大軍拡に比べれば、それでも到底足りません。岸田総理が防衛費GDP2%というNATO水準の防衛予算を実現するべきだと判断されて、防衛力増強に踏み切られましたが、戦後史に残る大きな決断であり、政治指導者としての責任感を感じます。

本当に必要な予算とは

約半世紀続いた三木政権の防衛費GNP1%枠というシーリングは、自衛隊に大きな禍根を残しました。自衛隊は、高価な新しい武器を買う際に、お金が足りなくて弾が買えなかったのです。「たまに撃つ弾が無いのが玉に瑕《きず》」と言った笑えない冗談が長く語られてきました。十分な弾薬を買ったら2兆〜3兆円はかかりますし、そもそも日本の防衛産業は生産ラインが細いので、仮に戦争になったとしても、簡単に増産できるものではありません。防衛産業の弾薬の増産能力も強化する必要があります。

また、修理用の部品も不足しています。退役前の戦車や航空機を解体して、使える部品を流用しているありさまです。いろいろな機器を取り外されて骸骨のようになった作戦機の姿は無残で、自衛隊では「共食い」と言われています。弾薬、弾薬庫、修理用の部品など、基本中の基本の兵站ができていません。

さらに、高価な戦闘機を敵の爆撃から守るハンガー（掩体《えんたい》）の整備や、基地中枢の指揮通信施設の地下化など、防衛施設の強靭性の強化は待ったなしです。今度の防衛戦略が実現すれば、日本は世界最高水準の空軍力を持つことになります。第5世代のF－35戦闘機、新しくイギリス、イタリアと共同開発するF－3戦闘機の配備を進めます。それに従来のF－15戦闘機もバージョンアップすればまだ使えますから、合計300〜350機の大空軍です。しかし今はこれらが普通の脆弱な格納庫に入っているので、敵にミサイルで飽和攻撃されたらたちまち壊滅してしまいます。ハンガーで守らないといけません。こういうことに真面目に対応しようとすれば、防衛費のGDP2％への拡大は当然なのです。

また、少子化への対応策として、無人化・省人化・ドローンの活用・女性の活用を考えるべきです。ドローンは戦地から遠く離れた安全な場所で、ジョイスティック1本で扱えますから、集中力が持続するとされる女性向きだと言われています。ドローンは、航空優勢や海上優勢のないところで、無数に展開して敵を常時監視し、いざとなれば廉価に自爆攻撃をかけることができます。

さらに自衛隊員の待遇、退官後の処遇をきちんと考えなければいけないと、強く思います。自衛隊は決して待遇が良いとはいえず、最近になってようやく初任給が警察級になりました。しかし昇給は警官よりも遅いでしょう。自衛隊員は一般的な会社員に比べて退職が早いのですが、最前線に立つのが難しくなった人をただ辞めさせるのではなく、再任用して後方の事務作業に活用するなど、その生活を国が長い目で見るべきです。

また、台湾有事や日本有事で、重傷を負って退役した自衛官は、どうやって年金がもらえる65歳まで家族を養うのでしょう。今は自衛官の負傷も労災扱いです。そもそも60歳まで働かなければ、十分な社会保険料も払えません。傷痍軍人となった自衛官の子供たちが進学をあきらめ、奥さんが働かねばならないなどということが許されていいはずがありません。

有事に国のために命を懸ける自衛官が、普通の公務員と同じ年金受給というのもおかしい。公務員は40年勤めて次官まで上り詰めても、一律一カ月手取り20万円の年金です。年金ではなく、掛け金なしの恩給にして、退職時の7割の給料を退役自衛官に一生払い続けるのが当たり前だと思います。

それはお金だけの問題ではありません。国家と国民が、自分を犠牲にして自分たちに尽くしてくれる自衛官に対して払う当然の敬意だと思います。自衛官が傷病兵となって退役した後、社会の中で誇りを持って、幸せな暮らしができるようにしなければ、お国のために命懸けで働くには、あまりに可哀そうです。戦場で体の一部を失った自衛官は、特にそうでしょう。また、戦死した自衛官の遺族の方々も同じです。これができなければ、誰も自衛官になどなりたいと思わないでしょう。

有事を前提とした野戦病院についても、検討が必要です。普通の医者は銃創を診慣れていません。戦時に後送されてくる何千人という怪我人を手厚く診られるようにしなければ、誰も自衛隊に入ろうとは思わないでしょう。

また、戦死者のＤＮＡ鑑定をして、迅速に身元を特定する能力も要ります。太平洋戦争の戦地での遺骨収集に携わった経験がありますが、アメリカはＤＮＡ鑑定ですぐに身元を特定できるのに対し、日本の自衛隊はその能力が低く、年間数人しか鑑定できません。

このような自衛隊の戦死者やその遺族への手当て、傷病兵に対するケアや生活保障の仕組みを整えられなければ、この国は守れません。自らの命を懸けて国民を守ろうとするのが自衛隊員です。今のままでは恥ずかしくて、情けなくて、彼らに守ってもらう資格がありません。日本の国家としての品格が問われる話です。大日本帝国政府は先の戦争で２００万将兵の命を惜しげもなく散らしました。あのような愚を繰り返してはなりません。将兵の命を粗末にする国は、必ず敗れます。政治家の方々には真剣に検討していただきたいと思います。

防衛費と税金の問題

もともとGDPの2倍に当たる現在の巨額の財政赤字の原因は、少子高齢化で社会保障費が膨れ上がっているのに対し、長い経済低迷で税収が落ち込んでいるからです。１００兆円を超える政府支出に対して、税収は70兆円程度にすぎません。この度、岸田政権が決定した防衛費増額によって、初めて巨額の財政赤字が出現するわけではありません。

基本的に国家が財源を捻出する方法は、倹約、増税、国債の3つしかありません。倹約は、自衛隊による部品流用のように今もやっていることです。政府全体では、まだまだ無駄を切れると思いますが、倹約だけでは限界があります。

増税するとなれば、税収が多く基幹となる税は、所得税、消費税、法人税の3本です。ここは消費税を上げるのが筋でしょう。国防は国民全員に関わることだからです。日本は消費税が10%ですが、欧州など福祉国家を実現している先進国では20%が普通です。この日本の福祉水準で、消費税10%というのがそもそもおかしいのです。日本の消費税を20%にすれば、毎年、20兆~30兆円、余分に税収が期待できます。

所得税は所得の捕捉率が業種によって違うので、所得を百パーセント捕捉され所得税を源泉徴収される会社員からは不満が出るでしょう。会社員と異なり、申告納税制度で所得を申告する自営業者については、様々な支出を経費で落とせるので、完全に正確な所得を把握しきれないからです。法人税をかけると中小企業の経営を圧迫しますが、大企業には内部留保の多い企業も多く、増税の際には検討の対象になるでしょう。

政治の議論は、安易な国債増発に流れがちですが、国債を通じて政府が借りた金は、結局は将来の国民、つまりこれから生まれてくる子供たちが返すことになります。医療と年金で既に多額のツケを回しているのですから、そこに防衛費も付け足すのは酷でしょう。いつまでも将来の子供たちを借金のかたにして、自分たちが果てしなく借金をし続けるという考え方は、人として、親として、間違ってはいないでしょうか。

本当は、年金も、医療費も、今の国民からの税収で払えるものは払うようにすべきです。そのためには増税が必要です。頻繁にある選挙を前に、景気の腰を折られるなどと言っていては、永遠に増税はできません。

第8章

新しい戦場

Cyberspace and Outer Space

サイバー空間と宇宙空間は注力すべき分野だが、
日本が諸外国に遅れている分野でもある。
法・組織・人材の見直しが求められている。

変わる戦争のかたち

今後、自衛隊が注力すべき新しい分野として、サイバーセキュリティと宇宙戦略があります。これらは日本が特に遅れている分野です。周回遅れどころか、10周遅れと言ってもいいくらいです。

現在の戦場は激変しています。その特徴は、ハードウェアからソフトウェアへの移行です。物理的破壊力を向上させる努力は、核兵器で頂点に達しました。現在、戦場を変えているのは、破壊力の大小ではなく、先進コンピューティングによる情報処理技術です。情報処理技術が、戦闘のスピードと精密度を向上させて、戦闘の効率を著しく上げているのです。

特に画期的だった3つの戦争を取り上げてみましょう。1990年の湾岸戦争は、サダム・フセインというイラクの独裁者がクウェートの油田を求めて、クウェートに侵攻して始まりました。冷戦終了直前ということもあり、最早、レーガン大統領のアメリカとゴルバチョフ書記長のソ連の関係も悪くなく、国連安保理のお墨付きを得て、アメリカが同志軍（coalition）を募って反撃に出ました。

このとき、盛んに言われたのがRMA（RMA: Revolution in Military Affairs 軍事における革命）です。宇宙衛星の偵察、測位、通信、時間同期の4大能力を駆使して、その情報を早期警戒管制機（AWACS）

その他の様々な軍事インテリジェンス情報と組み合わせ、膨大な情報をコンピュータ処理することにより、迅速に敵の策源地を割り出し、自軍の兵站準備や攻撃のための最適な作戦を立案し、現場ではＧＰＳを使って夜間に正確な移動を繰り返すことができます。これにより、現場の司令官がボタン1つで最も効果的な方法で敵を殲滅することが可能となりました。宇宙アセットと情報技術が投入されたこの戦争で、イラク軍は一瞬で壊滅しましたが、アメリカ兵の死者は１００人ほどでした。

一方、２０１４年にロシアが行ったクリミア併合は、特殊軍とサイバー攻撃を組み合わせた最初の典型的なハイブリッド戦争と呼ばれています。プーチン大統領は、セバストポリ軍港を抱える気候温暖なクリミア半島を、ウクライナから一瞬で奪い取りました。相手国にサイバー攻撃を仕掛けて通信や電気を止め、コンピュータを次々に乗っ取っていきます。乗っ取ったコンピュータには偽の指令を流し、混乱に乗じて特殊軍がウクライナ軍を制圧するという流れです。居合斬りのようにしてクリミア半島がロシアに併合されましたが、オバマ大統領のアメリカも、ＮＡＴＯも、手も足も出ませんでした。

ちなみにロシアの特殊軍は、正規軍の徽章は何も着けていません。ただロシア軍の制服がピーター大帝[*1]以来、伝統的に緑色であることから、目のところだけが空いた緑色のスキー帽をかぶっているので、西側では「リトルグリーンメン」と呼ばれています。

2022年、アゼルバイジャンのナゴルノ・カラバフで起きた戦闘では、アゼルバイジャンのドローン（無人機）攻撃がアルメニア軍のロシア製戦車に対して大きな成果を上げ、世界を驚かせました。ナゴルノ・カラバフは、アゼルバイジャン領域内にあるアルメニアの飛び地で、長年にわたり両国の紛争の種でしたが、小国ながらロシアがバックについているアルメニア側がいつも優勢でした。

ところが、トルコが同じチュルク族の弟分であるアゼルバイジャンにドローン「バイラクタル」を大量に提供したことで、形勢が一変しました。いくら高価な戦闘機で航空優勢をとっても、1機2000万円ほどと安いドローンがバッタの大群のようにして入ってくると、防ぎようがないのです。常時、ドローンがどこかを飛んでいて、空から敵を監視します。ロシア製の

＊1　ピーター大帝（ピョートル大帝）
1672〜1725年。初代ロシア皇帝。イギリス、オランダへ留学し西欧の技術を学び、軍の近代化を進めた。ペテルブルク（現サンクトペテルブルク）を建設。

戦車を見つけると、爆弾を載せたまま体当たりするのです。無人機によるカミカゼ攻撃です。これでアルメニア軍は敗退しました。従来の戦争では航空優勢を取り、爆撃機の大編隊で敵軍や重要インフラを叩き、抵抗力がなくなったところに陸上軍を送り込んで敵国を制圧、占領するのが定石でしたが、ドローンは戦場を変えてしまいました。

戦場は日進月歩です。どんどん変わっていく戦争の態様に、日本もついていかなければなりません。

サイバーや宇宙アセット、ドローンを使うには、情報処理能力が死命を制します。現代の戦争は、ハードウェアの時代から、ソフトウェアの時代に入っているのです。物理的破壊力の向上は、核兵器で終わりです。今は、各国の軍隊が、先進コンピューティングを用いた情報処理での優位を求めてしのぎを削っています。情報優勢を持つ方が勝つのです。それは敵の位置や装備に関する情報だけではありません。味方の軍の配置や兵站に関する情報もそうです。人間が議論していれば数日かかるような作戦も、数分で起案できてしまいます。その重要性に気づけば、今、アメリカが対中輸出に神経をとがらせている最先端半導体の重要性がくっきりと見えてきます。さすがの中国も未だ最先端半導体を作る力がありません。

今日、最新の兵器の操縦席は、ディスプレイ1枚、ジョイスティック1本で、まるでゲームセンターのゲーム機です。サイバー空間や、宇宙衛星や、イージス・システムや、地上レーダーなどからダムの洪水のように入ってくる情報と、味方の軍隊の位置、武器の性能、人員、兵器、弾薬、燃料、食糧などの兵站に関する情報を一斉にスーパーコンピュータ（スパコン）に入れれば、ほんの数秒で、いつ、どこを、どうやって攻撃すればいいのかがスクリーン上に示されます。トップの司令官から、現場の指揮官まで、同じ作戦画面がスクリーン上に瞬時に投影されます。トップの司令官の命令が下れば、後は現場の指揮官がジョイスティック先端のスイッチをポチっと押すだけでよいのです。この情報処理を可能にしているのが先進コンピューティング、人工知能、そして最先端半導体です。

このような情報処理を人間にやらせれば、どれだけ時間があっても足りません。膨大な量の情報を統括できるのは、職階上、軍の幹部だけです。そこに情報を整理して上げるだけでも相当な時間がかかります。その上で、今度は各現場の司令官にブレイクダウンした指示を出さねばなりません。これにもまた相当な時間が必要です。この作業を、先進的なコンピュータであれば瞬間に処理して、上級の司令官から現場の指揮官まで、直ちに攻撃に移れるほど整理されたかたちで同じ情報が伝わるのです。情報処理能力の高い軍隊は、普通の軍隊から見れば、分散して高速で移動し、精密に攻撃してくるように見えるはずです。そのような軍隊から見れば、敵の軍隊の動きはまるでスローモーションのように見えるでしょう。それが戦場で勝敗を決します。

サイバー防衛隊を抜本的に増強せよ

まず日本が行うべきなのは、2022年に発足した自衛隊サイバー防衛隊の増強です。2022年末の岸田政権による国家安全保障戦略において、能動的サイバー防衛（active defense）を含めてサイバー能力の構築の必要性が謳われ、今、急ピッチで作業が進んでいます。

現時点（2023年）では、内閣サイバーセキュリティセンター（NISC）に技官が約100人います。東京オリンピック・パラリンピックでサイバー攻撃撃退に活躍した部署ですが、数万と言われる中国サイバー軍と有事に渡り合える組織ではありません。自衛隊に本格的なサイバー軍を立ち上げる必要があります。

現在、自衛隊サイバー防衛隊に約900人がいますが、普通の国のサイバー軍は5000人から2万人はいますから、現状の人数ではとても実際の有事に対応できません。サイバー防衛能力の強化は待ったなしです。台湾有事が懸念される4年後の2027年までに、サイバー防衛隊を国際標準の大きさにしなくてはなりません。4～5000人のハッカー要員と、これにシステム管理の技術者を加えて、サイバーセキュリティの対処人員を2万人程度に拡大することが必要です。

サイバー空間における軍の調査・偵察活動は許されるというのが、国際的な常識です。エストニアはＮＡＴＯのサイバー研究の拠点で、サイバー防衛の先進国ですが、その首都の名が付いた「タリン・マニュアル」には、サイバー戦と国際法との関係が記されており、軍がサイバー空間で他国の暗号を解読し、情報を得ること（偵察）は違法ではないとされています。つまりサイバー空間で軍同士が偵察し合うのは当然であって、ある国の軍が情報を盗まれても、情報を守っていない方、つまり強固な暗号化をしていない方が悪いということです。

ところが日本では、不正アクセス禁止法や電波法、２０１１年に設けられた不正指令電磁的記録罪などによって、サイバー自衛隊がこうした偵察活動を行うことは違法とされています。そもそも憲法21条が何人にも通信の自由を規定しているので、中国人民解放軍の通信の自由も日本国憲法によって守られているということのようです。これは世界的に見ても、とても信じられない話です。

憲法や国内法の縛りは、国民を守るためにあるのであって、敵対する可能性のある国の軍隊や諜報機関に、通信の自由を保証する憲法など、聞いたこともありません。内閣法制局に、一人の軍事専門家も置かず、軍事的常識のない経済官庁出身の法律専門家だけで安全保障問題を判断するから、こういうことが起きるのです。内閣法制局は、そろそろ将ないし将補クラスの自衛官を安全保障補佐官として採用するべきです。

サイバーインテリジェンス（サイバー空間での諜報活動）は、サイバーセキュリティと裏腹です。サイバーセキュリティをしっかりやるから、サイバーインテリジェンスが取れるのです。残念ですが、現在（２０２３年夏）、今述べたような国内法で縛られた自衛隊のサイバー防衛隊は、竹光の軍隊となってしまっており、戦えません。必要な法改正が急務です。

敵軍の情報部や対外情報組織がハッキングしようとしているときには、犯人を特定し、ハックバック（逆侵入）をかけて、相手に警告するくらいのことをするのは当然で、正当業務行為とも正当防衛ともいえる行為です。これがサイバーの世界で能動的防衛（active defense）といわれるのです。それを自国の法律で禁じるなどありえないことです。今の日本の法律は、サイバー空間の防人《さきもり》たちを非武装にして、敵のサイバー攻撃に対して国家と国民を丸裸にしているのです。

また、サイバー空間の安全を確保するためには、24時間、日本のサイバー空間の状況を把握、監視する必要があります。ダムの放流のような膨大な量のデータが怒濤のように流れているのがサイバー空間です。この中から異常を発見し、敵のウィルスを弾き出すためには、全国に優秀なセンサー網を備えて、日本に流通するデータのすべてを放り込むダムのようなデータベースを構築する必要があります。そのためにはスパコンが必要です。そこから敵のウィルスを弾き出すのです。それがサイバーセキュリティセンターです。また、バックアップ用に同じシステムを最低もう一つは持っておく必要があります。

サイバー軍の人材育成にも力を注がねばなりません。ハッカー軍の人材に必要なのはハッカー技術だけで、体力や学力は関係ありません。小さい頃にドロップアウトしてゲームばかりやっていたという子供たちの中にも驚くほどの才能を持った人がいます。また、サイバー軍は、通常の軍隊の規律で管理できる部隊にはなりませんから、そこで戦うホワイトハッカーたちの労務管理や精神衛生上のケアをどうするかという問題もあります。

さらに、優秀なハッカーを５０００人揃えるのは大変なことです。特に、スーパーハッカーのレベルになると報酬は億単位です。日本は次官クラスで年収が２０００万円くらいで、税金を引いたら、手取り１０００万円に届かないくらいの給与ですから、数億円規模で稼げるスーパーハッカーたちにとって、この程度の報酬では経済的な魅力がありません。

今のままの日本のサイバー防衛能力では、台湾有事にでもなれば、緒戦のサイバー戦で日本の敗北が決まります。かつては、敵の重要インフラを攻撃するには、東京大空襲のような戦略的空爆が必要でした。しかし、今では敵軍の少年兵ハッカーがクリック１つで日本の重要インフラの機能を落とせるのです。

特に、発電所、送電所を狙われて電気が落ちれば、自衛隊も在日米軍も戦えません。戦略的要衝となる南西諸島の電気需要は沖縄電力が賄っていますが、沖縄電力の送電網は本土から孤立しています。沖縄電力の発電が止まれば、日本の敗色は濃くなります。その他、金融システム、通貨システム、主要交通網、電気、水道、ガス、病院が止まります。止まらなくてもデータを書き換えられたり、消されたりします。

総理官邸にサイバーセキュリティ局が必要な理由

現在、内閣官房（総理官邸の事務方は内閣官房といいます）内のＮＩＳＣは、内閣危機管理監の下で、防衛省出身の内閣官房副長官補が所長を務めています。このＮＩＳＣを発展解消して、内閣サイバーセキュリティ局長とその事務局を置く必要があります。

内閣サイバーセキュリティ局（新設）は、自衛隊に例えれば、統合幕僚監部のようなものです。この下に、先に述べた実働部隊としての自衛隊サイバー防衛隊、サイバーセキュリティセンターを、内閣官房兼任の部隊にしてぶら下げる必要があります。なぜなら自衛隊は、自衛隊法上、自衛隊しか守れないからです。総理大臣の指示によって、自衛隊以外にも、政府全体、重要インフラを守れるような体制にする必要があるのです。

内閣衛星情報センターが良い前例となるでしょう。東京都新宿区に中央センター、茨城県行方市に副センター、他に北海道と九州に管制局があり、センターでは優秀な民間のエンジニアと自衛官が６機の偵察衛星を操作して、画像情報の収集と解析・調査を行っています。組織としては内閣情報調査室の下に位置しており、ここで働く自衛官は内閣官房の職員を兼務しています。

サイバーセキュリティセンターも内閣衛星情報センターと同様に、内閣にぶら下がるかたちにして、サイバーセキュリティ職の自衛官は内閣官房兼務とし、自衛官兼内閣官房の一員とするべきでしょう。そうすることで、総理・官房長官の命令で、自衛隊以外にも、政府や民間の重要インフラを、事実上、自衛隊の防護対象に含めることが可能になります。

現在のNISCは優秀なのですが、いかんせん組織が小さいのです。また、今、サイバーセキュリティの責任者を務めている内閣危機管理監、内閣官房副長官補は、津波、地震、台風、洪水、土砂崩れ、原発事故、北朝鮮のミサイル対応など、日本のありとあらゆる危機管理の最高責任者であり、まるで消防署のように忙しい人たちです。24時間、サイバー空間を守るには忙しすぎます。

サイバーセキュリティ局長は、平時から24時間いつでも対応できるように常任にする必要があり、内閣危機管理監、国家安全保障局長等と同レベルないしそれに準じる高位のポストとし、かつ、危機管理監と兼任ではなく、専任のポストとすることが必要でしょう。

NISCを増強し、本格的な内閣サイバーセキュリティ局に発展解消したら、政府全体に横串を刺して、縦割りを排除し、以下の4つの業務を監督させることが必要です。

第1に、平時からの政府や重要民間インフラの防護です。先に述べた通り自衛隊にはその権限がありませんから、NISCを発展解消させた内閣サイバーセキュリティ局の下にサイバー防衛隊、サイバーセキュリティセンターを兼務として配し、自衛隊が政府や民間重要インフラを守れるようにします。

また、現在のサイバーセキュリティ基本法では、特定重要インフラのサイバーセキュリティは民間事業者の責任と規定されているだけです。これでは中国やロシアのサイバー軍の脅威からはとても守れません。ライフライン、金融、交通など国民的サービスを提供する重要インフラの役務供与の確保に関する経済安全保障推進法では、地政学的危険のある国からの調達を禁止しています。また、重要インフラのハードウェアに関しては、国が定期的に検査を実施しています。

しかし、サイバー空間におけるセキュリティについては、民間任せになっているのです。例えば、台湾有事に際して、国家的規模で国民のライフラインともいうべきガス、水道、金融、電気などに関連する重要インフラが役務を提供しなくなれば、国民生活は大混乱に陥ります。自衛隊も負けます。在日米軍も戦えません。これでは国民から無責任と言われても仕方がありません。

今後は、政府が責任を持って積極的に民間の重要インフラのサイバーセキュリティを確実なものにすることが必要です。そのためには、重要インフラを運営する民間企業にも一定の標準的なサイバーセキュリティを確保する法的義務を課し、ハードウェアの定期健診を実施し、24時間のサイバー空間状況監視の対象とし、また、ソフトウェアについても定期検査にかけることが必要です。

第2に、マネーロンダリング、ランサムウェア（機密データと引き換えに身代金を要求する）攻撃、サイバーテロなど、サイバー犯罪の防止及びカウンターインテリジェンス（スパイなどによる機密流出の阻止）などの、治安部門について監督することが必要です。

第3に、有事におけるサイバー防衛です。平時と異なり、武力攻撃の一環として敵方の烈度の高いサイバー攻撃を受けることになります。自衛隊はもとより、重要民間施設、政府施設の何をどう守るかを指示し、業務を監督することになります。

第4に、量子・サイバー技術に関連する研究開発拠点の設置です。情報処理関連の技術はものすごい勢いで発達しています。新しい内閣サイバーセキュリティ局が、サイバー防衛、サイバー犯罪対策、重要インフラのサイバー防護等の任務を果たすためには、日進月歩の情報技術に追いつき追い越すサイバーセキュリティ研究センターが必要です。既に、世界は次世代の量子コンピューティングに向かって動いています。技術的発展に追いつけなければ、内閣サイバーセキュリティ局も、自衛隊のサイバー防衛隊も、秦の始皇帝の墓を守る兵馬俑《へいばよう》のように、使えない飾りの軍隊になってしまいます。そこに毎年1兆円を投じても惜しくはありません。そこからユニコーンと呼ばれる民間企業が多数スピンオフしてくるでしょう。

「政府クラウド」の必要性とメリット

ここまでサイバーセキュリティについて語ってきましたが、そもそも日本には守るべき電子政府、政府クラウド（ガバメントクラウド）がないという大きな問題があります。今は政府の役人一人ひとりが自分のコンピュータに執務関連の情報を入れている状態で、敵国から見たら霞が関村のバラバラと点在する藁葺小屋に、しこたま宝物が置いてあるように見えるでしょう。

アメリカでは政府の機密情報に加えて、重要インフラや軍需産業などの民間企業の機密データを、政府クラウドに入れて、強力なセキュリティシステムで守っています。そのシステムを設計した企業の関連情報も一緒に守られています。ファイヤーウォールは最高度の強度で、外部からの侵入はほぼ困難です。政府職員や一部民間企業の職員には、アクセス権が与えられますが、ユーザーが接続すると、クラウドの中の情報の閲覧はできても、ダウンロードや印刷はできません。閲覧にはＨＤＤ（ハードディスクドライブ）やＳＳＤ（ソリッドステートドライブ）のない端末しか使えず、データ保存もできません。既に数十年前から、アメリカでは政府クラウドが立ち上がり、様々なサイバーセキュリティ対策が取られています。

政府クラウドを持つことの大きなメリットは、省をまたいで情報を扱え、高度な検索が可能になるということです。例えばこれにChatGPTのような生成AIを活用した仕組みを導入すれば、自然言語で入力した質問に対して、スムーズに回答が得られるようになります。例えば、「日本のトップテロリスト5人が頻繁に付き合っている世界のテロリストは誰か」と入力すれば、各省庁のデータから様々な情報を拾ってきて、要求されたテロリストのリストをサッと出してくれるわけです。政府クラウドの設置には、ファイヤーウォールのみならず、こうした高度な検索システムが重要になってきます。

日本には政府クラウドがないので、まずそれを構築する必要があるわけですが、考えておくべき問題が2つあります。1つは、万が一攻撃を受け、システムを破壊されたときにはどうするかというバックアップの問題です。ウクライナ政府は、2022年にロシアの侵攻を受けた際、自分たちの情報をAWS（アマゾンウェブサービス）に移して政府機能の維持を図りました。日本でもそうした備えをしておかなければなりません。

もう1つはアクセス権を許す人物のクリアランス（アクセス権付与資格審査）です。政府クラウドは、非常に多くの政府職員が利用しますから、巨大なクリアランスシステムが要ります。クリアランスが必要な理由は、システムがどんなに優れたセキュリティ（ファイヤーウォール）で守られていても、内部にたった1人、スノーデンのような人物がいたら、情報が簡単に流出し、著しく国益を害するからです。

特に、機密情報に接する政府高官は、きっちり審査しなくてはなりません。アメリカでは敵性国家とつながっている危険はないかを確認するために、パスポートと預金通帳を、家族の分も含めて徹底的に審査するそうで、丸裸にされたように感じるといいます。長いときには審査が半年もかかり、うんざりするそうです。しかし、政府クラウドを導入して、多くの政府職員などの仕事効率が上がる半面、情報をリークされる危険も増大するわけですから、クリアランス制度の整備は、やらなくてはならないことです。

冷戦期には、アメリカ政府のＣＩＡやＦＢＩやイギリス政府のＭＩ６の高官にロシアのＫＧＢの著名なスパイがいました。スパイは、ウィルスと同様に、どこにでもいます。中国古代の孫子の時代から、私たちの生活は常に「ウィズ・スパイ」なのです。クリアランスは、必須の自己防衛制度なのです。

また、クリアランス制度の導入には、別のメリットもあります。防衛産業の機密保護協定が結べるようになり、外国との防衛産業協力が進展することです。アメリカでは防衛産業に携わる企業の職員も、政府クラウドへのアクセス権を持っています。アクセス権があるということは、しっかりとした政府の審査を受けて、問題なかったという証明になります。

防衛産業の世界では、その国のクリアランスを持っている企業の職員しか信用されません。今の日本企業には、クリアランスがありません。制度自体が存在しないからです。実は、日本の防衛産業関係者は、世界の一流の防衛産業倶楽部に入れていないのです。早く政府クラウドを立ち上げ、防衛産業をクラウド内に取り込み、関係者にクリアランスを付与するべきです。

民間企業の人々にクリアランスを付与し、かつ、政府クラウドを閲覧する権限を付与すれば、違反行為があったときには、政府職員と同等の罰則をかけることになります。ここまでくれば、日本の防衛産業も世界の防衛産業倶楽部の一員となります。

さらに、政府は、米英仏伊独豪等と防衛産業機密保護協定を結ぶことができます。そうなれば、衰退著しい日本の防衛産業が、他の先進国との共同開発プロジェクトに容易に参加できるようになり、国際プロジェクトが、将来、飛躍的に進むことが期待されます。

宇宙アセットをどう利用するか

次に宇宙に目を向けてみましょう。宇宙領域での防衛省の取り組みは、2018年の「防衛計画の大綱（現国家防衛戦略）」から本格的に始まりました。基本的に宇宙利用で得られる能力は、先に述べた通り、偵察、測位（GPS衛星等）、通信、時間同期です。1990年の湾岸戦争で宇宙衛星が大きな役割を果たしたということは先ほど説明しました。

　しかし最近では、戦争が始まると、宇宙はブラックアウトする、宇宙からの情報取得ができなくなると、多くの関係者が考えています。戦争が始まれば、当然、相互に敵国の軍事衛星を潰しにかかるためです。

　衛星は地上から望遠鏡で見えますし、空が曇っていても電波を当てれば衛星の位置が捕捉できます。宇宙衛星は、通常、同じ軌道を動いているので、位置を把握しやすいのです。

　衛星を潰す一番簡単な方法は、まずジャミング（電波妨害）でしょう。各衛星が発している周波数を把握できれば、同じ周波数を当てることで地上との通信妨害が可能です。そうでなければサイバー攻撃で敵の軍事衛星を乗っ取ったり（スプーフィング）、レーザー光線やキネティックな攻撃などで物理的に壊したりする方法があります。一番暴力的なのは、衛星からの情報をダウンリンクしている地上基地をミサイル攻撃などで破壊するというものですが、いずれにしても戦争の早い段階で軍事用宇宙衛星は使えなくなるでしょう。

　現在、民間の宇宙衛星の活用、特に多数の民間人工衛星からなるコンステレーションが軍事衛星のバックアップ策として考えられています。ロシアによるウクライナ侵攻では、イーロン・マスク氏のスペースX社がウクライナ側に衛星通信サービス「スターリンク」を提供して話題になりました。「スターリンク」はピザ程度の大きさのアンテナさえあれば、低軌道を周回する無数の民間宇宙衛星を利用できます。有事の際、敵がこの全ての民間衛星をすべて攻撃するのは物理的に無理なのです。

　航空自衛隊にも、最近、ようやく宇宙作戦隊ができて、宇宙作戦の分野に乗り込むことが認められました。戦後３四半世紀もの間、日本では、敗戦国の宿命として、文部科学省下のＪＡＸＡが宇宙開発を認められていましたが、宇宙利用は平和利用に限るという宇宙基本法が制定され、自衛隊の宇宙作戦は認められてきませんでした。ＪＡＸＡと自衛隊との連携も非常に薄いものでした。

　今世紀に入って宇宙基本法も改正され、２０１８年の防衛大綱以降、ようやく両者の連携が始まりました。現在、航空自衛隊の宇宙作戦隊が、作戦の第一歩として、宇宙状況監視（ＳＳＡ）任務を開始し

安全保障分野における宇宙利用

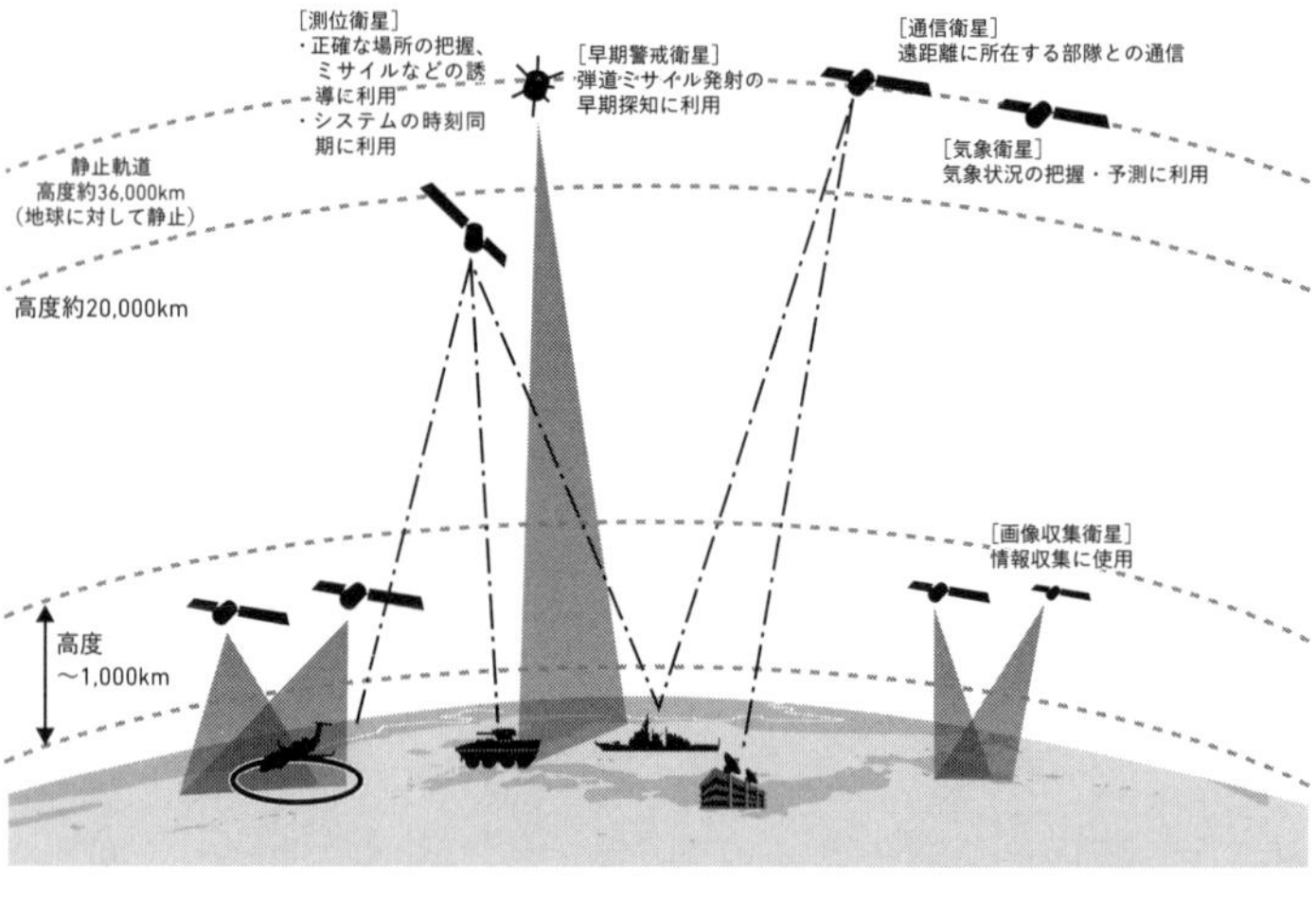

出所：『令和5年版 防衛白書』を基に作成

ています。近い将来、名前も航空宇宙自衛隊に変わるそうです。ＪＡＸＡの宇宙開発能力は、国際的に高く評価されています。自衛隊の宇宙作戦は始まったばかりで、これから長い道のりですが、千里の道も一歩からです。自衛隊には、ＪＡＸＡと協力して、ぜひ、宇宙分野でも頑張ってほしいと思います。

第9章

日本の領土問題と尖閣諸島

Senkaku Islands and Territorial Dispute

領土は生存に関わる。
北方領土、竹島、尖閣諸島を巡る歴史的経緯を知ることで、
現在の日本が置かれている状況が見えてくる。

領土防衛は動物的本能

領土、領域というものは、動物的本能に関わるもので、外交でも重い問題になりがちです。自らの生存に関わるからです。どんなに小さな島でも、領土問題となると国民のナショナリズムに火が点きます。感情を掻き立てるのです。その姿は、縄張りを守って争い合う動物の姿と変わりません。

世界各国どこを見ても、領土は変遷が激しくて、日本のようにずっと同じところにある国はなかなかありません。長い歴史の中で領土が拡大したり縮小したりするのは普通ですし、民族と共に消えた国もあります。特に産業革命以降は、ヨーロッパの国々が強大な力を持ち、思うがままに地球を植民地化したことで、一気に世界中の国境線が書き変えられてしまいました。

また、工業化、近代化の過程で国力が増大する時期の国は、どうしても拡張主義に走りがちです。19世紀以降のヨーロッパ諸国も、アメリカも、ロシアも、日本もそうでした。最近では、中国の台頭が著しく、南シナ海、東シナ海、中印国境、香港、台湾等で一方的な現状変更を試みています。習近平は「取られたものを取り返しているだけだ」と言うでしょうが、国力増大期の自信過剰がもたらす拡張主義の表れでしょう。これも半分は本能的なものだと思います。

最終的に主権国家が成熟し、主権の壁が下がって欧州共同体のようになってくると国境の意味が変わり得ます。人と物と情報の流れが自由になると、国境に意味がなくなるからです。欧州では1985年に国境を自由に通過できるシェンゲン協定が結ばれ、現在、加盟国は25カ国以上を数えます。何年か前、ベルギー・フランス国境を示す標石を、農夫が邪魔だと勝手に動かして問題になったことがありましたが、笑い話で終わりました。これがロシアだったらただでは済まないでしょう。

北方領土問題が生まれた理由

日本に関連する領土問題といえば、まずロシアとの北方領土問題です。北方領土問題の本筋は、ヤルタ会談からサンフランシスコ平和条約につながる連合国による日本北方の戦後領土処理と、戦後の日露二国間の領土交渉ですが、その前に、そもそも19世紀に欧州列強がアジアの地図をどう書き変えたか、特にロシアはどのようにアジアに拡大してきたのかという歴史的事実を踏まえた上でないと、視野の狭い議論になってしまいます。最初にロシアと日本、中国、中央アジアの歴史を、簡単に振り返っておきましょう。

ロシアはピーター大帝のときに西欧化が始まり、国力が上向き始めました。13世紀にチンギス・ハーンの孫の英傑バトゥに征服されて以来、ロシアにはモンゴル帝国の影響が深く刻印されていました。

日本はクビライの元寇を跳ね返しましたが、ロシアはキプチャクハン国に250年の間、服従しているのです。イワン雷帝からモンゴル勢力を押し返し始め、18世紀初頭のピーター大帝時の大北方戦争（対スウェーデン）などを通して、欧州の北方で国力を強めていったのです。

かつて長く続いたモンゴル支配の反動から、ピーター大帝は「自分たちはモンゴル人ではない」と言ってモンゴル服を脱いで洋服を着、西欧から大勢の建築家を招いて壮麗なサンクトペテルブルクをつくりました。まるで洋風にかぶれた織田信長のような人ですね。サンクトペテルブルクは美しい街ですが、あの優雅な西欧風の街は、実はロシア中を探しても他にありません。荒ぶるモスクワの方がロシアらしい。サンクトペテルブルクは長崎のハウステンボスのようなものです。

ピーター大帝の宮廷ではフランス語が話され、ロシア語は禁じられていました。明治の鹿鳴館以上の徹底した西欧化主義です。チャイコフスキーのオペラ『エフゲニー・ネーギン』の中の有名な「手紙の場」では、地方貴族の令嬢タチアナが、斜に構えた都会の青年貴族オネーギンへ長いラブレターをしたためますが、プーシキンの原本では、フランス語で書かれたことになっています。ロシア語は愛を語るには適当ではないからと、プーシキンは記しています。

国力を上げたロシアでしたが、西欧列強がひしめく西欧部に領土を拡大することは不可能でした。しかし、東にはシベリアの大地が広がっていました。広大な大地には、人口が希薄で、遊牧民しかおらず、まとまった国はありませんでした。まるでチンギス・ハーンの軍勢が逆流するかのように、ロシアはどんどん東へ東へと拡大していきます。征服というよりも、屯田、開拓という感じに近いと思います。実際、日露戦争を担当したウィッテはシベリア開発担当の財務大臣でした。ロシアは、東はアメリカのアラスカにまで到達しますが、さすがに広がりすぎたと思ったのでしょうか、二束三文でアラスカをアメリカに売り払ってしまいました。

そして19世紀の半ばに、ロシアは、極東正面で急速に南下してきます。１８５５年、日本と結ばれた日露和親条約では、両国の国境を択捉島と得撫島の間にすることが決まりましたが、どんどんロシア人の植民が進む樺太では、国境線をどこに引くかの決着が付かず、「とりあえず日露混住」というかたちになりました。

徳川幕府は、その直後に日米修好条約で函館を開港し、洋風の五稜郭を建設して北方防衛に備えますが、北方四島を含む蝦夷地の防衛にも本腰を入れています。北方四島（択捉島、国後島、色丹島及び歯舞群島）の防衛は、明治直前には北海道の東半分（東蝦夷《えぞ》地）と合わせて仙台の伊達藩に委ねられていました。

同じ頃、大陸でもロシアは満州に南下してきます。中国（清）とロシアは1689年にネルチンスク条約を結んで国境を決めていましたが、ロシアは清朝末期の国内混乱を利用してアムール川（黒竜江）の北側を武力で押さえ、アイグン条約（1858年）を結んで広大なシベリアの大地を清から奪います。

また、ウスリー川の東側、沿海州にも植民が進み、海路からウラジオストックにも植民が入っていきますが、沿海州の帰属に関しては、樺太と同じくしばらく保留のままとされ、中露混住の地にされています。

そのわずか2年後の1860年、第2次アヘン戦争で、渤海湾から上陸したフランス軍とイギリス軍が北京を蹂躙した際には、ロシアも講和に乗じて北京条約を締結し、沿海州を獲得してしまいます。「東方の征服」という意味のウラジオストックが建設されます。

さらにその15年後には、同じようにして日本から樺太が奪われます。まだ力の足りなかった明治政府は、ロシア人の植民が進む樺太のロシア領有を認めざるを得なくなり、樺太・千島交換条約を締結します。函館の五稜郭で幕臣として最後まで戦った榎本武揚は、後に才能を見込まれて新政府に加わっており、サンクトペテルブルクに乗り込んで、得意のフランス語を駆使して、樺太を奪われる代わりに千島列島を獲得したのです。榎本は当時のロシアの地図を見て回り、樺太をロシア領と記したものはないではないかと主張したと言われています。このとき、千島列島が得撫島《ウルップ》以北だと認識されていたことは、後のサンフランシスコ平和条約の解釈として重要な意味を持ちます。

このように19世紀後半、ロシアは中国と日本から広い領土を奪い取っているわけです。当時は帝国主義時代の真っ盛りで、イギリスも、フランスも、ドイツも、オランダも、ベルギーも、植民地拡大に狂奔している時代です。植民地から身を起こしたアメリカでさえ、ハワイ王朝を廃してハワイを併合し、米西戦争の後に獲得したフィリピンを領有していました。欧米諸国だけが帝国主義ゲームのプレイヤーで、アジアの国々はただの獲物にすぎませんでした。当時は、人種差別も盛んで、アジア人の主権や人権など、誰も考えていなかった時代です。

ロシアも、当然のように領土拡張にいそしんでいました。蘭仏独のような海洋勢力は、イギリス海軍の掣肘を受けましたが、ロシアは騎馬でユーラシア大陸の中から領土を拡大してくるので、さすがの大英帝国もロシアの南下をとどめるすべがありませんでした。

日本・ロシアとのかかわりからみた朝鮮史

その後、日本は国力を上げていき、ロシアの朝鮮半島への南下を危惧するようになり、緩衝地帯としての朝鮮半島を防波堤（生命線）にしようと考え始めます。朝鮮は、軍事的にとても弱い国でした。17世紀の丙子の乱[*1]によって蹂躙され、長い間、清によって屈辱的な講和条件を押し付けられ、軍備増強が許されなかったからです。日本が最初にぶつかったのは、朝鮮の宗主国であった清です。清もまた朝鮮半島の戦略的重要性に気づき、朝貢制度の枠を超えて、朝鮮における支配を強化しようとしていたからです。しかし、ゆっくりと倒壊しつつあった清は、李鴻章らの身を削った活躍にもかかわらず衰退し続け、日清戦争では、初代総理となった伊藤博文が率いる新興の明治日本に敗退します。

その結果、朝鮮は独立して大韓帝国となりました。朝鮮の人々は、清の使節を迎える迎恩門を引き倒して、凱旋門に似た独立門を建てて独立を祝いました。日本は台湾を割譲され、遼東半島も租借できるはずでしたが、李鴻章と語らったロシア、ドイツ、フランスが直ちに三国干

＊1　丙子の乱
清の第2代皇帝ホンタイジ（太宗）による朝鮮半島侵略。胡乱。直前の秀吉の朝鮮侵略は倭乱と呼ばれる。

渉して、遼東半島を清に返還させます。もとより狡猾なロシアは、直ちに遼東半島を自分の影響下に置いています。三国干渉におけるロシアの強さを目の当たりにして、事大主義（安全保障のために一番大きな国に仕えるという意味）の韓国では、皇帝の高宗がロシア公使館に逃げ込んで執務するということまで起きています。露館播遷といいます。

日本からすれば、もしロシアが朝鮮半島を取ろうと思えば容易に奪われるでしょうし、その次は、狭い対馬海峡を隔てた隣国である日本にも攻めてくると考えたのです。実際、朝鮮半島の対面にある対馬は、ロシアにとってウラジオストックから黄海、東シナ海へと抜ける戦略的要衝であり、一度、上陸したロシア兵によって堡塁が築かれたことがあります。そのときは、イギリス軍が追っ払っています。

当時のロシアは、満州から遼東半島の旅順に抜け、そこを拠点に東シナ海、太平洋に出ることを考えていたと思われ、どの程度朝鮮半島の併合に関心があったのか分かりませんが、帝政ロシアの南下に恐怖した日本は、大英帝国と同盟を結び（1902年）、ロシアと対峙することになりました。当時、世界第3位だったと思われる3000万の大きな人口を抱え、近代的な軍隊を擁し始めた日本は、陸軍が小さいイギリスから見れば、格好の先兵だったのです。

日露戦争では、山縣有朋、桂太郎、大山巌、児玉源太郎、乃木希典、東郷平八郎、金子堅太郎、そして、小村寿太郎など、綺羅星のような英傑が存分に働き、また、ロシアに対する警戒心の強い米英両国の陰日向の介入があり、日本はかろうじて勝つことができました。もし負けていたら朝鮮半島や対馬は、今頃ロシア領だったでしょう。対アジア貿易の中心だった長崎も、香港のようにロシアの飛び地になっていたかもしれません。

日露戦争に勝利した日本は、南樺太の割譲を受け、三国干渉でロシアに奪われた遼東半島を取り返してそこに関東軍を置き、また、ロシアから譲られた南満州鉄道を管理し始めます。「満鉄」です。そして1910年には、韓国を併合します。伊藤博文は韓国併合に反対でしたが、歴史の皮肉で安重根に暗殺され、それが日韓併合を加速しました。

第二次世界大戦後の北方領土のゆくえ

その後、第一次世界大戦中にロシア革命が起こり、ロシアの国内が混乱した後、日露両国関係は安定します。米西戦争でフィリピンを獲得したアメリカは、ルソン島のすぐ北にある台湾を領有している日本を警戒していましたが、アメリカはフィリピン、日本は朝鮮半島という勢力圏の分割に満足して桂・タフト協定を結びます。幕末の吉田松陰は、『幽囚録』の中で日本が本当に警戒するべきは地球の裏側の欧州勢ではなく、隣国のロシアとアメリカだと警鐘を鳴らしていましたが、日本は、ようやく米露という大国と安定した関係に入ることになりました。

さて、ここで話は第二次世界大戦に飛びます。第二次世界大戦は、スターリンとヒトラーが語り合って、東欧を分割し（モロトフ・リッベントロップ両外相間の秘密協定）、ポーランドを独露間で分割したことが直接の原因です。オーストリア併合、ズデーデン地方併合、ラインラント進駐と、ナチスに煮え湯を飲まされ続けてきた英仏両国が、機先を制してドイツに宣戦布告して第二次世界大戦が始まりました。太平洋戦争勃発の2年前の１９３９年のことです。

ヒトラーとスターリンの提携は、反共を旗印にドイツやイタリアと三国防共協定を結んでいた日本政府を驚愕させます。日本は、当時、ノモンハンでソ連軍と死闘の最中でした。機を見るに敏な松岡洋右外相は、ヒトラーに倣ってスターリンと提携する日ソ中立条約に動き、日独伊三国防共協定を、反英、反米の三国同盟に切り替えてしまいました。これは天皇陛下の御意志や海軍の思惑に反するもので、アメリカとの衝突路線を準備することになりました。大日本帝国の息の根を止めた戦前の日本外交の致命的な失敗でした。

ところが、その直後に、ヒトラーは、まるで日本を弄ぶかのように、今度は不可侵条約を結んだソ連に攻め込んでいます。この瞬間から、ヒトラーと提携していたはずのスターリンのソ連は、アメリカ、イギリスと同じ連合国に切り替わりました。米英から膨大な支援を受けられるようになり、スターリンは、連合国の指導者に衣替えしたのです。その後、日本は真珠湾を攻撃して対米戦争に突き進みます。青息吐息だった連合国側がアメリカの参戦で一気に形勢を逆転させました。

　1945年2月、米英ソの連合国首脳が集まったヤルタ会談で、スターリンは、ドイツに勝利後3カ月で日本に宣戦布告すると約束します。その見返りに英米首脳（チャーチル、ルーズベルト）は、対日戦争に勝ったらソ連が日本に奪われた領土を返すことを了承します。そこでスターリンは「日本に奪われた樺太と千島」の返還を求めました。千島は奪われたものではありません。南樺太を放棄する代償に帝政ロシアから譲られたものです。しかし、このスターリンの嘘が理由となって、戦後、日本は日露戦争で獲得した南樺太のみならず、榎本武揚が交渉で平和裏に樺太放棄の代償として手に入れた千島列島まで奪われることになったのです。

　スターリンの領土的野心は、千島列島にとどまりませんでした。日本は1945年8月にポツダム宣言を受け入れますが、択捉島以南には米兵がいないと気づいたスターリンは、9月に入ってさらに択捉、国後、色丹、歯舞諸島へとソ連軍を南下させてきました。スターリンは、厚顔にも、さらに留萌と釧路の間に線を引いて、その北側をソ連領とするよう連合国内で要求します。北海道の北半分をとると、オホーツク海沿岸を全てソ連領にできるだけでなく、ソ連は宗谷海峡、根室海峡を自由に通航できるようになり、ウラジオストックを出た後、宗谷岬などから自衛隊に監視されずに外洋に出られるようになるからです。ソ連にとって日本海は黒海同様の閉鎖海で、外洋に出る海峡を押さえたくて仕方がなかったのです。ルーズベルト大統領の後を受けたトルーマン大統領がこの要求を突き返したから良かったものの、要求通りになっていたら、北海道は今の半分になり、北側には北朝鮮のような小さな日本人民共和国があったかもしれません。

ヤルタ協定は、日本の全くあずかり知らぬところであり、日本が降伏を受け入れたポツダム宣言にも言及はありません。日本はサンフランシスコ平和条約締結の過程で、ヤルタ協定のことを知ることになります。日本にとっては、とても不本意な話ですが、日本は、日露戦争の戦利品である南樺太のみならず、かつて南樺太放棄の代償として榎本武揚が平和裏に獲得した千島列島まで放棄させられることになりました。しかし、スターリンは、それに満足せず、徳川幕府が日本固有の領土として守ってきた択捉、国後、色丹、歯舞諸島にも居座りました。終戦のどさくさに紛れて掠め取ったのです。

吉田総理はサンフランシスコ平和会議で次のように演説し、その不条理さを語っています。

「千島列島及び南樺太の地域は日本が侵略によって奪取したものだとのソ連全権の主張に対しては抗議いたします。日本開国の当時、千島南部の二島、択捉、国後両島が日本領であることについては、帝政ロシアも何ら異議を挿さまなかったのであります。（中略）１８７５年５月７日、日露両国政府は、平和的な外交交渉を通じて樺太南部は露領とし、その代償として北千島諸島は日本領とすることに話合をつけたのであります。名は代償でありますが、事実は樺太南部を譲渡して交渉の妥結を計ったのであります。（中略）千島列島及び樺太南部は、日本降伏直後の1945年9月20日一方的にソ連領に収容されたのであります」

吉田が言いたかったことは、スターリンは取ってもいないものまで返せと言っているが、それは連合国の掲げる第二次世界大戦の大義に反しないのか、ということです。アメリカが主導する連合国は、大西洋憲章の領土不拡大原則（＝現状維持）を正義の旗印にして、この戦争を戦ったのではなかったのか、スターリンも大西洋憲章に署名しているではないか、終戦間際のなりふり構わぬロシアの領土拡張ぶりは一体何なのか、という痛烈な皮肉が込められています。

「武門の国」ロシアの言い分

ロシア人の本音を素直に言えば、「勝った方が戦利品として敵の領土を取るのは当たり前」ということです。もとよりアメリカのような自由主義的な理念はロシアにはありませんから、住民の自由意思を確認、尊重しようなどという考え方は全くありません。ロシアは19世紀的な弱肉強食の時代感覚のままなのです。「日本は2000万人のロシア人を殺したナチの子分だったではないか、ドイツと一緒に敗戦したのだから、ロシアに領土を取られるのは当然なのだ」と、ごく普通に考えているでしょう。

スターリンは西欧ではプロイセン誕生の地であるケーニヒベルク（現カリーニングラード）を併合し、バルト三国やフィンランドのカレリア地方など、ヒトラーと手を結んで獲得した領土は、戦後もちゃっかり手元に残しています。領有権の根拠などありません。勝てば官軍であり、戦勝国だからいいのだということです。

ロシア人が日露領土交渉中によく持ち出すのは国連憲章の「旧敵国条項」です。その心は、「日本は負けたのだから、国連憲章の旧敵国条項に従って、二度と軍事的に立ち上がれないようにすることができる。だからロシアが戦中に奪った領土は返さなくていいのだ」ということです。広島原爆投下後のたった1週間の戦争で、樺太、千島列島、北方四島をすべて奪い、60万人の日本人を10年にわたりシベリアに抑留し、抑留者の1割を極寒の中で犠牲にしたロシアです。ずいぶん手前勝手な理屈ですが、これがロシア人の本音です。

ロシアは武門の国ですから、「そんなに北方領土を取り返したかったら、口先で文句ばかり言わないで、自衛隊の戦車を北海道に集めてみたらどうだ。日本が本気を見せれば交渉してもよい」と考えます。ロシアは、いつも、北方領土問題を軍事的側面から眺めているのです。日本のような経済的な利益と交換しようとか、国際法の論理を持ち出してみても、なかなか心を動かしません。

フルシチョフと鳩山のディール

1953年にスターリンが死に、次のフルシチョフ第一書記は西側との協調路線に入ります。フルシチョフは、日ソ関係の改善に貢献のあった人で、「ドイツと日本は国連に入れてやれ」とか、「60万人のシベリア抑留者は帰してやれ」とか、「日本の集団的自衛権は認めてもいい」とまで言っています。実際、日ソ共同宣言では日本が集団的自衛権を有していると明記されました。

1956年に、日ソ国交正常化が実現しましたが、当時の日本は55年体制ができた頃です。高度成長前で、年金などの社会福祉制度も存在せず、社会格差が大きく、左派勢力の社会党や労働組合が大きな力を持っていました。また、総理は吉田茂から、アメリカにパージされ反米色のあった鳩山一郎に代わっていました。

ソ連は「日本を中立化できるかもしれない」とか「日本をアメリカから引きはがせるかもしれない」と本気で思っていたのではないでしょうか。だからこそ、日ソ共同宣言交渉の中で、フルシチョフが、突然、歯舞・色丹の2島を返してもいいと言ったのでしょう。しかし、歯舞・色丹だけでは北方領土4島の面積の2％に過ぎません。

鳩山とフルシチョフは、最終的に日ソ共同宣言を締結します。日ソ共同宣言は、名前は宣言ですが、戦争を終結させ、シベリアに抑留中の捕虜を送還し、戦争請求権の相互放棄などを定めており、両国国会で批准されています。中身は立派な平和条約です。しかし、日本は、領土問題が解決されていないまま、平和条約を結ぶことに強い抵抗があり、平和条約という名称を拒否したのです。

日ソ共同宣言では、第9項に「平和条約を締結後、歯舞・色丹は日本に引き渡す」と書いてあります。この解釈が玉虫色で、ロシア側では「日本が国後・択捉を諦めて平和条約を締結すれば、歯舞・色丹は返す」と考えていますし、日本は日本で「平和条約を締結後、国後・択捉と一緒に歯舞・色丹を返してもらう」と考えています。お互い解釈の違いがあることは分かっていて、玉虫色の文章になっているのです。このまま北方領土問題は宙ぶらりんの状態です。

ところが鳩山総理の後を受けた岸信介総理は、親米路線に大きく舵を切り、日米安保改定に踏み切ります。対日宥和に動いてきたフルシチョフは面子を潰されました。当時のグロムイコ外相から「米兵が日本にいる限り、日ソ共同宣言の領土条項は履行しない」との書簡が届くことになります。これは日米同盟が存続する限り、歯舞・色丹も返さないというのと同義です。フルシチョフの意趣返しでしょう。

その後、一貫して「領土問題は存在しない」と言ってきたソ連でしたが、ゴルバチョフ書記長と海部俊樹総理が首脳会談後発出した日ソ共同声明（1991年）では、択捉、国後、色丹、歯舞の4島を対象として「領土画定の問題」を交渉し、その旨を首脳宣言に書き込みました。ソ連崩壊直前のゴルバチョフ書記長としては最大限の譲歩だったといえます。

1991年12月、ソ連崩壊後、ロシア大統領になったエリツィンは日本贔屓で橋本龍太郎総理とも懇意にしていました。彼は日露関係の改善に個人的に意欲を燃やしていたと思います。冷戦終結当時、バブル経済の香りが残る日本は、国家崩壊の憂き目を見ていたロシアに比べて、国力が優勢でした。領土問題の解決を目指したクラスノヤルスク首脳会談（1997年）で、橋本総理がもう少し大胆に前に出ていれば、北方領土問題は大きく前進していたかもしれません。橋本総理は、突っ込んだ会談は次回日本で、と思われたのかもしれませんが、外交は恋愛と同じでタイミングがありますから、なかなか思うようにはいきません。その後、エリツィン大統領の権力は釣瓶《つるべ》落としとなり、橋本政権下の北方領土返還交渉は頓挫します。

続くプーチン大統領とは、森喜朗総理、安倍総理が懇意になり、親密な関係を築き上げましたが、領土問題での具体的な成果は上がっていません。成果といえば安倍総理が、日ソ共同宣言の有効性を再確認し、1960年のグロムイコ書簡を改めて反故にしたことでしょう。日露領土交渉は、1956年の原点に戻りました。

最近はロシアのウクライナ侵攻によって、西側はロシアに対して対決的姿勢を取るようになりました。あれほど白黒のはっきりした侵略をされると、国際社会の法的基盤への信頼性が揺らぎますから、西側としては厳しく反応せざるを得ません。日本としても同調せざるを得ず、北方領土問題の解決に向けた扉は閉ざされました。ウクライナ情勢が落ち着くまで、当分の間、日露関係の改善の見通しは暗いと思います。

竹島問題と韓国のナショナリズム

続いて竹島です。竹島問題を理解するには、法律論に入る前に、韓国の領土ナショナリズムについて知っておかなければなりません。

まず竹島の歴史を説明しておきましょう。竹島は隠岐と鬱陵島の中間にある、日比谷公園くらいの大きさの2つの岩島です。鬱陵島は長らく空島になっていました。清朝に厳しく軍備を制限された李氏朝鮮に島を守る力がなく、空島にして放置していたのです。そのため日本の漁民が漁場としていました。竹島は、17世紀から日本から鬱陵島への中継地として利用されていました。

1692年、日本の漁民が鬱陵島へ行った際に、朝鮮人と遭遇し、両者間でトラブルが起きました。幕府は朝鮮と交渉しますが難航し、最終的には鬱陵島への渡航を禁じました（1693〜96年の元禄竹島一件）。しかし、竹島への渡海は禁じていません。

1900年代の初頭になって、明治政府は竹島を日本の領土と確認して、正式に日本領に編入します。日本政府は、領土編入の事実を大韓帝国に通報していますが、何の反応もありませんでした。その後、日本が韓国を併合します。

第2次世界大戦が終わって1948年に大韓民国として独立すると、上海で亡命政権を構えていた李承晩が帰国して大統領になります。日本海に「李承晩ライン」と呼ばれる広大な漁業水域が一方的に設置され、日本漁船がそのラインを超えることを禁じました。まだ、日本は占領中でした。当時、漁民は圧倒的に日本人が強く、韓国漁民が押し込まれていたからです。当時の国際法では、領海は3海里（約5・6㎞）までであり、李承晩ラインの

李承晩ライン

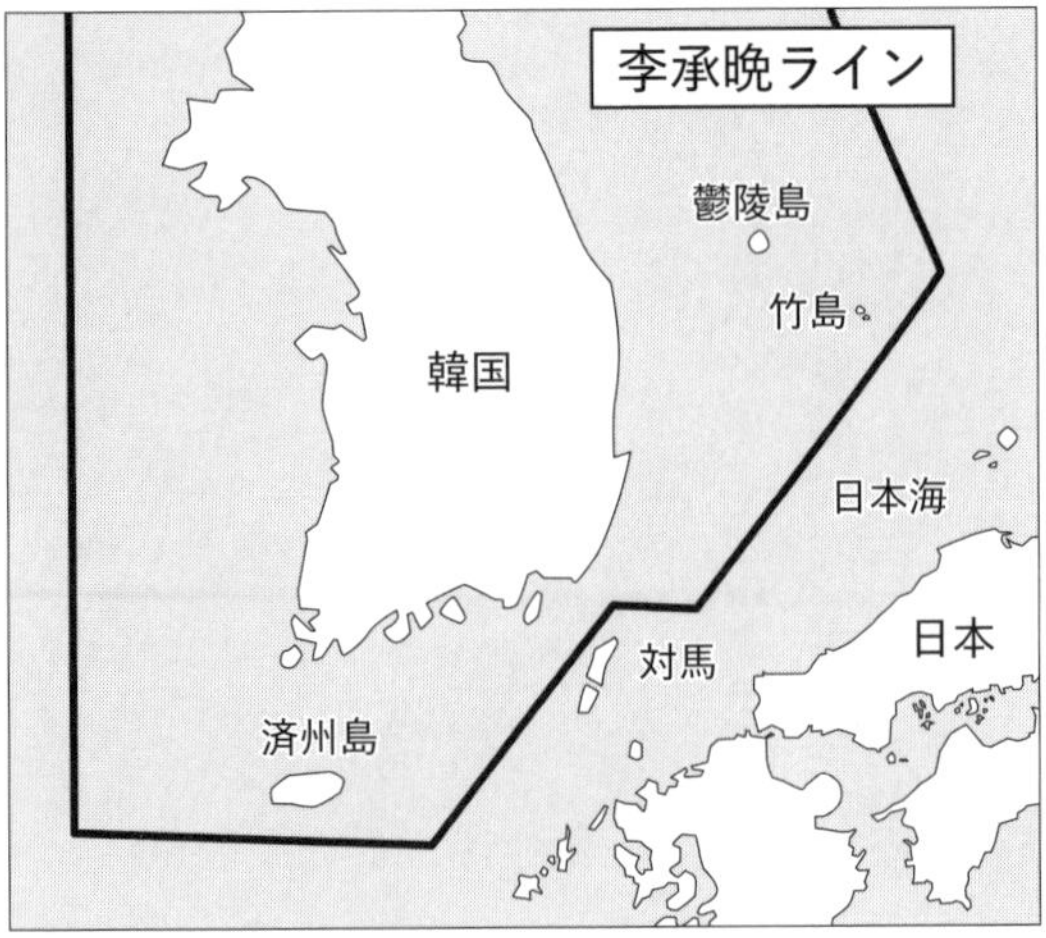

ような広大な漁業水域は違法です。しかし、出漁した日本漁民は、海上で撃ち殺されたり、あるいは拿捕されて厳しい条件の監獄の中で獄死した人もかなりいます。

李承晩は、この「李承晩ライン」の韓国側に竹島を入れました。このとき、韓国側は何の説明もしていません。玄大松の『領土ナショナリズムの誕生――「独島／竹島問題」の政治学』によれば、初めは、竹島は李承晩ラインの韓国側に入っていなかったのですが、土壇場で特に根拠もなく「えいやっ」で竹島を自国領に入れてしまったようだと書いてあります。おそらくそれが「不都合な真実」でしょう。韓国側からはこれまで、竹島領有に関するまとまった法的、歴史的資料が出てきたことがありません。

韓国政府は、サンフランシスコ講和会議に呼ばれませんでしたが、交渉の過程で、竹島を韓国に渡してほしいとアメリカ国務省に申し入れ、正式に書簡で拒否されています（ラスク書簡）。

日本政府は、竹島問題発生後、二度にわたり韓国政府に対して、竹島問題をハーグの国際司法裁判所に付託して、領土紛争は平和的に解決されるべきであり、司法の判断に従おうと提案しましたが、拒否されています。

日韓国交正常化は1965年ですが、当時、独裁的な大統領だった朴正熙が「あの島を爆破して沈めてしまいたい」と言ったことも報道されていています。厳しい冷戦下で北朝鮮と銃を構え合っている韓国政府は、日本とアメリカの支援を必要としており、李承晩が作り出した竹島問題は、むしろお荷物と捉えられていたようです。

ところが1982年に国連海洋法条約が合意され、200海里水域設定（沿岸から約370㎞をEEZとして設定できる）が可能になると、島の持つ政治的、経済的な重さが変わってきます。小さな島でも半径200海里の内側の漁業資源、鉱物資源を独占できるからです。

さらに1987年に韓国が民主化すると、雰囲気はガラッと変わります。治安維持法が終わった後の日本と同じで、政治犯として捉えられていた左翼の人たちが一斉に釈放され、学生運動家と連動し始めます。日本では終戦直後から1950年代にかけて生じた国内冷戦構造が、韓国では30年後の1980年代に始まりました。日本では終結しつつあった国内冷戦が、突然韓国に出現したのです。韓国の左派から、独裁中は抑え込まれていたアメリカ及び日本に対する感情が、反米帝国主義、反日帝国主義といったイデオロギーとないまぜになって噴出し始めました。急激に変貌する韓国に、日本人はびっくりしますが、反日は領土問題にも波及します。

それが竹島問題です。民主化した韓国は、抑圧されていた反日感情を噴出させます。民主化した韓国にふさわしい新しいアイデンティティが必要となっていました。激しい領土ナショナリズムは、新しい韓国人アイデンティティ確立の一環です。「竹島は日本と戦った韓国が実力で取り返した」というストーリーが、当時の韓国人の心に沁みたのです。

私も1990年代に韓国へ行きましたが、食堂にも、居酒屋にも、ありとあらゆるところに竹島のポスターが貼ってあって、皆、涙を流さんばかりにして見ていました。

韓国の左派が主張する歴史観では、「李承晩は上海に亡命政府を構えていた」「韓国人は光復軍を組織して朝鮮半島で日本軍と戦っていた」「その戦いの最中に米軍が入ってきて、米韓両軍は手を取り合って韓国の解放を喜んだ」とされています。そんな事実は全くありません。しかし、民主化当時の韓国では、そういうナラティブが必要だったのです。アイデンティティの再構築のために、植民地支配をしていた日本を否定すること（「克日《クギル》」と呼ばれています）が民族心情的に大事な問題だったのです。

冷戦下では、ソウルの独裁政権と保守層は、日本から経済協力を得るために反日に舵を切れませんでした。突如、自由になった韓国の左派勢力は、思い切り反日にスウィングすることで、保守との違いを際立たせたかったのでしょう。こうして、竹島が「克日」のシンボルになってしまったのです。

これに対し日本政府は一貫して、竹島問題と漁業や石油のような海洋資源とは切り離して処理する現実的な方針を取っています。漁業に関しては、１９９８年、金大中大統領時代に、大きな共同管理水域をつくって、竹島周辺水域での漁業は共同管理するということになっています。最近、日本の漁師は高齢化しているので、残念ながら、共同管理水域では韓国の荒っぽい漁船に圧迫されていると聞きます。

大陸棚に関しては、１９７８年、北部・南部日韓大陸棚協定が結ばれ、九州の北西部海域では、大陸棚境界画定や共同開発区域設定が行われています。ただし竹島のある日本海側は、浅い東シナ海に比べて急激に水深が深くなっているので、条約による大陸棚境界画定や共同開発区域設定は行われていません。

竹島は絶海の孤島で周辺に自然の大陸棚はなく、石油も出ません。東シナ海は1万年前の氷河期以降、ヒマラヤの雪解け水が揚子江と黄河へ流れ込み、そのとき運ばれる土砂が朝鮮半島西側の黄海、東シナ海に堆積しています。ですから東シナ海の水深は２００メートルですが、対馬海峡を東に出ると、日本海側の水深は急に深くなります。日本海の中心にある竹島周辺には、石油の出るような自然の大陸棚はないのです。

竹島に関しては、日韓双方の努力で、領有権と漁業・石油資源を、漁業協定、大陸棚境界画定協定でうまく切り離してきました。しかし、韓国の民主化以降、領土ナショナリズムが噴き出してきたために、政治的にややこしくなっているというのが現状です。韓国がナショナリズムにあおられて、竹島で色々なイベントを繰り広げ、刺激された日本が不快感を示すと、韓国が逆に日本の方が韓国を刺激していると言ってまた騒ぐ。この繰り返しです。

韓国は既に日本の4割弱の経済力で、ロシア、カナダにほぼ並んでいます。約60万人の精強な軍隊を抱え、アジア有数の武器輸出国であり、何よりも民主主義国家です。日本外交にとって、韓国が持つ戦略的重要性は言うまでもありません。領土問題が日韓関係の致命的な棘にならないようにしなくてはいけません。しかし、韓国がそういう成熟した外交を展開するようになるには、現在のイデオロギー色の強い左右勢力の対立が収まる必要があります。これには世代も絡むので、もう少し時間が必要です。

なお、黄海、東シナ海の大陸棚の境界を画定した日韓大陸棚南部協定（１９７８年）は中間線の日本海側にのみ共同開発水域を設けるという非対称な形となっています。この協定は、２０２８年に失効するので、その後どうするかは日韓間で誠意をもって交渉する必要があります。韓国との大陸棚境界画定交渉の後に行われた中国との東シナ海大陸棚境界画定交渉では、日本は国際法の判例の変遷に従って中間線の両側の共同開発を主張しましたが、中国側が拒否しています。きっと韓国に比べて不平等だと思ったのでしょう。その後、中国は一方的に、中間線の中国側で多くの石油掘削リグを設置し、石油を掘り始めました。

尖閣の「領土問題」は存在しない

尖閣問題を、日本政府は「領土問題」とは呼んでいません。１９６９年に国連アジア太平洋経済社会委員会（ＥＳＣＡＰ）が沿岸鉱物資源調査をして、東シナ海に油田があるかもしれないと報告してから、突然、台湾と中国が自分の島だと主張しはじめたからです。石油が出たら自分の島だという理屈は、国際常識に照らしてありえません。日本政府の公式な立場は「尖閣諸島を巡る領土問題は存在しない」です。

沖縄県石垣市が所管する尖閣諸島は、竹島と同じような岩島で、魚釣島、北小島、南小島、久場島などから構成されています。一番大きい魚釣島が沖ノ鳥島くらいの大きさで2㎞×4㎞ほどです。ちなみに、島の大きさは低潮線で測ります。沖ノ鳥島同様、尖閣諸島の魚釣島も、実は東京ドームが70個以上も軽く入るほど巨大な面積の島なのです。尖閣諸島の接続水域を入れた水域の広さは、ほぼ四国くらいあります。

日本は1895年、この島々が無人島で、どこの国も領有していないことを確認して領土に編入しました。日本の尖閣諸島領有後すぐに日清戦争で台湾が割譲されます。それ以前に、日本は尖閣諸島を日本領にしています。

しかし、戦後、井上清というマルクス主義の歴史学者が『釣魚諸島（尖閣列島など）は中国領である』『「尖閣」列島－釣魚諸島の史的解明』などの著作を発表し、尖閣は日本が日清戦争のときに掠め取ったとか、帝国主義の暴挙であるかのような事実に反することを書きました。学術的にも杜撰な本ですが、当時、文化大革命で教育機関が荒廃していた中国人は、尖閣諸島に関する資料など集めようもなく、井上氏の所説を頭から信じてしまったようです。中国側の所説は、井上氏の主張の焼き直しが多く見られます。

中国は、尖閣が台湾の一部であり、日清戦争で日本に取られたと主張しますが、日清戦争の講和条約である下関条約に、尖閣に関する言及はありません。また、下関条約交渉の過程で、澎湖諸島をはじめとして、台湾周辺の島々の領有権を逐一確認していますが、中国側から尖閣の名前は一度たりとも出てきません。中国が「尖閣は台湾の一部」と言っていますが、後知恵であり、このときは何も言っていないわけです。

日本が尖閣を無主地であると確認して領有したという事実を奇妙に思われる方もあるかもしれませんが、そもそも東アジアの海上国境は、19世紀に欧州列強によるアジア進出と近代的な国境画定が持ち込まれるまで、おおらかなものでした。大洋の小さな島嶼について領有権がはっきりしているということなど、あまりなかったのです。徳川幕府は、南鳥島や小笠原諸島の領有権を交渉でアメリカに認めさせましたし、清朝からシベリアの領土を奪いまくり、千島や樺太を我が物顔に南下するロシアに手を焼いていました。

また、中国は、「版図」という考え方をします。周辺に冊封した王たちが中国皇帝に朝貢してくることによって中華秩序が構成されており、その王たちの国土を含めて中華帝国の「版図」と考えるのですが、中国自身は、個々の王たちの領土の外縁にはあまり関心がなかったのです。

また、無主地の先占が20世紀にあり得るのかと思われる方もおられるでしょうが、昭和に入っ

てからも行われています。日本の最後の無主地先占は、1931年の沖ノ鳥島の東京都編入で

すが、これは昭和に入ってからの話です。

そもそも日本が尖閣の領有を開始する以前に、中国が尖閣を領有していたという証拠は全くないのです。明代に中国から沖縄に行く途中の船から見えたなどという中国側の主張がありますが、船が横を通ったというだけでは領有権の根拠にはなりません。尖閣が明代の海防地域に入って守っていたというのも事実に反します。明は海禁政策を取っており、東シナ海は倭寇が跳梁跋扈していました。なにより、中国は尖閣が台湾の一部だったと主張していますが、明代の台湾はそもそもオランダ領です。台湾が中国領になるのは、明が滅んでその残党が台湾に逃げ込み、それを清が滅ぼす17世紀後半の話です。中国の台湾支配は、それから日清戦争までのわずか200年程度であり、その間、清が尖閣諸島に関心を示したという証拠は皆無です。法は人間の善意の営みを守ります。領土に関する国際法も同じです。しかし、歴史上、中国には、尖閣諸島における善意の営みなど全く存在しません。

実は、中国自身も、1960年代までは、尖閣諸島を日本名で「尖閣諸島」と表記し、日本領と記した地図を使っていました。例えば、中国人民解放軍海軍編纂の大きな地図帳が、虎ノ門にある内閣府領土主権資料館に展示してありますが、そこでは尖閣諸島は「尖閣諸島」と表記され、日本領と記してあります。

中国も台湾も黙認していた尖閣

戦後の尖閣を巡る経緯を振り返ってみましょう。第二次世界大戦後、サンフランシスコ平和条約によって、台湾は日本から切り離されました。そのとき、尖閣は沖縄の一部として扱われ、沖縄と共に戦後は米軍の軍政下に入っていました。大正島は米軍の射爆場に使われ、無残な姿に変わり果てています。中国も、台湾（「中華民国」）も、連合国の一員であったにもかかわらず、この間、中国も、台湾も、尖閣の扱いについて何の文句も言っていません。むしろ中国は、日本統治時代の末に台湾総督府の管轄下に入り、サンフランシスコ条約で日本が放棄した新南群島（現南沙諸島）の方に強い関心を示していました。

１９５２年にサンフランシスコ平和条約が発効してから、尖閣が明示的に日本領とされ、アメリカの軍政下に入ったにもかかわらず、それから石油が発見されるまでの四半世紀もの間、中国も、台湾も、一言も文句を言わなかったという事実は重い事実です。中国も、台湾も、サンフランシスコ講和条約における尖閣処理を、長い間、当然視し、黙認していたのです。この沈黙の四半世紀は法的にはとても重い事実です。

台湾は、東シナ海に石油が発見された１９６９年に尖閣の領有権を主張しています（正式な声明は１９７１年）。蔣介石はルーズベルト米大統領とチャーチル英首相と会談して連合国に迎えられたカイロ会談（1943年）で、沖縄の中国への割譲を主張しなかったことを常々後悔していたと言われています。連合国の面々に沖縄をどうするか聞かれ、気圧されて「沖縄を下さい」とは言えなかったらしいんですね。だからせめて、台湾が日本やアメリカと国交を失う土壇場で、石油が出ると言われ始めた尖閣くらい欲しいというのが本音だったのではないでしょうか。

周恩来首相が1972年、日中国交正常化で来日した際の、田中角栄総理との会話の記録には「尖閣は油が出るまで、誰も問題にしなかった」という趣旨の周氏の言葉が残されています。周恩来は、「一気呵成」に国交正常化したいと切望していました。1962年にダマンスキー島に攻め込んだ毛沢東に対抗して、激高したソ連は大軍を動員していました。モンゴルには6個師団が南下していました。当時の毛沢東には、迫りくる強大なソ連軍に対抗するために、日本との国交正常化が尖閣問題より優先だったのです。田中総理と周恩来の会談の外交記録は全文が公開されています。

福田赳夫総理時代の1978年には鄧小平が来日しますが、毛沢東のカリスマを背負わない鄧小平は、周恩来のように本音の発言はできません。領土問題で迂闊なことを言えば、自らの政治的地位が危うくなるからです。鄧小平は、日中平和友好条約締結のタイミングで尖閣に数百隻の漁船を繰り出し、日本に対して「尖閣諸島は領土問題である」ことを物理的に見せつけました。毛沢東時代に荒れ果てた中国経済を立て直すことに強い情熱を持っていた鄧小平です。

日本やアメリカとの関係改善と経済協力導入は必須の課題でした。だからこそ、中国国内でもごりごりの左派（共産党内保守派）であるシニアな党幹部に向けて、自分は尖閣問題でもいうべきことを言っている、やるべきことをやっているとパフォーマンスする必要があったのでしょう。

福田総理との会談では、鄧小平は「尖閣の問題は話したくない」と言うんですね。福田総理は黙って聞いていています。これも当時の日本側外交記録が開示されています。ところが、その直後の記者会見で、鄧小平は、突然、「尖閣問題は棚上げ合意した」と主張します。尖閣問題をなるべく政治化しないようにしようという配慮は日中双方にあったと思いますが、領有権交渉を「棚上げ合意」したという事実は全くありません。

3倍に増えた中国海上警察

２０１２年の夏、日本の外務省が尖閣問題に関する詳細な資料を作り、ウェブ上で公開しました。フランスのルモンド・ディプロマティーク紙は、日本の主張の方に軍配を上げました。その年の秋から、中国は尖閣に関する法律戦でチャレンジすることを止め、物理的な実力行使に出始めました。当時、石原慎太郎都知事の尖閣購入の話が動いており、成り行きを危惧した野田佳彦総理が「それならば国で」と言って魚釣島の購入に踏み切りました。中国はこれを奇貨として、一気に実力行使に出ました。

民主党政権下で対米関係は悪化し、東日本大震災、福島原発事故で日本は疲弊していました。昇竜の勢いの中国は日本を侮ったのでしょう。

2012年の晩秋から、中国は、尖閣周辺海域に中国公船（「海警」と呼ばれる中国の海上警察の船です）を送り込むようになりました。中国は、南シナ海での拡張主義行動と同様に、実力行使に切り替えたのです。中国は、次第に船の数を増やしてきました。最初は操船が下手で、海上保安庁も笑って相手にしていましたが、その後、中国海軍の隷下に移り、厳しい訓練を受けたらしく、整然と動くようになってきました。

当初、1000トン以上の海警の公船は40隻、日本の海上保安庁の巡視船が50隻でしたが、中国はどんどん公船の数を増やしてきました。海上保安庁の態勢が逼迫しきったところで、2014年、小笠原諸島周辺に中国漁船が大挙してサンゴ密漁に押しかけるという事件がありました。おそらく尖閣対応で海保の巡視船運用が全国的にどのくらい逼迫しているか、小笠原まで手が回るのかを確かめるためにやった国家プロジェクトだろうと、私は推察しています。確実に獲れるかどうか分からない珊瑚のために、どうして福建省から小笠原まで、高いガソリン代をかけて、わざわざやって来る必要があるのでしょう。誰かがお金を出していると考える方が自然です。

その後の増強で、現在、海保の大型巡視船は80隻体制になりましたが、中国の海警の勢力は150隻以上にまで膨れ上がっています。海上保安庁のバックには海上自衛隊、中国漁船のバックには人民解放軍海軍や民兵がついているので、一触即発です。ただここまで緊張が高まってくると、お互いにかえって慎重になるので、今は、にらみ合いのまま、冷たい平和の下で収まっているという状況です。

中国は尖閣に対する主張を降ろす気はありませんし、中国海警の船の領海侵犯のチームもますます大胆になっています。領海近くに待ち伏せしていて、日本漁船の無線を聞き、その操業に合わせて邪魔に来たりしています。

ただし、中国の現在の活動には、中国の領有権主張を補強するような効果は全くありません。通常、領土紛争では、長期にわたる善意の活動が評価されます。先に述べたように国際法は、善意の人の営みを守るからです。かつて尖閣諸島には、日本人が住み着いて、鰹節工場を作り、何年も普通に暮らしていました。尖閣諸島に小さな船着き場があるのはそのためです。日本政府は、尖閣諸島を日本人の住む領土として管理していました。このような平穏な時代の事実は、領有権を主張する上で重い意味があります。

中国にはこれがありません。何百年さかのぼっても、善意の中国人が尖閣諸島で平和に暮らしていたという事実はありません。逆に、今の中国のように、白昼強盗のように、武装して無理矢理他国の領海に押し入ってきても領有権の根拠にはなりません。それでも中国が、海警公船の常時派遣をやめないのは、国内的にアピールするためなのでしょう。しかし、実際には、むしろ日本が領土を守るために、中国海警船の領海侵入を押し返しているという証拠が積み重なっていくだけです。

中国が、日本やフィリピンといったアメリカの同盟国に正面から手を出し始めたのは、2012年からです。まさかアメリカの同盟国であり、北東アジア筆頭の旗本である日本に手を出すとは、日本政府も思っていませんでしたが、習近平は、19世紀的な力の信奉者です。乱暴な棍棒外交なのです。いつの日か、中国が台湾を攻めるときには、台湾の一部であると主張している尖閣諸島にも必ず手を伸ばしてくるでしょう。台湾奪還が中国の核心的利益なら、台湾の一部とされている尖閣奪還も核心的利益の一部なのでしょう。台湾有事が日本有事であるという一つの理由は尖閣問題です。

第10章

自由主義貿易の未来と地政学

Liberal Trade and Industrialized Countries Transformation

繁栄には自由貿易が必要だ。

日本を含め先進国はパンデミックや自然災害、人口減少といった問題に、どのように立ち向かっていけばいいのだろうか。

交換が人類を発展させた

人間が生き延びるためには繁栄が必要で、繁栄なくして共同体は維持できません。そして繁栄する共同体をつくるには、自由主義的な国際社会の中で、自由貿易を守っていくということが重要です。自由貿易は、人類が考え出した数多くの仕組みの中で、最も成功している部類のものです。

近代よりももっと前から、人類は交易してきました。縄文時代には黒曜石を使った物々交換があったことが分かっていますし、地中海沿岸では紀元前から交易のために航海するようになりました。日本では織田信長の楽市楽座が有名ですが、足利義満、平清盛のように外国と交易する武将もいました。

動物は食糧の略奪と貯蓄はしますが、価値を保存し交換するのは人間だけの営みです。そして交換があったからこそ、人類の発展があったのです。

日本は第二次世界大戦前、脱亜入欧を掲げ、アジア主義に決別してヨーロッパの仲間入りをし、国際協調主義を実践していました。１９２０年代には国際連盟に加入し、多くの日本人が活躍しました。ところが、１９２９年の大恐慌で、英仏などの先行する植民地帝国がブロック経済化し、関税を引き上げたために経済が行き詰まり、日独伊の後発の近代工業国家が束になって、現状打破と自給的経済圏を求めて第二次世界大戦に突入していくことになりました。米英仏といった先行工業国の巨大市場を失った日本が、いくら「大東亜共栄圏」を夢見て資源を確保しても、世界市場から切り離されては窮乏するだけです。自給経済圏などスケールの大きな鎖国と一緒で、当時の日本は夜郎自大でした。このとき、世界的に自由貿易が堅持されていたら、日本の命運や現代社会はどうなっていただろうかと思います。

自由貿易と今後の世界

アジアと西洋の海路を使った交易は、ヨーロッパ人が大航海時代に始めたものですが、最初は自由貿易というよりも、海賊まがいの商人たちによる、かなり暴力的なものでした。ヨーロッパの諸政府は豊かなアジアと貿易を独占したがり、それに反抗する各国の私掠船《しりゃくせん》（海賊船）が活躍する時代でした。当時まだ貧しかったヨーロッパは、アジアや新大陸の文物に魅了されます。また、植民地にした新大陸やアジア、アフリカでは、現地の住民を奴隷的に酷使して鉱山開発やプランテーション農場を営むようになります。彼らはやがて産業革命で巨大な国力を手にすると、アジアの諸帝国をもなぎ倒し、地球的規模の植民地帝国へと発展していきます。

私たちのアジアには、海洋や貿易を独占的に支配しようとした国は出ませんでした。アジアや中東の商人たちは、欧州、中東、インド、東南アジア、北東アジアを陸路、海路の線でつないで、比較的自由に貿易をしていました。シンドバッドに代表されるようにイスラム教徒も貿易に熱心でした。ここへヨーロッパ人が乱入してきました。マゼランは太平洋を西回りにフィリピンに至り、バスコ・ダ・ガマは喜望峰を東回りにアジアに至りました。地中海の東岸をオスマン帝国に押さえられていた彼らは、オスマン帝国を迂回するべく地球は丸いと信じて大西洋に飛び出したのです。驚くべき蛮勇です。日本は島国ですが、大航海時代の欧州人に匹敵する海の冒険者は、歴史上、現れたことがありません。

産業革命後には、欧州勢の国力が飛躍的に大きくなり、アジアとの貿易のみならず、アジア、アフリカの領土を直接抑えて支配しようとする欲求が高まり、アジアとアフリカでは植民地化が進みます。欧州人の都合で勝手に引かれた国境で地球が分割されてしまいました。独立を守ったのは日本、タイ、オスマン帝国、大清帝国くらいです。その大清帝国でさえ、思うままに領土を蚕食されてしまいました。

第二次世界大戦後、アジア、アフリカの多くの国々が独立を達成しました。植民地帝国によるブロック経済の基盤が崩れ去ったのです。戦後は、米英の大西洋憲章に述べられているように、自由貿易が、戦後アメリカが作り上げていくパックス・アメリカーナ（アメリカによる平和）の重要な制度的基盤となりました。それが今日のＷＴＯ（世界貿易機関）の淵源です。

　昨今では、機能不全を起こしているＷＴＯの機能回復の必要性が叫ばれて久しいのですが、私たちは自由貿易を続けなくてはいけません。自由貿易のいいところは、地球的な規模で市場経済をフルに活用しているということです。市場経済といえば資本主義経済で、資本主義といえば貧富の差が激しくなる……というマルクス主義の呪いのような連想をする人もいるでしょうが、実際は逆です。

　自由主義経済が進んでいくと、富が直接投資の形で、より廉価で優秀な労働力を求めて、途上国へ下りていきます。その結果、先進国の産業が空洞化し、Ｇ７が相対的に縮小する一方で、グローバル・サウスの国々が順番に工業化して、どんどん大きくなっていきます。それは自由貿易の残酷な結果なのです。

先進国に求められる変革とは

　先進国が自由貿易制度の中で生き残るには、インターネットのような新しい産業をどんどん起こして、生産性を上げていかないといけません。直接投資を通じて先進国の富が途上国に均《きん》霑《てん》するようになれば、世界経済の全体のパイが増え、全体的にはかえって富は増していきます。日本のような旧態依然としたまま現状維持に甘んずる国は、どんどん地盤沈下してしまいます。

先進国では子供が減り、平均寿命が延びるので、少子高齢化にも対応しなくてはなりません。人工知能などの情報技術を仕事に取り入れて省力化を図るデジタルトランスフォーメーション（DX）が不可欠です。また、いたるところでロボットの活用も進むでしょう。それでも人口減には追い付きません。日本では毎年135万人くらいが亡くなりますが、生まれてくる子供は80万人程度です。恐ろしいスピードで人口が減っているのです。一定数の外国人労働者の受け入れは不可避です。日本より平均年齢が若い中国や韓国ですが、出生率が日本より低いので、早晩、もっとひどい少子高齢化が進むでしょう。

欧州の例を見ていると、移民が人口の1割を超えると社会問題化します。今年（2023年）起きたフランスのバンリュー（郊外）の移民暴動はその例です。

国民のほとんどが移民の子孫であるアメリカでは、イギリス人、アイルランド人、イタリア人のように先に移住してきた順番に政治的影響力が強いのですが、合衆国憲法の平等の理念が浄化作用を果たして、移民同士が民族を理由に争うということはありません。人種差別も制度としては消えました。今日では、欧州系、アジア系アメリカ人の通婚は、ごく普通に見られます。

今、制度的な人種差別を厳しく禁じたアメリカに事実上残るのは、奴隷制に淵源するアフリカ系アメリカ人への差別意識だけです。だから警官によるアフリカ系アメリカ人射殺事件の直後に「ブラック・ライヴズ・マター」の大きな運動が起きるのです。

日本が外国人労働者を本格的に受け入れるのであれば、外国人を平等に処遇し、彼らの能力を最大限発揮できるような魅力ある開かれた社会にすることが不可欠です。

先ほども述べたように、アジア、アフリカの新興独立国が雨後の筍のように現れた1960年代から、世界の国の数は大幅に増えました。今は約200カ国で、戦後すぐと比較すると4倍の数になりました。世界貿易のボリュームは、1960年から60倍にもなっています。1991年にソ連が崩壊し、共産圏が一気に市場経済に入ってきて以降は、直接投資も数倍に増えています。

日本は21世紀、第二次安倍政権になってから、自由貿易の旗を高く揚げ、アメリカが交渉から抜けた後のリーダーシップを引き継ぎ、CPTPP（アメリカを抜いた11ケ国の環太平洋パートナーシップ協定）をまとめあげました。2023年には、イギリスが参加してきました。

また、日本はASEANに日中韓、オーストラリア及びニュージーランドを加えたRCEP（地域的包括的経済連携）協定にも加盟しています。アメリカや欧州勢が不在のRCEP設立交渉では、圧倒的な経済規模を誇る中国を念頭に、バランスを取ろうとして新興国であるインドを引き込もうとしましたが、離陸し始めたばかりのインドは未だ保護主義が残っており、うまくいきませんでした。日本は、RCEPを、国有企業への多額の補助金など市場歪曲的な措置が多い中国の独壇場にしないため、オーストラリア、ニュージーランドらとハイレベルな自由貿易が維持されるように頑張っています。

2018年には、日EU・EPA（経済連携協定）が結ばれました。日本と欧州連合を合わせると、人口6・4億人、GDP総計が世界の28・4パーセントの巨大な経済圏になります。交渉の最終段階では、西日本豪雨災害で渡欧できなかった安倍総理のもとに、逆にトゥスク欧州理事会常任議長、ユンカー欧州委員会委員長がブリュッセルから飛んできて署名がなされました。欧州の首脳たちは、当時、自由貿易を否定して「アメリカ・ファースト」を訴えていたトランプ米大統領に、安倍総理と一緒に並んで、自由貿易を守る姿を見せつけたかったんだろうと思います。実際、彼らは、日米首脳会談の直後にワシントンを訪問して、トランプ大統領と会見しています。

21世紀に入ってから生まれた大自由貿易経済圏は、メルコスール（南米南部共同市場）とEUの経済連携協定を除けば、全て日本が関わって牽引してきたものばかりです。この自由貿易の旗手としての姿勢は守らねばならないと思います。

揺らぐ自由主義貿易体制

ただし、自由貿易は万能というわけではありません。特に、コロナウィルスによるパンデミックが世界を揺るがせた際には、サプライチェーンの強靭化ということが言われるようになりました。

私は2021年、G7コーンウォール・サミットで、「経済の強靭性に関するG7パネル」の日本代表のパネリストとして、G7議長のボリス・ジョンソン英首相への報告書の作成に加わりました。このG7パネルは、サプライチェーン強靭化の必要性について警鐘を鳴らしました。少し、その議論の中身をご紹介したいと思います。

パンデミックにより、クラスター（集団感染）を恐れて世界中の工場が閉まってしまい、重要な物資の需給バランスが大きく崩れました。先進国は、パンデミックによって、自分たちの国内製造業が空洞化し、国民生活に不可欠な物資を途上国からの輸入に深く依存しているという事実に気づかされました。特に、医療品や半導体の不足は深刻に捉えられました。

パンデミック以前にも、2011年3月11日の東日本大震災のときも同じことが起きていて、日本が製造するハイテク部品の供給が止まり、世界的にサプライチェーンが目詰まりするということがありました。この他、天災、戦争、トランプ大統領の「アメリカ・ファースト」のような自国中心主義の関税引き上げ、エコノミック・ステイトクラフト（相互依存を逆手に取った国家的圧力）などから自由貿易を守るために、グローバルなサプライチェーンをどう強靭化するかということが話し合われました。

特に、世界的な半導体の受託生産（ファウンドリー）が中台韓の3者に限られているという現状で、もし台湾有事が起これば半導体が決定的に不足します。また、中国がレアアース等の重要鉱物資源の製錬に注力し、世界市場における独占的、寡占的供給者となっており、中国がその力を政治的圧力として利用しようとしていることに対する危機感が共有されました。重要鉱物資源に対する先進国の依存を武器化するという中国の政策にどう対応するかという問題が大きな話題になりました。

私は、2010年に尖閣諸島周辺で違法操業をしていた中国漁船の船長が、酔っぱらって海上保安庁の巡視船に体当たりして現行犯逮捕されたとき、中国政府が、対抗策として、当時日本が中国にほぼ100％依存していたレアアースの対日輸出を一方的に全面停止した事例を説明しました。

日本だけではありません。台湾の対外事務所を首都ビリニュスへ設置することを認めたリトアニアは、対中貿易から締め出され、米欧が代替輸入するなどの救済措置を取りました。武漢から始まったコロナウィルスの拡散の原因を調べるべしと声を上げたオーストラリアからは、ワインなどの輸入が止まりました。台湾ではパイナップルの対中輸出ができなくなり、フィリピンはバナナの対中輸出が止められるということもありました。

中国には、資源の最適配分を地球的規模で実現する自由貿易が人類共通の利益であるという発想がありません。法の支配といった国際政治観が未熟で、まだ19世紀的な弱肉強食の世界観が残っています。あたかも中国皇帝を朝貢国が怒らせたかのようにして、突然、貿易を止めてくるという事例が頻発しました。

半導体に関しては、内製化やチャイナ・プラス・アルファが一つの解決策になります。これらは英語では、リショアリング（re-shoring）、フレンドショアリング（friend-shoring）といわれるもので、自国あるいは中国以外の友好国に生産拠点を移すというものです。中国政府の意思に左右されないグローバルな流通、供給を守ろうとする議論です。

特に、軍事的に有用な7ナノ以下の微細な集積回路を持つ最先端半導体については、サプライチェーンの強靭化という次元を超えて、万が一の台湾有事に備えて、中国には渡さないという動きがアメリカ主導で始まっています。つまり、中国軍に戦略的な優位を与えるような物資は、最早、中国には渡さないということです。あたかも戦時中の禁制品（コントラバンド）に似た議論が主流になっています。

半導体の問題については、次の経済安全保障の章で、さらに詳しく取り上げます。

中国の「一帯一路」の末路

ひと頃、中国の広域経済圏構想「一帯一路」が世界中の関心をひきつけ、多くの国が中国の潤沢な資金を求めて、中国と協力覚書を結びました。陸路のシルクロードと海路のシーレーンのインフラを整備して、世界中の流通を促進しようという中国のアイデアに、世界が驚嘆し、賛辞を送りました。

世界のインフラ市場の需要は巨大です。20世紀後半には、欧米の建設会社を日本の建設会社が世界市場から締め出しましたが、その後、韓国の建設会社が力を伸ばして日本勢を追い詰め、今、韓国勢に代わって中国勢が世界市場を席巻し始めているのが現状です。安易な融資審査や、中国から大量に連れてくる廉価な労働力が魅力で、中国勢が世界のインフラ市場を席巻し始めています。

ただし、中国が造るインフラは、素晴らしいものもありますが、結構、杜撰なものも多く、玉石混交です。日本をはじめとする西側諸国は、インフラは、国民が長年使うものですから、「安かろう悪かろう」ではなく、本当にいいモノを買って孫や子に伝えるべきですよと説得して、日本の「質の高いインフラ」を選択するよう勧めています。中国に値段で対抗するのではなく、もう一つの選択肢を提示するという考え方です。

実際、日本のゼネコンは、素晴らしい技術を駆使した海底トンネルなどに注力しており、付加価値の高くない普通の高速道路や橋梁は、中国などの外国勢に任せている趣があります。

また、実は、中国の世界インフラの整備の動機は、利己的なものです。中国は、自分を中心として星型、ヒトデ型に流通網を整備して、自国への資源の安定供給を確保しようとしています。中国は、石油の宝庫である湾岸地域を睨むジブチに巨大な海軍基地を抱えていますが、それ以外に、パキスタンのグワダル港、ミャンマーのチャオピュー港、バングラデシュのチッタゴン港等の開発に力を入れてきました。これらの港は、中国が反目するインドを避けて、イ

中国の「一帯一路」

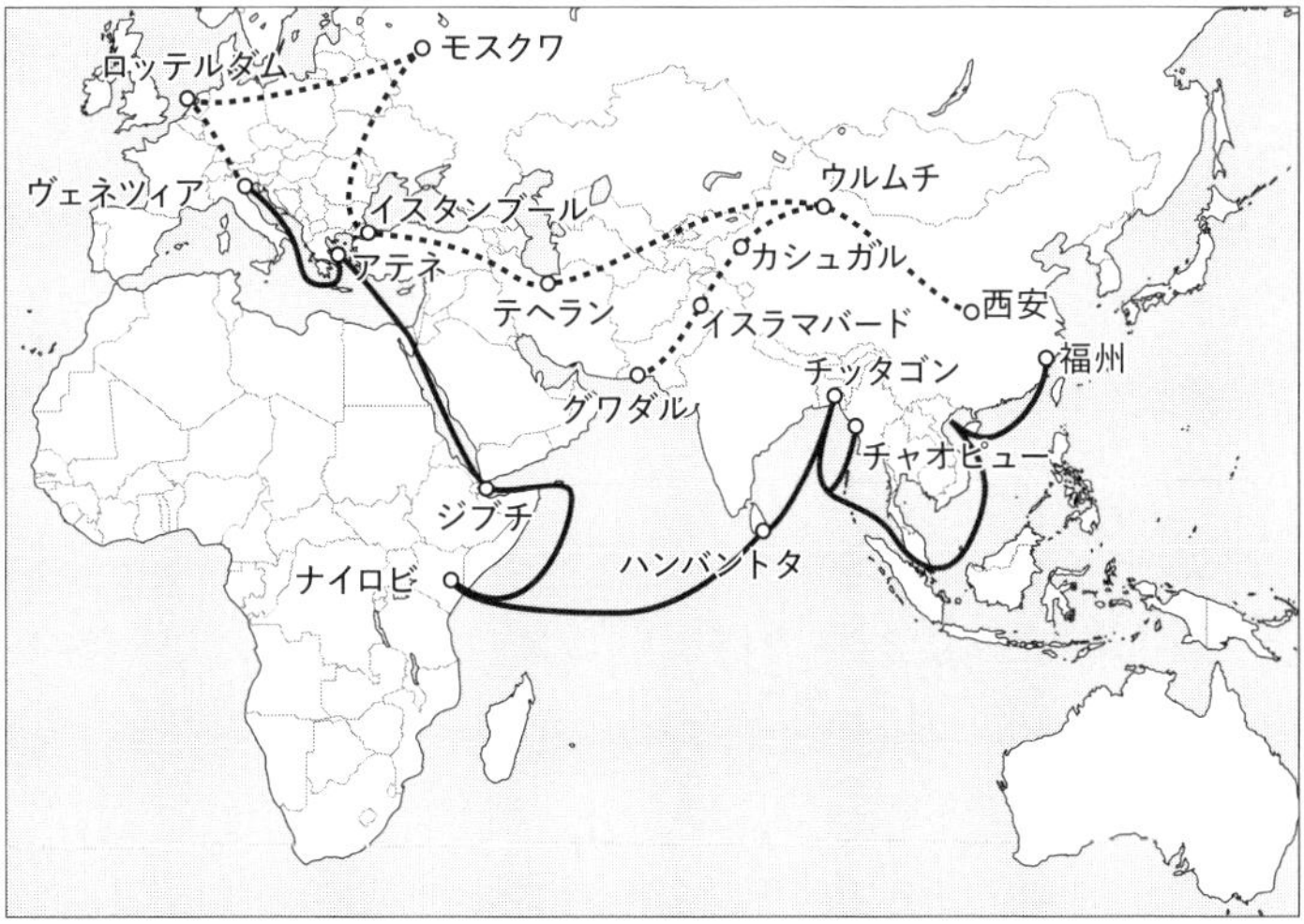

ンドの両側に中国が使いやすい港を造り、中国からパイプラインを敷き、台湾有事にアメリカが封鎖するかもしれないマラッカ海峡を通らずに、エネルギー資源を輸入できるように考えているのではないでしょうか。実際、チャオピュー港には、パイプラインが建設されています。

また、中国の通商政策も、輸出、輸入両面で自らが独占的、寡占的立場を強化するという基本方針に基づいています。中国の問題は、未だ自由貿易を支えようという責任感がないことです。自分の発展のために多角的開放的自由貿易システムを利用しているだけです。相互に依存するのでなく、相手を自分に依存させようとします。いざとなったら相互依存を武器化するつもりなのでしょう。

これは、ロシアのパイプライン建設に似ています。石油と天然ガスに恵まれたロシアは、自分が独占的な供給者であり続けるために、ロシア直結のパイプライン敷設を重んじます。ロシアのガスを買っている欧州勢が、水平にガスを融通し合い、マーケットが機能することを望まないのです。

日本の世界インフラ整備の基本方針は異なります。地球的規模で市場原理が機能して、資源が最適に分配され、人類社会全体の経済活動が活発になるよう貢献するというのが基本方針です。マーケットの力を信じているのです。例えば、世界貿易で、圧倒的な量の輸送を担うのは海運です。人は飛行機で移動し、データは光ファイバーで送られますが、コンテナ、鉱石、石油、LNGは、船でしか運べません。良港の建設は、経済発展の前提なのです。また、陸路の運送は、大陸の地形に阻まれます。山脈を貫くトンネルを掘って、あるいは、大河や海峡に橋を架け、それまで分断されていた経済圏をつなげば、さらなる発展が望めます。さすがに、ヒマラヤ山脈は越えられませんが。

「一帯一路」構想は、最近、余り聞かれなくなりました。評判が落ちてきたのです。なぜかというと、中国は資金を貸し付けるときの審査が甘く、焦げ付くと、貸し剥がしをするからです。貸付利率も、決して安くはありません。むしろ高い。

日本は、例えば鉄道を敷くとき、建設コストだけではなく、でき上がった後の集客状況を考え、採算性をしっかり考えて、その鉄道事業が持続可能であり、投資が回収できることを確認します。これに対して、中国は、審査が甘く、すぐにお金を貸してしまいます。借りた方はやがて返せなくなりますから、中国は貸し剥がしに出ます。そのとき、軍事的な考慮が入ってくることがあります。共産党一党支配で、共産党が、銀行も、軍隊も一体管理できるのが中国の強みです。

悪名高くなった中国のプロジェクトに、スリランカのハンバントタ港があります。スリランカのラジャパクサ大統領は、スリランカ北部の「タミル・イーラム解放の虎（LTTE）」との内紛を、実力行使を伴う厳しい弾圧で解決した人で、その手法はかつての宗主国のイギリスを始め、国際的に激しい非難を浴びました。当然、スリランカは、西側と対峙する中国にすり寄ります。

　中国は、ラジャパクサ大統領の出身地がハンバントタ港の近くであることに目をつけて、巨大な空港の建設を提案します。大統領は飛びつきました。しかし、建設が終わってみると、利用客は少なく、一気に経営が行き詰まります。そこで中国が求めたのが、ハンバントタ港の開発許可でした。開発とは名ばかりで、99年間の「租借」です。国際的には個々のバースを外国の会社が管理することはよくありますが、港湾全体を押さえることはありませんし、99年というのはアヘン戦争の後のイギリスによる香港租借と同じ長さです。中国は、港湾のセキュリティにも責任を持ちたいとの考えでしたが、そうなれば、本当に香港同様の植民地です。さすがにスリランカが謝絶しています。

　スリランカは、インド洋の中心に位置し、かつ、インド大陸から切り離された島国ですから喫水の深い良港に恵まれています。「ブルー・ウォーター・ネイヴィ」と呼ばれる世界の大海軍が、インド洋に中継地点を求めようとすれば、まず布石を置きたい島です。案の定、中国海軍が目を付けたのでしょう。ハンバントタ港は、中国の「一帯一路」に隠された中国軍の野心についての警鐘を鳴らすことになりました。

　なお、スリランカはその後、財政破綻し、スリランカに貸し込んでいたインドと中国の狭間に立って苦しむことになりますが、スリランカ政府の依頼で、中立的な日本が債務処理の仲介に入っています。しかし、中国は先進国がパリクラブで行うような協調的な債務削減にはなかなか応じません。返済猶予をするだけです。

第11章 経済安全保障

Economic Security

安全保障と科学技術が完全に分断されている日本。
防衛産業の活性化、半導体産業の再生やエネルギー、
食糧の確保に求められる観点とは。

「経済」と「安全保障」の分断

昨今、経済安全保障という言葉を、しばしば耳にするようになりました。経済と安保をまとめて考えようという動きが出てきた要因には、米中間の大国間競争と軍事面を含んだ技術覇権争いがあります。科学技術は、それ自体が安全保障の要です。どちらが技術覇権を取るかという問題はそのまま軍事的な世界覇権につながるので、アメリカがピリピリしてきたということです。

また、中国がしばしば相互依存を逆手に取った経済的強圧外交を横行させているのも、経済安全保障が注目されるようになった要因です。中国は、いわば国家間の相互依存関係を武器化しているのです。

日本は敗戦国ですから、マッカーサー将軍が率いた占領行政の傷跡が深く残っています。それが経済安全保障において日本独特の問題群を形成しています。まず、それがどういうことかを説明してみましょう。一言でいえば、日本では官民を問わず、安全保障の世界と経済の世界が完全に分断されているということです。戦後日本は、これを当たり前と思ってきましたが、これはとても特殊な現象です。逆に、安全保障の基盤が科学技術にあると考えるのが普通の国です。

終戦直後、ＧＨＱは、極めて厳しい日本の完全な非軍事化政策を取り、政府でも、経済界でも、学界でも「二度と軍事に関わらない」という姿勢を取らざるを得ませんでした。今でも東京大学に就職すると、そういう一筆を書かされるそうです。諸官庁や企業、学術会と軍（自衛隊）との結びつきが完全に消えてしまったのです。戦前は海軍中将が東大総長を務めていたくらい、学術界、産業界の様々な側面が安全保障に紐付いていましたが、今は逆で、あらゆることが軍事から切り離されているのです。東大では戦国武将の戦略さえ研究できないといいます。平和主義が行きすぎて、歪んだ知的空間になっているのです。こんな国は、日本以外にありません。諸外国では、安全保障と科学技術政策、産業政策は表裏一体です。

冷戦が始まると、アメリカは日本再軍備に舵を切っていきます。特に、朝鮮戦争が始まったとき、アメリカから「半分手伝ってくれ」と言われて、前にも述べた通り、海上保安庁に勤めていた旧海軍人が、機雷掃海のために出撃したりしています。日本再軍備と共に、いくつかの官庁が冷戦の当事者になっていきます。外務省と防衛省と警察庁と公安調査庁です。しかし他の経済系の諸官庁は、引き続き安全保障から目を背け、共産圏の脅威に目を瞑り、日米同盟で守られた閉じられた安全空間の内側に閉じこもってしまいました。その結果、安全保障に関するリテラシーがほぼゼロになってしまいました。一部の省庁を除いて、厳しい秘密保全の組織文化も育ちませんでした。主要な経済官庁においては、ロシアではなく、貿易摩擦などで経済大国となった日本の首を絞めてくる「アメリカこそが敵だ」と言わんばかりの風潮でした。

経済安全保障政策の始まり

こうした中、1985年に東芝機械ココム違反事件[*1]が起きます。アメリカだけでなく世界主要国の核戦略の肝は戦略原子力潜水艦で、首都を核攻撃で潰されても、海から第二撃を撃ち返して必ず報復するという核抑止力の切り札です。逆にいえば、戦略原潜さえ潰してしまえば、敵は屈服するしかありません。

そこで米ソは互いの戦略原潜を監視するようになりました。真っ暗な深海では音だけが頼りです。当初、ソ連の原潜は音が大きく、アメリカ側は捕捉しやすかったのです。それがある日、フッと音がしなくなりました。調査してみると、日本の企業が手伝っていたという疑惑が出てきて、アメリカは大騒ぎになります。それが東芝機械によるスクリュー関連技術の提供だったのです。

「誰のお陰で日本の安全が確保できているんだ」「誰のお陰で商売ができているんだ」と、日本は強く非難されました。ところが、当時、日本人の多くは、一体、何を怒られているのかさえ理解できず「あんな工作機械、秋葉原でだって買えるだろう」という脳天気な論評まで出回っていました。軍事音痴、丸出しだったのです。

激しく批判された通商産業省（現・経済産業省）は、安全保障貿易管理に大きく舵を切りました。今では世界一流の安全保障貿易管理部局に育っています。東芝機械ココム違反事件で懲りていた経産省は、トランプ大統領が対中貿易規制に舵を切り始めた時、いち早く動きました。

第二次安倍政権下ですぐに外為法の改正を行い、機微な技術を有する日本企業の外国勢による買収を監視下に置きました。外国企業が日本企業の株を1％以上買う場合は、すべて政府に報告させるようにしたのです。それまでは5％だったので、基準値を引き下げたということです。このとき、総理官邸に、米政府のCFIUS（対米外国投資委員会）に倣って、内閣官房副長官をヘッドにして、安保関係官庁、経済関係官庁、インテリジェンス関係官庁が、全員集まって

＊1　東芝機械ココム違反事件

1987年、東芝機械が潜水艦のスクリュー製造に使える工作機械をソ連に輸出した事件。ココム（COCOM：Coordinating Committee for Multi-lateral Strategic Export Controlsの略、対共産圏輸出統制委員会）は1949年設立。1994年解散。

審議する枠組みも作りました（今ではその後立ち上がったＮＳＳの経済班に主導権が移っています）。実際にはなかなか差し止めは難しいようで、また法令上の抜け穴もあるため、幾分、形だけになっていることは否めません。

続く菅義偉政権では、土地取得規制法を成立させています。最近、与那国、宮古、石垣、奄美と陸上自衛隊の４基地が開設されましたが、宮古島に自衛隊基地を開設すると決まった瞬間、その用地の横に中国企業の太陽光パネルがずらっと並びました。経産省がソーラーパネル設置の補助金まで付けていました。自衛隊の基地の真横が中国企業の太陽光発電の広大な敷地では、万が一のときに何が起こるか分からないので、自衛隊の方が建設予定地を10㎞ずらすことになりました。この他、千歳空港や佐世保基地の近傍の土地で似たような事例がいくつか出てきて、地方議会で問題視されるようになりました。

そのため、自衛隊と海上保安庁の施設周辺等の土地が取得される際には、政府が監視できるように規制をかけたのです。もちろん、外国人だけが対象ではなく、日本人であっても外国に雇われている場合がありますから、規制自体は内外無差別です。

なお、この法律の適用に当たっても、尖閣対応の最前線であり、常時10隻以上の大型海上保安庁巡視船が詰め、尖閣に来襲する中国公船に対処するための最重要基地になっている石垣海上保安部の周辺の土地が、なぜか重点的に守るべき「特別注視区域」に入っていないという問題があります。ちぐはぐな話で、何のための規制かと思います。今後、早急な見直しが必要です。

また、一部報道に出ましたが、中国政府の科学調査船が、当時、イージス・アショア設置の候補地になっていた秋田県由利本荘市の沖合で、領海内調査をするといって突然新潟港に入港してきたことがありました。調査船を手配したのは国内の洋上風力発電関連の会社でした。この船を雇った企業に対して経産省が中国の調査船使用を認めていたことが分かり、政府部内で問題になりました。結局、中国公船には帰ってもらったのですが、領海内の調査を友好国ではない外国の政府船舶に行わせるなど、安全保障上、常識外の話です。領海関連事案は、漁業、資源開発、海上交通、そして安全保障と、幅広い角度から検討する必要があるのですから、政府全体で協議することが必要です。それ以来、外国による日本の領海使用に係る案件は、一省庁で勝手に判断せず、総理官邸で関係官庁と総合的な検討を加えてから進めることになりました。なお、日本政府の了承を得ずに領海内を徘徊する外国船舶は、国際法上無害通航とは認められませんから、海上保安庁が領海外に退去させることができます。

技術を安全保障に活用できるか

こうしたことがあってNSSでは、北村滋前局長のときに経済班をつくって、経産省、財務省、総務省等の経済関係官庁から俊秀を集めて、経済安全保障に本格的に取り組むことになりました。

北村氏は元外事警察のドン（警察庁外事情報部長）で、経済安全保障関連にも深い関心がありました。北村氏が、秘密特許、インフラ防護、サプライチェーンの強靭化、官民協力など、岸田政権下で成立した経済安全保障法制の骨格をつくりあげました。

ここで特に申し上げておきたいのは、官民協力についてです。官民協力とは、戦後、完全に途切れてしまった学術界、民間企業、そして防衛省との協力のことを指します。特に、学術界と防衛省の関係強化です。

敗戦国の日本はGHQの指令の下で「平和国家に生まれ変わる」ために、国全体から軍事色を消そうとしてきました。そのため、経済官庁、産業界、学術界において安全保障リテラシーがゼロになってしまったことは先ほど説明しました。軍事に関する巨大な知的真空が日本政府の中枢にできてしまったのです。

さらに、1952年の独立後は、冷戦の冷気が東側陣営から学術界に深く入り込み、学識者の多くが、日米同盟反対、日本再軍備反対（非武装中立）に大きく傾きました。今では想像もできませんが、当時、マルクス・レーニン主義は世界中で一世を風靡していました。日本のアカデミアやメディアも例外ではありません。学術界が防衛省との協力を頑なに忌避するのは、終戦直後のGHQの日本非武装方針だけではなく、社会党の「非武装中立」のスローガンのように、冷戦初期の東側陣営による日本の軍事力弱体化及び対米同盟廃棄の工作の影響を強く受けているからです。

安全保障こそは、本来国家が果たすべき役割のうち、一丁目一番地にあり、その基盤は科学技術、産業技術なのですが、残念ながら、上記のような事情で、日本では学術界が、国家安全保障、特に防衛省との関わりを強く忌避するようになってしまいました。

日の丸半導体の衰退と復活

現在、産業技術の中で最も問題となっているものに、前章で触れた最先端半導体があります。現代戦争の勝敗は情報技術の優劣で決まります。最早核兵器のような破壊力の大きさよりも、戦闘における精密性とスピードが重要な時代に入りました。ですから、先進コンピューティングに必要な最先端半導体が戦争の行方を左右するのです。

1980年代、半導体を巡る日米貿易摩擦は猖獗を極めますが、このときすでにアメリカは半導体の戦略的重要性にいち早く気づいていました。日本側には、経済大国として「アメリカとひと勝負だ」という思い上がった雰囲気が充満していました。東西冷戦下の安全保障では手を抜いてアメリカに寄りかかっているくせに、経済面ではアメリカに突っかかってくる日本の戦略的方向性を危惧するアメリカ政府は「国家安全保障上、戦略的に死活的に重要である半導体産業を日本に支配させるな」という方向に向かっていきました。

残念なことに、当時、日本政府には、半導体が安全保障にとって重要だと考えた人はいませんでした。政府の経済政策担当者は、冷戦の厳しい核対立の中で、アメリカにほぼ完全に安全保障を委ねており、日本の繁栄が、所詮、アメリカが提供する安全保障という花壇の中で咲いた花であるという事実を忘れていました。安全保障という分野に全く関心を払わない経済官庁や経済界の人々は、日本はアメリカと対等な経済大国だという歪んだ自己イメージを膨らませていました。夜郎自大だったのです。

また、日本の民間企業の経営陣は、市場価格の変動が激しい半導体などよりも、ダム用の発電機のような大口の重電の仕事に魅力を感じており、半導体といえば「白物家電の部品だろう」くらいの認識しかありませんでした。

1986年にアメリカは、日本企業が半導体価格でダンピングを行っていると訴えました。このとき、日本の半導体売上はアメリカを大きく上回っており、当時の通産省も貿易戦争の戦士として強気に出ますが、最終的には日米半導体協定を結ばされ、日本が持っていた市場を無理にでも解放せざるを得なくなりました。そして日本の半導体産業はゆっくり死んでいったのです。

この後、世界の半導体産業は、ファブレス（fabless）とファウンドリー（foundry）の2階層に分かれていきます。ファブレスとは、半導体の設計を自社でやって製造は他社に委託する事業形態で、半導体を製造する機械を作る企業もここに含まれます。そして実際に半導体を製造するのがファウンドリーです。日本企業は、垂直統合型の企業が多く、ファウンドリーのような下請けを専業とする企業形態になじめませんでした。「アメリカの下請けができるか」といったようなプライドもあったでしょう。

結局、ファブレスはイギリス、アメリカ、そしてＡＳＭＬ（蘭）という有名な半導体メーカーを抱えるオランダ及び東京エレクトロン等の優秀な企業を抱える日本、ファウンドリーは台湾、中国、韓国勢が占めています。このうち、最先端半導体の製造では、台湾のファウンドリー、ＴＳＭＣが圧倒的な強さを見せています。

軍事、民用の双方でなくてはならない存在になっている半導体ですが、そのサプライチェーンに様々なリスクがあることが広く認識されてきました。パンデミックで工場が閉鎖されれば需給が大きく崩れることも明らかになりました。ＴＳＭＣのある台湾での干ばつや水不足もリスクです。半導体製造には大量の水を使うからです。何より万が一、台湾有事が起これば、世界的なファウンドリーである中台からの半導体供給は途絶するでしょう。世界市場は大混乱するはずです。

現在、半導体のサプライチェーンの強靭化のために、日米独では半導体の内製化を始めています。アメリカはＴＳＭＣをアリゾナ州に呼んで、内製化の道筋を付けています。日本では熊本にＴＳＭＣの工場を建設していますし、ドイツもＴＳＭＣを誘致するとのことです。一方、中国も半導体製造を行う企業に、巨額支援を行うと発表しています。こうした半導体内製化の動きは、今後も止まらないでしょう。

アメリカは半導体メーカー支援のためにＣＨＩＰＳ法（２０２２年）を成立させ、これから何十兆円という予算をつぎ込んでいくでしょうが、その目的は「最先端の技術水準の維持」「グリーンテクノロジーの発展に貢献」「ラストベルト（米中西部、石炭、自動車などの産業が衰退した工業地帯）の活性化」「国家安全保障への貢献」とされています。最後の「国家安全保障への貢献」は、端的に言えば、ペンタゴンが絡んでくるということです。

アメリカは、台湾のＴＳＭＣや韓国のサムスンやＳＫといった半導体企業にアメリカへの直接投資を勧め、半導体の生産拠点をアメリカ内に確保しようとしています。巨額の投資資金の何分の一かはアメリカ政府が補助してくれますが、この補助金を受け取った企業は、向こう10年間の対中投資が禁じられます。事実上、中国とアメリカのどちらを取るのか選べということです。この措置によって、中国は、国内で7ナノ以下の微細な半導体の製造ができなくなると言われています。

「死の谷」を克服せよ

ペンタゴンは、巨額の予算で大量に調達をしますし、マーケットの存在しない最先端技術の研究開発にも安全保障目的で資金を提供します。また、防衛装備も試作品のような段階からどんどん購入し、次々にバージョンアップしていきますから、メーカーや開発企業にとってはいい顧客です。軍事的に必要とされる技術の水準（spec）は、マーケットで普通に民生用に売れる製品とは比べ物にならないくらい高いものです。その異様に高い要求水準が、産業・技術を進化させる起爆剤となります。半導体についても同様です。ＴＳＭＣもその中で揉まれて成長してきたのです。

科学技術政策、産業技術政策に、国家安全保障が目的の一つとして位置づけられているかどうかが重要な点です。ここが日米両政府の決定的な違いです。勝ち組と負け組の違いなのです。

というよりも、日本は安全保障目的の科学技術開発については、世界でも珍しい不戦敗組なのです。

科学技術は、学術界での基礎研究・応用研究を経て開発段階に移ります。それを企業が買って製品化し、市場に出すのが一般的です。しかし学会の研究と企業の市場化の間には「死の谷」と呼ばれる世界共通の問題が横たわっています。

簡単にいえば、科学者は最高の物を研究したいし、作りたいが、企業は売れる物が欲しい。そこに大きなギャップがあるわけです。この谷を越えられず、多くの技術が日の目を見ずに死んでいきます。しかしペンタゴンは巨額の科学技術予算を抱えており、国立研究所のみならず、企業の研究者に対しても「将来、国家安全保障目的に使えるかもしれないから、開発費は丸抱えで応援する」「スピンオフも自由にやっていい」「できたらペンタゴンが高く買う」と言えるのです。多くの国が、こうして「死の谷」を越える安全保障上の仕組みを持っています。

戦後、軍事の「ぐ」の字も聞きたくないという世界で育ってきた日本のアカデミアにおいては、ペンタゴンのようなやり方に抵抗感を持つ人が少なくありません。学会の中は学術会議をはじめとして、依然として左傾化した雰囲気が強く、軍事はやらない、防衛省とは付き合いたくないという空気が強いようです。時計が冷戦初期の1955年で止まっています。もちろん、東側陣営に対する忌避感はありませんから、中国国防部との関係の深い大学等との共同研究等は、結構、野放図に行われています。

最近になって、経済産業省が半導体と安全保障の関係性を重視し、半導体については内製化の方向へ舵を切り始めています。経済産業省主導の安全保障産業政策の胎動がようやく始まりました。

総理官邸に推進本部が必要な理由

現在の日本政府に大きく欠けている機能は、科学技術政策と安全保障政策を統合する機能です。日本政府の現在の経済安全保障の仕組みでは、前線で戦う自衛隊の軍事的ニーズをきちんと踏まえて、軍民デュアルユースの科学技術、産業技術を、安全保障のために、どんどん発展させていこう、利用していこうというところまでは行っていません。

実はまだ、科学技術政策と産業政策と国家安全保障政策の間には、深くて暗い溝があります。特に、非常に優秀な技術者を抱える民間企業の民生部門のラボに予算を投入する仕組みがありません。「死の谷」を越えるために、民間企業のラボにこそ、巨額の委託研究資金が流れていくべきなのです。そのためには、どのような技術が、将来の安全保障のゲームチェンジャーとなるか、見極める目利きの力が必要です。さらに、その戦場での有用性について有識者や、自衛隊の最高幹部の意見を聴取し、政府として優先順位をつける場所が必要です。

ところが、今の日本政府には、最先端の科学技術を国民の安全のために活かそうという機能が完全に欠落しているのです。本来であれば、まず総理の下に閣僚級の「安全保障関連技術推進本部」を設け、内閣官房（例えば国家安全保障局）に事務局を設置し、そこで自衛官、産業界代表、学術界代表が集って、日本の安全保障に貢献する研究開発分野を特定し、5カ年計画を立て、委託研究費として毎年1兆円を流し込み、それに従って民間企業のラボに潤沢な研究開発予算を流し込む仕組みが必要です。あるいは、防衛省、経済産業省、総務省等で管理する安全保障関連技術推進のための基金を作り、ここに10兆円を入れて、毎年、1兆円ずつ取り崩して、民間の安全保障研究開発を支援してもよい。それでベンチャー企業を育てるのもいい。

日本には、このような政府主導の仕組みがないから、技術開発でどんどん後れを取るのです。軍事部門からスピンオフした技術が新しい産業を切り開くということもありません。アメリカのモデルナやアップルは、こうして生まれたのですが。

科学技術、産業技術の研究開発の広い意味での目的の一つが、日本防衛のために命を懸けて戦う自衛隊員を守るためだということになれば、金に糸目をつけない最高峰の技術を開発することが必要だということになります。そのためにはどんなに高価であっても、政府が丸々、技術開発費用を抱えねばなりません。この点について、政治家は、堂々と国民の支持を取り付けるべきなのです。

現在の日本の科学技術予算は、学術界を中心に血税から4兆円が流し込まれています。学術界は未だに防衛省を忌避していますから、そのうち、防衛省に回されるのはたったの1600億円です（2022年）。これでは民間の1大手企業にも及ばないでしょう。科学技術政策、産業技術政策に関する限り、日本政府には国家と国民を守るという意識が全くなかったのです。現在、岸田政権が大きく防衛費を増やす中で、防衛省の技術開発予算もようやく増額されているようです（2023年5月現在）。

なぜ学術会議が左傾化したのか

日本に特殊な問題は、防衛省との協力をイデオロギー的に忌避する学術界の抱き起こしです。実は、岸田政権は、学術界と防衛省の橋渡しをするべく、安全保障関連の技術開発促進のために、先述の4兆円の正規予算に上乗せして、2年間で5000億円の官民協力予算を組みました。安全保障関連の研究を学術界に促すための予算です。経済安全保障重要技術育成プログラムの頭文字を取って「Kプログラム」と呼ばれています。しかし、終戦直後から左傾化が進み、平和主義が深く浸透した学術界を抱き起こすのは容易ではありません。

特に、政府の一部局でありながら、安全保障関連技術推進を巡って、政府と真っ向からぶつかっている内閣府の学術会議は問題です。

学術会議は、戦後の初期占領中につくられたものです。占領初期の米軍は、思想的に非常に寛容で、治安維持法で獄中にあった左翼活動家は全員釈放され、軍国主義に反対する勢力として遇されました。敗戦当初は、米軍主導の占領行政が日本の徹底非軍事化を目指したことは先ほど述べた通りですが、日本独立後は、国際冷戦の影響が独立後の脆弱な国内政治を直撃し、国際冷戦に連動した厳しい国内冷戦の構図ができました。俗にいう「55年体制」で、1955年に立ち上がった自民党対社会党の保革激突の国内体制です。

日本は先進国には珍しく、第一野党の社会党が東側陣営に軸足を入れたために、西側陣営を選んだ政府・自民党との対決は激しいものとなりました。安全保障政策に関しては、国内が真っ二つに割れました。こんな国は西側にはありません。ドイツや朝鮮半島のように、国家が分裂した国では、むしろ西側に残った方は、共産圏に対して厳しい態度を取りました。

日本の平和主義は、戦後国民の赤心の平和愛好心、占領軍の非軍事化政策だけではなく、冷戦開始以降の東側陣営からの日米同盟廃棄及び自衛隊弱体化のための影響工作が絡んできます。日本の科学技術、産業技術が安全保障と切り離されてしまったのには、敗戦後の複雑な政治的現実に原因があります。

学術界には、未だに55年体制の雰囲気のままで、「自分たちはアメリカ国防省や防衛省との軍事には協力しない、自分たちは『中立』だから」と言う人たちが多く、特に、学術会議はそうです。学術会議の主張する「中立」とは、55年体制下でソ連や社会党が主張していた「非武装中立」の「中立」であって、日米同盟反対を言い換えただけです。

吉田茂は、学術会議は左派の牙城だから民営化するべきだと言っていたそうです。必死の思いで成し遂げたサンフランシスコでの平和条約を、当時のメディアやアカデミアから、一握りの共産圏の国が入っていないというだけの理由で「片面講和だ」と貶められ、心血を注いだ日米安保条約締結に頭から反対されていた吉田茂が怒るのも分かります。堪忍袋の緒が切れた吉田が、南原繁東大総長を「曲学阿世の徒」と罵ったのも、そういう理由からでしょう。しかし、吉田の退陣で、学術会議はそのまま残ります。

吉田の後、学術会議の改革に取り組んだのは中曽根康弘、安倍晋三の両総理だけでした。残念ながら両者ともうまくいきませんでした。先ほども述べたように、今、岸田総理が年間4兆円の科学技術関連予算の他に、安保関連技術の研究開発で使うことを条件に、さらに2年間で5000億円の予算を積んでいます。「安全保障に役立つ最先端技術の研究開発に付き合ってくれ」ということです。そうして横になって動かない学術界を抱き起こそうとしているのです。残念ですが、一部の大学ではこれを既に「岸田の毒まんじゅう」と呼んでいるそうで、政府の説得は難航しています。しかし税金から支払われる科学予算を年間4兆円ももらっているのですから、少しは国民の安全のために還元してほしいものです。

学術会議だけではなく、大学側にも問題があります。私が教えを受けた東大の高名な民法の教授は、東大が優れているのは教授陣が優れているからではなく、東大生が優れているからだと仰っていました。将来の日本を担う若者に安全保障の常識を与えず、軍事的リテラシーを奪って社会に送り出し続けた最高学府の責任は重いと思います。戦前は軍国を支持し、戦後は極端な平和主義に走るようでは、真の知識人とはいえないでしょう。真の知識人は軍国の時代に平和主義者であり、戦後は現実主義者であるはずです。

「みちびき」に学ぶ官民協力

官民協力の成功事例として、準天頂衛星システム「みちびき」[*2]があります。これは内閣府宇宙開発戦略推進事務局、経産省、民間企業が連携して開発したものです。

内閣府の宇宙事務局の目論見は「文科省やＪＡＸＡが国産の技術開発衛星を上げるのはいいが、それを商業衛星に切り替えた瞬間、国産衛星優先はＷＴＯ協定違反になってしまう。国際的な競争入札になるとアメリカ製の衛星には歯が立たない。だから安全保障衛星として国産衛星を打ち上げるべきだ」というものでした。

そもそも「みちびき」は測位衛星なので、それ自体が安全保障衛星といえるのですが、肝心の防衛省や宇宙衛星センターを所掌する内閣情報調査室が関心を示しませんでした。それで、内閣府の宇宙開発戦略推進事務局長がペンタゴンに何度も往訪して、遂にアメリカ国防総省のセンサーを載せる契約を取り付けることに成功しました。歴代の内閣府宇宙戦略推進事務局長である高田修三氏（後の製造産業局長）、小宮義則氏（後の特許庁長官）、松尾剛彦氏（後の通商政策局長）等の奮闘が光りました。

２０１０年９月に打ち上げられた「みちびき」は、現在、測位衛星としてスマートフォンやスマートウォッチ、災害・危機管理通報サービスなどのＧＰＳサービスに利用されており、ま

＊2　みちびき
日本のほぼ天頂（真上）を通る衛星で構成される日本独自の衛星測位システム。4機体制で運用を開始し、7機体制を目指している。準天頂衛星システム。
出所：qzss.go.jp

た「みちびき」を活用した自動運転、ドローン配送など、民間事業での実証実験も行われています。

この事例の何がポイントかといえば、「みちびき」プロジェクトが文科省傘下のＪＡＸＡと三菱電機やＮＥＣ等の産業界を安全保障という政策目的でつないだということです。２０１８年の防衛大綱で宇宙作戦への任務が付与された自衛隊が、ここに参入してきます。戦後の日本で、初めて産官学自が結ばれた好例です。

これからは、「みちびき」で行ったような産官学自の協力を、宇宙だけでなく、全産業部門でやっていかなければならないのです。防衛への転用も念頭に置きつつ、学術界、民間企業には政府が支援して高いリスクを取って最先端技術を開発・製造してもらう、それが当然の安全保障科学技術政策の姿なのです。

防衛産業の再編を検討せよ

防衛産業自体の再編も必要です。アメリカは冷戦終了後、国防費が激減したこともあり、ロッキード・マーチン、ノースロップ・グラマンのように大規模な防衛企業再編を実現しました。日本では、日本を代表する大企業の一隅に、防衛関連の小さな部署が分散して存在している状態で、このままでは防衛産業の抜本的な活性化はできません。

本来、戦闘地域での修理などを考えれば、政府の中に軍事工廠を抱えておくべきなのですが、一足飛びにそこまでは難しいでしょう。例えば、造船企業が出資してジャパンマリンユナイテッド社をつくったように、防衛産業もニッポンユナイテッドとかジャパンユナイテッドの2社にまとめて、この2社間で競争させるのがいいのではないでしょうか。

防衛産業の再編に関する大綱の策定は、中曽根総理が現在のＮＳＣの前身である安全保障会議をつくったとき、法令上、そのミッションの一つに掲げていますが、以来一度も検討の俎上に乗っていません。防衛費があまりに少なく、防衛産業があまりに小さくて、手が付けようがないということだったのだと思います。

しかし、２０２３年度からの5年で43兆円の防衛費が付くわけですから、再編を真面目に考えるべきです。このままでは自衛隊の装備が時代遅れになって、台頭する中国を前に、自衛隊の任務に追いつかなくなってしまいます。

エネルギー安全保障の真実

経済安全保障の中で、手付かずのものにエネルギー安保、食糧安保があります。日本のエネルギー自給率は12%、カロリーベースの食糧自給率は40%足らずで、その安全をどう守っていくか、台湾有事が現実化する前に、真剣に考えねばなりません。

エネルギー安全保障は、平時には経産省の資源エネルギー庁が一手に引き受けています。日本は1970年代の石油危機以降、石油備蓄は官民で6カ月分を確保しています。日本経済は停滞が続くとはいっても世界第3位の大きさですので、一日20万トンタンカー15隻分の油が必要です。石油ほどではありませんが、ガスも備蓄しています。

問題はこれが「青空タンク」、つまり屋外に無防備に設置されていることです。昔の戦争では、敵地に侵入して石油タンクを潰そうとすれば、大空軍を編成しなければなりませんでしたが、今は弾道ミサイル、巡航ミサイル、サイバー攻撃で簡単に攻撃できてしまいます。戦争が始まって、石油の貯蔵タンクが攻撃されたらどうするのかを、未だ日本政府の誰も考えていません。

石油備蓄がなければ湾岸地域からどんどん石油を海上輸送すればいいと思われるでしょうが、これは簡単なことでありません。台湾有事には南シナ海、東シナ海が戦域に入り航行できなくなります。船舶保険も付保されなくなります。台湾周辺には大量の機雷がまかれるでしょう。日本のタンカーは、インドネシアのロンボク島あたりから北上し、セレベス海辺りで東に舵を切って太平洋に抜け、小笠原諸島、伊豆諸島に沿って北上して日本に帰るような遠回りの安全迂回ルートを考えねばなりません。航路が長くなればタンカーの数が倍必要になり、タンカー市場は逼迫して用船料も跳ね上がります。

もし日本に向かうタンカーが2〜3隻でも沈められたら、国内は大騒ぎになるでしょう。石油が途絶えれば、日本経済は倒れてしまいます。石油危機が再来します。中国海軍は対米戦で忙しいので、日本商船は狙わないというのは脳天気な議論だと思います。敵の一番痛いところを真っ先に叩くのが戦争です。太平洋戦争で日本海軍が真珠湾に攻め込んだ後、米海軍が真っ先に始めたことは、日本商船隊の壊滅作戦でした。

実際、日本の商船隊は数多くが徴用されましたが、事実上壊滅し、商船隊員の死亡率は帝国海軍人をはるかに上回りました。しかも、帝国海軍は輸送船団護衛を二流の提督の仕事だと蔑み、まともな護衛をしませんでした。商船約7000隻、6万人の乗組員が命を落としており、しかも大半は将来のある少年たちだったといいます。

日本郵船の歴史博物館には生き残りの商船隊員の証言映像が残っています。もうご年配になられた方でしたが、当時、年端もいかない少年船員たちが、暗い船倉で家族の写真を眺めて別れを告げ、泣きはらした目でデッキに上がれば、一様にきりっと敬礼して出陣し、そのままほとんどが海の藻屑となったと話しておられました。日本政府は、彼らに対して、一円の賠償金も、一銭の補償金も、また、遺族年金も払いませんでした。

石油備蓄タンクがミサイルなどで破壊され得ることを考えれば、日本がエネルギー安全保障上、第一に考えるべきなのはシーレーン（有事でも確保しておける海上ルート）の安全です。日本には、1日当たり15隻の20万トンタンカーが数珠つなぎに入ってきます。これが止まれば、日本経済は万事休すです。ところが、有事の際のシーレーン保護について、日本では誰も考えていないのです。第二次大戦もそれで負けているのに、です。

第二次世界大戦の失敗や政府の怠慢を繰り返さないためにも、有事の際の迂回路となるシーレーンをどうするのか、そこを通る商船隊をどう守るのか、跳ね上がる保険料をどうするのか、そもそも船舶保険をどうするのかを考えておかなければなりません。国家安全保障局、資源エネルギー庁、国交省海事局、海上保安庁、防衛省・海上自衛隊が揃って対応

シーレーン

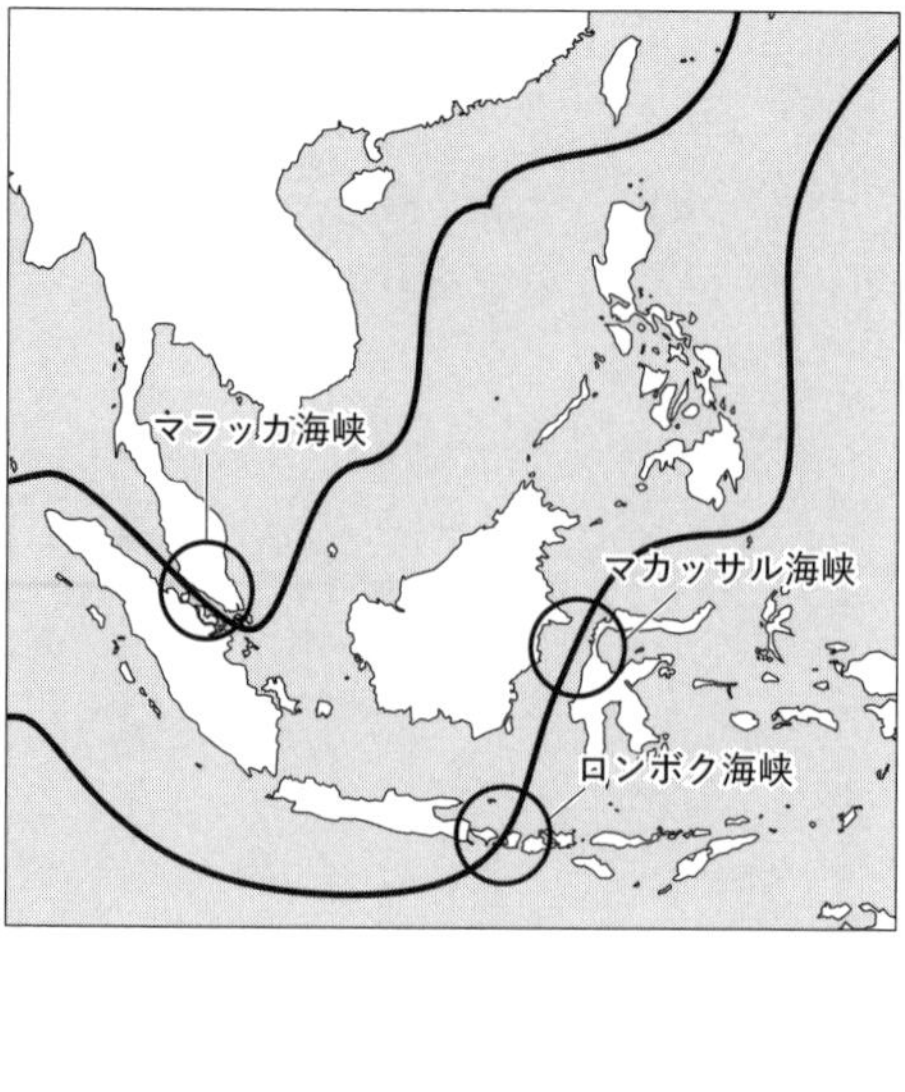

策を企画するときにきています。

食糧安保についても同様で、食糧自給率を上げることはもとより大切ですが、それよりもシーレーンの安全の方が大切です。シーレーンが安全であれば、食糧は外国から輸入できるのです。上記のメンバーで、資源エネルギー庁と農水省を入れ替えて、対応策を考えねばなりません。

参考資料

安倍晋三内閣総理大臣談話

［閣議決定］

終戦七十年を迎えるにあたり、先の大戦への道のり、戦後の歩み、二十世紀という時代を、私たちは、心静かに振り返り、その歴史の教訓の中から、未来への知恵を学ばなければならないと考えます。

百年以上前の世界には、西洋諸国を中心とした国々の広大な植民地が、広がっていました。圧倒的な技術優位を背景に、植民地支配の波は、十九世紀、アジアにも押し寄せました。その危機感が、日本にとって、近代化の原動力となったことは、間違いありません。アジアで最初に立憲政治を打ち立て、独立を守り抜きました。日露戦争は、植民地支配のもとにあった、多くのアジアやアフリカの人々を勇気づけました。

世界を巻き込んだ第一次世界大戦を経て、民族自決の動きが広がり、それまでの植民地化にブレーキがかかりました。この戦争は、一千万人もの戦死者を出す、悲惨な戦争でありました。人々は「平和」を強く願い、国際連盟を創設し、不戦条約を生み出しました。戦争自体を違法化する、新たな国際社会の潮流が生まれました。

当初は、日本も足並みを揃えました。しかし、世界恐慌が発生し、欧米諸国が、植民地経済を巻き込んだ、経済のブロック化を進めると、日本経済は大きな打撃を受けました。その中で日本は、孤立感を深め、外交的、経済的な行き詰まりを、力の行使によって解決しようと試みました。国内の政治システムは、その歯止めたりえなかった。こうして、日本は、世界の大勢を見失っていきました。

満州事変、そして国際連盟からの脱退。日本は、次第に、国際社会が壮絶な犠牲の上に築こうとした「新しい国際秩序」への「挑戦者」となっていった。進むべき針路を誤り、戦争への道を進んで行きました。

そして七十年前。日本は、敗戦しました。

戦後七十年にあたり、国内外に斃れたすべての人々の命の前に、深く頭を垂れ、痛惜の念を表すとともに、永劫の、哀悼の誠を捧げます。

先の大戦では、三百万余の同胞の命が失われました。祖国の行く末を案じ、家族の幸せを願いながら、戦陣に散った方々。終戦後、酷寒の、あるいは灼熱の、遠い異郷の地にあって、飢えや病に苦しみ、亡くなられた方々。広島や長崎での原爆投下、東京をはじめ各都市での爆撃、沖縄における地上戦などによって、たくさんの市井の人々が、無残にも犠牲となりました。

戦火を交えた国々でも、将来ある若者たちの命が、数知れず失われました。中国、東南アジア、太平洋の島々など、戦場となった地域では、戦闘のみならず、食糧難などにより、多くの無辜の民が苦しみ、犠牲となりました。戦場の陰には、深く名誉と尊厳を傷つけられた女性たちがいたことも、忘れてはなりません。

何の罪もない人々に、計り知れない損害と苦痛を、我が国が与えた事実。歴史とは実に取り返しのつかない、苛烈なものです。一人ひとりに、それぞれの人生があり、夢があり、愛する家族があった。この当然の事実をかみしめる時、今なお、言葉を失い、ただただ、断腸の念を禁じ得ません。

これほどまでの尊い犠牲の上に、現在の平和がある。これが、戦後日本の原点であります。

二度と戦争の惨禍を繰り返してはならない。

事変、侵略、戦争。いかなる武力の威嚇や行使も、国際紛争を解決する手段としては、もう二度と用いてはならない。植民地支配から永遠に訣別し、すべての民族の自決の権利が尊重される世界にしなければならない。

先の大戦への深い悔悟の念と共に、我が国は、そう誓いました。自由で民主的な国を創り上げ、法の支配を重んじ、ひたすら不戦の誓いを堅持してまいりました。七十年間に及ぶ平和国家としての歩みに、私たちは、静かな誇りを抱きながら、この不動の方針を、これからも貫いてまいります。

我が国は、先の大戦における行いについて、繰り返し、痛切な反省と心からのお詫びの気持ちを表明してきました。その思いを実際の行動で示すため、インドネシア、フィリピンはじめ東南アジアの国々、台湾、韓国、中国など、隣人であるアジアの人々が歩んできた苦難の歴史を胸に刻み、戦後一貫して、その平和と繁栄のために力を尽くしてきました。

こうした歴代内閣の立場は、今後も、揺るぎないものであります。

ただ、私たちがいかなる努力を尽くそうとも、家族を失った方々の悲しみ、戦禍によって塗炭の苦しみを味わった人々の辛い記憶は、これからも、決して癒えることはないでしょう。

ですから、私たちは、心に留めなければなりません。

戦後、六百万人を超える引揚者が、アジア太平洋の各地から無事帰還でき、日本再建の原動力となった事実を。中国に置き去りにされた三千人近い日本人の子どもたちが、無事成長し、再び祖国の土を踏むことができた事実を。米国や英国、オランダ、豪州などの元捕虜の皆さんが、長年にわたり、日本を訪れ、互いの戦死者のために慰霊を続けてくれている事実を。

戦争の苦痛を嘗め尽くした中国人の皆さんや、日本軍によって耐え難い苦痛を受けた元捕虜の皆さんが、それほど寛容であるためには、どれほどの心の葛藤があり、いかほどの努力が必要であったか。

そのことに、私たちは、思いを致さなければなりません。

寛容の心によって、日本は、戦後、国際社会に復帰することができました。戦後七十年のこの機にあたり、我が国は、和解のために力を尽くしてくださった、すべての国々、すべての方々に、心からの感謝の気持ちを表したいと思います。

日本では、戦後生まれの世代が、今や、人口の八割を超えています。あの戦争には何ら関わりのない、私たちの子や孫、そしてその先の世代の子どもたちに、謝罪を続ける宿命を背負わせてはなりません。しかし、それでもなお、私たち日本人は、世代を超えて、過去の歴史に真正面から向き合わなければなりません。謙虚な気持ちで、過去を受け継ぎ、未来へと引き渡す責任があります。

私たちの親、そのまた親の世代が、戦後の焼け野原、貧しさのどん底の中で、命をつなぐことができた。そして、現在の私たちの世代、さらに次の世代へと、未来をつないでいくことができる。それは、先人たちのたゆまぬ努力と共に、敵として熾烈に戦った、米国、豪州、欧州諸国をはじめ、本当にたくさんの国々から、恩讐を越えて、善意と支援の手が差しのべられたおかげであります。

そのことを、私たちは、未来へと語り継いでいかなければならない。歴史の教訓を深く胸に刻み、より良い未来を切り拓いていく、アジア、そして世界の平和と繁栄に力を尽くす。その大きな責任があります。

私たちは、自らの行き詰まりを力によって打開しようとした過去を、この胸に刻み続けます。だからこそ、我が国は、いかなる紛争も、法の支配を尊重し、力の行使ではなく、平和的・外交的に解決すべきである。この原則を、これからも堅く守り、世界の国々にも働きかけてまいります。唯一の戦争被爆国として、核兵器の不拡散と究極の廃絶を目指し、国際社会でその責任を果たしてまいります。

私たちは、二十世紀において、戦時下、多くの女性たちの尊厳や名誉が深く傷つけられた過去を、この胸に刻み続けます。だからこそ、我が国は、そうした女性たちの心に、常に寄り添う国でありたい。二十一世紀こそ、女性の人権が傷つけられることのない世紀とするため、世界をリードしてまいります。

私たちは、経済のブロック化が紛争の芽を育てた過去を、この胸に刻み続けます。だからこそ、我が国は、いかなる国の恣意にも左右されない、自由で、公正で、開かれた国際経済システムを発展させ、途上国支援を強化し、世界の更なる繁栄を牽引してまいります。繁栄こそ、平和の礎です。暴力の温床ともなる貧困に立ち向かい、世界のあらゆる人々に、医療と教育、自立の機会を提供するため、一層、力を尽くしてまいります。

私たちは、国際秩序への挑戦者となってしまった過去を、この胸に刻み続けます。だからこそ、我が国は、自由、民主主義、人権といった基本的価値を揺るぎないものとして堅持し、その価値を共有する国々と手を携えて、「積極的平和主義」の旗を高く掲げ、世界の平和と繁栄にこれまで以上に貢献してまいります。

終戦八十年、九十年、さらには百年に向けて、そのような日本を、国民の皆様と共に創り上げていく。その決意であります。

平成二十七年八月十四日　　内閣総理大臣　安倍 晋三

白書・レポート

『防衛白書』防衛省
『中国安全保障レポート』防衛省
『外交青書』外務省
『通商白書』経済産業省
『エネルギー白書』資源エネルギー庁
『情報通信白書』総務省
『海上保安レポート』海上保安庁

中国

石川禎浩『中国共産党、その百年』筑摩選書、2021
エズラ・F・ヴォーゲル『日中関係史』日本経済新聞出版、2019
岩谷將『盧溝橋事件から日中戦争へ』東京大学出版会、2023
杉山正明『モンゴル帝国と長いその後』講談社学術文庫、2016
兼原信克『日本の対中大戦略』PHP 新書、2021

インド

S．ジャイシャンカル『インド外交の流儀』白水社、2022

グローバル経済

K・ポメランツ『大分岐』名古屋大学出版会、2015
アダム・スミス『国富論（上中下）』日経ビジネス人文庫、2023
ウィリアム・バーンスタイン『交易の世界史（上下）』ちくま学芸文庫、2019

宇宙・サイバー・食糧安保

福島康仁『宇宙と安全保障』千倉書房、2020
ニール・ドグラース・タイソン『宇宙の地政学（上下）』原書房、2019
デービッド・サンガー『サイバー完全兵器』朝日新聞出版、2019
廣瀬陽子『ハイブリッド戦争』講談社現代新書、2021
谷脇康彦『教養としてのインターネット論』日経 BP、2023
松原実穂子『ウクライナのサイバー戦争』新潮新書、2023
末松広行『日本の食料安全保障』育鵬社、2023

シビリアンコントロールを考える

北岡伸一『政党から軍部へ』中公文庫、2013
兼原信克『歴史の教訓』新潮新書、2020
兼原信克他『官邸官僚が本音で語る権力の使い方』新潮新書、2023

現代軍事

兼原信克他『君たち、中国に勝てるのか』産経新聞出版、2023
兼原信克他『自衛隊最高幹部が語る令和の国防』新潮新書、2021
河野克俊『統合幕僚長』ワック、2020
兼原信克他『核兵器について本音で話そう』新潮新書、2022

領土問題

芹田健太郎『日本の領土』中公文庫、2010
『われらの北方領土』外務省

ブックガイド

安全保障戦略全般

兼原信克『安全保障戦略』日本経済新聞出版、2021
『新訂 孫子』岩波文庫、2000
『孟子（上下）』岩波文庫、1972
マキアヴェッリ『君主論』岩波文庫、1998
クラウゼヴィッツ『戦争論（上下）』中公文庫、2001

共通の世界史

羽田正『新しい世界史へ』岩波新書、2011
羽田正監修『角川まんが学習シリーズ 世界の歴史 全20巻＋別冊1冊』角川書店、2022

欧米の思想

『聖書』（新共同訳）日本聖書協会、1988
マルティン・ルター『新訳 キリスト者の自由・聖書への序言』岩波文庫、1955
ジャン・カルヴァン『カルヴァン小論集』岩波文庫、1982
ジャン・ジャック・ルソー『社会契約論』岩波文庫、1954
モンテスキュー『法の精神（上中下）』岩波文庫、1989
ジョン・ロック『完訳 統治二論』岩波文庫、2010

人種差別撤廃

ラス・カサス『インディアスの破壊についての簡潔な報告』岩波文庫、2013
マハトマ・ガンジー『ガンジー自伝』中公文庫 BIBLIO20世紀、2004
クレイボーン カーソン他編『私には夢がある』新教出版社、2003
ネルソン・マンデラ『自由への長い道（上下）』ＮＨＫ出版、1996

兼原信克（かねはら・のぶかつ）

同志社大学特別客員教授。笹川平和財団理事。元内閣官房副長官補、国家安全保障局次長。

1959年山口県生まれ、80年外務公務員採用上級試験合格、81年東京大学法学部卒業、同年外務省入省、条約局法規課長、総合外交政策局企画課長、北米局日米安全保障条約課長、在アメリカ合衆国日本国大使館公使、総合外交政策局総務課長、外務省欧州局参事官、在大韓民国日本国大使館公使、内閣官房内閣情報調査室次長、外務省国際法局長などを経て、2012年内閣官房副長官補、14年内閣官房副長官補兼国家安全保障局次長、19年退官。主な著書に『安全保障戦略』『戦略外交原論』（以上、日本経済新聞出版）、『日本の対中大戦略』（PHP新書）、『歴史の教訓』（新潮新書）などがある。

日本人のための
安全保障入門

2023年11月17日　1版1刷
2024年2月19日　2刷

著者　兼原信克
発行者　國分正哉
発行　株式会社日経BP
発売　日本経済新聞出版
株式会社日経BPマーケティング
〒105-8308　東京都港区虎ノ門4-3-12
ブックデザイン　新井大輔（装幀新井）
編集協力　暮論子
DTP　朝日メディアインターナショナル
印刷・製本　シナノ印刷

ISBN978-4-296-11820-5

在日朝鮮人を生きる

〈祖国〉〈民族〉そして日本社会の眼差しの中で

山本かほり

三一書房

まえがき

本書は、私が私なりに在日朝鮮人とむきあおうとしてきた約三十年間に書いてきたものの一部を、一冊にまとめたものである。

私が在日朝鮮人と「出会った」のは、一九八三年四月、生まれ故郷の静岡県焼津市を出て、兵庫県西宮市にある神戸女学院大学文学部英文学科の学生として、右も左も分からないまま、大学生活をスタートしようとしていたときのことだ。同じ高校からの同級生は一人もおらず、また、大学は今のように手取り足取りのガイダンスはしなかった。とにかく、近くにいた同級生に声をかけて、まずは、大学生活の最初の「関門」である時間割作成に四苦八苦していた。

何人かでそれぞれが作った時間割を見せ合い、確認しようとしたとき、ある同級生の名前が見慣れないものであることに気づいた。「権潤実（クォンユンシルが朝鮮語読みだが、彼女はケンジュンジツと日本語読みをしていた）」（仮名）だった。おそらく、私の表情が「うん？」となったのだろう。別の同級生が「説明」してくれたことを鮮明に覚えている。

「あんな、韓国人やねん。高校までは『木下秀実（きのしたひでみ）』（仮名）って名前やってんけれど、塾の大学合格パーティでな、大学生活の抱負みたいなことを一人ひとりが話してん。そしたら、突然“Do you know‘ビビンバ’? I am Korean.”って言うたんよ。で、自分の韓国の名前は権潤実で、これからはこの名前で生活するって言った」

今でこそ「ビビンパップ」は日本でもポピュラーな朝鮮料理ではあるが、一九八三年当時はほとんど知られていなかった。在日朝鮮人が多い関西地域ではある程度知られていたのかもしれないが、少なくとも、私はそれまでは食べたことがなかった。その同級生が発した「ビビンバ」の響きは今でも頭の中に残っている。

さらに、他の同級生たちの説明が続いた。「秀《ひで》ちゃん（友人たちはこう呼んでいた）のお家って、めっちゃお金持ちやねん。秀ちゃんの家の玄関って、私の家のマンションくらいの広さがあるで」「あんたんとこのマンションも結構広いけどなぁ」「うん、でも、あの家の玄関、うちのマンションくらいあるって」

阪神地区では比較的裕福な家庭出身の学生が集まる大学ではあったが、このあたりのノリは関西的だなぁと思ったのも覚えている。さらに、同級生たちは、「秀ちゃん」のお父さんはパチンコ屋を経営していて、大成功していると説明してくれた。

私にとっては、それまでどこかで聞いたことのあるストーリーが目の前に現実として現れた瞬間だった。在日朝鮮人という存在、本名と通名という問題、パチンコ屋には在日朝鮮人が多いという話。焼津市という地方都市で育った私も、それまでどこかで聞いたことがある話だった。どこで聞いたのかはわからない。でも、とにかく、全く「知らない話」ではなかったのだ。

権潤実さんは物静かな人だった。だから、本名（日本語読み）を名乗っている以外は、何かを強く主張することはなかった。大学入学前から彼女を知る同級生たちは「秀ちゃん」と呼び続け、私も自然に「秀ちゃん」と呼ぶようになっていた。当時は、彼女にどう呼んだらいいかを確認する考えもなかった。ただ、彼女は公的には「権潤実」だったし、ゼミの先生は「Ms. Ken」と彼女を呼んだ。私は、彼女と四年間をともに過ごす中で、お父さんは1世で、留学で日本に来たこと、苦労してパチンコ屋をはじめ、成功したこと、彼女の兄姉が小さい頃の写真はミカン箱でご飯をたべているものがあることなどを教えてもらった。

今でも、彼女があのとき、本名を名乗りだした理由はなんだろうと考えることがある。大学卒業後、十年くらいした頃、結婚した夫と子どもみなで帰化をすると聞いた。それ以来、彼女のアイデンティティにかかわることは聞きにくくなってしまった（お互いに自分の生活に忙しくなり、距離ができたこともその理由の一つだ）。

しかし、権潤実さんと出会ったことをきっかけに、私は社会的な問題に目覚めたと言っても過言ではない。もちろん、一九八〇年代初めの関西の風土にも地方から出てきた私は圧倒された。「日の丸の掲揚はなし」「君が代は歌わない」という小中高があるのを、私は大学に入ってから知った。神戸女学院大学の入学式では、当時学生部長だった山口光朔先生（故人）が挨拶で「君ら、なんも考えずに、院歌の二番を歌っていたけれど、僕はあれが歌われる限り、式には出ない。天皇賛美やから」と言ったことに知的興奮を覚えたことも、昨日のことのように記憶している（大学教員になり、学生部長が入学式に出席しないことの重大さも知った。その後、院歌の二番は歌われなくなった）。

大学時代の四年間、私は英文学科の学生として、英国／米国文学史、英国／米国小説、詩、シェークスピア、そしてチョムスキーの生成文法などの授業に（かなりまじめに）出席しつつ、学外では在日朝鮮人のこと、日朝関係のこと、韓国の民主化運動のことなどの講座に出て、勉強するようになった。多くは、神戸の六甲にある神戸学生青年センターが会場だった。大学がミッション系であり、先述の山口光朔先生もクリスチャンであったことから、キリスト教会が主催する勉強会にもずいぶん誘ってもらって出席した。社会問題への目覚めの時期でもあり、第二の人生を歩み始めた頃である。

その後、大学を出て、一年間、静岡県の伊豆半島での高校教員（英語）を経て、社会学専攻で大学院に入学した。在日朝鮮人に関する研究をしたいと思ったからだ。修士課程時代は思い描いたような研究はできなかった。在日朝鮮人の方たちに直接会って、お話を聞くというスタイルの研究をやりたいと思っていたが、どうすれば可能になるのか、当時はわからなかったからだ。私が望んだ研究ができるようになったのは、本書第Ⅱ部で扱った「在日韓国朝鮮人の家族親族の生活史調査」に参加させてもらったことにある。在日朝鮮人にかかわる実践にもかかわりたいと、大阪生野区にある聖和社会館でやっていた「オモニハッキョ」（在日朝鮮人1世女性のための識字学級。現在も場所を変えて継続中）に出入りしていた私に、声をかけてくださったのが、谷富夫先生（大阪市立大学・当時）だった。一九九三年のことだった。この研究を通じてお世話になったX家というある在日朝鮮人家族には今でも懇意にしていただいている。詳細は第Ⅱ部をお読みいただきたい。

その後、愛知県立大学に一九九七年に赴任し、途中、愛知県という地域柄、ブラジル人の増加と地域社会という課題にも取り組んでいたが、二〇一〇年頃から朝鮮学校にかかわるようになった。その経緯は第Ⅰ部にまとめた通りである。ある意味、朝鮮学校にのめり込むようにして、朝鮮学校の世界に入っていった。週一回の朝鮮学校での参与観察に加え、初級学校（小学校）なども含め、東海地区を中心とした朝鮮学校のありとあらゆる行事に参加することを心がけた。私の日常は大学での生活以外は朝鮮学校一色になったと言っても過言ではない。

朝鮮学校にかかわりだして数年後、愛知朝鮮中高級学校の元校長と一献を傾けていたときに、彼に「山本さんもいつの間にかどっぷりだなぁ、ウリハッキョに」と言われた。「ねえ、本当に。行事も多いから、週末、ほとんど、どこかの朝鮮学校にいますよね。これ、きっと、見る人が見たら『だまされている』っていう状態ですかね？」とニヤリとしながら答えたら、彼は微笑みをうかべて「僕はね、山本さんのことを동지（同志）だと思っているよ」と言ってくれた。朝鮮学校には研究と実践の両面でかかわっていたが、この頃は、特に実践面で多くの課題にぶつかり、苦しんでいたときだった。それだけに、とてもうれしくこの言葉を受けとめたことを覚えている。

第Ⅰ部では、この十年間、私が朝鮮学校にお世話になりながら、私なりに考えてきたことをまとめた。十年の間に私の考え方もずいぶん変化した。変化の仕方に、色々な批判もあるだろうことは承知しているが、思い切って、一冊の中にまとめてみた。率直な批評、批判をいただければ、今後の研究と実践にいかせると思う。

さて、ここで、本書で使用する用語について述べておきたい。まずは、「在日朝鮮人」という呼称である。「在日朝鮮人」とは言うまでもなく、日本の植民地支配期、およびその後の混乱期に、朝鮮半島から日本に渡ってきた朝鮮人およびその子孫で、日本に定住している人のことである。日本に渡ってきた理由は、強制連行もあるし、たとえ自由意志であっても、その背後には植民地支配の影響があることは確認しておかねばならない。

朝鮮半島の分断の影響を受けて、かれらの国籍（表示）も朝鮮、韓国、さらには帰化やどちらかが日本人の親であることによって日本国籍を持つものもいる。このような現状の中で、在日朝鮮人の呼称は一定ではない。私自身も、これまで在日朝鮮人、在日韓国朝鮮人、在日コリアンなど変遷をくり返してきたが、朝鮮学校にかかわるようになってから、再び、「在日朝鮮人」を使うようになった。朝鮮学校にかかわる人たちの信条、心情、そしてアイデンティティに鑑み、考えた末に出した答えだ。「統一祖国」および自分たちの「ルーツ」としての「朝鮮」という意味をこめて「朝鮮」を使っている人たちに出会う中で、「在日朝鮮人」とすることが適切だと思うようになったのだ。「コリアン」とするほうが摩擦が少ないようにも思った頃もあるが、やはり、分断という大きな問題を覆い隠すようで、私にはしっくりこない。「朝鮮」という用語は日本では蔑称として使われることもあるが、本書ではむしろ、積極的な意味をこめて「朝鮮」を使うことにしたい。また、朝鮮半島で使われている言語をどう呼ぶかについても同じ問題をはらむが、同じ理由で基本的に「朝鮮語」とする。

さらに、朝鮮民主主義人民共和国の略称をどうするかということも、朝鮮半島の分断を考えると、やはり、政治的な問題を内包する。日本では、近年は「北朝鮮」という呼称が様々な分野で定着しつつあるが、この呼称を本国は認めていない。また、「北朝鮮」という言葉には、近年、特に侮蔑や差別的なニュアンスが多く含まれるようになっている。したがって、本書でとりあげる朝鮮学校関係者もこの呼称を好ましく思っていない。当事者たちは「朝鮮」もしくは「共和国」という呼称を主張していることから、私は「朝鮮」を略称として使用することにしている。そして、大韓民国を「韓国」と呼ぶ。ただし、日本社会の朝鮮への眼差しを説明するときには、「北朝鮮」という言葉を使用することにしたい。

また、日本語の三人称複数については、「彼ら・彼女ら」等の表記もあるが、本書では「かれら」とひらがなで表記することで、性別の問題を回避したい。「きょうだい」「いとこ」なども同じ理由でひらがなで記すことにする。

目次

第Ⅰ部　朝鮮学校との十年

祖国訪問中の愛知朝高生たち

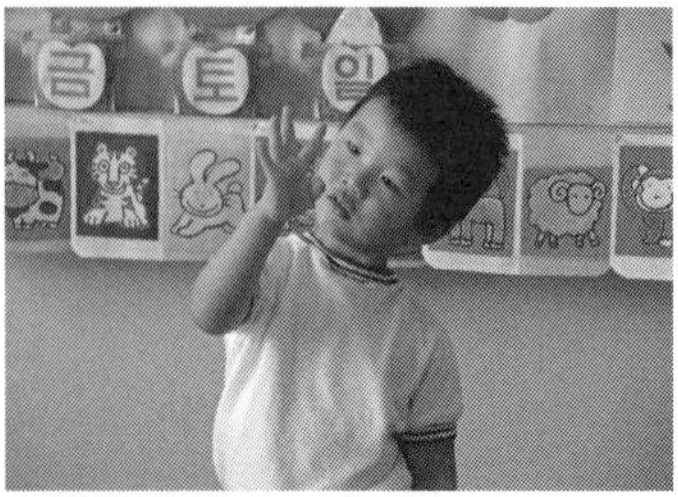

岐阜の朝鮮幼稚園
나는 4살이에요（4歳です）と朝鮮語で

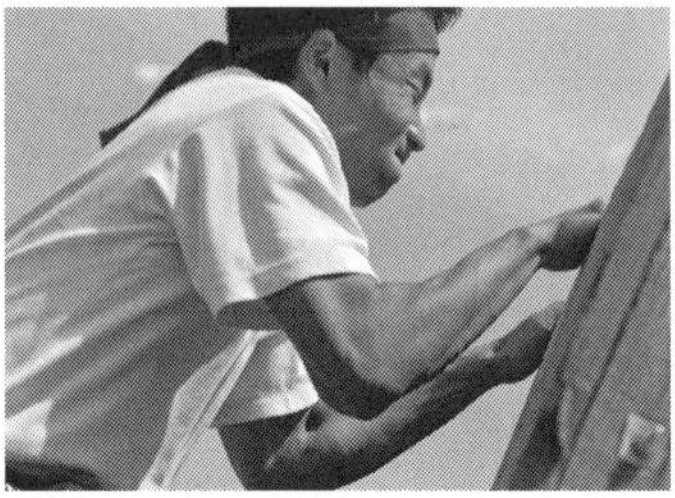

愛知中高運動会
障害物競走の名物「壁越え」

白頭山（朝鮮）での下山時「かほり先生も一緒に！」

愛知中高学園祭
たくさんの同胞たちと一緒に踊る

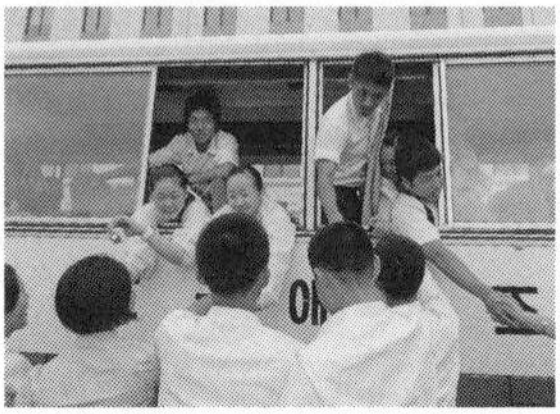

平壌の姉妹校で別れを惜しむ愛知朝高生たち

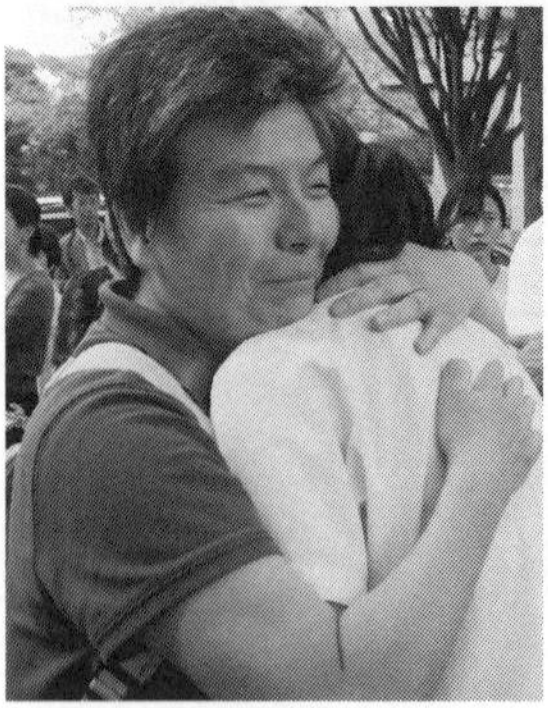

無償化裁判高裁判決の日
敗訴を聞いて泣き崩れる朝高生に
「大丈夫！これからだよ」と私

高裁敗訴判決を受けて　「朝鮮人を差別するな！」

緒言

第I部は朝鮮学校に関する論考である。私が朝鮮学校と出会ったのは二〇一〇年のことだ。そのきっかけは、本文でも触れているが、朝鮮高級学校（朝高）が、高校無償化制度の適用から除外されたことによる。適用を求める活動にかかわるようになり、いつの間にか、愛知での活動の中心的なメンバーになっていた。活動の打ち合わせのために、何度も愛知朝鮮中高級学校（愛知中高）に足を運ぶようになり、その過程で、朝鮮学校の学生たちや教職員たちに、私自身が強くひかれていったことにある。

朝鮮学校研究に取り組むまでのことは、一章で述べたが、朝鮮学校と出会ってから約十年で、私の世界観は大きく変わった。何よりも、朝鮮民主主義人民共和国（朝鮮）との「出会い」がある。大学時代に朝鮮半島と日本の間にある問題を考えはじめ、そして、大学院進学後は一貫して在日朝鮮人研究をしてきたし、韓国への留学経験もあるし、韓国での学会発表は何度もしてきたのに、朝鮮について深く考えることはしてこなかった。それどころか、私も日本社会に存在する「北朝鮮」像に影響されていたように思う。だからこそ、向き合うことをしてこなかったし、また、高校無償化適用の活動にかかわり始めた頃には、よもや、私が朝鮮に何回も足を運ぶようになるなどとは考えてもいなかった。それに至るまでについては、二〇一二年十月二十五日付の『朝鮮新報』にエッセイを寄稿しているので、少し長いがそれをそのまま引用したい。

「明るくていい子たちだなぁ」非常に陳腐な言い方だが、愛知中高の学生たちに対する第一印象だ。そして、この印象は今も変わらない。通常の学校行事はもちろん、無償化適用を求める集会や街宣でも、そして、授業中でも、学生たちは「明るく」そして「熱い」。

このような学生たちの姿は、これまでの研究生活を通じて多くの在日朝鮮人の方々に出会ってきた私にも、新鮮にうつった。「この子たちはなぜこんなに明るいのだろうか？」

この素朴な（非学問的な）問いの答えを探したく、週一回、愛知中高にお邪魔し、授業中や休み時間、放課後の学生たちの日常にふれる機会をいただいている。その中で何となく分かり始めたことは、学生たちの「明るさ」や「熱さ」の背景には、学生たちが体系的な民族教育を受けながら、朝鮮の言語、文化、歴史を学び、自分のルーツを明確に確認し、朝鮮人として日本社会で堂々と生きていく力をつけていることがある。そして、学生たちはすがすがしいほど、すっきり、朝鮮人として生きている、それは「何か確実なものに守られている」安心感（すなわち朝鮮学校そのもの）の中で培われたものなのだと感じている。

もう一つ、実感をともなって分かり始めたことは、朝鮮学校と朝鮮民主主義人民共和国（朝鮮）との関係についてだ。朝鮮学校草創期からの歴史に関する知識は持っていたが、それが学校や学生たちにとってどのような意味を持つのかはよくわかっていなかった。

したがって、朝鮮への〈祖国訪問〉から戻ってきた学生たちの変化には少し戸惑いを感じた。学生たちの心はまだ平壌——私が全くイメージできないところ——にあるようで、学生たちとの距離感を感じたのだ。そのギャップをうめたくて、学生たちに色々聞いてみたがわからない。「行ってみないとわからないですよ」一人の男子学生に言われて、ハッと思った。私自身、日本で報道される朝鮮のイメージに縛られており、朝鮮学校にとっての朝鮮＝ウリナラが理解できないのだと。ならば、私も行ってみたい、朝鮮学校にとってのウリナラの中身を知りたい、できることならば、朝高生と一緒に朝鮮へ行きたいと思い、その希望を口にし続けた。

そして、二〇一一年十月の初訪朝を経て、二〇一二年六月、愛知朝高の祖国訪問期間に二回目の訪朝をすることができた。愛知朝高、朝鮮の海外同胞局や対文協（朝鮮対外文化連絡協会）の指導員に無理を聞いていただき、滞在中、四回ほど朝高生とともに行動ができた。限られた時間ではあったが、ウリナラでの学生たちの姿をこの目で見ることができたのは大きな収穫であった。

ホテルでの自由時間や食事時間はいつもと変わらないように見えた学生たちだが、参観地や平壌の姉妹校では今まで見たことがないような真剣な表情をしていた。そして、学生たちが平壌で温かく歓迎され、それまで教科書だけで見た朝鮮を、自分たちの五感すべてを働かせて感じているのだということが、私にもはっきりと伝わってきた。前述の「戸惑い」や「距離感」が少しだけ解消されたような気がした。

訪朝後、多くの朝鮮学校関係者から印象を聞かれた。限られた期間の中で、私が見て、出会った人は限られている。しかし、自分でも意外なほど、朝鮮や朝鮮の人々に親近感を感じたというのが率直な感想だ。実は、もっともっと違和感を抱くと思っていたのだが、人が暮らすところに大差はないのだと改めて思った次第だ。

しかし、朝鮮は日本人の私が気軽に行ける場所ではないことも事実だ。したがって、滞在中に、現地の人たちと交わす挨拶、軽い冗談、たわいのない雑談の一つ一つが愛おしい思い出となった。そして、訪朝も二回目、三回目（八月にも「日朝友好学生・教員訪朝団」の一員として訪朝）になると、参観地、ホテル、レストラン、そして受け入れ機関の対文協の方々など知った顔が増え、かれらとの再会も訪朝の楽しみの一つになりつつある。

今後も機会があれば、訪朝を重ね、少しでも朝鮮への理解を深めたいと考えているし、そのことが、より深く朝鮮学校を理解することにつながるだろうと思っている。

正直に言えば、この原稿をまとめるのにはずいぶん苦労した。なぜなら、朝鮮で見るもの、聞くもの、感じることを日本社会でどのように語ればいいのか分からなかったからだ。訪問して感じることと日本社会で耳にすることのギャップが大きすぎて、一体、どちらが本当なのだろうかと思っていたのだ。簡単に言えば、私も「洗脳説」から自由になれなかったということだ。少しでも朝鮮のことを肯定的に語れば、「いいところだけを見てきたにすぎない」「平壌は特別だ」と言われることに、おびえていたというのが正直なところだ。したがって、その後、朝高三年生との〈祖国訪問〉の同行調査の回数を重ね、学会報告は何度かやったものの、なかなか論文にまとめることはできなかった。「普遍性」と「客観性」の呪縛から自由になれなかったからだ。

悶々とした日々を過ごしていたが、あるとき、〈祖国訪問〉に一緒に行った朝高生たちが、高二の後輩たちに「是非、〈祖国訪問〉は行くべきだ」と言っている場面に遭遇した。高三に対して、高二の学生たちは「先輩ら、赤いから」という。すると、高三たちは、高二の言葉に反発することなく、静かに次のように答えた。「行ってみたら感じることがあるんだ。俺も全てに納得したわけじゃないよ。でも、ウリナラ（私たちの国＝朝鮮）で過ごして、ウリナラの人らと話していると感じるんだよ。この人らはここでこうやって暮らしているんだなって。それが幸せか不幸かなんて、俺らが判断することじゃないし、できない。そう思うことができるようになっただけでも、祖国訪問は行く価値がある」（二〇一六年度・高三男子学生二人と高二男子学生二人との会話）

この会話をたまたま近くで聞いていた私は、かれらからヒントをもらったような気がした。結局、私自身も西欧の学問にふれてきて、西洋民主主義的な思考が唯一無二の「普遍」だという考えから抜けることができないから苦しいのだろう、朝鮮で朝高生たちが変化していく様子、かれらが語ること、かれらが私に見せる様々な表情をまずはそのまま受けとめて、記述することが、私にできる仕事ではないかと思ったのだ。「ウリナラで過ごして、ウリナラの人らと話していると感じるんだよ」という言葉が、私の迷いや悩みをふっきってくれたように思っている。

この迷いは、朝鮮学校をどのように語るかでも生じていた。大阪の朝鮮学校（初中級部）での長期間にわたる参与観察を実施した宋基燦も、韓国出身の研究者として、朝鮮学校をいかに語るかで苦悩したことを著書で述べている（宋、二〇一二）。「言語障害」とまで彼はいい、「この本の意味は、朝鮮学校に関するプロパガンダでもなく、無条件の批判でもない、朝鮮学校の有りのままの姿を肯定する新しい視角を発見することにある」と宣言する。私自身、宋の苦悩と立場に共感しながらも、彼が描きだした朝鮮学校には違和感を抱いた。それは、彼が朝鮮学校における学生たちの「営み」を演技（ドラマトゥルギー）として分析した点である。ある意味、宋が著書の中で批判的に論じるSonia Ryang（一九九七）の論じ方にも共通するのではないかと思う。宋のこの視点は、彼の二〇二一年の論文でもくり返される。たしかに、たとえば、朝鮮学校生たちの言語生活（学校では朝鮮語、校門を一歩でると日本語）は、「演技」として分析も可能であろう。しかしながら、人間はみな社会生活を営む上で、常に「演技」しているわけであり、ことさら、朝鮮学校での営みを「演技」として描くことで、むしろ、在日朝鮮人の子どもたちにとって、朝鮮学校が持つ意味を無化してしまうのではないだろうかと思うのである。

朝鮮学校内での学生たちの姿は、――もちろん、そこが学校である限り様々な抑圧は働くが――少なくとも民族的ルーツを理由に個々人が否定されない「解放区」でののびのびと生きる姿である。私自身は、まずは、そのような「解放区」としての朝鮮学校がどのような場であるのかを具体的に記述することを目指した。つまり、そうすることで「朝鮮学校のプロパガンダ」だと言われることをも、ある意味「覚悟」しつつ、朝鮮学校という場を描きだしたいと考えたのである。

第Ⅰ部は、私のそうした試行錯誤のプロセスを論文としてまとめていったものを掲載している。最初の問題意識「朝鮮学校の子どもたちの明るさ」のみで朝鮮学校を語ろうとすることの「暴力」についても、論じてみた。これは、この十年間、各地で展開されてきた無償化適用運動、朝鮮学校支援活動への批判でもある。

こうはいいつつ、「学術的」なものとして、一方でまとめたい私がいる。どこまで私の議論が通じるのか、不安もあるが、以下、この十年間、朝鮮学校を見つめながら、私自身が考えてきたことである。

第一章　朝鮮学校研究に向けて

本章は朝鮮学校にかかわりだして間もない頃の論考である。今、これを読んでみると、当時、私が朝鮮学校に対していかに「距離」と「客観性」を保つべきかと悩んでいたことがわかる。朝鮮学校を社会学の枠組みの中でどう語ればいいのだろうかと迷っていたし、朝鮮民主主義人民共和国と朝鮮学校の距離についても、戸惑いを感じていた。したがって、朝鮮学校に対してもずいぶん「構えて」向き合おうとしていたのを、ある意味、懐かしく、そして恥ずかしく思い出す。

そんな私の「構え」と「迷い」を示すエピソードがある。二〇一一年十二月十七日に金正日総書記が急逝したときのことだ。私の自宅に、総聯愛知県本部から、愛知での追悼式の案内がファックスで送られてきた。そのファックスの文面をしばらくの間見つめ、出席すべきか否かを考えていた。どうすればいいのかわからなかった。「参列しても場違いではないか？」「参列して、まるで私が（総聯の人たち同様に）『悲しんでいる』ように見られるのは困る」「でも、やっぱり、研究でもお世話になっているし、平壌にも行ったし、参列すべきではないか」など、誰にも相談できず、一人で考え込んでいた。

結局、私は参列した。最終的には、「お世話になっている人たちが大事に思っている人の追悼式だから」と「割り切った」のだ。しかし、実際にその場に行くと、やっぱり、ひどく「場違い感」を感じた。参列していた先生たちや学生たちの神妙な表情や式典の雰囲気に圧倒されてしまった。どう振る舞えばいいのかよくわからないまま、見よう見まねで献花をしたことを思い出す。

この論考は、ちょうどその頃に書いたものである。私自身の思考の変遷をたどる意味でも重要なものだと考え、ここに掲載することにした。正直、今の私が考えていることや口にすることを思うと、かなり恥ずかしいことも告白しておきたい。

1　はじめに

昨年（二〇一〇年）の初夏、何年かぶりに愛知朝鮮中高級学校に行った。場所は名鉄名古屋本線・中京競馬場前駅から徒歩十五分ほどのところにある。久しぶりの訪問だったので、学校のある方向がよくわからなくなった。ちょうど、目の前に朝鮮学校の制服・チマチョゴリを来た女子学生がいたので、学校まで戻るならば案内してほしいと頼んだ。二人は快く承諾してくれ、学校までの道を雑談しながら歩いた。二人は中級学校（中学）三年生で、土曜日の午後は部活があるので、駅の近くのコンビニまでお昼ご飯を買いに来たと話してくれた。私に「学校に何か用事ですか?」と聞くので、「無償化問題のことで……」と答えると、「あ、どうもありがとうございます」と言う。「いや、お礼を言うようなことじゃないよ。このことについては、日本政府が間違っているんだから」と答えると、二人は小さな声で「でも、やっぱり、ありがとうございます、です」と言った。

私が現役の朝鮮学校の学生と直接会話を交わしたのはこれが初めてのことだった。非常に素朴な感想であるが、二人の礼儀正しさに好感を持った。二人が会話しているのを聞くと、日本の中学生や高校生と変わらず、内容もたわいない。しかし、私に対する態度は、物怖じはしないが、でも、丁寧だった。

二人と別れて校舎内に入ると、すれちがう学生たちがみな立ち止まって「アンニョンハシムニカ（こんにちは）」と礼をすることに、また新鮮な驚きを感じ、そしてすがすがしい気持ちになった。何しろ、大学で学生たちに夜でも「おはようございまぁーす」、帰宅時には「お疲れ様でぇーす」と挨拶されるのに慣れっこになっていたからだ。

私は大学院時代から在日朝鮮人にかかわる研究を続けてきた。それなのになぜ、今、こうして朝鮮学校の学生たちに素朴に感心するのか？　そんな自分を問い直すと、やはり、私自身に朝鮮学校に対する偏見があったことを認めざるを得ない。後で少し説明するが、朝鮮学校を支えてきた組織＝総聯の政治性・思想性を考えると、何となく距離をとってきてしまったのだ。

もちろん、これまで、朝鮮学校の出身者には会うことがあり、朝鮮学校の生活について、聞いたことがあった。また、『パッチギ！』『Ｇｏ』などの映画や小説からも学校生活を垣間見る機会はあった。そこに描かれた朝鮮学校の姿は、どこか「対抗文化的」な側面があり興味を持った。また、朝鮮学校が教育機関としてのみでなく、在日朝鮮人コミュニティをつなぐ大切な役割を果たしていることにも関心を持ったが、「閉鎖的な場所」だというイメージから自由になれず、具体的な研究構想を練るまでには至らなかった。私自身の勝手な思い込みから「調査には制約がありすぎるだろう」と決め込んでいたのだ。

同時に、私自身、「多民族・多文化共生」社会の実現を考えながらも、民族教育を受けることの意味がよくわからなかったことも関係している。「この時代に朝鮮学校で学ぶ意味はどこにあるのだろうか。日本の教育を受けるほうが現実的ではないだろうか？」と思っていたし、その当時はその疑問が解消していなかった（念のために言っておくが、今ではこんな疑問は持っていない）。

しかし、この一年、無償化問題にかかわる活動の中で出会った朝鮮高校関係者たちは魅力的だった。そして、かれらの生きる生活世界を記述したいと思うようになった。朝鮮学校関連の先行研究などをさがしてみたが、その数は少なく、あっても在日朝鮮人運動史に関連したものがほとんどだ。現在、朝鮮学校の関係者が、どのような考えを持ち、何を継承しようとしているのか。そして、子どもたちは世代間で何を受け継ぎ、また何が変容しているのかなど、朝鮮学校の「ありのまま」を「分厚く」記述してみたいと考えている。現在、本格的な研究開始に向けて準備を進めているところであるが、本稿はそのための覚え書きである。

2　朝鮮学校とは？

朝鮮学校とは、ひと言で言えば在日朝鮮人のための教育機関である。日本の学校制度と同様の六・三・三制で初級、中級、高級学校まで全国に存在する。地域毎に学校法人として運営母体がある（たとえば、愛知県では学校法人愛知朝鮮学園が運営母体となっている）。学校によっては幼稚班を付設しているところもある。また、東京には朝鮮大学校（一九五六年開設）もある。つまり、希望すれば、幼稚園から大学まで一貫した民族教育を受けることが可能なのである。授業は「日本語」の授業を除いて、全て朝鮮語で行われている（ただし、多くの子どもたちの第一言語は日本語なので、朝鮮語は学校内の言語である）。

朝鮮学校の前身は、戦後すぐに日本各地ではじまった「国語講習所」にある。これは、日本の植民地統治下で奪われた言語、文化、歴史などの回復をめざしたもので、在日朝鮮人たちの手によって作られた。一九四六年には在日本朝鮮人連盟によって教育機関としての体制が整えられた。しかしながら、GHQの方針によって一九四八年には日本政府が学校閉鎖令を出し、朝鮮人の子どもたちを日本の学校への就学を強制したことをはじめとして、その後、学校として認められなかったため、多くの困難を経験して現在に至る。

朝鮮学校というと、朝鮮民主主義人民共和国（以下「朝鮮」）との結びつきを連想する人もいると思う。これは一面では正しい。朝鮮学校は朝鮮との深い関係を持つ総聯の支援を受け、また一九五七年からは朝鮮本国からも財政的な支援を受けているからだ。したがって、金日成・金正日の肖像画が教室に飾ってあるし（現在は高級学校のみ）、学校行事のときには朝鮮の国旗が飾られることもある。教育内容も、以前は「朝鮮の在外公民」を育成することを目的とした内容が中心だった。ただし、現在は子どもたちが日本社会で生きていくことを前提とした教育へと方針を転換している。そのために二〇〇〇年代初頭に大幅なカリキュラム改正が行なわれた。

朝鮮学校に通う学生数は、二〇一〇年度は約八千八百人（文部科学省）。ピーク時の一九七〇年代には約四万六千人いたが、少子化や日朝間の外交関係悪化等、様々な要因で学生数が減少しているという。当然のことながら、学校経営は厳しく、統廃合で学校数も減少している。教員の人件費もままならず、先生たちは十分な給料を支払われないまま、子どもたちの教育にたずさわっているという。

私が主たる調査対象として考えている愛知朝鮮中高級学校の状況も非常に厳しい。豊明市の現在地に移転して五十年。現在の本校舎も完成後四十年近くがたち、老朽化が目立つ。しかしながら、新築／改修費用の捻出は困難だ（それでも在日朝鮮人たちの努力により二〇二二年現在、新校舎を建設中である）。他の朝鮮学校同様、学生数は激減しており、二〇一一年当時は中一から高三までの全学生数は約二百二十人だった（ピーク時は千五百人を超えていたというが、二〇二一年度はさらに減少し、中高合わせて二百人弱だ）。愛知中高の学区は東海三県のほか、静岡、長野、福井、富山、石川を含み、自宅から通学できない学生のために寄宿舎も用意されている（二〇二一年現在、北陸の朝鮮学校は休校になっており、寮生の多くは長野からの学生である）。

3　私と朝鮮学校の「出会い」――無償化排除という差別をきっかけとして

冒頭で述べたように、私は長年、在日朝鮮人にかかわる研究を行ってきたが、朝鮮高校関係者とのつきあいはまだ一年にしかならない（二〇一一年現在）。きっかけは、いわゆる「無償化問題」だ。「高校無償化法」は、正式には「公立高等学校に係る授業料の不徴収及び高等学校等就学支援金の支給に関する法律」といい、二〇一〇年四月から実施されている。これは民主党政権の目玉政策の一つであった。この制度は公立高校の授業料を無償とし、私立学校および高校相当の各種学校の学生には「就学支援金」として公立高校の学生負担軽減額相当を支給するものである。この制度の対象には高校課程に類する各種学校生も含まれる。各種学校認可を受けた中華学校、ブラジル人学校、インターナショナルスクールなど外国人学校の学生たちも制度の対象である。当初、政府は全国に十校ある朝鮮高校生も対象とし、文部科学省は予算計上までしていた。しかしながら二〇一〇年一月末頃、朝鮮との外交上、政治上の問題を理由に朝鮮高校を名指しして、排除すべきだという声が国会内で出され、それがそのまま通ってしまった。

朝鮮高校が無償化から排除されたことの違法性、国連の国際人権条約や子どもの権利条約が禁止する人種差別にあたること、さらには植民地責任等歴史認識にもかかわる問題であることなど、各方面からの要請文や論文などで論じられてきたので、本章であらためて論じることはしない。しかし、私自身、無償化から朝鮮高校が排除される動きを知ったときに、「これは差別だ」とシンプルに思った。日本政府がこんなに露骨にかつ平然と朝鮮学校を差別するのを容認するわけにはいかないとも思った。日本と朝鮮との間にある外交上の問題は「全ての意志ある高校生等が、安心して勉学に打ち込める社会をつくる」ことを趣旨した無償化法とは全く関係がないし、ましてや、朝高生には責任がないことだからである。

したがって、迷うことなく、無償化即時適用を求める活動に参加しはじめた。少し肩に力が入った言い方になるが、在日朝鮮人の研究に携わる者の責任だとも思った。ただ、当時の情報から判断して、この活動は短期で終結すると思っていた。先にも述べたように、文科省は適応する方向で検討中だと聞いていたので、政府の措置は、日本社会に根強い朝鮮への嫌悪感情に「配慮」した一種の政治的ポーズだと思っていた。

これは私一人が楽観的だったのではない。なぜなら、政府は無償化を「外交上の配慮などにより判断すべきものではなく、教育上の観点から客観的に判断すべき」だという見解を発表していたからだ。しかしながら、二〇一〇年十一月二十三日の、朝鮮による延坪島砲撃事件を理由に、政府は無償化適用に向けて進めていた手続きを凍結した。

問題の長期化により、必然的に朝高生たちと一緒に活動する機会が増えた。それを通じてかれらの日常にふれる機会も増えた。また、活動を通じて、オモニ（お母さん）会のメンバーや先生とも親しく会話をするようになった。かれらとの人間関係ができてくるにつれて、私の中でかれらに対する「構え」がなくなっていくのを感じた。当たり前のことであるが、かれらが在日朝鮮人であること以外は、私たちと同じ社会で生きる人たちなのだということを実感した（こんな当たり前のことをあらためて言わなければならないほど、私は朝鮮学校に対する距離を感じていたのだと思う）。これは、問題の長期化の副産物だ。

4　在日朝鮮人のある家族親族の生活史調査の記憶

このような過程の中で、私は十五年以上前の調査のことを思い出すことが多くなった。その調査は「在日韓国朝鮮人の家族親族単位世代間生活史調査」というものだ。私もメンバーの一人である「民族関係研究会」によって、一九九三年から一九九七年に行われた研究[注1]である。そして、二〇〇九年から二〇一一年まで同じ対象者に対する第二次調査調査を実施した。

この調査については、第Ⅱ部で詳細を述べるが、在日朝鮮人にとって家族親族が大切な準拠集団であることに注目をし、家族親族をユニットにした生活史に焦点をあてたものだ。家族親族の中で継承／伝達、変容する（またはしない）ものは何か、またそのプロセスはどのようなものかを策出する試みとしての考案された調査法である。本調査では四親族（V・W・X・Y家）五十七人の在日朝鮮人の生活史を聞き取った。

この調査で、私はX家と名付けられた親族と深いかかわりを持った。この親族はいわゆる3世世代の多くが高学歴を取得し、医師をはじめとする専門職に就いていることを特色とする。第一次調査では、X家の世代間の上昇移動に注目をし、それを可能にした要因を分析することに力を注いだ。ただX家に調査を依頼した理由は、X家のメンバーの多くが朝鮮籍で、総聯との関係を持ち、さらに3世の何名かが朝鮮学校への通学を経験していたことにあった。それまで調査対象となっていた三親族はほとんどが韓国籍で、日本学校での教育を受けていた。対象者の多くが、在日朝鮮人として、少し「屈折」した生活史を語っていた。つまり、日本社会に存在する在日朝鮮人に対する差別が理由で、悩み、苦しんだというものだ。

それに比べて、総聯に近い家族親族の中での子育てや子どもの成長のあり方は、韓国籍の人々と比較して何か異なっているだろうか？　また、かれらの民族関係の様相はどうようなものだろうか？朝鮮学校の経験が個人の人生にとって持つ意味は何だろうか？　そんなことを明らかにしようと、X家に調査を依頼したと記憶している。しかしながら、第一次調査では、2世世代（自営業）から3世世代の世代間の社会移動に関心が集中し、そんな視点は欠落してしまった。

しかし、今回、無償化問題を通じて、朝高生たちの日常を垣間見ながら、当時、X家の人たちが話してくれたエピソードがいくつか思い出された。朝高生同士での会話、先生や保護者たちとの会話から、当時、調査で話してもらったことが、実感をともなってよみがえったのである。いくつかを例を紹介しよう。

京花さんという3世（一九六四年生）の女性。父親の親族一同が総聯と深い関係を持っていたために、幼稚園から高校まで朝鮮学校で教育を受けた。高校時代に医師になることを決意、卒業後一年間の浪人生活を経て、公立医大に合格、調査当時は産婦人科医として活躍していた（現在も開業医として忙しい日々を送っている）。彼女は朝鮮学校での教育に対しては、「距離」をとっているように思われた。決して否定はしないが、肯定もしないというスタンスだ。

（朝鮮学校の）教育受けているから、（朝鮮に関する）マスコミの情報がすべて本当だとは思わないけど。一応、向こう（朝鮮）にも行っているから……「どっちもどっちかなぁ」みたいな。（朝鮮学校で）言われていたことのおかしさっていうのも、外に出たらよく分かるしね。「おかしさ」っていうか、（私が）おかしいと思うって。でも、あの状態を考えると、組織守っていくためには、ああいう風にやるしか無かったかも。やっぱ、否定はできない。自分はそこで育った……だけど、「あれが全て」と思ったらエライ目にあったかも。そういう世界だけで生きていけたらいいけども。

調査のときは、私は、京花さんのこのような語りにのみ興味をひかれた。京花さんの母親（京淑さん）

が、自分の子どもが「狭い世界＝朝鮮学校の世界」だけに浸ってしまうのは良くないと考え、積極的に日本人の社会（地域の子ども会、図書館行事の参加など）に連れて出たというエピソードとあわせて、京花さんがどのように朝鮮学校から日本社会に出たのか？　ということに関心が集中してしまった。つまり、京花さんが日本社会に参入するためにした努力、それを支えた条件の分析には力を注いだが、彼女が受けた十二年間にわたる民族教育の意味に関心をむけることはしなかったのである。

しかし、この一年、愛知朝高の学生たちの様子を見ているうちに、当時は私の中で素通りしていた京花さんの語りが頭に浮かんだのだ。一つは、彼女の予備校時代の話だ。

（予備校時代に）後輩が（朝高の制服のチマチョゴリを着て）通っていくのを遠目に見てね、無性に懐かしくて、着たくなったのよ。なんか、予備校に行って、勉強も全然ついていけないし、「この先、大丈夫かな」って思っててね。心の拠り所が欲しくて。母に「制服のチョゴリ、着ようかな」って（言ってみた）。母には、なんか変だと思われたけど、私、大マジやったんですけどね。

もう一つは、当時、独身だった彼女に「この先、結婚して子どもができたら、その教育をどうするか？」という質問をしたのだが、それまで、きっぱりとした口調で語り続けていた彼女が、少し迷いながら、小声で「……私はねぇ……でも、やっぱり（朝鮮学校に）行かせるかなぁ」と答えたことだ。

一つ目のエピソードに対して、私は「ふーん、そんなものかなぁ」程度の感想しか持てなかった。二つ目の話は、意外な感じがした。彼女の口から朝鮮学校に対する否定的な言葉こそ聞かれなかったが、一方で、「回り道」という言葉で朝鮮学校の通学体験を表現していたからだ。「それなのに、どうして？」と思ったことを覚えている（彼女は二人の子どもの母親であるが、結果として公立学校に通学させた。京花さんの夫も朝鮮大学校までの民族教育を受け、総聯組織での勤務経験もあるが、現在は、総聯とは少し距離をとっているそうだ。京花さんは、朝鮮学校が自宅から遠く、子どもに通学は負担だったからと説明している）。

さらに、京花さんの弟俊錫さん（一九六九年生）の話。彼は、中学まで朝鮮学校に通い、公立高校から、一浪の後、国立大学の医学部を卒業。調査時には麻酔科の医師として二年目、まだ「スイカの赤い部分と白い部分と緑の部分があって、自分は今、まだ、どこをかじっているかわからない」が「この道を選んだ限り、この道で生き甲斐を探すために頑張っている」という頃だった（現在は、ペインクリニックの開業医として活躍中である）。

彼が高校から日本学校に進学した理由は「成績もよかったので、人と違うことをしよう」というものだった。中学時代に塾に通い、校区ではトップの進学校に進学した。しかし、彼は高校時代一人悩んだという。

（朝鮮学校から日本の学校に入って）それまで育った環境と違うところに放り込まれて、いきなり、日本人と同じ机並べて勉強せえとか、違和感がありすぎたんですね。だから、（朝鮮学校から）日本の高校へ行くのがええことやとは、必ずしも思ってないです。僕は、少なくともその時点では、あんまり人間形成ができとったとは思わないです。だから、日本の高校へ行って、ものすごい孤独感を感じましたからね。そして、自分が朝鮮人であることが恥ずかしかった。それまでは、（朝鮮学校の学生が）喧嘩が強いというのが、ある意味で正のイメージやったものが、逆転するわけ。（それまでは日本人と喧嘩して勝ったという話を聞いて、良しと思っていたのだが）なんと恥ずかしいことをやってるんや（と思うようになった）。朝鮮学校行ってたというのが、積極的には言えなかったですね。

このように語りながらも、一方で、朝鮮学校時代の友人に対する思いも語る。

朝鮮学校の友だちに会いたくなって……。電話して会うたりとかはしてました。友だちからいろいろ話を聞いて、「そっちも楽しそうやなぁ」と思ったこと、ありますよ。

俊錫さんは大学進学後、朝鮮文化研究会（以下「朝文研」）の活動に参加し、同じ在日朝鮮人の仲間と過ごして、高校時代の悩みを克服したようだ。朝文研については、先に日本の大学に進学した兄から聞いて、知っていたという。そして、「やっぱり楽なんですよ、在日の子とおるほうが」とかなり積極的に活動にかかわったことが語られた。活動を通じて、朝鮮訪問もした。そして、実際に目にした朝鮮の様子や人の印象などをナイーブに語っている。

（朝鮮の人と）しゃべってね、すごい純粋なんですよ。だから、日本で言われている（朝鮮の実情は）あながち嘘ではないけれど、多分、日本人からしたら、その純粋な人の存在っていうのは、やっぱり理解できないと思う。日本で豊かな暮らしをしている人間からしたら、「貧しい暮らしや」と思うかもしれんけど、その人らの価値観と僕らの価値観を同じと考えるとあかん。（朝鮮には）行ってよかったです。実感持って、こう語れるようになったから。そして、向こうの人とは分かり合えない、価値観も違うとも思いましたよ、やっぱり。今、僕が暮らしている環境とあまりに違うから。

さらに、大学時代に国籍を朝鮮籍から韓国籍に変更したことについても、さらにナイーブに語った。

僕は北も南もどっち祖国であることには変わりないという風に思っています。ただ、朝鮮籍だと外国にでるときなどに不便やから、便宜上、変更したんやという理屈。でも、いざ、追い詰められたとき、北朝鮮と日本の戦争みたいになったとき、韓国籍の僕っていうのは、かやの外に置かれるわけですよ。こう（北も南も僕の祖国だ）言う限り、朝鮮籍の人が何か被害を被るようなことがあれば、それは許さんぞという気持ちではいます、当然。それは僕の義務やし。

彼は二〇一〇年五月に行ったフォローアップ調査でも朝鮮学校に対する思いを語っている。自分の子どもの教育の選択をめぐっての語りである（子どもは日本の学校に通学している）。

（朝鮮学校に）行かしてもいいんじゃないか、というのは僕も思ったんですけども。うん、思ったけれど（妻が反対した）。（反対したのは）なんでかって言われたら、要するに、妻は日本の学校出てるから、日本の学校へって思うのと、その思想性、やっぱり、世間一般に言われてる、北朝鮮のイメージがあまりにも悪いじゃないですか。そういうところが（妻は嫌だったようだ）。在日の学校に関しては、個人的には、僕は結構みんな頑張って守ってきたんだから、そういう思想性が、たまたま柱として必要だったからあったけれども。だから、そういう部分もあるけど、いい部分もいっぱいあるんじゃないかなっていう風には思ってはいるんですけど。

僕自身、（朝鮮学校へ）行って、そんなには悪くはなかったというか。いい部分もあったので。（いい部分は）自分が良くも悪くも、自分は朝鮮人なり韓国人なりっていうのは、意識するじゃないですか。言葉も勉強もするし。言葉でも、まぁ、片言でも喋れるようになれますし。そういう点はいい点じゃないですか。仲間もできて。（ただし、日本学校か朝鮮学校かという選択については）あまり、そう強くは、どっちかを否定するってことは出来ない。嫁さんはそっち（日本学校）出て、まっとうに育ったし、僕もまっとうに育ってるんだから。（でも、妻には子どもを朝鮮学校に入れる選択肢は）なかったですね。でも、最近は、朝鮮学校でラグビーとかサッカーとか頑張って全国大会とかも出たりして、彼らが実際いい子だっていうことを聞いたりして、認識は変わってきてるみたいです。そういう風にして、人間の認識って変わるんだなぁと。要するに接してないとわからないわけですよ、やっぱり、どこの世界でも。たまたま嫁さんの親がどっか行ったときに、朝鮮（学校）のラグビーの子らと一緒になって、すごい礼儀正しくて、いい子らだったと、嫁さんの親が言うと、僕が言うよりよっぽど素直に受けいれられるというか。やっぱり、普通に日本のマスメディアに触れてると、もう（朝鮮学校の否定的なイメージしか持てない）。

私は、これらの語りが持つ意味について、朝鮮学校と出会うまで深く考えてみることをしてこなかった。朝鮮学校での教育体系や内容は、子どもたちが学校を出て日本社会に出ようとするときには、有利には働かない面もある。それは否定できない。二〇〇〇年代はじめまでは、国立大学は朝高卒業生に対して受験資格すら与えていなかった。また、たとえ大学受験資格を取得（大検・高卒認定試験等で）したとしても、朝高のカリキュラムでは、いわゆる「受験勉強」にはかなりハンディがあることは事実であろう。だからこそ、第一次調査のときには、そうした不利を京花さんや俊錫さんがどう克服し、医師になったのかという点、また、それを可能にした条件（家族親族のサポート）を分析することのみに関心が集中していた。

しかしながら、もう一度かれらの語りを注意深く読んでみると、当時は気づかなかった発見がある。かれらは、朝鮮学校が持つ、ある種の「硬直性」に対しては批判の目を向けつつ、自分の人生にとって（かつ在日朝鮮人にとって）朝鮮学校が持つ意味を否定していないのだ。

朝鮮学校で同じ民族的背景を持つ友人、その親たち、そして先生たちとふれあう中でかれらが感じてきた一種の「安心感」のようなもの、その中で形成された民族的アイデンティティを考察する上での示唆等、私が見落としてしまったものは多いと思う。朝鮮学校が、日本社会とは「分離」した空間で、在日朝鮮人の子どもたちに尊厳と自負心を与える役割を果たしてきたことをあらためてX家の人々の語りに見いだすことができるのではないだろうか。

これは、在日朝鮮人の新たなアイデンティティのあり方を描いたとして話題になった金城一紀の『GO』の中で、主人公・杉原が語る朝鮮学校に対する思いにも共通する。

「いつでも仲間と一緒にいるのは、とても居心地が良かった。それに、とても楽しかった。（中略）学校は大嫌いだったけれど、仲間たちとその中にいると自分が確実な何かに守られているという安心感があった」（『GO』）

実際、無償化問題にかかわる活動の中で出会った朝高生たちには「在日朝鮮人としてすっきり生きている」という印象を抱いた。「朝鮮学校は温室だから。実際の日本社会は厳しい」と批判する人もいる。その指摘は間違ってはいないだろう。しかし、十代の多感な時期を「守られた」空間の中で過ごすことは、朝高生のその後の人生には大きな意味を持つのではないだろうかと考え始めている。

それをあらわす示唆的なエピソードがある。やはり、X家のメンバーである周植さん（一九七四生・3世・朝鮮学校は中学まで、その後公立高校、関西学院大学を経て、現在は公務員）の妻琴順さんが語ったことだ。琴順さんは、民団（韓国を支持する在日韓国人の民族団体）との関係が深い家庭に育った。日本の公教育を受けて、助産師として活躍している。彼女が周植さんに出会ったときの印象、そしてふたりの間に生まれた娘の子育てについてどう考えているかという質問に対する答えである。

私が周植さんに惹かれた部分は、初めて会ったときにね、文周植（仮名）ですと、もう本当に、すさまじく、もう、すがすがしく、ムンジュシクですと言ったときに、私、こんなにまっすぐに、自分の名前を名乗れるのがすばらしいなと本当に尊敬したんですよ。それを聞いたときに、彼の生きてきた中で、朝鮮学校に行って、民族教育を受けているという部分は、やっぱり大きいですよね、ちょうど思春期をまたいだときにね。まっすぐに自分の民族を捉えてるっていうか。やっぱり民族教育で仲間意識とか、民族の大切さとかというのを体験したからこそなのかなと。だから、私の結論から言うと、名前をまっすぐに受けとめてほしいという部分では、まあ、自分が、前向きに名前を受けとめられるようになるまでは、（自分の）民族教育を受けさせたいなと思ってます。ただし、総聯系の学校ではないかもしれない。

5　朝鮮学校の何を描くべきなのか？

ここで扱った生活史は、多くが十五年以上も前のものである。対象者も一九六〇〜七〇年代前半生まれの人である。現役の朝高生とは二十五〜三十五歳の年齢差がある。親子ほどの差だ。この間、朝鮮学校をめぐる状況、朝鮮学校の教育方針や教育内容は変容した。したがって、現在、構想中の研究では、現役の高校生たち、その保護者たち、そして、教員の生活史をじっくり聞き、朝鮮高校にかかわる人たちの民族意識や民族関係のあり方を描いてみたいと思っている。

さらに、もう一点、関心を持っているのは、朝鮮学校が持ってきた「対抗文化」的な側面だ。日本社会の差別に対抗するために朝鮮学校の学生たちがとってきた手段の一つに「喧嘩に勝つこと」がある。映画『パッチギ！』にも描かれたし、朝鮮学校の出身者からも聞いたことがある。

僕らが朝鮮学校に通っている頃は喧嘩が強いのが英雄。朝高のバッジをつけていると、日本の高校の不良たちが喧嘩をしかけてきた。勝つと、翌日からそいつらが、僕らに貢ぎ物をしてくる。先生たち？　「ケンカするな！」って怒られたけど、本音は「よくやった。負けるな」だったんじゃないですかね（一九五〇年生・2世・愛知朝高出身）。

私らが高校時代、憧れの先輩にあげるのは手編みの腹巻き。マフラーじゃない。日本の女子高生みたいにヤワじゃないんだから。腹巻きは『少年ジャンプ』をいれるもの。日本の不良にからまれてケンカになって、刺されても大丈夫なように、ジャンプをお腹にしまっておくための腹巻き（一九六〇年生・2世・東京朝高出身）。

（日本人学生とのケンカ対策に必要なのは）腹巻きと薄いカバンだったよね。雑誌なんかをカバンに入れておいて、ナイフ出されたときの盾に使う。こうやって（実際のポーズをとりながら）身を守る（一九五六年生・2世・茨城朝高出身）。

語られた内容は穏やかではないが、実際に、一九七三年六月には東京で、大学生による朝鮮学校生への集団暴行事件も起きた。こうした語りや行動の背景には日本社会からの差別と暴力への抵抗があることは決して無視できない。しかし、当時を振り返る朝高卒業生たちの語りは、どこかポール・ウィルスの『ハマータウンの野郎ども』を連想させるものがある。

現在の高校生たちは「おとなしくなって、もうそんなことはしなくなりました。まあ、ぬるま湯ですよね。あんまり、差別もピンとこないんじゃないかな」（愛知朝高・教員）と言われる。「おとなしくなった」理由には、たとえば、一九九〇年代以降、朝高が部活動の公式戦への出場資格を得て、ケンカなどしている場合でなくなったことが主たる理由だと言われる。また、一九八〇年代後半から〈祖国訪問〉（朝鮮への修学旅行）へ行くための「模範学級」つくりをしたことも一つの要因だと言われている。さらに、現在、日本社会の朝鮮学校に対する眼差しの厳しさが、朝鮮学校生を「いい子」にしているという説明もなされる。現在の日本社会の中で、現役の朝高生たちはどう生き抜こうとしているのか？　そんなことも考えてみたいと思う。

6 「多文化共生」と在日朝鮮人

もう一点だけ記しておこう。現在「多文化共生」が政府、地方自治体においても重要な政策の柱となっている。この背景には、一九八〇年代後半から急速に日本社会が「多文化化・多民族化」したことにある。二〇二二年現在、日本に住む外国籍の人は二二〇万人を超えている。異なった文化、言語を持つ人々とどのように同じ社会でともに暮らしていけるのか？　そうした条件を考えることは大事なことである。私自身も、地域社会にブラジル人住民が増加することにより、どのように地域が変容するのかということについても、二〇〇〇年代から研究を続けてきた。その立場から、愛知県の多文化共生推進プランの策定委員などをつとめたこともある。

しかし、このときの「多文化共生」は、どうしてもニューカマーの外国籍住民のみを考えがちで、在日朝鮮人のことは、その視角から抜け落ちている。在日朝鮮人が日本社会に文化的には高度に統合されている（同化を強要されてきた側面もある）からだろう。

また、日常的な場面においては、1世世代が経験したような在日朝鮮人に対する露骨な差別も見えにくくなっているのも事実だ。私の学生たちもレポートに「在日朝鮮人が差別されているなんて知りませんでした」と無邪気に書いてくる。しかしながら、いまでも若い在日朝鮮人の学生が「周囲にルーツを明らかにできない。たとえ話しても理解されない」と悩んでいることも一方で事実である。同時に、インターネットを通じて結集した排外主義的な動きも顕著になっており、時折、街頭で聞くに堪えない差別用語を使いながら、在日朝鮮人を誹謗中傷していることも事実だ。今、構想している研究をもとに、こうした社会を変える小さなきっかけにしていきたいという実践的なことも、自らの課題としたい。

【注】

1　第Ⅱ部で詳細を述べるが、「関係研」の研究代表は現大阪市立大学名誉教授・谷富夫だった。研究成果は『民族関係の結合と分離』（谷富夫編著、ミネルヴァ書房、二〇〇二年）として出版された。

第二章　朝鮮学校で学ぶということ——排外主義の中で

本章は二〇一三年五月に甲南大学で行われた移民政策学会二〇一三年度年次大会のシンポジウム「日本の移民政策と在日コリアン」および二〇一六年五月に慶応大学で行われた移民政策学会年次大会・ミニシンポジウム「人種差別禁止法案について考える——ヘイト・スピーチをめぐって」の二つの報告をもとに書いたものである。

二〇一三年度は、関西（甲南大学）で年次大会が開かれるということに鑑み、企画担当だった私は、在日朝鮮人に焦点をあてたシンポジウムを提起した。私自身は、植民地責任、歴史責任、戦後責任など在日朝鮮人をめぐっていまだ解決していない課題を中心にとりあげ、今後の日本の「移民政策」を展望するにあたって、決して欠落してはならない視点を提供したいと考えた。移民政策学会の設立趣旨にもそって、研究者のほか、実務家や市民活動から在日朝鮮人問題に長年かかわってきた人などを報告者として選定した。

だが、大会直前の二〇一三年三月の企画委員会で、一部委員から強い反発を受けた。「なぜ、こんなに後ろ向きなのか？　もっと未来志向の企画にすべきである」という意見だった。もちろん私は反論した。「後ろ向きというのは、歴史問題を扱うからなのか？　未来志向と言うが、私だって未来志向だ。しかし、過去の清算なくして、未来などあり得ない」と。

議論は膠着した。さらに、「今はコリアンの人の中には経済的に成功している人もいる。そういう側面を全く扱わないのは偏っている」とも言われた。相当にムッとしたが、それでも怒りを抑えて「たとえ、ソフトバンクの孫正義がどれだけ経済的に成功していても、構造的には差別されてきたはず。過去の問題は精算されていない。経済的成功だけを取り上げて、過去の問題は精算を無しにはできない」と答えたことを記憶している。

この議論がどう収束したのか覚えていない。委員の中で、私の言うことを理解してくれた人たちが、何とか議論を収めてくれたのだと思う。私が企画した方向を微調整して、このシンポジウムは開催された。その微調整の一つに「在日朝鮮人」を「在日コリアン」としたことも含まれる。「コリアン」では問題を覆い隠すと私自身は考えているが、このときは、「妥協」した。

また、二〇一六年度は、いわゆる「ヘイトスピーチ解消法」が施行直前の大会であった。私自身も当然その法律の制定や法律の問題点（理念法であり、罰則規定がないことなど）にも関心はあったが、私の問題意識の中心は、排外主義言説を生み出す土壌はどのようなものかという点にあった。そこで、朝鮮高校無償化除外という差別と日本社会にある「北朝鮮」言説との関連から、朝鮮学校、ひいては在日朝鮮人に対する差別を生み出すものは何かを考えてみた。

移民政策学会の主たる関心は、どうしても「ニューカマー」と呼ばれる人たち、中でも、難民、技能実習生、非正規滞在者などをめぐる入管施策などにあり、在日朝鮮人にはあまりないと言っても過言ではないだろう。ましてや、「北朝鮮」という問題がかかわると、研究者であっても様々なバイアスから自由でないことを実感した時間ともなった（正直なところ、ずいぶん、辛い時間を過ごすことになった）。それだからこそ、少し、思い切って書いてみた論考である。

1　はじめに

「拉致問題の進展や日朝間の国交がない、朝鮮総聯との密接な関係があり国民の理解が得られないので無償化対象にはできない。教育内容や外交上の問題は考慮しないという民主党の方針は廃止し諸々の事情を考慮して判断する、朝鮮学校は朝鮮総聯の影響下にあり、それは不当な支配で教育基本法にも抵触する。日本の学校教育法に基づいた学校へと方向転換を早くすればすぐ適用になる。」

これは、二〇一三年二月十九日、第二次安倍政権下での最初の文科大臣・下村博文が朝鮮高級学校（朝高、朝鮮高校）をいわゆる「高校無償化制度」からの適用除外を発表したときの記者会見での発言の一部である。そして、翌日二月二十日、朝鮮高校に無償化を適用するための根拠規程であった省令改訂（（ハ）の条項削除[注1]）まで行い、朝鮮高校が無償化適用を受ける道を完全に断った。

高校無償化[注2]は二〇一〇年四月、当時の民主党政権の目玉政策の一つとして施行された。「家庭の状況にかかわらず、全ての意志ある高校生等が安心して勉学に打ち込める社会をつくる」（文科省作成リーフレット）ことを趣旨としていた。

この政策は、各種学校認可がある外国人学校の学生たちにも適用するという点で、画期的なものになるはずだった。当然、法律にある適用条件に照らせば、各種学校である朝鮮高校の学生たちにも適用されるはずだった。しかし、朝鮮高校への適用をめぐっては、二転三転をくり返した。朝鮮学校関係者たちも一喜一憂をくり返した。そして、その挙げ句、前記のような措置を行ったのである。

本来は、下村文科大臣が記者会見でも言及している「教育内容や外交上の問題は考慮しない」という政府統一見解があった。しかしながら、民主党政権下でも、朝鮮半島の政治情勢や日朝間の政治外交上の問題を理由に、朝鮮高校を無償化対象校とするか否かの判断は保留され続けた。

さらに、審査過程で文科省は、朝鮮高校に対して「学校運営に関する現状と今後の対応方針」という名目で、日朝間で認識が異なる問題をとりあげ、学校の教育内容を尋ねる質問をくり返した。たとえば、「大韓航空機爆破事件」「人工衛星／ミサイル」「竹島／独島」問題、「日本海／朝鮮東海」の呼称などについて、朝鮮高校に対して回答を求めたのである。そして、「我が国、韓国、アメリカに関し、我が国社会や国際社会の担い手として活躍できる人材の育成という観点からは必ずしもふさわしくない記述が散見される」など教科書改訂の見込みについての質問や「主体思想」に関する朝鮮高校の見解なども質問した上、各朝鮮高校を訪問し、最も見解が分かれやすい「現代朝鮮歴史」[注3]を中心とした授業参観も行った。これらが「教育内容には踏み込まない」という原則を大きく逸脱していることは誰の目にも明らかであろう。ほかの外国人学校にはこのような審査を行わなかったのに、朝鮮高校に対して、朝鮮高校の教育に土足で踏み込むような審査を実施したのである。そして、このような審査を一年四ヵ月にわたって行った挙げ句、民主党政権下では、その結果を出さなかった。そして二〇一二年末の第二次安倍内閣発足直後、先の下村文科大臣記者会見にあるように、朝鮮高校の無償化適用除外を決定したのである。

このような朝鮮学校に対する差別的な施策がどうして許されるのであろうか。それは、冒頭の下村文科大臣の言葉に端的に表れているように思われる。朝鮮学校は「北朝鮮」やその「北朝鮮」と関係が深い在日本朝鮮人総聯合会（総聯）の影響を受けている、そのような学校に無償化適用をすることは「国民の理解が得られない」というのである。「北朝鮮」に対する非常に偏り、歪んだ情報が日本社会に流れている現状の中で、多くの人は「北朝鮮と関係がある」という一点で、思考が停止してしまう。そして朝鮮高校への無償化不適用処分を「不当」だとも「差別」だとも認識できないようになっているのではないだろうか。

いわゆる「ヘイトスピーチ対策法」（正式名称は「本邦外出身者に対する不当な差別的言動の解消に向けた取組の推進に関する法律」）が二〇一六年五月に国会を通過、六月から施行された。この法律が持つ不備、不足点は、法案発表直後から、各方面から指摘されているが、それでも、本法施行により、それまで「表現の自由」「言論の自由」「集会の自由」等を楯に、在日朝鮮人（さらには中国、朝鮮半島に対する聞くに耐えない罵詈雑言を言いたい放題の差別扇動街宣には一定の規制がかかるようになった。ここに至るまでには、在日朝鮮人自身の、そして、そこに共感する日本人市民、さらには弁護士、研究者、そして議員など多様な層による地道で熱心な働きかけがあったことは事実だ。そして、在日朝鮮人をはじめとするマイノリティへの差別や暴力の扇動がようやく日本でも政策的な課題として認識されはじめたのである。

しかしながら、私の問題意識は、このヘイトスピーチ対策法も、結局は国家や自治体など公権力の差別を不問にしたままなのではないかという点にある。現在の日本社会は、「北朝鮮」との関係において、どのような差別も看過されてしまう。そのこと自体を問題にしたいと考えている。

本章では「（前略）国家やマスメディアはレイシズムを涵養している。そうした『空気』がつくられ、上からの『お墨付き』をもらっているからこそ、在特会のような過激な運動は安心して、ヘイト・スピーチを叫ぶことができる。このようにレイシズムは国家をはじめとする『上』から作り出され、それが草の根の不満を方向付け、暗黙の承認を与えているのではないか」（森千香子、二〇一四）という森の問題意識を共有しつつ、日本社会の「北朝鮮認識」、そしてそこから生まれている朝鮮学校差別および在日朝鮮人差別について論じてみたいと思う。つまり、私たちは、露骨な差別扇動街宣をする「在特会」の行為を「特殊」なものとしてみなし、「自分とは異なった人たちだ」と思いがちであるが、しかし、現在の日本社会の「北朝鮮」に対する認識とあのひどいヘイトクライムとは根底において、連続性があるのではないかという問題意識である。

本章では、このような問題意識の下、私が深くかかわってきた愛知朝鮮高校の無償化裁判（朝鮮高校生就学支援金違憲国家賠償請求裁判）支援活動、および愛知朝鮮高校での調査研究を通して見えてきたことを論じたいと思う。日本社会の排外主義が強まる中で、特にターゲットとなりやすい朝鮮学校の問題を考えることにより、ヘイトクライムを生み出すものは何かを考えるヒントになるのではないだろうか。

2　朝鮮高校無償化排除問題から見えてくるもの

(1)〈朝鮮高校生就学支援金違憲国家賠償請求裁判（愛知無償化裁判）〉概要

まずは朝鮮高校無償化裁判について概観する。裁判は、愛知を含めて五カ所（東京、愛知、大阪、広島、福岡）で行われている。大阪は行政訴訟の形態をとったが、ほかの四カ所では、国家賠償請求（広島は行政訴訟と二本立て）裁判を行った。

愛知では、二〇一三年一月二十四日、愛知朝高の学生・卒業生が名古屋地方裁判所に提訴した。この時点では、原告は五名。その後、二〇一三年十二月十九日の第二次提訴で新たに五名の原告が訴訟を起こし、合計十名の原告で裁判を行った。

裁判は、無償化を朝高生に適用しないのは⑴憲法十三条「人格権」、十四条「平等権」および二十六条「学習権」を侵害するものであることを主張、さらに⑵国際条約違反⑶高校無償化法違反（外交問題を考慮したこと）⑷行政手続法違反（延坪島砲撃を理由に審査停止をしたこと、審査再開後、一年以上審査を行い、しかし、結論を出す前に根拠省令（ハ）の条項を削除したこと）だとし、一人五十万円の国家賠償を請求するというものである。

愛知朝高の関係者は、二〇一〇年十一月下旬の延坪島砲撃事件により審査が停止した頃から訴訟を考えはじめていた。当事者にとって、この問題は「お金の問題」ではなく、「日本政府による朝鮮学校に対する差別であり、このような明白な差別を許すことはできない。朝鮮学校の権利の問題である」

という認識を持っていたからである。

しかしながら、裁判が国家賠償請求で、原告は学生・卒業生であるという方針が示されると、やはり、躊躇する声が多く出た。ヘイトスピーチを象徴とする排外主義が強まる中で、原告の安全はどう保障するのか、原告の将来に影響は出ないのかなど原告を心配する声が最も大きかった。

また、日本の司法自体への不信から裁判に反対する声もあった。「国を相手に朝鮮学校が裁判をしても勝てるわけない」「在日朝鮮人を救済するような判決を日本の裁判所が出すはずがない」「裁判をして負けたらどうするのか？　本当に学校がつぶれてしまうのではないか」「無償化など元々なかったものだから、なくてもやっていけるのではないか。だから、裁判は不要」等々。

さらには、日本政府からの差別に対し、その責任を自分たちのものとして受けとめてしまう反応もあった。たとえば、「ウリナラ（朝鮮）と関係があるのがいけないのではないか。関係を切るべきなんじゃないか？」「（高校の教室にある朝鮮指導者の）肖像画をおろすべきなのか」等、日本政府の論理にそのまま取り込まれてしまった意見である。二〇〇九年十二月に起きた京都朝鮮第一初級学校襲撃事件後、京都朝鮮学園は刑事および民事訴訟を起こしたが、その際にも、保護者たちには「やっても無駄」だという諦めの声が多く、内部でも相当な議論があったという（中村一成、二〇一四）。それと似たような状況が愛知でも起こったのだ。

また、もう一点、原告がまだ若い学生・卒業生であるということも苦悩の理由だ。本来ならば、日本社会や大人たちが解決すべき問題に、若い青年たちを結果として巻き込んでしまうことに強い抵抗があったのだ。二〇一〇年春以来、朝高生たちは何度も街頭にたち、署名活動を行ってきた。そのたびに、かれらが本来高校生として行う活動の時間を奪ったことになる。これ以上、かれらを巻き込んでしまっていいのかという意見は根強かった。

当事者たちは何度も議論をした。前記の不安や迷いを払拭できたわけではないが、かれらは、最終的に提訴する決心をした。二〇一二年十二月中旬になっていた。当事者たちは「朝鮮学校を狙い撃ちにしたこんな明確な差別に泣き寝入りできない」(原告)、「朝鮮学校をなめるなよ! という気持ちで裁判にのぞむ。朝鮮学校の権利は守りたい」(原告保護者)と提訴を決めたのだった。

口頭弁論では、地裁段階の最初の十回は原告やその保護者たちの意見陳述が行われ、原告ら一人ひとりにとって、いかに朝鮮学校が大切な存在であるか、どのような意味を持つ存在であるか、そして、無償化から排除されたことがいかに自分たちの尊厳を傷つけるものであったかが述べられた。[注4]

その後の弁論では、憲法論を中心に法的な主張を展開。被告(国)からの反論が出れば、それに対する再反論など、膨大な数の書面を提出してきた。愛知の裁判の大きな特徴は、本格的な法律論の主張をしつつも、日本の歴史責任、戦後責任(朝鮮半島の分断への責任を含む)を問い、そして、朝鮮学校に対する差別/弾圧政策、朝鮮学校が直面し続けてきた困難に対して日本人としての当事者性を問おうとする準備書面を提出したことにある。これは、朝鮮半島植民地支配、在日朝鮮人、朝鮮学校について弁護団員自身が勉強する意味もあったが、同時に、裁判に勝つためには、このような歴史性と当事者性を裁判官に自覚させる必要があると考えたからである。もちろん、普遍的な「人権」「平等」「子どもの権利」などもこの問題には含まれるが、ことの本質は日本人の朝鮮半島に対する「植民地主義」意識、特に、現在の日本社会における朝鮮に対する嫌悪感情にあるという厳しい認識からである。

単なる法律論のみでは勝てないだろうとの認識が、愛知の裁判関係者全体にあったため、朝鮮高校無償化適用除外という問題の本質は何かを裁判関係者全体で共有する作業、また、「朝鮮学校と総聯／朝鮮との関係は権利である」ということをどう理論化するかにも焦点をあてた。結果は、地裁、高裁、最高裁ともに敗訴という厳しい結果となったが、それでも、この裁判が残したものは何かを考えてみたい。

(2)被告（国）の主張

それでは、被告である国側の主張はどのようなものだったのだろうか。国の主張は、「無償化から朝鮮学校を除外したことは正当である。なぜならば、朝鮮高校が、国が定めた基準（規程十三条）に適合すると認めるに至らなかったからだ」であった。この規程十三条とは「債権の弁済への確実な充当など法令に基づく学校運営の適正」、つまり、無償化対象校は法令に基づいて適正に学校運営をしていなければならないというものである。「朝鮮高校はこの規程十三条に適合しているという確証が持てなかった」と国は主張したのである。すなわち、朝鮮高校は「北朝鮮や総聯との関係が深いので、無償化相当分として支給するお金（＝税金）がきちんと授業料に充当されるかどうかの確証が得られない」という。要するに、無償化相当分として支給するお金が、学校運営のためではなく、総聯や朝鮮に流れてしまう疑いがあるということだ。しかしながら、これまで朝鮮学校が自治体からの補助金を学校運営以外に流用したとして行政処分を受けたことは一度もない。

さらに、「朝鮮学校の教育は総聯や北朝鮮の強い影響下にあるとの疑いをぬぐい去れない」ともいう。そして、これが教育基本法十六条を持ち出し、それが禁止する「不当な支配[注5]」にあたるという。

これらの根拠として、『産経新聞』の報道、公安調査庁発行の『内外情勢の回顧と展望』、また、北朝鮮に拉致された日本人を救出するための全国協議会や在日本大韓民国民団（民団）などが出した発行物を挙げている。しかしながら、これらに書かれている内容が「真実」であるという保証はない。国自身も「厳密な意味での真実性」まで主張するものではないといいながらも、「一つ一つの証拠は不十分でも、数が積み重なれば事実と認定しうる」とも主張した。端的に言えば、そのような疑いを持たれる朝鮮高校が問題であり、そのような学校には無償化を適用することはできないということである。

また、下村文科大臣は就任初の記者会見（二〇一二年十二月二十八日）でも、朝鮮高校無償化適用除外方針を次のように明確に示している。「私から、朝鮮学校については拉致問題の進展がないこと、朝鮮総連と密接な関係にあり、教育内容、人事、財政にその影響が及んでいること等から、現時点での指定には国民の理解が得られず、不指定の方向で手続を進めたい旨を提案したところ、総理からもその方向でしっかり進めていただきたい旨の御指示がございました」（傍線は筆者）と述べている。このように記者会見では、朝鮮との政治外交問題をだし、それを理由として「不適用」とすると明言しているにもかかわらず、裁判になってはじめて「規程十三条に適合しているに認めるに至らなかった」という主張をはじめたのである。ちなみに、二〇一六年十二月十三日に東京地裁で行われた東京朝高無償化裁判の証人尋問で当時の文科省の担当者はこの矛盾について「文科大臣の記者会見は国民にわかりやすいようにしたものだ」という説明をくり返した。国側の主張の論理矛盾は明らかである。

(3)朝鮮学校「擁護」論に欠如していること

朝鮮高校が無償化適用の保留が鳩山内閣時代に決まった頃から、各団体や「リベラル」なメディアが、それに対する反対の意見を表明した。

たとえば、各地の弁護士会の声明や要請文は、無償化法の趣旨を確認しつつ、朝鮮高校の学生たちにも教育を受ける権利（憲法二十六条一項）が保障され、子どもの権利条約が民族教育の尊重を教育の目的として指向していること（子どもの権利条約二十九条一項（c）（d））、国際人権規約（社会権規約二条二項、十三条、自由権規約二十六条）、人種差別撤廃条約五条等などにも違反する、したがって、朝鮮高校にも速やかに無償化を適用すべきであるという論調が中心である。

たしかに、このような普遍的な課題を示しつつ、朝鮮高校を無償化から除外することの問題性を指摘することは、大変重要な視点であろう。しかしながら、政府が問題にしているのは、朝鮮学校と朝鮮、または朝鮮と深い関係を持つ総聯との関係である。そもそも「朝鮮学校と朝鮮／総聯との関係の何が問題か」という論理的説明もなく、「国民の理解が得られない」と文科大臣が記者会見で堂々と述べることで、なんとなく世論も「納得」した雰囲気になるのはなぜだろうか。それは、前述したような「北朝鮮」と聞いた途端に思考停止する社会的状況に、感情的に乗じているにすぎないのではないだろうか。

その意味において、朝鮮高校の無償化適用を主張するメディアの論調も、日本の北朝鮮認識を問うことなく、いや、むしろ、さらに強化する形で主張を展開している。たとえば、無償化排除を安倍政権が明確に表明した直後、二〇一二年十二月三十日の『毎日新聞』社説を見てみよう（傍線は筆者）。

「政府は高校無償化を朝鮮学校に適用しないことにした。民主党政権で棚上げ状態にされてきた懸案だった。（略）下村博文文部科学相は不適用の理由で、北朝鮮による拉致問題に進展がないことや、朝鮮学校が朝鮮総連と教育内容、財政などで密接に関係していることを指摘し、このままでは国民の理解を得られないとした。／確かに北朝鮮は拉致問題解決に向けて誠意ある対応がみられず、ミサイル実験や核開発疑惑など、挑発的な示威行為も絶えない。／また教育内容でも、北朝鮮の独裁体制の礼賛や独善的な見方がみられ、問題があるとこれまでも指摘されてきた。こうした状況では無償化の対象にすることへの違和感や反対する意見も多く出よう。（略）社会に根差した学生たちを、単に排除的に扱うだけでは解決にはなるまい。他方、朝鮮学校や総連側も問題指摘には応えるべきで、社会の無理解があるというのならば、積極的な情報公開が必要である。／（略）例えば、審査基準に教育内容の是非は含まないが、文科省は（朝鮮学校の教育）内容に懸念される実態があれば、学校側に自主的な改善を強く求めるとしていた。それらはどうであったのか。／本来、学生に罪や責任はない。単なる排除だけにとどまらない状況改善への模索を絶やすまい」

この社説は、一見すると「物わかり」がよいリベラルな主張に思える。しかしながら、この主張において、「北朝鮮」は徹底的に他者化され、朝鮮学校も変わるべきだと主張している。つまり、朝鮮との関係については、朝鮮学校が日本社会にも「理解可能な」方向で変わることを期待しつつ、また、それを「実践している」から無償化は適用すべきだという主張なのである。

これらの主張は、逆に言えば、「北朝鮮との関係があれば」「教育内容が変わらなければ」無償化適用は反対であるという論につながる。朝鮮学校成立の背景には日本の植民地支配があることに無自覚で、朝鮮学校と朝鮮の関係を没歴史的に批判しつつ、無償化を適用せよという論理は、結果として、朝鮮学校の民族教育の権利を否定し、日本社会への同化圧力として機能するのではないだろうか。

3　歪んだ朝鮮のイメージを作るもの

それにしても、現在の日本社会に根強くある「北朝鮮嫌悪感情」はどのようにして形成され、そして、どのようにして強化されてきたのであろうか。

日本社会には、植民地支配期から現在に至るまで一貫して朝鮮に対する蔑視感情がある。その延長線上に「北朝鮮嫌悪感情」があるように思われる。

朝鮮のイメージは、正確な情報が不足しているために、主要メディアが報道する断片的な情報から形成されやすい。一九七〇年代までは、日本の左派運動の影響もあり、マイナスイメージ一色ではなかったようだ。「北朝鮮」に対する否定的なイメージが形成され始めるのは一九八〇年代、その後、一九九〇年代にはいって、ミサイル、核開発、拉致疑惑が「北朝鮮」に対する否定的な感情が強化された（森類臣、二〇一一）。そして、「北朝鮮」に対して、ある意味、ヒステリックなほどの否定感情が日本社会に広まるのは、「拉致問題」発覚が契機であろう。

二〇〇二年九月十七日、当時の小泉首相が訪朝し、金正日総書記と会談。その席で、金正日総書記が、日本人拉致を認め、謝罪して以来、報道は、朝鮮バッシング一色になった。この会談では、日朝両国が「日朝平壌宣言」を採択し、国交正常化等に向けて努力をするという内容の合意ができた。しかし、この宣言採択よりも、「拉致問題」のみが連日報道されたことにより、日本社会の中に「北朝鮮」は「悪」であり、憎悪、嫌悪、さらには嘲笑の対象であることが固定化されたように思われる。板垣竜太はこれを「北朝鮮フォビア（North Korea-Phobia）」と呼び、「″phobia″は単なる嫌悪や恐怖のみならず、他者に対する排斥と蔑視の眼差しを含んだ概念」であり、「北朝鮮」に関係することならなんでもできるという今の日本社会の状況を描写するには適切」だという（Itagaki, 2012）。

また、日本政府は、朝鮮のミサイルや核実験の実施を理由に二〇〇六年から「対北朝鮮制裁」を行っている。日朝を往来していた「万景峰九十二号」（在日朝鮮人が朝鮮にいる親族訪問などのために利用していた）の入港を禁止、一部在日朝鮮人の朝鮮への渡航制限（「在日の朝鮮当局職員による朝鮮を渡航先とした再入国」の原則不許可）、朝鮮を相手とした輸出入の禁止、朝鮮への渡航自粛要請などを決めた。二〇一四年五月にストックホルムで日朝会談を行い、制裁を一部解除したが、二〇一六年一月の朝鮮の核実験を理由に、制裁を復活させ、かつ、制裁をより強化させた。

二〇一六年二月十日「我が国独自の対北朝鮮制裁措置について」、二月十九日「外国為替及び外国貿易法に基づく北朝鮮向けの支払い原則禁止及び資産凍結等の措置について」を発表し、朝鮮に対する「ヒト・モノ・カネの流れの全面遮断」となる「制裁」を実施している。つまり、朝鮮を渡航先とした再入国不許可の在日朝鮮人を拡大し、対朝鮮の輸出入の禁止、お金は「人道目的かつ十万円以下の場合を除き、北朝鮮向けの支払いを原則禁止」するという内容だ。

この「制裁措置」は、在日朝鮮人と朝鮮との紐帯を断絶するものであり、在日朝鮮人の権利を大きく侵害するものである。李春熙によると「『我が国の平和及び安全維持のために』、在日朝鮮人の権利を制約でき」さらには、「究極的には『人道目的』すら考慮する必要がない」というのがこの「制裁の思想」[注7]だという。そして、朝鮮との「ヒト・モノ・カネの流れを切断し、究極的には精神的連帯を切断すること」になると言う。要するに、新たな「対北朝鮮制裁措置」[注8]は、朝鮮本国に対する影響はほとんどなく、むしろ、朝鮮とかかわりを持つ在日朝鮮人への影響が深刻なものなのだ。しかしながら、国会では議論することもなく、二〇〇四年から継続して全会一致で通過している。

日本の「北朝鮮報道」の特徴として、ジャーナリストの山口正紀は「二重基準・歴史的背景を無視・公安情報からの一方的報道」[注9]を指摘している。たしかに、たとえば、朝鮮の核実験のみが「悪」として報じられ、一方で、核兵器を朝鮮よりもはるかに多く保有する国連常任理事国のことやアメリカの「核の傘下」にある日本の状況は報道もされず、また、問題として問う声もない。また、拉致問題発覚以降、日本の朝鮮に対する歴史的責任には一切言及されることなく、日本の「被害性」のみが強調される。また、多面的であるはずの朝鮮についての情報は、「軍事パレード」「独裁」「個人崇拝」等、一面的で偏ったものしか流れない。朝鮮も人が住むところであり、そこに人としての当たり前の日常がある、この当たり前のことすら想像できないような状態に日本社会は陥ってしまっているのだ。

私たちは、常日頃「北朝鮮」をバッシングする報道や映像のみに触れているため、無自覚のまま、「北朝鮮」に対する悪感情を抱くようになっているのだ。そして、その感情を強化し、さらに「正当化」するかのように、日本政府が「制裁」を行っている。前述したように、在日朝鮮人の権利を大きく侵害する政策にもなっているが、今の日本社会では「北朝鮮に関係することは悪」とされ、このことに疑問を呈する余地もない。これを李英哲は「制裁文化」という言葉で呼んでいる（李、二〇一三）。まさに上からのレイシズムと草の根レベルのレイシズムの一体化した朝鮮への悪感情から、在日朝鮮人や朝鮮学校への差別的政策を生み出し、そして、それを支えている、今の社会状況をよく表しているのではないだろうか。

また、このような状況が朝鮮学校に対する想像力を欠落させ、学校内での営みにもバイアスがかかってしまう。ある保護者の一人は、職場で同僚から「朝鮮学校の子どもさんって、学校にいるときにはＩＣチップをつけられて監視されているんでしょ？」と言われた経験を、二〇一三年四月に名古屋で行われた裁判決起座談会で語っていた。朝鮮学校はどのような学校なのだろうか。次節では朝鮮学校での日常を、私の参与観察記録から記述し、さらに五節では、朝鮮と朝鮮学校の関係について考えてみたい。

4　朝鮮学校で学ぶということ

(1)保護者たち

まずは、保護者たちがなぜ子どもたちを朝鮮学校に送るのかをインタビューから見てみよう。朝鮮学校に何を期待し、また、子どもたちの進路選択、職業選択への展望をどのように考えているのかという点について考えてみたいからである。本章で使用するインタビューの記録は保護者十二名のものである。このうち七名は朝鮮大学校を、残り五名も朝高を卒業した人たちであった。また、ふたりを除いて、初級部一年生から朝鮮学校での教育を受けた（一人は初四で編入、もう一人は高校で編入）。なお、ここに記す年齢はインタビュー当時のものである。

中島智子は朝鮮学校の保護者へのインタビュー調査を通じて、学校選択理由を明らかにしている。朝鮮学校出身の保護者の場合は「当たり前の選択として」「安心できる場所として」朝鮮学校を選択し、日本の学校出身者の親の場合は、自身が民族的アイデンティティの葛藤をした経験から、子どもには朝鮮語や文化などを自然に獲得できる朝鮮学校を選んだという答えを導きだしている（中島、二〇一一）。

中島の研究結果と同様に、みな、私の調査対象者も異口同音に子どもを朝鮮学校に送ることは「当たり前の選択」だったと語る。本人も配偶者も朝鮮学校出身者だったので、日本人の保護者が近所の小学校に子どもをいれるように朝鮮学校を選んだというのだ。「子どもを朝鮮学校にいれるのが当たり前だと思っている人と結婚しようと思っていたし、結婚後、家を探すときにも、子どもが朝鮮学校に通えることを第一条件に探した」（Aさん、四十七歳・3世・女性）とか「チョソンサラム（朝鮮人）だから、チョソンサラムとして育てるためには、ウリハッキョしか考えられなかった」（Bさん、四十五歳・3世・女性）などと理由を説明する。

「高校無償化」適用を求める裁判での意見陳述でも、一人の原告の母親は次のように述べた。

ただ子どもたちにオンマ（お母さん）と呼んでもらいたい、ウリマル（私たちの言葉＝朝鮮語）で挨拶しウリマルの歌を歌い話す我が子であったほしかった、実際に（そうなっていく）そんな子どもが可愛くてしかたありませんでした（『トトリ通信8号』）。

もちろん、中には、中学や高校進学の段階で、日本の学校に移りたいと考える子どももいる。実際にインタビューした人の中には、子どもの強い希望で高校から日本の公立高校に通わせた人もいた。しかし、その親も含めて、できることならば高校まで朝鮮学校で民族教育を受けることが望ましいと言う。

みなさんが、小学校、最低、中学校までウリハッキョに行ってれば、もうイルボンハッキョ（日本の学校）で大丈夫だよって言われるんですけど。ベースができてるって言われるんですけど。私はちょっと違って、高校三年間というのが、すごく大事なことのような気がしてるんですね。結構、高校から日本の学校に行っちゃう子たちがたくさんいるんですけど、その子たちが今も在日の子どもたちと輪を保ててるのかというと、やっぱりみんな離れていってしまって、なかなか連絡しづらいとか。世界が、全然違ってくるんですよね。それが悪いというんじゃないんだけど。そこで絆がしっかりしてれば、社会に出て、困難なことがあったときにでも、頼れたり、力をもらえたりっていう、自分が「素」に戻れるところに、いつでも帰れるような場所を作る、その期間が、最低でも高校まではは必要じゃないかなって、私は思うんですよ（Cさん、四十七歳・3世・

女性)。

つまり、朝鮮学校に期待するのは、「朝鮮人としての自覚」や「朝鮮人としてのアイデンティティの形成」というものだ。自分自身も朝鮮学校に通い、朝鮮人としての自覚を持つようになり、今でも朝鮮人として生きている、自分の子どもにそうなってほしいという感覚なのだ。

さらに、Dさん（五十八歳・2世・女性）は朝鮮大学校まで子どもを進学させたかったと語る。その理由は次の様だ。

大学までは、いろんな学部があるから、どこ行くにしろ朝鮮大学に入ってほしいと思いましたね。そういう……朝鮮人のコミュニティっていうか、それもすごい、私は重要視してるので。私はね、学歴はね、あんまりアテにならないなあと思ってるんで。

朝鮮学校で朝鮮人同士のつながりをつくってほしい、朝鮮人コミュニティの中で居場所を見つけてほしいと願っていることがわかる。在日朝鮮人の世代が進む中で、日本社会の中では在日朝鮮人同士の関係形成の困難が指摘されるようになって久しい。たしかに、在日朝鮮人の集住地以外の日本の学校で、朝鮮人同士が出会うことは難しい。たとえ、在日朝鮮人の学生が複数いたにしても、日本人学生の中にまぎれてしまい、朝鮮人同士としての出会いは困難であろう。このような現実の中で、親は朝鮮人社会の中で子どもを育てることを重視して、子どもを朝鮮学校に送っているのである。

しかしながら、「朝鮮人だから朝鮮学校に行くのは当たり前のこと」として、朝鮮学校に子どもを送ってはいるが、経済的負担は相当ある。まずは、義務教育段階では公立学校では不要な授業料がかかる。通学費などを合わせて、平均二万五千円程度だという。高級学校段階では、一般的な私立高校と同程度の費用で、月平均四～五万円だという。

また、朝鮮学校が少ない地域では初級部一年生から長距離通学となる。たとえば、長野の朝鮮学校は松本市内にあるが、上田、長野から通学している子どもも少なくない。スクールバスが運行されており、一時間半から二時間の通学路だという。また、御殿場市から静岡市内の朝鮮学校に子ども三人を送ったある親は「初級のときは、JRの高速バスで通学させていたんですね。そのほうが楽だから。でも、高速バスは学割がないから、月十万円ほどかかったんです」と話す。三人となれば三十万円の通学費ということになる。しかし、彼は経済的負担以上に「夕方、高速バスの停留所まで子どもを迎えに行くと、まだ小さな子どもがぐっすり寝入ってしまい、起こしても起きないんですね。その子どもを抱きかかえてバスから降ろすときに、俺のこの選択は正しいのかなぁと思ったよ」（六十歳・2世・男性）と、精神的負担があったことを語っていた。

これに加え、父母は学校を支えるためのボランティア活動にも積極的にかかわる。たとえば、キムチなどの朝鮮料理販売、配達などを定期的に行い、収益は学校に寄付する。愛知中高のオモニ会（母親会）は行事のたびに売店をだす。たとえば、キムパップ（海苔巻き）販売。その数は六百本。材料の調達、下準備、料理、包装、販売まで全てオモニたちによって行われ、その売り上げの多くを学校に寄付している。相当な負担のはずだ。そこまでして、学校を支え、子どもたちに民族教育を受けさせようと頑張る背景には、保護者自身の朝鮮学校体験がある。

Eさん（四十六歳・3世・女性）は初級部四年生から朝鮮学校に編入した。小三の夏休みに通った「夏期学校」という朝鮮人の子どもたちに朝鮮語を教える講座に通ったことがきっかけで、自ら、朝鮮学校に行きたいと希望し、朝鮮学校に通いはじめた。そのときの思い出を次のように語る。

今でも覚えてるんですけど、学校のバスが、朝来ました。母がそこまで送ってくれました。弟と手をつないで、入学式だったんです。学校に行きました。そうしたら、みんな、チョゴリを着てますよね。真っ白の校舎で、二階建てで、窓の所に鉄枠があるんです。そこがちょうど鉄柵になってて、みんながこっち覗いてて、手を振ってくれる。だれも知らないのに、こんなに温かく迎えてくれるんだという感じで。小学校にだいたい四十人ぐらいいたのかな。みんながね、すごく優しいというのか、うん。そのとき思ったのが、ここ、私がいる場所だっていう感じがしたんですよ。

Eさんが日本の学校で特に差別を受けていたわけではない。むしろ、経済的には裕福な家庭に育ったので、周囲の日本人からも一目おかれていたという。しかし、「周囲とは何か違うな」という感覚だけは持っていたという。何かわからないけれど、違うという感覚の「何か」は朝鮮学校に行ってわかったとも語る。

何かが違うというのは、このことだったのかなあって気づいたんです。自分で。だから、よく言うじゃないですか、水を得た魚。そんな感じなんですよ。あと、私が居れる場所がある、私が居れる場所がここだという感じで。なんか汲みとったというか、感じ取ったというのか。

また、高校から朝鮮学校に編入したDさん（五十八歳・2世・女性）も、中学時代は自分が朝鮮人であることで悶々としていたが、高校から朝鮮学校に入ってのびのびと過ごすことができたという。

思春期だったから……。なんか中学は楽しくなかったですね。（自分が朝鮮人で）みんなと違うっていうのがいやだったんですね。だから、高校、楽しかったですね。

つまり、DさんもEさんも、朝鮮学校に編入して、居心地の良さを感じたのだ。日本の学校で直接的な差別体験はないが、周囲の日本人と自分は違うということ＝朝鮮人であることを肯定的には受け止められずに違和感を抱いていたが、朝鮮学校で、その感覚から解放されたということである。

他の保護者たちも一様に楽しかった学校体験を話す。たとえば、Fさん（四十九歳・3世・女性）の思い出は次のようだ。

（学校は）パラダイスみたいなところでしたよね。楽しいし、やりたい放題で。先生とも基本的に仲いいし、友だちとも仲が良かったし。付き合いが濃密なので。充実してるっていうか。学校に来なかったら、女の子だったら、家に行って。私も行きましたよ。三日も休んでる子を呼びに。出席率百パーセント運動とかやるんです。あと、十日で達成なのに、休んだりするヤツがいて、電話しても出ないっていうんで、友だちと一緒に行って、あいつを明日連れていくよ、みたいな感じで。私も、それで行ったんですけど、夜、遅くまでいて、その子の家に泊まって、夜通しおしゃべりして、私も寝坊して、休んじゃったんですよ。

映画『パッチギ！』（井筒和彦監督、二〇〇四年）を彷彿とさせる語りであるが、当時の朝鮮高校では、こんな日常が流れていたようだ。ほかの保護者たちの体験談も類似のものが多い。学校の勉強はともかく、学校の仲間と一緒にいるのは楽しかったというものだ。そして、その楽しかった学校生活を自分の子どもにも経験させたいとも言う。

この「楽しさ」を支えるものに、朝鮮学校内の親密な人間関係がある。幼少期から同じ学校で過ごし、大人になってからも、保護者同士として、お互いの子どもまで含めてつきあいが続く。そして、これは全国的な広がりを持つ。韓東賢が「朝鮮学校コミュニティ」（韓、二〇〇六）と呼んだ朝鮮学校を核とした朝鮮人同士の人間関係を持つことを保護者たちは大事にし、子どもたちもその中で育てていきたいと考えているようだ。そして、そんな学校を支えるために、保護者たちは熱心に活動してきたのだ。

それでは、朝鮮学校が持つ政治的な立場やそこにかかわる教育についてはどのように考えているのだろうか。「思想教育」だと日本社会が朝鮮学校への批判のターゲットにしている部分だ。保護者たちの朝鮮に対する意見や態度は、肯定的な人から批判的な意見を述べる人まで様々である。しかしながら、朝鮮学校における朝鮮に関する教育をどう考えるかという点にはついては、「子どもたちが成長の過程で自らが判断すること」と考えている。たとえば、Aさんは次のように語る。

それ（日本の報道と学校での教育のズレ）は自分で感じればいいから。家でも日本のマスコミがそういうことを悪く言ったときに、そこまで悪く言われると腹が立つし、でも、面白い国だよね、変な国だよねって普通に話してみたり。あの学校に入れることは、思想教育をしてるということが分かってるから、そういう道にかれらが行くんだ、それが正しいんだと感じたら、行けばいいし。自分で考えて、おかしいなあと思ったら、他に選択肢いろいろあるから、考えればいい。

また、自分たちが朝鮮学校に通っていた頃は、今とは比較にならないほど「(北) 朝鮮一色」の教育だったし、そこで教えられることは当たり前のこととして受けとめてきたが、成長の過程で、自分たちになりに疑問を持ち、整理をして、消化してきたともいう。また、学校が提示する「公式」見解に、学生として自分たちなりの「抵抗」や「相対化」もしたともいう。金漢一によるエッセイ『朝鮮高校の青春——ボクたちが暴力的だったわけ』にも、学生たちが、学校の「公式見解」にいかに対応していたかが面白おかしく紹介されている（金、二〇〇五年）。したがって、学校にいる間は、学校を通じて教えられる朝鮮、高三の〈祖国訪問〉などで子どもたち自身が自分の目で見て肌で感じとる朝鮮を十分に学べばいいと考えているようだ。なぜなら、学校の一歩外に出れば、日本社会で流される朝鮮に関する情報も当然受けとるので、それらと学校での情報を総合的に判断する力を子どもたちは持っているからだという。そして、学校での教育や公式見解をそのまま受けとめて生きていくのも、あるいは、逆に、疑いを持って異なった道を進むのも、子ども自身が判断し選択していくことだと考えているのだ。親として、重視しているのは、子どもが朝鮮人として育つことと朝鮮人同士のつながりを持つことだと強調する。思想的、政治的な部分は「オプション」だとも言う。

あの学校にいれるということは、思想教育もオプションでついてくるってこと。でも、朝鮮人であることを教える、それがゼロの日本学校と、どっちを選ぶかって言われたら、思想教育もついてくるウリハッキョを選ぶ。私もだんなも、子どもの頃から、もっとすごい思想教育を受けてきた。でも、この社会でちゃんと生きていけれるから（Aさん）。

もちろん、保護者たちにも学校への不満や批判はある。しかし、保護者たちは自分たちの経験から、自らの存在を否定されることなく、安心していることができる朝鮮学校の大切さを認識している。次に示すCさんとGさん（四十五歳・3世・女性）のインタビュー中の会話もそのことをよく表している。

C：自分たちがいちばん強いみたいな。チョゴリ着ても、いまは何かされないだろうかという怯えながら着るっていう感じがあるけど、私たちは、どんなもんだいっていうぐらいの勢いがあったっていうか。

G：胸、張って。

C：誇らしく。そこにいると、もっと強くなれるっていうか。なんか、安心感でしょうね。

チマチョゴリの制服に守られるようにして、日本社会からの攻撃も恐れずにすんだ、そんな安全な空間として朝鮮学校をとらえている。だからこそ、単に受け身で子どもを学校に送るのではないのだ。ここで述べたように、保護者たちの有形無形の支援が、学校を厳しいながらも存続させている要因の一つである。

(2)学生たち

それでは、現役の学生たちにとって、朝鮮学校はどのような存在なのだろうか。もちろん、学校に対する距離も個々人それぞれだ。しかしながら、保護者たちが「楽しかった」と語る学校生活が想像できる雰囲気が学校には残っている。

その理由は、やはり、朝鮮学校が一つのコミュニティとして機能していることがあげられる。在日朝鮮人として、同じ歴史的な背景を共有する仲間たち、教職員、そして保護者たちに囲まれ、朝鮮人であることを理由に自身を否定されないで育つ、そして、その多くは幼少期からの顔なじみであること、また現職の教員も、朝鮮学校出身者であり、保護者の教員時代の教え子であることもよくあることだ。

コミュニティ内部で共有している歴史や物語、また個々人の生活史があり、学生たちもその中で安心して過ごすことができるという感覚を持っているようである。このコミュニティの存在は、具体的には学校行事などで体験される。運動会や文化祭では、多くの同胞が集まり、自分の子どもであろうが、他人の子どもであろうが、関係なく声援を送る。このように、学生たちも幼少期から、在日朝鮮人同士の濃密な人間関係の中で育ち、その良さを実感しているようだ。

在日朝鮮人の社会がめっちゃ好きなんですよ、僕たち。（私：なにがそんなにいいの？）人付き合いじゃないですかね。楽しく、普通に楽しいことばっかあるし。本当に……単純に面白いんで。だから、在日朝鮮人の社会がめっちゃ好きなんで。だから、死ぬまで一生、朝鮮の名前で生きていくと思います（十九歳・4世・男性・朝大一年）。

インタビュー当時十九歳だった青年が「めっちゃ好きだから離れたくない」と語る「在日朝鮮人の社会」は、そのまま、朝鮮学校を核とした在日朝鮮人たちのコミュニティなのだ。当事者たちは「温室」だとも言うが、たしかに、そこは、日本社会の否定的な眼差しから自分たちを守ってくれる場所だ。高校無償化排除をめぐる裁判でも、愛知中高の卒業生は次のように意見陳述をし、朝鮮学校の意味を述べた。

ウリハッキョ（朝鮮学校）に通う子たちは同じ民族なんだ。当時、私はそう思うだけで幼いながら安心感を覚えました。今思えば、私が感じたこの安心感は、間違いなく日本国内に漂う在日差別や排外主義から自分を守ってくれる場所を見つけたところからきているると思います（『トトリ通信7号』）。

前項で見た日本の学校から朝鮮学校に編入した保護者たちが感じた「安心感」を、約四十年が経過した現在でも学生たちが感じなければならないという日本社会の現実を読み取ることができるであろう。

しかし、学生たちの日常は、今の日本の学校に通う十代の若者たちのそれと大差はない。学校内の先輩―後輩関係における愛知中高内で代々引き継がれてきた、それは外部者から見ると「意味がない」ように見えるルール[注10]を忠実に守りながら、朝の登校をし、一日の授業をこなし、部活動に熱中する。帰宅部の学生もいて、かれらは学校から許可をもらってアルバイトをしたり、学校外での趣味に夢中になったりしている。

授業も民族科目（朝鮮語、朝鮮地理、朝鮮歴史、現代朝鮮歴史）以外は、日本のカリキュラムと大差はない（もちろん、授業は全部朝鮮語で行われているし、音楽では朝鮮の歌や曲を学ぶことができる。課外活動では朝鮮の民族楽器や舞踊を学ぶこともできる）。授業中の雰囲気も、教員と学生の距離が近いせいか、相互作用は活発だ。しかし授業に退屈していたり、居眠りをしていたり、「内職」をしている学生がいるのは、どこにでもある学校の風景である。「先生、あと十五分しかないから、残りの時間は自習にしましょう！」（四十五分授業なので、まだ三分の一残っていることになるのだが）などと言って、教員を苦笑させている姿は微笑ましくもあった。

しかし、日本の学校の学生がおそらく考えたこともないことを、朝鮮学校の学生たちは意識している。ある種の「使命感」を持っているようにも見える。それは、「ウリハッキョを守る」ということだ。「守る」という言葉の裏にあるのは「学校がなくなるかもしれない」という危機意識だ。学校が直面している財政難とともに、過去から現在に至るまで経験している日本社会からの政治的困難を学生たちは認識しており、学校が閉鎖においこまれるかもしれない、だから守らないといけないという意識を持っているのだ。

朝鮮学校は創立時から現在に至るまで、在日朝鮮人たちの手によって、多くの困難の中で維持されてきた学校だ。植民地期に奪われた朝鮮語を取り戻すという意味においても、そして、その後、在日朝鮮人の日本での永住が前提となった現在でも、朝鮮語で朝鮮人のための民族教育を行う朝鮮学校は、日本への同化に対する抵抗のシンボルでもあり続けている。朝鮮学校は在日朝鮮人自身の運動によって設立、運営されてきた学校だと言えよう。「1世がつくり、2世、3世が守り抜いてきた学校」という歴史性および特殊性ゆえに、朝鮮学校は、その関係者の間で愛着をこめて「ウリハッキョ」と呼ばれているのである。そして、その学校を「守る」という意識が、現役の学生たちにも引き継がれている。

その「意志」が存分に発揮されるのは、学校行事のときである。たとえば運動会。運動会は単なる学校行事を超えて、愛知中高学区の在日朝鮮人たちの一大イベントだからだ。北陸、長野、静岡からもバスをしたてて、保護者のみならず、祖父母や親戚までが学校にやってくる。保護者は、豪華な手作り弁当を用意してくる。中には七輪持ち込みで、焼き肉をはじめる保護者もいる。久しぶりに会う同級生や先輩・後輩との再会の場ともなっているようだ。

運動会は、学生たちにとっても一大イベントだ。特に高三は運動会に高校生活のすべてを結集させてのぞむ。競技や行進の練習に余念がないのはもちろんのことだが、放課後に、何度も集会を開いて、「運動会を成功させよう！」とシュプレヒコールをあげている。そこに必ずつくスローガンは「ウリマルをきちんと使って」であり、そして、「同胞のために」だ。このように準備段階から本番まで、「同胞との一体感」を体験し、そして、その核となる学校を守っていくという意識が形成されていくように思われる。それは、決して抽象的なものではなく、実体的な「コミュニティ」として体験されているのである。

ただし、実際にどう学校を「守る」のかという問いかけに対しては、学生たちは答えがないと言う。おそらく、朝鮮学校をとりまく問題は難問が多すぎて、どうすればいいのかわからないというのが本音であろう。「ぼくらの子どもが通う朝鮮学校はあるんでしょうかね？」という学生たちのぐちのような一言が、かれらの学校に対する思いと厳しい現実に対するもどかしさを表しているように思われる。

ある韓国人研究者が「朝鮮学校が生き残るためには、学校のナショナリズムを捨てることだ。日本にいるのだから、南北の対立を乗り越えた学校をつくるべきだ」と話していた。たしかに理想かもしれない。しかし、本国が分断されている中で、日本政府の同化政策や排外主義と闘うために朝鮮学校は北側を支持するようになったという経緯がある。また、南北ともにお互いの国家を認めないという分断状況の中で、国家の対立を乗り越えるのはそれほど簡単ではないだろう。それにしても、日本社会でこれだけネガティブに語られる朝鮮は、朝鮮学校にとってどのような存在なのだろうか。次項で考えてみたい。

5　朝鮮学校と朝鮮

朝鮮学校が朝鮮を〈祖国〉と呼び密接な関係を持っていることは、日本社会では理解されない。「なにもあの北朝鮮と関係を持たなくてもいいのでは。北朝鮮との関係を切ればいいのではないか」と考える人もいるだろう。しかしながら、朝鮮学校と朝鮮の関係は朝鮮学校が植民地下において奪われた言語、歴史、文化を取り戻そうとする教育を行う中で歴史的に形成されてきたもので、その関係を、私たちが軽々に批判できるものではない。

その経緯を簡単に述べておくことにする。一九四五年八月十五日の日本の敗戦＝朝鮮の解放直後から、日本国内に次々と朝鮮人自らによって自主学校「国語（＝朝鮮語）講習所」がつくられた。その後、その年の十月に結成された在日本朝鮮人連盟（朝連）により整備が行われ、日本の学制にそった「学校」として体系が整っていく。この頃の朝鮮学校は朝鮮半島への帰還を前提とした教育を行っていた。

しかしながら、その後、東西冷戦の激化を背景にして、GHQと日本政府は朝鮮学校を閉鎖しようとする（一九四八年）。朝鮮人たちは激しく抵抗をし、その後も形式をかえながらも朝鮮学校を維持してきた。そして、その後、朝鮮学校が現在のような形で整備される課程で、朝鮮を支持する総聯が大きな役割を果たしてきた。

さらに、朝鮮が「教育援助費・奨学金（以下、教育援助費）」として一九五七年から財政的支援をしてきたことが、朝鮮学校が朝鮮との密接な関係を維持する理由の一つである。現在はその額は減ったが、それでも、毎年、滞ることなくお金は送られてくる。創立以来、厳しい財政状況で学校運営を行ってきた朝鮮学校にとっては、ありがたいものであることは当然だ。この教育援助費は、在日朝鮮人たちの精神的な支柱にもなってきた。在日朝鮮人たちは日本にいながらも、〈祖国〉＝朝鮮に守られているのだという実感を持つようになったことが、次の語りからもうかがえる。

嬉しかったね。あのときは。（僕は）高校二年だった。嬉しかったね。いやー国ってありがたいなぁって。信頼っていうかね。ちゃんと見届けてくれるっていうね。（私：国というのは北側のことですか？）そうですね。送ってくれた人にありがとうって言いたいから（一九四〇年生・2世・男性）。

日本政府が朝鮮学校を閉鎖に追い込もうとし、また、一切の公的支援をしてこなかった中で、それに対抗して学校を維持・運営するために、朝鮮との関係は必要であり続けたのだ（付言すれば、分断国家のもう一方である南の韓国も朝鮮学校に対して援助はしてこなかった）。

また、現在の日本社会では理解されにくいだろうが、朝鮮学校関係者にとっては、金日成の存在も精神的な支柱の一部だったことも否定できない。このように書くと、朝鮮の指導者に対する過度な崇拝をしているように思うかもしれない。しかしながら、金日成は日本の植民地支配時代、満州地域で抗日戦争に参加した朝鮮人指導者の一人であり、朝鮮民族、朝鮮の独立のために、命をかけて闘った。金日成が「英雄」の一人であることは事実である。また、板垣も指摘しているように、金日成が一九四五年以降の朝鮮の歴史を理解する上では本質的な人物であり、同時に、特に、在日朝鮮人1世たちにとって、金日成に関する様々なエピソードが日本で生きていく上で希望をもたらすものであったことも理解する必要がある。『記憶の場』としての金日成の存在は、少なくても今日の日本人が皮相的な知識で単純に断じ得ないものがある」（板垣、二〇一三）ことは、認識しておく必要があろう。

さらに、日本に残存する植民地主義の中で、「『同化』しない」という「抵抗の拠点」としての役割を朝鮮学校が一面では果たしてきたことに想像力がおよべば、朝鮮の指導者の存在が、朝鮮学校関係者にとって支えになってきたことを理解するのは、それほど困難なことではないだろう。

もちろん、朝鮮学校関係者個々が持つ朝鮮に対する思いや感情は様々である。全面的に肯定する人もいるし、かなり批判的な人もいる。しかしながら、今の朝鮮にどのような感情を持っているにしろ、日本社会の「北朝鮮」バッシングには、心を痛め、傷ついているのである。「朝鮮」は一人ひとりにとって大事なものとして存在しているのだ。

朝鮮学校での調査を行っていると、そこにいる人々にとって、朝鮮が非常に身近なものとして存在していることを実感する。身近な大人たちが訪朝することもかなり頻繁にあるし、初級部の上級生になると、朝鮮が主催する「ソルマジ（迎春）公演[注11]」に行く子どもがいる。また、朝鮮学校の全国区の運動（サッカーやバレーボール）大会で、優勝すると、朝鮮に行くことができる。行って帰ってきた友人たちの〈祖国〉体験談はほかの子どもたちにとっても刺激になるようだ。「楽しかった」という話をくり返し聞けば、「行ってみたい」と思うようになるだろうし、また、学校の授業でも朝鮮のことを学ぶ科目も多い。

朝鮮学校の学生全員が朝鮮に行く機会は高三の〈祖国訪問〉(修学旅行)である。朝鮮学校の教育の「集大成」としての意味もある〈祖国訪問〉で学生たちは、自分にとっての〈祖国〉とは何かを、肌で感じながら、考える機会を持つ。私は、愛知朝高の〈祖国訪問〉に、二〇一八年までに六回同行調査をし、現地でのプログラムに可能な限り同行し、現地での学生たちの様子や変化を参与観察してきた。詳細は三章で論じるが、多くの学生にとって初めての訪問で、日本とは大きく異なる社会の朝鮮をなぜ〈祖国〉と呼ぶようになるのか。結論を先に述べれば、朝鮮で学生たちは無条件に受け入れられたと感じるからである。

また、韓国での在日朝鮮人に対する認識を知って、朝鮮が懐かしく感じたと語る卒業生もいる。たとえば、愛知朝高を卒業して、韓国で大企業の通訳として働く女性は次のように言う。

ウリナラで行くところ、行くところで「在日朝鮮人学生のみなさん、〈祖国〉へようこそ。日本では苦労していると思いますが、ここはみなさんの〈祖国〉です。歓迎します」なんて言われたら、コロってきちゃいますよね。今、大人になって、大学院から韓国に来て、生活すると、私たちのことをよく知っている人だけにウリナラでは会ったんだってわかるけれど、でも、それでも、ウリナラで大事にされた思い出っていうのは変わらない。韓国では、自分のことを説明しても、「じゃあ日本人じゃん」とか、ウリハッキョの話をすれば「じゃあ、あなたは総聯系の人で、北韓（韓国では朝鮮をこう呼ぶ）の人なの？」ってなる。日本でも韓国でも自分を説明するのが面倒だったけれど、ウリナラではそれがなかったのがすごく楽だった（一九八九年生・3世・女性）。

また、ヨーロッパ留学中だった女性も、二〇一四年八月に韓国で行われたセミナーに参加したときのことを振り返って次のように話してくれた。

セミナーの公用語は英語で、私も英語でウリハッキョのことを発表したんです。でも、韓国人は何のこと？って顔して、理解してくれようとしない。日本で生まれて育っているならば、日本学校でいいって反応なんです。唯一、中国の朝鮮族の子がわかってくれて……。韓国の人が私たちのことを知らないし、説明しても冷たいので、なんかウリナラ（朝鮮）に行きたくなってしまったんです。日本の人たちも、私たちのことを理解していないし。「朝鮮は一つ」って思ってきたのに、韓国とウリナラの人の違いにショックでした（一九九三年生・4世・女性）。

このように、朝鮮を〈祖国〉だと感じたという理由を「自分を説明する必要がない気楽さ」「在日朝鮮人である自分を受けとめてもらえた」「在日朝鮮人としての自分たちを温かく歓迎してくれた」などと説明する。そして、はじめて訪問した朝鮮で「ここが〈祖国〉だ」と感じ、そして居心地の良さを感じているのである。これは、すなわち、日本社会の在日朝鮮人に対する処遇の悪さを逆照射しているのではないだろうか。

朝鮮学校に通う学生たちは、朝鮮学校(=「安全な家」)で守られて教育を受けているからこそ、自らの民族をまっすぐに受けとめることができると論じたことがある(山本かほり、二〇一五)。言い換えれば、学生たちは、直接的な差別体験は少ないだろうが、それでも、日本の在日朝鮮人に対する差別的な眼差しを感じながら生活していることは事実である。愛知無償化裁判の意見陳述でも原告番号二番が次のように述べている。

現在の日本の環境、マスメディアの共和国のバッシングは周囲の差別的な視線の中で在日朝鮮人としてのアイデンティティを確立していくと同時に、在日朝鮮人としての誇りを持ちながら生きていくのは思っていた以上に難しいことだということを実感するようになりました(『トトリ通信7号』)。

日本社会の差別的な眼差しを日常で感じているからこそ、「同胞」として温かく迎え入れてくれる朝鮮で感動するのではないだろうか。朝鮮学校学生への朝鮮での待遇は「破格」であり、学生たちの滞在費用の多くを朝鮮が国家負担している。学生たちは、朝鮮(=〈祖国〉)が朝鮮学校を支援し続けてきたこととの延長線上に、朝鮮学校の学生たちの〈祖国訪問〉を援助してくれていると理解するようだ。それを学生たちは「祖国の愛」として捉え、あらためて、朝鮮(=〈祖国〉)への感謝の気持ちを抱くのであろう。

6　まとめにかえて

本章では、日本社会に根強い「北朝鮮嫌悪感情」をベースにした官民一体の在日朝鮮人、特に朝鮮民主主義人民共和国に関係を持つ在日朝鮮人、朝鮮学校への差別を考察してきた。その象徴的な存在として、朝鮮高校無償化適用除外問題をとりあげ、その愛知での裁判における被告（国）の主張の差別性を見た。

国側の主張に一貫して流れるのは「朝鮮学校が朝鮮・総聯との関係を持っていてはいけない」という「論理」（にもなっていないが）である。しかし、なぜ両者の関係がいけないのか、その関係を理由にして、どうして排外的な政策が許されるのか、なんの説明もされてきていない。下村博文文科大臣（当時）の言葉に端的に表れているが「国民の理解が得られない」、つまりは、日本社会全体も「北朝鮮」を前にすると「悪」と決めつけてしまうような社会が醸成されているからである。こうして官民一体となった無自覚な排斥が行われてしまうのである。「在特会」のあからさまなヘイトクライムには顔をしかめる人も、今、日本政府が行っている「北朝鮮制裁」が在日朝鮮人の権利をどれだけ奪っているかに考えをめぐらせる人は少ない。

朝鮮高校無償化適用除外も「北朝鮮制裁」の一貫として捉えることもできる。「北朝鮮と関係がある」。この一点で、すべてが「了解」されてしまうのだ。二〇一六年三月二十九日、文部科学省は朝鮮学校がある二十八自治体の首長あてに「朝鮮学校に係る補助金交付に関する留意点について」（「三・二九文科省通知」）を出した。これも「北朝鮮と密接な関係を有する団体である朝鮮総聯が、その教育を重要視し、教育内容、人事及び財政に影響を及ぼしている」ので、朝鮮学校に対する補助金に関する検討を求めるという内容だった。朝鮮高校を無償化適用から除外したときと同じロジックを使っている。「北朝鮮と関係がある／総聯と関係がある」ことが問題視され、そして、結果として排斥を国が自治体に対して求めているようなものである。このような状況で、どのようにして、「ヘイトスピーチ」を国が規制できるのであろうか。

【注】

1　高校無償化法の施行規則一条一項二号により、対象となる各種学校認可を受けた外国人学校を（イ）大使館等を通じて日本の高校に相当する課程であることが確認できるもの、（ロ）国際的学校評価団体の認証を受けているもの、（ハ）その他、文科大臣が高校の課程に類する課程としたものに分類した。二〇一〇年四月三〇日に（イ）として十四校、（ロ）として十七校、合計三十一校が指定された。朝鮮高校は（ハ）に該当するものとされていた。なお、朝鮮高校の審査申請よりも後に（ハ）として申請したホライゾンインターナショナル（二〇一一年八月三〇日、後に（ロ）に移行）と朝鮮系インターナショナルスクールのコリア国際学園（二〇一一年十二月十二日）は指定されている。（ハ）の条項削除以降も、そのまま無償化適用を受けている。

2　正式には「公立高等学校に関わる授業料の不徴収及び高等学校就学支援金の支給に関わる法律」。二〇一四年度に法改正が行われ、「就学支援金制度」となり、親権者の所得制限を導入した。

3　特に一九四五年の朝鮮半島解放以降の歴史を、朝鮮の立場で教えている教科である。朝鮮半島が南北に分断され、対立状況にある中で、この教科が一定の政治性を帯びるのは当然のことであり、また、日本の歴史解釈とは異なる点が多いのも当然であるが、それでも、日本政府はこの科目を問題視している。

4　朝鮮高校無償化ネット愛知の会報『トトリ通信』に十一人分の意見陳述が掲載されている。http://mushouka.aichi.jp 参照のこと。

5　本来、「不当な支配」は行政の教育現場への介入を禁止するというものであるはずである。弁護団はこのような国の論理に面喰いながらも、その反論も裁判では行ってきた。教育法学者の意見書を提出し、それに基づいた準備書面も提出した。

6　在日朝鮮人人権協会シンポジウム「日本の朝鮮民主主義人民共和国への『制裁』を問う」（二〇一六年五月二十一日）レジュメ

7　同右

8　同右

9　愛知中高に代々伝わる先輩―後輩間のルールは多い。たとえば、学校の最寄り駅までの名古屋鉄道の列車。学年毎に乗る車両が決められている。さらに、駅から学校までの道も学年毎に決められている。生徒によると、そのルールを守らないことは「死刑宣告をされるようなもの」だそうだ。そのほか、学校内でも様々なルールがある。

10　二〇一一年三月に当時の橋下市長は、ソルマジ公演に学生が参加したことを問題として、補助金を停止した。公演の中で子どもたちが「朝鮮の指導者に忠誠を誓った」という内容の『産経新聞』の記事が発端である。大阪朝鮮学園の補助金裁判でも、このソルマジ公演が「学校行事」であるか否かが問題にされた。大阪府市が補助金支給のための「四要件」（①財政状況を明らかにすること、②朝鮮総聯との関係を切ること、③北朝鮮との関係を切ること、④学習指導要領にそった教育をすること）のうち、「北朝鮮との関係を切ること」に抵触するというのだ。そもそも、このソルマジ公演に学生・生徒が行くことの何が問題なのかは、私には理解できない。論理的な説明が行政から欲しい。

第三章　〈祖国〉への修学旅行――朝高三年生の〈祖国訪問〉同行調査から

1　朝鮮学校にとっての〈祖国〉を考えるにあたって

本章では、朝鮮学校の学生にとって、朝鮮民主主義人民共和国（朝鮮）がどのような意味を持つのかという問いを、当事者たちの経験をベースにしつつ、考察することを目的としている。本章の問いは、今の日本社会では非常にセンシティブな問題となりうるだろう。なぜならば、朝鮮学校の政治的立場、すなわち、朝鮮半島にある二つの国家のうち、北側の朝鮮民主主義人民共和国を正当な国家とする立場について、踏み込んで考えることになるからである。しかしながら、朝鮮学校生にとって〈祖国〉とは何かという問題を考えることは、今の日本社会における在日朝鮮人の位相を読みとくことにつながると考えている。これは、また、朝鮮学校の営みが「国家主義」的で「民族本質主義」的であるという批判に、いかに応答するのかという試みでもある。

この問いが生まれた背景には、現在の日本社会で朝鮮学校がおかれている厳しい立場がある。端的に言えば、朝鮮学校が「北朝鮮」との関係ゆえに、社会的にも政治的にも攻撃の的になっていることである。たとえば、ネット上での誹謗中傷は日常茶飯事であるし、二〇〇九年十二月の「京都朝鮮第一初級学校襲撃事件」は象徴的なヘイトクライムである。この事件が、当事者に残した後遺症は大きい。日本で暮らしながらも朝鮮人であることを否定されない場として朝鮮学校を選択したにもかかわらず、その根源を大きく侮辱したからである。

また、日本政府や自治体による朝鮮学校差別も露骨だ。二〇一〇年から施行された「高校無償化制度」からの朝鮮高校排除、それに端を発した地方自治体の朝鮮学校への補助金の凍結、停止。さらには、最近では、二〇一九年十月施行の「幼保無償化」からの朝鮮幼稚園除外、二〇二〇年のCOVID－19感染拡大による「学生支援緊急給付金」からの朝鮮大学校生排除までと「朝鮮幼稚園児から朝鮮大生まで」排除のシステムが完成している。『北朝鮮』と関係する朝鮮学校には何をしてもいい」と政府がお墨付きを与えているのだ。このように官民一体となって朝鮮学校を排斥する状態を、森は「草の根のレイシズム」を「上からのレイシズム」が暗黙の承認を与えていると論じている（森、二〇一四）。

なぜ、このような差別が許容されるのか？　もちろん、根底には植民地支配以降、継続する日本社会の根深い植民地主義があるが、それをさらに強化するのが、近年、日本社会に蔓延する〝North Korea-Phobia〟(Itagaki, 2015）である。拉致、核、ミサイルから生まれる「北朝鮮は怖い」というイメージと「北朝鮮は荒唐無稽な国家」というイメージが絡み合い、嫌悪感情は増幅されている。その朝鮮と朝鮮学校と密接な関係があることを理由に、朝鮮学校へのヘイトクライムが正当化される現状があるのだ。日本の「良心的」な市民運動の中でも「差別は許すことはできないが、朝鮮学校にも問題がある。北朝鮮や総聯との関係は無くしていくべきだ」という主張が時折聞かれる。しかし、なぜ、朝鮮学校が朝鮮との関係を今まで維持しているのか。朝鮮学校の学生たちが、なぜ朝鮮を〈祖国〉と呼び愛着を示すのかという問いは、そこには欠如している。

また、朝鮮学校研究においても、近年は歴史研究のみならず、朝鮮学校での参与観察等、フィールドワークをベースにした成果が発表されている。そのような研究でも、朝鮮と朝鮮学校の関係については言及されない。されたとしても、一九五七年から現在まで続く朝鮮政府からの「教育援助費・奨学金」に限定される。今、朝鮮学校が具体的に朝鮮とどのような関係があるのか、また、朝鮮学校関係者が朝鮮に対してどのような思いを持っているのかなどいう点については、（意図的か否かは別にして）議論は避けられる。

朝鮮学校が朝鮮と関係を持っていることを積極的に語ることがなぜ困難なのか。それは、朝鮮が、戦後日本が曲がりなりにも形成してきた「民主主義的価値観」とは異なる政治・社会体制を持つ国家として見なされているからであろう。この認識と「北朝鮮フォビア」が関連して、朝鮮は徹底して「悪魔化」されている。したがって、日本社会に住む私たちに「染みついた」朝鮮に対する固定観念を可能な限り相対化しない限り、朝鮮学校における〈祖国〉（＝朝鮮）が持つ意味を理解することは難しい。

朝鮮学校と朝鮮の関係を、朝鮮学校の政治的立場を尊重しつつ、当事者の視点から内在的に語ろうとするだけで、「洗脳された」というレッテルが貼られがちなのも、これまた日本社会の現実である。こうした困難はあるものの、本章では、朝鮮高校の高校生が抱く〈祖国〉への思いを、朝鮮高校三年生たちの〈祖国訪問〉への同行調査から得た知見をもとに明らかにしてみたい。それを通じて、朝鮮学校や朝鮮学校の学生にとっての〈祖国〉が持つ意味について考えてみたい。

2　分析の視点

本章は、前述の通り、朝鮮高校生の〈祖国訪問〉への同行調査を通じて、かれらにとっての〈祖国〉とは何かを考えてみようとすることを目的としている。まずは、朝鮮が朝鮮学校の教育の中でどのような意味を持つのかを考えてみる必要があろう。

朝鮮学校が朝鮮と関係を持っていることの理由は、先にもふれた朝鮮からの支援金「教育援助費・奨学金」で説明されることが多い。しかしながら、単に「お金」だけの関係なのであろうか？

呉永鎬（二〇一九）は、朝鮮学校の教育史研究の中で、朝鮮学校と朝鮮との関係に触れている。呉は、朝鮮が常に朝鮮学校にとって、「なくてはならない拠り所であり参照軸であり続けた。教育を祖国化することはできないが、しかしその教育は常に祖国へ向かおうとするベクトルを有していた」（呉、三六二：二〇一九）と論じる。呉によれば、被支配者である在日朝鮮人自身にさえ、深く内面化された植民地意識の克服（＝「脱植民地化」）が朝鮮学校の教育目的であり、そのためには、単に日本（＝帝国性）から脱却するだけではなく、ナショナルアイデンティティの育成を経由する必要があるというのだ。もちろん、「在日朝鮮人なのだから、国家にこだわらず南北ともに」という主張も存在するが、実際に朝鮮半島が分断している現実の中では、どちらか一方の選択を強いられる。

また、〝떳떳한 조선사람（堂々とした立派な朝鮮人）〟に在日朝鮮人の子どもたちを育てようというのが朝鮮学校の究極の目的である。それは、朝鮮語、朝鮮文化など「民族的素養」を身に付け、「愛国・

愛族の精神を持ち、祖国と同胞社会に寄与する」人材になれというメッセージでもある。

こうした朝鮮学校の人間観、教育観は、近年、人類学、社会学により、くりかえし批判されてきた「民族本質主義」かつナショナリスティックなものに映るだろう。「民族的なるもの」の「脱構築」がされてきた今、前述のような朝鮮学校の営みは「古くさく」見えるかもしれない。なぜならば、一九九〇年代以降の在日朝鮮人研究は、民族本質主義が持つ「権力性」と「抑圧」に対して激しく批判をしてきたからだ（李、二〇一六）。

しかしながら、李洪章は、このような脱構築論は「民族の社会的構築性を暴露することによって、それを基盤としてきた在日朝鮮人による連帯を否定せざるを得ないというジレンマをかかえて」おり、民族を脱構築論的に語ることは「文化論的には『正しい』思想ではあるが、現実の民族抑圧状況を打破する思想にはなり得ない」（李、二〇一六）と論じる。

在日朝鮮人の生き方が多様化し、ある一方で「グローバルに」活躍する在日朝鮮人が輩出されていることは事実である。かれらは、朝鮮学校の公的な言説＝「〝떳떳한 조선사람〟になろう」は「大切なことだと思う」と語る一方で、「自分の人生をそこだけに終わらせたくない」と述べる。だからこそ、「（在日朝鮮人社会の）外に出て行く」と言う。しかし、同時に「自分が朝鮮人であることは忘れない」と語るかれらの生き方は、コスモポリタン的な共同体の理想型にも思える。

このような視点からは、かれらの生き方の反対側の極にある「同胞社会を守る」ために、総聯社会を中心とした在日朝鮮人社会で働くという選択が、民族本質主義の「権力的」で「抑圧的」な教育の結果のようにうつるかもしれない。また、朝鮮学校が実践している「立派な朝鮮人」育成は、「過度な集団的アイデンティティを押しつけているのではないか」という批判も存在し得るだろう。

こうした批判は、大きくは、はずれていない、否、むしろ「正しい」だろう。朝鮮学校の教育は「民族本質主義」的であり「集団的アイデンティティの育成」に力点をおいてきたのは事実だからだ。そうでなければ、解放後、七〇年以上にわたり、非常に厳しい運営を強いられつつも、朝鮮学校を維持（当事者たちは「守る」と言う）できなかっただろう。この営みは、民族本質主義や集団的アイデンティティに対する批判が主張するような「権力」や「押しつけ」のみで可能になるのだろうか。

これについて、松田素二が述べるような「本質主義という正義」（松田、二〇〇九）という議論が参考になろう。「（構築主義は、それまで本源的だとみなされていたものが構築物であることを暴露したが）現実社会においては、人々のこの本質化された諸実体にもとづいて、日々の生の実践から政治的抵抗の実践までを行っていることから、その暴露がさまざまな難題を生み出してきた」（松田、二〇〇九）。この松田の指摘は、朝鮮学校研究を遂行する上でのジレンマでもある。朝鮮学校の教育実践における「本質主義的な営み」をどう記述すべきなのか？　本章では李（二〇一六）が指摘する「構築主義の正しさ」VS「民族本質主義への希求」という構図に依拠しつつ、朝鮮高校の〈祖国訪問〉やそこから導き出される〈祖国〉の意味を考えてみたい。

また、朝鮮学校の教育が内包するナショナリスティックな側面に対する批判への応答も必要であろう。朝鮮学校が〈祖国〉、端的には朝鮮との関係の中で教育を行うことに対しては、マジョリティである日本社会のみならず、在日朝鮮人からのアレルギーもあるからだ。しかし、徐京植は「在日朝鮮人は『想像上の故郷』として朝鮮半島に郷愁は愛着を持つためにではなく、逆に『想像』としては帰属意識をあまり持ち得ないにもかかわらず、朝鮮本島の政治的現実によって日常の生を拘束されているからこそ、自己解放の条件から『本国』という要素を外すことができないのだ。つまり民族的『想像』が国境を超えているのである」(徐、二〇〇二)と言い、前述のような「アレルギー」を退ける。

「在日朝鮮人にとって祖国などは幻想にすぎない」という批判が在日朝鮮人自身からも朝鮮学校に向けられる。しかし、朝鮮学校関係者は常に激しい反北朝鮮的な眼差しにさらされて生きているのである。時として、朝鮮学校の学生たちは「朝鮮人」という言葉をさけて「日本で生まれ育った韓国人」と自分を説明することもあるが、現在の日本社会では「韓国」に対する感情も悪い。「韓国＝反日」という眼差しにもさらされる。このような中で、民族や祖国を脱構築するだけでは、この社会での生きることは困難なようだ。

朝鮮学校の学生たちはもちろん「民族」という側面だけ生きているのではない。しかしながら、植民地主義が継続する日本、ましてや、朝鮮学校を「北朝鮮」とセットにして、日本の排外主義が攻撃の的にしている現状において、朝鮮学校関係者は常に「朝鮮人であること・いること」を考えさせられるであろう。

以上が、本章で、これから描く〈祖国〉＝朝鮮民主主義人民共和国での朝高生の姿をどう見るのかという基本的な視座である。すなわち、一見、過度にナショナリスティックで、見方によっては「洗脳された」朝高生たちの姿を理解するための視角である。もちろん、〈祖国訪問〉というプログラム自体、教育の一環であり、朝高生を一つの方向性に誘導する「装置」であることは認識している。しかし、それを超えて、徐が述べるような日本の現実の中で、朝高生にとっての〈祖国〉を考えてみたい。

3　〈祖国訪問〉の背景と内容

(1)趣旨と経過

〈祖国訪問〉は全国に十校ある朝鮮高校三年生の学生全員を対象にしている。毎年、六月から七月（一部は九月）に実施され、現地で二週間を過ごし、平壌市内を中心として多くの参観地をめぐり、そして、現地の人々との交流プログラムをこなす。

この高三での〈祖国訪問〉の開始は一九八〇年代前半からである。当初は、無遅刻無欠席、学力向上への努力、「ウリマル百パーセント運動」の達成などが評価された「模範学級」のみが行くことができた。このような「模範学級」のみが行くという形式は一九八二年から一九八八年まで続いていたという。

現在のように、高三全員が対象となったのは一九八九年からである。日朝関係の悪化の影響を受けて、たとえば、万景峰号から北京経由で空路になった等の変化はあるが、それでも、二〇一九年まで一度も中断することなく実施されてきた[注1]。

〈祖国訪問〉を実施するようになった背景には、在日朝鮮人の日本永住が自明視されるようになったことがあるという。一九八〇年代〈祖国〉を実際に知ることが必要だと認識され、教科書だけで学んできた〈祖国〉を「体験」することの重要性が議論される中で実現した。もちろん、これが可能になった背景には、一九六五年に朝鮮籍の在日朝鮮人が「祖国往来の権利」を獲得したこと、その後、朝鮮側の受け入れ体制が整備され、規模の大きい訪問団を受け入れることができるようになったことなど、外的要因も影響しているようだ。

さらにもう一点、朝高生たちの国籍についても触れておく必要があろう。朝高生たちの国籍は、およそ七割が「韓国籍」である。残りが「朝鮮籍」[注2]で、毎年何人かの「日本国籍」の学生がいる。本国の法律上、南北とも、在日朝鮮人の国籍表示には無関係にそれぞれがそれぞれの国民としてみなす。したがって、たとえ「韓国籍」であっても朝鮮への〈祖国訪問〉は問題なく行くことができる。南北関係次第では、韓国領事館から「北韓（朝鮮）には行かないように」という通知が届くこともあるようだが、実際、高校生年齢の学生たちが訪朝しても、後に不都合が起きることはないようだ。ただし、訪朝には「韓国」パスポートは使用できないので、朝鮮籍の学生たちと同様に日本政府が発行する「再入国許可証」で出入国をすることになる。また、日本籍の学生は日本のパスポートを使用する。朝鮮への入国の際、学生たちは国籍とは関係なく、査証を提示する。それは、総聯を通じて、事前に朝高生たちには発行されるものである。

(2) 訪問日程

〈祖国訪問〉の日程は、毎年、ほぼ同じである。年によって、工場、学校、文化施設など細かい訪問先は変わるが、基本的なコンセプトは変わらない。また、各朝高によって、訪問先も少しずつ異なるが、趣旨は同一で、各校のプログラムは組まれているようである。

例として、二〇一七年のプログラムをあげておく（〈表1〉）。ほとんどの朝高生にとって、初訪問であるために、「〈祖国〉入門」としての意味が強いものである。また、六回の同行調査時のプログラムを私なりに分類してみると〈表2〉のようになる。

二週間の訪問中、朝高生はクラス別にバスに乗り、クラスに一人から二人つく海外同胞事業局（海同局）の指導員、そして、責任指導員、医師、看護師、さらに訪問記録をビデオに撮るカメラマンと監督とともに行動をすることになる。かれらは全員同じホテルに宿泊し、全行程をともにするので、文字通り、毎日二十四時間、二週間をともに過ごすことになる。学生たちにとっては、最も身近な現地の人となる。

日中のプログラム終了後、夜は、その日の反省会が行われ、それぞれが何を感じ、何を考えたかを話し合う。時として、担任教員以外に、指導員が同席し、学生たちの理解を助けることもしているようだ。

〈表1〉二〇一七年

日	午前	午後	夜
5/25 木		愛知朝高訪問団到着	
26 金	万寿台銅像　挨拶 凱旋門　主体思想塔	万景台故郷の家（金日成生家） 国立曲芸団公演（平壌曲芸劇場）	
27 土	【朝高　祖国解放戦争事績地】	玉流館にて昼食（平壌冷麺） ハナ音楽情報センター 科学技術殿堂	〝踊る噴水〟（大同江）見学
28 日	革命烈士陵 中央動物園、自然博物館	慶春食堂（愛知朝高学生の祖母が経営する食堂） ムンスプール	
29 月	朝鮮革命博物館	【朝高：万景台革命学院】	
30 火	平壌にて空路、三池淵空港へ バスにて白頭山へ　白頭山登山	白頭山下山 三池淵大記念碑見学	空路にて平壌帰着 ＊2
31 水	平壌地下鉄乗車	愛国烈士陵 平壌大劇場公演（『四季の歌』鑑賞）	
6/1 木	平壌初中等学院 ミリム乗馬場	青年運動事績館 万景台学生少年宮殿	

2	金	妙香山へ 国際親善展覧館	焼肉会（妙香山にて） 普賢寺見学	
3	土	【朝高：平壌女性高射隊】	祖国解放戦争（＝朝鮮戦争）勝利記念館	凱旋青年公園（昌徳高等中学校＝姉妹校学生と）
4	日	板門店	【朝高：大徳山部隊】	
5	月	平壌国際サッカー学校にて運動会	信川博物館	
6	火	総聯愛国林にて植林活動	平壌ボウリング場（昌徳高等中学校学生と）	駅前食堂にて夕食
7	水	姉妹校・昌徳高等中学校訪問、交流	昌徳高等中学校学生との交流 【朝高：総括討論】	愛知朝高歓送会（平壌ホテル）
8	木	愛知朝高訪問団　帰途へ 順安国際空港へ		

1 【　】内は私が同行できなかったところである。傍線が引いてあるのは、元来、私の同行が許可されていないもの、傍線がないものは、手続きすれば行くことができるが、朝高の予定が変更になり、私の手続きが間に合わずに同行できなかったものである。

2 例年、白頭山では一泊して平壌に戻る。二〇一七年は白頭山のホテルが電気工事中だったために、日帰りとなった。

〈表2〉

区分		プログラム	内容	備考
参観プログラム	①	抗日運動と革命の歴史に関する場所	革命烈士陵　凱旋門、白頭山、金日成生家など	
	②	朝鮮の社会主義国家建設の象徴的なもの	主体思想塔、地下鉄乗車、金日成総合大学、幼稚園、託児所訪問、工場見学など	
	③	朝鮮戦争、南北分断の現実を学ぶ	板門店、信川博物館、祖国解放戦争勝利記念館	
	④	名所、旧跡	開城世界遺産、妙香山	
	⑤	現在の平壌＝人民の文化生活向上のための施設訪問	最新の娯楽施設＝水族館、プール、乗馬場、遊園地など、教育施設、病院など医療施設	
	⑥	世界の中の朝鮮を知る	国際親善博物館、国家贈物館など	
交流プログラム	⑦	現地の青年たちとの交流	姉妹校の学生たちとのボウリング、姉妹校訪問交流会、同年代青年たちとの交流会	
	⑧	現地の人たちとの交流	指導員、食堂やホテルの従業員	
	⑨	親族との面会		事前申請者のみ可能（注）
	⑩	朝高生同士の交流、対話など	体育大会、毎晩の討論会、芸術公演準備など	

注　在日朝鮮人の九割が現在の韓国地域の出身である。しかし、一九五〇年代～一九八四年の「帰国運動」により朝鮮に「帰国」した親族がいる朝高生もおり、その親族との面会である。

(3)参考資料―朝高の〈祖国訪問〉を扱ったドキュメンタリー作品

ここでは、朝高の〈祖国訪問〉を扱った映像を紹介しておきたい。まずは、〈祖国訪問〉部分だけ、当事者に撮影してもらい、その映像をドキュメンタリー作品の中に挿入するという方法を取ったものである。私が知る限りで三本ある。

まずは、愛知朝高を撮ったものとして、『ウリナラ内なる祖国―愛知朝鮮中高級学校寄宿舎の一年―』（メーテレ制作、二〇〇五年四月十二日放送）がある。ちょうど、日本で第一次韓流ブームが席巻中で、サッカーW杯の日韓同時開催などの直後、しかし、同時に小泉純一郎首相（当時）の訪朝、そこで明らかになった「拉致問題」で、「北朝鮮バッシング」が一日中テレビ等で流されていた頃の取材である。愛知朝高の寄宿舎生活の一年を撮り、その中に〈祖国訪問〉に万景峰号で出発する愛知朝高生たちが映る。同行取材に許可が下りず、カメラは引率の愛知朝高教員に託され、朝鮮での朝高生たちの姿が映し出された。

また、『ウリハッキョ』（金明俊、二〇〇五）は韓国人の監督が北海道朝鮮学校に何年か住み込み、朝鮮学校の様子を撮ったドキュメンタリーである。この映画にも、高三の学生たちが万景峰号で朝鮮に向かうシーンがある。新潟港を出て行く船を撮りながら、監督がナレーションで「それまで子どもたちと南北分断の影を感じたことはなかったが、船が出て行くのを見ながら、初めて、分断を実感した」（要約）と語るシーンがこの映画の一つの見所だ。そして、カメラは朝高生たちの手に渡り、かれらが撮った朝鮮でのシーンが映画の中に組み込まれる。そして、日本に戻った朝高生たちのことを「今までと少し違って見える」と監督は評し、いつまでも朝鮮での思い出にひたる学生たちの姿が映し出される。

もう一本は『六十万回のトライ』(朴思柔・朴敦史監督、二〇一三)である。韓国人監督と在日朝鮮人監督(日本の学校出身)が二人でつくった作品である。この映画は大阪朝鮮高級学校のラグビー部を撮ったものであるが、ここにも〈祖国訪問〉の様子が映し出される。やはり、カメラは学生や教員に託され、朝鮮での朝高生たちの様子が映し出される。

これら三本の映像で扱われる〈祖国訪問〉はドキュメンタリーの一部を占めているにすぎない。しかし、それでも朝高三年生にとって、〈祖国〉での二週間が貴重な体験になっていることがわかるものである。いずれも朝鮮で生き生きと楽しく学んでいる朝高生たちの様子が観客を魅了する。

これらをさらに一歩すすめて、朝高生たちと同行し、朝鮮での姿を追ったドキュメンタリー映画がある。在日朝鮮人で、朝鮮学校での教育を朝鮮大学校まで受けた朴英二の作品である。タイトルは『蒼(そらいろ)のシンフォニー』(二〇一六)で、茨城朝鮮高級学校の高三が朝鮮で過ごす姿がスクリーンに映る。

朴英二監督は、映画制作に際して、「何を入れ、何を省くか、何を説明するか/しないかの選択が難しかった」という(二〇一八年八月二十日　インタビュー)。日本社会を観客としてターゲットにしたドキュメンタリーという位置づけで、とにかく、「僕が知っている祖国の姿を知らせたい」という動機だったという。「朝高生たちにとって『祖国』とは何だろうか?」という問いが観客に投げかけられるが、その答えは言葉では明確には示されない。しかし、朝鮮の人びと、朝鮮の自然、土地に出会い、実に楽しそうに、そして真剣に〈祖国〉と出会い、〈祖国〉に向き合う朝高生の姿は、朝鮮や朝鮮学校を知らない観客には新鮮な印象をもたらす作品であるといえよう。監督自身、朝鮮学校出身かつ総聯の専従職員の経歴をもつために、撮影に対する制限はほとんどなかったそうだ。その点では、次節で述べるように、日本人である私とは大きな違いがある。

4 〈祖国訪問〉同行調査までの過程

ここでは、日本人である私が愛知朝高の〈祖国訪問〉に、いかにして同行するようになったのか、その経緯と方法について説明しておく必要があろう。

私自身の問題意識は、冒頭にも述べたように、近年、日本社会、とくに朝鮮学校を擁護する言説においては、「朝鮮学校と『北朝鮮』の関係は以前のように強くない」ということが主張されていることへの違和感からはじまっている。一方で私自身、このような言説に背中を押されて、二〇一一年九月から朝鮮学校でのフィールドワークを始めたことは、認めなくてはならない。このような言説が、朝鮮学校にかかわる「タブー感」のようなものを緩和してくれたのである。

しかし、朝鮮学校に出入りをはじめて少したつと、この言説に違和感を抱くようになった。朝鮮学校では、厳然と朝鮮の正当性を主張し、また、日常的な学校生活でも、特に高校段階では朝鮮との結びつきが明白になる。各教室に飾られている朝鮮の指導者たちの肖像画にはじまり、朝鮮に祝日に合わせて作られる壁新聞などがその例だ。

フィールドワークを開始して間もない頃の私は、これらの「事実」に戸惑いを感じた。特に二〇一一年十二月十七日に金正日総書記が急逝した後の終業式や始業式の雰囲気には圧倒され、「ここにいてもいいのだろうか」という居心地の悪さを感じたものだった。もちろん、理屈の上では「朝鮮と朝鮮学校の関係は、朝鮮学校の当然の権利である」と認識していたが、その理屈ではおさまりきれない違和感を抱いたのである。

しかし、同時に、これらの事実を前にして、簡単に朝鮮学校と朝鮮の関係を「無いもの」として、朝鮮学校を論じることはできないと考えるようになった。朝鮮学校関係者にとっての「祖国（＝朝鮮）」が持つ意味を考えなければ、朝鮮学校を描くことはできないと考えるようになったのである。さらには、公的な場面以外でも、朝鮮学校の学生たちが朝鮮に対して「憧れ」や「愛着」を持っていることにも気づかされた。

日本社会で、朝鮮は絶対的に「他者化」されており、朝鮮に関するイメージが実に貧困だった私にとって、日常的なレベルにおいても、学生たちが朝鮮と心理的に非常に近いことを理解するのは困難でもあった。

さらに、〈祖国訪問〉を終えて、朝鮮から戻ってきたばかりの学生たちの変化にもある種の「戸惑い」を覚えた。学生たちは一様に「楽しかった」「また行きたい」と口にし、私に朝鮮の良さを伝えようとした。しかしながら、私にはどうしても理解できなかった。どれだけ言葉を尽くして学生たちが私に語っても、私自身、日本社会に流れる否定的な朝鮮像から自由になれなかった。

「行かなければわかりませんよ」

当時、朝鮮大学校一年生だった学生にこう言われたことが、「朝鮮へ行ってみよう」と思うきっかけになった。彼は私に「ウリナラに行った体験のことを聞かれて、いつも言うんですけど、伝わんないと思うんですけど、違うんです。着いた瞬間、わかるんです。空気が違う。ここが祖国だってわかる、感じる。あっちの人たちの対応だったり、空気っていうか。ホント、特別。あれは行かなきゃわかんない」と語った。

「なぜ、彼は生まれ育ったところでもない朝鮮を〈祖国〉だと言うのだろう？　それは、単に学校教育の成果なのか？　私自身、平壌に行くことによって、かれらとのこの距離をうめることができるのだろうか」。彼にインタビューしながら、こんなことが頭に浮かんだ。そして、「朝鮮に行ってみよう。できるならば、朝高生と一緒に平壌に行き、同じ時間を過ごしてみたい」と思ったのである。

早速、当時の愛知朝高の校長や対外事業担当の教員にその希望を伝えた。しかしながら、答えは「難しい」だった。その理由は外国からの訪問者（海外同胞を含む）の朝鮮の受け入れ制度にある。朝鮮では、すべての外国からの訪朝者には、訪問目的によって受け入れ機関が決まり、案内員がつく。観光ならば観光担当部局、私のようなケースは民間交流を担当する朝鮮対外文化連絡協会（対文協）、そして、海外同胞たちには海外同胞事業局（海同局）というように、各部局からの案内員（指導員とも呼ぶ）が出て、専用の車も用意される。それは、入国から出国まで滞在の全期間である。朝鮮におけるこの受け入れ体制は、完全な縦割り組織である。私が朝高生たちと一緒に行動することは、受け入れ部局をまたいでの交渉となり、それは朝鮮では簡単なことではないと説明された。

しかしながら、私はあきらめがつかず、交渉を続けた。そうして得たアドバイスは「機会を見つけて訪朝すること。受け入れ機関の対文協と信頼関係を作って、朝高生に同行したいという希望を理解してもらいなさい」というものであった。

当時は「どうしたらそれが可能になるのか？」と途方に暮れたが、いざ実行しようと思うと、訪朝の機会は意外に簡単に訪れた。二〇一一年十月十八日〜二十二日の初訪朝を皮切りに三回の訪問をした。二〇一二年八月下旬の訪朝時には、対文協の案内員と毎晩酒を酌み交わし、私の研究目的を話した。平壌最終日の深夜、案内員が「わかりました。やりましょう。次回は愛知朝高の祖国訪問に合わせて来て下さい」と言ってくれ、二〇一三年六月の初同行調査が可能になった。

訪問の形式はあくまでも朝高とは別の訪朝団としての受け入れであった。事前に対文協が海同局と連絡を取り合い、日程を組んでくれた。したがって、私が朝高生と同じバスに乗って移動することは、（時々乗せてもらったが）制限された。形式としては、「私の参観地がたまたま朝高生と同じ」ということなので、私には二人の案内員と乗用車が用意されたのだ。宿所についても、二〇一三年は朝高生たちが泊まる平壌ホテルでの宿泊はできなかった。平壌ホテルは原則的に「在日朝鮮人用のホテル」という位置づけだからだ。しかし、初訪朝から私を担当している案内員が「宿所も一緒ならば、学生たちの色々な姿を観察できる」と配慮してくれ、二〇一四年からは朝高生と同じ平壌ホテルに宿泊できるようになった。

ただし、私はあくまでも「日本人」の訪問者であり、朝鮮にとって「同胞」である朝高生とは待遇が異なった。私が同行できないプログラムもあった。その多くが朝高生と同世代の軍人たちとの交流だった。交流会のために空き時間を使って一生懸命「芸術公演」の練習をする朝高生たちを観察し、

しかし、その次の瞬間、そのプログラムに出かけていく朝高生たちを見送ることになった。事情を知らない朝高生は「かほり선생님、갑시다！（かほり先生、一緒に行きましょう）」と無邪気に言うが、朝高生の指導員たちは「かほり先生、行か……〔すぐにばつの悪そうな表情をして〕ああ……そうか。学生たちの公演、本当は見てもらいたいけれど」と声をかけてくれた。その場面を見ていた私の案内員たちが、少し困ったような顔をして、私の顔を見たことが印象的である。このようなときに、在日朝鮮人のかれらと日本人である私との壁を感じたものだ。

また、朝高生たちの多くが、現地の指導員たちの言葉や交流した現地の同世代の人たちの話を素直にそして熱心に受け入れていく姿に、二〇一三年と二〇一四年の同行調査では違和感を抱いていた。朝高生たち自身が「ウリナラマジックにかかった」と呼ぶような状態をどう理解すべきなのかを考えているうちに滞在期間が過ぎてしまった。これらは、一面では、私自身に染みついている朝鮮への偏見を相対化し、そして、〈祖国〉での朝高生の姿を内在的に観察するための準備期間だったようにも思われる。

もちろん、今でも私自身の「内なる北朝鮮」と向き合いつつ、朝高生たちにとっての〈祖国〉をいかに描くかに苦悩はしている。しかし、本章では、同行調査で見て聞いた朝高生たちの姿や声をエスノグラフィーとして提示することにしたい。これは、日本社会が朝鮮学校を批判する「北朝鮮との関係」が、そもそも批判されるべきことなのかという問題に応答するための実践的な試みでもある。

以下、具体的に朝高生たちが見る〈祖国〉について記述していくことにしたい。

5　朝高生たちが見る〈祖国〉

(1)〈祖国訪問〉で感じる「祖国の愛」／「祖国の配慮」

ます、学生たちは朝鮮での指導をどのようにして受けとめているのだろうか。まずは、一様に「感激」「感動」が語られる。

初めて（朝鮮民主主義人民）共和国を訪問したのは一九八一年で、二一歳のときなんだけど、やっぱり民族教育を受けてきたし、総聯の仕事をしてきたので、北が祖国って、私としては（考えてきました）。船で元山に降りるときに、右（足）で降りるか、左（足）で降りるか、裸足で降りようか、みたいな（ことをみんなで話した）。すごく、よく泣いた。一ヵ月間いたんだけど、行く先々で、涙が止まらないんです。自分の故郷でもないのに、やっぱり教育って、こういうものかと。学んできたものが全部フラッシュバックするっていうか。生きてるんだな、どこかにって思って。若かったたし、感受性も強かったたし（一九六〇年生・2世）。

感動するのは「教育の成果」であり、自分たちが訪れたところ、見たものは限られたものだと認識しつつも、「心の中で感動を呼んだ」と語る。それはなぜか。自分のルーツは南側の韓国にあるが、やはり、それまで教科書だけで学んできた「ウリナラ」を実際に自分の目で見ることができたからだと解釈している。

現在の学生たちも現地の人たちとの交流を楽しみ、二週間の訪問を満喫するようだ。訪問が終わり、空港へ向かってホテルを出発する朝、学生たちと現地の人たちは別れを惜しみ続ける。バスから身を乗り出して手をふる学生たち、それに応えるホテルの従業員、また、平壌近郊に住む学生の親族も見送りに来て、かれらの目からも涙があふれている。空港へ向かうバスの中では、二週間、二十四時間行動をともにした指導員たちの最後のメッセージが送られる。「みんなが日本では大変な思いをしているのは私たちも知っているけれど、祖国はいつもみんなと一緒にいると信じて、頑張って生きていってほしい。在日同胞社会も総聯組織も強くないといけないけれど、みんな、個人個人も、日本の大変さに負けずに堂々と生きていってほしい」（二〇一七年同行　二組のバス内）というものだ。そして、空港までの三十分の道のり、一分たりとも無駄にしたくないかのように、滞在中に習ったウリノレ（朝鮮の歌）を歌い続ける。

空港でも、学生たちと指導員たちを隔てる税関を通過した後も、いつまでも手を降っている学生たちの姿がある。同行調査のたびに、このシーンを目にして、学生たちが朝鮮でここまで感動するのはなぜだろうかと考えてきた。単なる感傷ではないことは、行動をともにすると実感としてわかるのであるが、言語化することは非常に難しい。

本章の冒頭でも述べたように、学生たちは朝鮮に対して親愛の情を持っている。その情は、初級部から色々な形でくり返される教育や、実際に訪朝した身近な人々の体験談などによって生まれているものである。さらには、朝鮮学校に対する日本政府の圧迫や韓国政府の消極的な態度とは対照的に、朝鮮が財政的支援を続けてきたことに対する感謝の念もある。常に危機的な財政難に面している朝鮮学校を支えてくれる〈祖国〉として、学生たちにも親愛の念が生まれるのであろう。

訪問期間の半ばには、学生たちの緊張も解けて、実にのびのびとした表情でプログラムをこなすようになる。現地の人々が話す朝鮮語も耳に慣れて聞き取りやすくなることも一因だろう。コミュニケーションがスムーズになるにつれて、現地の人との距離が近くなっていくのは当然のことだ。訪問の終盤には、現地の指導員やホテルの従業員ともすっかり打ち解け、「ヌナ・オンニ（お姉さん）」「オモニ（お母さん）」「オッパ・ヒョンニム（お兄さん）」と従業員を呼ぶ。また、参観の合間には、指導員と冗談を言い合って、声をあげて笑う姿も目にするようになる。

〈祖国訪問〉から戻った学生たちが、「祖国の愛」または「祖国の配慮」という言葉を使って朝鮮の良さを語るが、それは、何気ない日常的な現地の人たちの気遣いをさしているのであろう。

私、初級部六年と中級部二年のときにも祖国に行ったんです。설맞이공연（迎春公演）で。あのときも思ったけれど、冬の寒いときに、조국인민（祖国人民）たちは外を歩いている。私たちはどこに行くにもバスがある。祖国が大変だっていうのは、私たちでも分かるんですよね。でも、すごく温かく私たちを迎えてくれるんです。私たちが不便ないように。ほかにも、凱旋青年公園（遊園地）でも、人民たちは列に並んでいる。でも、私たちは並ばないで横入りで乗らせてくれる。私が反対の立場だったら、むかつくと思うけれど、人民たちは笑って、どうぞ、どうぞって。小さいことかもしれないけれど、それも祖国の愛とか配慮ですよね（二〇一四年八月十六日インタビ

ュー、朝鮮大学校二年生）。

「祖国の愛」「祖国の配慮」という言葉はいささか大げさなものに聞こえるかもしれない。しかし朝鮮学校学生への朝鮮での待遇は「破格」だ。学生たちの滞在費用のかなりの部分は朝鮮の国家負担である。学生たちは、朝鮮（＝〈祖国〉）が朝鮮学校を支援し続けてきたこととの延長線上に、朝鮮学校の学生たちの〈祖国訪問〉を援助してくれていると理解するようだ。それを学生たちは「祖国の愛」「祖国の配慮」として捉え、再度、感謝の気持ちを抱くように思われる。

⑵学生たちの変化

学生たちの最初の変化は「朝鮮へのイメージが変わった」というものだ。学生たちは学校でも朝鮮に関する教育は受けており、様々な政治・外交上の問題については、朝鮮の立場から説明を受ける機会も多い。しかしながら、一方で、学生たちは日本でマスコミなどが流す否定的な情報に囲まれた生活をしている。したがって、「学校ではいいこと、言っているけれど、実際はどうなのかな？」という疑問は拭えずにいたという学生たちは多い。同行調査中の学生たちの声をフィールドノートから拾ってみよう。

（朝鮮に）来てよかったです。前？　うーん、興味はあったけれど、こんな高いお金払ってまで来る価値があるのかな、修学旅行ならば日本でもいいじゃんって思ったりもしていました。だって、日本でテレビ見ていると、あんまり面白そうな国じゃなさそうだから。なんか、独裁っていう感じで、軍隊しかテレビに映らないし。でも先輩らは楽しいっていうから、何が本当かなって思って（二〇一四年同行調査）。

상본향선생님（サンボンヒャン＝山本かほり先生）、ウリナラ来たことなかったときに、（平壌ホテル、目の前の高層アパート群をさして）こんなに立派な建物があるって知っていました？　日本だと、ウリナラにある建物、みんなボロボロで人が住めないみたいなこと言っているけれど、ウソですよ。それが言えるようになっただけでも来てよかったなぁー（二〇一七年同行調査）。

また、滞在中日本のマスメディアが決して報道しない朝鮮の日常を見て、学生たちは言う。

バスの中から、道を歩いている人たちに手を振ると、みんなニコニコして手を振ってくれます。日本のテレビ見ていると、朝鮮の人はみんな暗い顔して、歩いているみたいじゃないですか。でも、赤ちゃん、抱っこして歩いている人の様子とか、勉強しながら道を歩いて学校へ行く小学生とか、素朴な雰囲気がいいですよ（二〇一五年同行調査）。

このように、まず学生たちは、自分たちが直接見て、聞いて、感じて朝鮮を経験することにより、日本で報道される朝鮮のイメージと、学校や教科書また身近な人たちから聞く朝鮮のイメージとのギャップを解消していく。そして、日本で流され、作られる朝鮮のイメージがいかに歪んでいるものかを認識していくようだ。

さらに、日程をこなしていくうちに、学生たちの変化が目に見えてわかるようになる。「しっかりしていく」としか言いようがない変化である。そして、これは私一人が感じる印象ではないようだ。二〇一三年以前に〈祖国訪問〉をした朝高の卒業生たちも振り返って次のように語る。

ウリナラで過ごしてたら、すごい変わるんですね、みんな。やっぱり自分の民族の中で暮らしてから、いつもなんかすごい、どっちかというとグレてる子たちも、ちゃんと並べよみたいな感じの声かけてたりとか、すごいびっくりすることが多かったんですよ。自覚を持ってて、みんな。ウリナラで過ごすことによって、チョソンサラムとしての自尊心っていうか。そういうのをちょっとずつでも、持ち始めてるんだろうなあっていうのを感じ始めて（二〇一一年九月十三日インタビュー、朝鮮大学校一年生）。

ウリナラの人の純粋さに僕らまで感化されるっていうか。あの人たちに、僕らはだらしないって思われたくないっていうか。だから、みんな、不思議にしっかりしますよね。背筋もまっすぐに伸びるっていうかね（二〇一五年八月十三日インタビュー、総聯傘下機関職員）。

学生たちの内面に変化をもたらすものは何だろうか。それは、朝鮮の人たちとの出会いだと言えよ

う。学生たちに「祖国訪問を一言で言うと?」という質問をしたら、「만남(出会い)」だと、ある学生は答えた(二〇一七年同行調査)。訪問中、姉妹校の学生たちや同世代の軍人たちとも交流をする。それらを通じて、学生たちは、同年代の若者たちと、食事やおやつをともにしながら、話をし一緒に歌を歌い、ダンスを踊るという時間を過ごす。一見、単なる楽しいだけの時間であるが、学生たちは、同年代の若者たちとの対話を通じて、多くのことを考えるようである。

たとえば、一人の学生は、女性軍人たちとの交流から戻って次のように話してくれた。前述したが、これは、私が同行できないプログラムである。朝高生がホテルに戻ってきたとき、私はホテル内で私の案内員とお茶を飲んでいた。それを見つけたその学生は、自分の部屋にも戻らず、私たちのところに来て、マシンガンのように話し始めた。

先生、あのオンニたち(女性軍人)、めっちゃ怖い部分もあるんですよ。「발사(発射)!」とか言って、訓練見せてくれたんですけれど。でも、交流会のときに、そのオンニたちが、「私にも夢がありました。本当は科学者になりたかった。しかし、国のために、人民軍にはいろうと思いました」って言うんですよ。私より、一つ上のオンニがですよ。考えちゃいます。私はウリハッキョでも適当に過ごしていて、自分のやりたいことをやればいいって思っていたけれど、それでいいのかなって。あのオンニがウリナラのためって言うんだから。先生、私、洗脳されたのかなぁ、あのオンニたちに。でも、私が自分で考えているんだよね。私たちが祖国のためにできることって何? (在日朝鮮人の)同胞社会を守っていくことはできるかもしれない。ああ、わからない。

先生、これって洗脳？（二〇一四年同行調査）。

このとき、日本語がわかる私の案内員が私の横にいたので、なんとなく私は彼に気を遣ったが、彼は「大丈夫です。朝高生の素直な言葉だから」と理解を示した。そして、彼女はそれまで希望していた日本の大学ではなく、朝鮮大学校に進学、現在は総聯内の機関で働いている。ちなみに、彼女は決して「優等生」タイプの学生ではなかった。学校が目指す「떳떳한 조선사람（堂々とした立派な朝鮮人）になろう！」という理念には少し反発した学校生活を送っていた。

このように同世代の朝鮮の人たちとの交流は、それまでの人生観に変化をもたらすものになる場合も多い。ほかにも、愛知朝高から朝鮮大学校に進み、卒業後、総聯内の機関で働いていた二十三歳（当時）の青年は次のように語った。

高校での〈祖国訪問〉はね、朝鮮を感動するっていうか。（私：感動したの？）感動しました。そりゃあ、日本のメディアと全然ちがうっていうのがありましたね。（直接）知る機会だったたっていうのが大きい。（行くまでは、指導者に）「マンセー！　マンセー！」と言っている人民に対して、僕は「いや、ありえん！」って。「独裁じゃん。ダメじゃん」っていう気持ちはありました。でも、人民を見ていると、心から尊敬している何かがあるんだなぁっていうのを（感じた）。人がこうして生きているんだって。朝鮮の人の暮らしはこういうのなんだって思った。純粋に信念持って生きているっていうのが分かりました。それで、僕は、夜、友だちとの討論を通じて、自分の進路を真剣に考えました。朝鮮人として在日社会のために生きていくっていうことがはっきり決まりましたね（二〇一五年八月十三日インタビュー）。

このように学生たちは、現地の人々、特に同年代の人たちとの出会い、そして、毎晩行われるクラスメイトとの討論を経て、自分の進路について真剣に考える時間を持つ。日本とは大きく異なる国家／政治／社会体制下で、同世代の若い朝鮮の人々が、真剣に自分と国家との関係の中で、自分の進路を考えている姿に学生たちは強く影響されるようだ。そして、「朝鮮人である自分」「日本でも朝鮮人として生きていくこと」「日本にいても〈祖国〉とつながっている自分の自覚」など、それまで朝鮮学校の教育の中で自明視されてきたことを改めて考える機会を持つことになるようである。つまり、自らのアイデンティティをあらためて確認するのだ。

十七〜十八歳の多感な年代の学生たちは、朝鮮の若者たちの生き方に感銘も受け、物質的な豊かさをよりも別の豊かさを追求している姿にふれて、人生における幸福とは何かを考えなおしたという。そして、交流会で出会った人たちとの再会が難しいことをお互いに知りつつ、「また会おう」と約束をして別れる。これだけネットが発達した現在でも、朝鮮の若者とは連絡がとれない。だからこそ、この一期一会が、余計に濃密な思い出になるようにも思われる。

6 〈祖国〉ということ――「なぜ、〈祖国〉だと感じるの？」

ところで、これまで、私が実施してきた在日朝鮮人の生活史調査では、多くの人が韓国へ行った経験を否定的に語った。「韓国は外国だった」「韓国人は在日のことなど何も知らない。日本人でしょと何度も言われた」等、韓国では自分は同胞として受け入れられなかった、韓国は所詮外国だったという感覚である。もちろん、何から何まで準備された〈祖国訪問〉と、かれらの韓国訪問を単純に比較することはできない。

それでも、朝高の学生たちの多くが、朝鮮を〈祖国〉だと感じたと明言するのはなぜだろうか。もちろん、「朝鮮にずっと住めるかと言われると、それは無理です」（二〇一三年同行調査）と率直な感想は述べるが、それでも「朝鮮はいい。やっぱり〈祖国〉です」と語るのである。

このことを、どう理解したらいいのだろうか？　この問題は、私の研究の中心的な問いでもあり、いまだ、考察の途中であるが、まずは、在日朝鮮人に対する日本社会の無理解、差別、さらには排外的な政策と朝鮮での「歓迎」ぶりのギャップから生まれる感情ではないかと理解している。

朝高の学生たちは言う。

平壌をバスで走っているとき、フト思ったんです。ああ、ここにいる人は俺と一緒の朝鮮人だって。そう思うと不思議な気持ちになったんです。ここでは俺は朝鮮人だぞ！　って言わなくても朝鮮人でいられると思うと気楽になったんです（二〇一四年同行調査）。

学生たちは、朝鮮を〈祖国〉だと感じたという理由を「自分を説明する必要がない気楽さ」「在日朝鮮人である自分を受けとめてもらえた」「在日朝鮮人としての自分たちを温かく歓迎してくれた」などと説明する。そして、はじめて訪問した朝鮮で「ここが〈祖国〉だ」と感じ、そして居心地の良さを感じたのである。これは、すなわち、日本社会の在日朝鮮人に対する処遇の悪さを逆照射しているのではないだろうか。

朝鮮学校という場所は、在日朝鮮人の子どもたちにとって、少なくとも本人の民族的ルーツは否定されない場である。守られた場（＝「安全な家」）であり、自らの民族をまっすぐに受けとめることができる場である。日本の公教育では決してできないことである。

このような場である朝鮮学校で、一日の大半を過ごし、朝鮮人の友人、先輩後輩、教員、職員、そして保護者たちに囲まれて成長する学生たちが、日本で直接的に差別体験をすることは多くはない。それでも、近年、ネット上でも街頭でも朝鮮人をターゲットにした露骨な差別＝ヘイトスピーチの横行はあるし、高校無償化除外など制度的な差別はある。こんな日本社会で、朝高生は在日朝鮮人に対する差別的な眼差しを感じながら生活しているのだろう。だからこそ、「同胞」として温かく迎え入れてくれる朝鮮で感動するのではないだろうか。

ぎゅっと抱きしめてくれる。だから祖国なんです（二〇一五年八月三日、インタビュー）。

これは、九回の訪朝経験がある作家の黄英治氏（一九五七年生）の言葉である。この言葉に全てが集約されているのではないだろうか。彼は、日本の公教育を一貫して受け、大学で民族運動に出会い、当時の韓国の民主化運動に呼応しつつ、自己の民族的アイデンティティを模索しつづけてきた。一九八九年からの統一運動の一環として、訪朝したが、彼自身、朝鮮には「無条件で受け入れられた」という実感を持ったという。初めて訪朝したときには、すでに彼は三十代前半だ。大学で出会った民族運動の中では、朝鮮の政治体制をかなり厳しく批判的に捉えてきたという。そのような彼ですら、感じるこの感覚の源について聞いてみると、

それだけさ、俺たちは日本でしんどいんだよな。だってさ、日本政府も日本社会も俺たちの存在を抹消しようと必死なわけだよ。そういう中で、必死になって朝鮮人だって主張しているわけだろう。それがさぁ、平壌いくと、〝일본에서 온 동포 여러분 조국으로 잘 오셨습니다. 열렬히 환영합니다.（日本からきた同胞のみなさん、祖国へようこそ。盛大に歓迎いたします）〟なんて、大歓迎してくれるわけよ。もちろん、向こうの人とは議論にもなるよ、統一のあり方、社会のあり方について。でも、その前提に、俺ら自身のこと（在日朝鮮人の歴史、そして、今でも朝鮮人として日本社会で生きようとしていること）はわかってくれているわけだよな。だから、もう、それだけで、俺は、涙がピーッとでてくるよ（二〇二〇年六月二十二日、会食時）。

と話してくれた。この言葉は、前述の朝高生の「自分のことを説明する必要がない」という気楽さと

共通している。
　これは、いわば学生たちにとっては、初めての「マジョリティ体験」とも言えるのではないだろうか。朝高から日本の大学に進学、大学時代に朝鮮を再訪問したある学生は「自分の国で過ごすっていうことの意味を考えたかった」と語っていた。また、『朝鮮新報』の平壌支局の記者（在日朝鮮人）も、学生たちの祖国訪問について次のようなコラムを書いた。二〇〇九年の京都朝鮮第一初級学校襲撃事件の時に、現場で被害にあった学生たちの〈祖国訪問〉についてのものである。

（前略）大同江の遊歩道を歩けば「日本から来たのか」と「他人」に歓迎され、経験したことのない「マジョリティの立ち位置」に戸惑う、序盤。この国が歩んできた厳しくとも誇り高い歴史を学び、板門店で分断の現実に向き合い、年端もいかない軍人らの祖国死守の気概と自分を対比しわけもなく涙があふれる、中盤／『祖国の人々と同じように、日本で自分たちにしかできないことがある』と「無償化」からの排除や補助金問題に取り組み、同胞社会と民族教育の維持・発展に貢献したいと口々に語る、終盤。出国間近、軸足はすでに「在るべき場所」を踏みしめているようだった。襲撃事件の後、複数の子どもらが周囲の大人たちに投げかけた言葉を再び想起する。「朝鮮人って悪いことなん？」。祖国での日々は生徒らの傷を治癒し、尊厳回復の一助となっただろうか。記者の問いにある女子生徒は言った。「朝鮮人であることを恥じたかつての自分が恥ずかしい。今は、何度生まれ変わっても朝鮮人として生まれたい」（『朝鮮新報』〝春夏秋冬〟　二〇一六年六月二十四日）

ところで、このような分析に必ずついてまわる否定的なコメントがある。それは、「北朝鮮のいいところだけを見てきたにすぎない」というものだ。学生たちも言われるそうだ。一人の学生は「(日本の）大学の友人には祖国訪問のことは話さない。大切な思い出が汚されるから」（二〇一四年同行調査国立大学二年生、二〇一六年五月三日インタビュー）と涙ながらに話していた。「大学の友だちはウリナラのこと、全然知らないでしょ。日本の報道でしか知らないし。日本の報道は一面的だし。でも、そういうことから全部説明して、祖国訪問のことを話すのはしんどいですよね。そこまでして、わざわざ、話さなくてもいいかなって」ということだった。

しかし、かれらも、また、どこか冷静である。常に指導員とともに行動し、海外同胞であるかれらには訪問できないことも朝鮮国内にはある。また、朝鮮側の指導の意図は、明確に朝鮮を朝鮮の立場で理解させたいというもので、その意図にそって、二週間のプログラムは展開される。それらのことを、かれらは認識しているのだ。朝高生たちは、日本社会で否定的なコメントを受けたときには「そういう側面があるのは否定しませんよ」と言う。かれらたちもわかっているのだ。自分たちが出会う人、見るものは、どこか制限されたものであることは。しかし、同時に、私に語りかけてくる。

でも、先生、先生も一緒にいたから分かりますよね。人民たちが僕らに嘘言っているんじゃないってことを。人民たちは僕らを本当に歓迎しているし、そして、僕らに真剣に一緒に頑張って祖国のために生きていこうって語りかけているって。あの目を見ればわかるんです。誰かに指示されているんじゃない（二〇一三年同行調査)。

また、たとえ朝鮮側の意図が「朝鮮の良い部分を見せたい」というものであっても、朝鮮の生活に厳しい面があることは、移動中のバスの中から容易に垣間見ることできる。特に、平壌から一歩外にでるだけでインフラ整備の遅れはすぐに感じることができる。これらのことに学生が気づかないはずがない。時には、その不便さを面白おかしく思い出として語ってくれることもある。たとえば、道路の状態が悪くて、バスの天井に自分の身体がぶつかるほど跳ね上がったこと、白頭山のホテルで長時間停電して、真っ暗でこわかったこと、シャワーの温水が途中で水にかわってしまい、身体中、石けんで泡だらけだったので、氷水のような冷たい水で洗った等、おもしろおかしく話してくれる。しかし、散々、笑って話した次の瞬間、学生たちは言う。

でも、ウリナラ、頑張っているんです。日本の基準で見たら遅れているけれど。そりゃ、たとえば、二十四時間、水が出れば人民たちも楽ですよね。でも、人民は、その不便と引き換えに、めっちゃ誇り高いじゃないですか。ウリナラ、あのアメリカとの休戦中ですよ。それって、大変なことだって、ウリナラ行って、よくわかったような気がする。あんまりディスるのはダメだと思うんです（二〇一七年同行調査　女子、二〇一七年七月七日インタビュー）。

このように、日本のメディアが流す事象と同じものを学生たちは見ても、それに対する見方や評価が異なっているのである。もちろん、朝鮮国内には多くの課題があることは認識しているが、学生たちが（そして私自身も）見て、聞いて、経験した朝鮮、そして、実際に出会って、一緒に話し、食事をし、歌ったり、踊ったりした現地の人民の姿もまた事実だと語る。

学生たちも、朝鮮滞在中、違和感や拒否感なども抱き、葛藤を経験しながら二週間を過ごす。滞在中、同級生、朝高の教員、そして、現地の指導員を交えての討論も毎晩のようにくり返される。たとえば、討論で一人の朝高生が「ここでやっていることは、すべて、ただの宗教じゃないか！」と口にしたという。現地指導員がその言葉に反応して「そんな言葉を聞いて腹立たしい。腹が立つのは君に対してでなく、そういうことを言わせる日本社会にだ」と反論をはじめたという。そして、この結末と自分の考えを次のように話してくれた。

討論のとき、それ言ったやつに、「お前、空気読めよ」って思いましたよ。「俺はもう寝たいんだ」って（笑）。すでに十二時近かったから。もちろん、そっから指導員の先生のマシンガントーク、四時間ですよ。人民たちが今のウリナラをどれだけ誇りに思い、大切にしているかっていうこと言っていました。うーん、僕は、指導員の言葉に全部に納得したわけじゃないけれど、言うこともわかるっていうか。ただね、指導員に牙をむいたそいつの言葉ももちろん理解できます。僕だって、違和感抱くこと多かったですから（二〇一三年同行調査　男子、二〇一四年二月二十七日インタビュー）。

また、ある卒業生は、つぎのように話してくれた。

無償化とか補助金とか（いう制度から朝鮮学校を排除する）の問題で、日本の報道見ていると、まるで僕らが何にも考えずに、ただ「指導者に忠誠を誓った」みたいに言うじゃないですか。そりゃ、あの場（朝鮮）では、そういうことを言うこともあります。でも、僕らは僕らなりに、いろいろ考えて、迷って、言っているんです。日本の人が、なぜ朝鮮の人があああいう風にね、指導者を尊敬するのかってことを考えずに、ただただ「洗脳」っていうのは頭にきます。色々と問題があるのはわかっています。ウリナラは百点ではない。きっと僕らにはわからないイヤなこともたくさんあると思いますよ。でも、ひどいのはウリナラだけじゃないでしょう。日本もアメリカもイギリスも、ほかの国もみんなひどいじゃないですか。僕らだって、ウリナラで聞いたことや学校で言っていることを全部鵜呑みにするほどバカじゃないですよ。でも、少なくとも、僕らはウリナラに行って、ウリナラの人らに会って、話をしている。その上で、僕らは僕らなりのウリナラをつかんでいるんです（二〇一五年九月十五日インタビュー、男性　総聯傘下機関職員）。

このように、かれらは自ら思考する営みを通じて、学生たちなりの「祖国観」を形成していく。それは、決して受動的なものではないことは、これまで提示した語りから読み取れるだろう。

7　まとめにかえて――在日朝鮮人と民族・〈祖国〉・ナショナリズム

本章では「思想教育」「個人崇拝」「忠誠の強要」等、日本社会が批判のターゲットにしている朝鮮学校と朝鮮民主主義人民共和国との関係を、朝高三年生の学生たちの〈祖国訪問〉に同行した参与観察から描き出してみた。

朝鮮学校の保護者にしても学生にしても、そして、おそらく現場の教員たちも、朝鮮本国に対する意見や態度は様々である。特に保護者たちは、肯定的な意見を述べる人から批判的な意見を述べる人までその幅は広い。それでも、保護者たちは、子どもたち自身が朝鮮本国に対してどのような距離をとるかは「子どもたちが成長の過程で自らが考えて判断すること」と考えている。

ほとんどの学生たちが、高三で初めて訪問する〈祖国〉＝朝鮮で、それまで教科書だけで目にしてきた様々な施設や史跡を訪問し、そして、現地で同年代の学生や軍人たちと交流し、自分たちなりの「祖国観」を形成することを、現地での同行調査の記録から描き出してみた。学生たちが自分たちの五感を働かせて、学生たち自身の言葉を借りれば「〈祖国〉をつかむ」ように、悩み、考え、もがいている姿が伝わっただろうか？

日本社会が皮相的に批判するように、朝高の〈祖国訪問〉は単なる「プロパンガンダ」旅行ではないし、学生たちはそこで単に「洗脳された」者たちではないことが少しでも伝わっただろうか。朝鮮で様々な葛藤、矛盾を感じながらも、それでも、自分たちを「同胞として」大歓迎する朝鮮の人たちと直接触れ合い、そして、朝鮮が自分の〈祖国〉だと言い切るのである。もちろん、まだ十八歳前後の若い青年たちであるから、ある意味、純粋すぎるほどに受けとめていることも否めない。今後、成長する中で、かれらの〈祖国観〉は変化する可能性はある。しかしながら、朝高生として、〈祖国〉愛着を持って、かれらは、朝高を卒業していくのである。

朝高生たちの〈祖国〉への素朴な愛着を示すエピソードがある。無償化裁判での原告十番の意見陳述の一部である。

僕は、朝鮮に訪問した際、祖父の弟にあたる人とその一家に会いました。スケジュールの合間をぬって何度か一緒に食事をしたり、一人では食べきれないほどのお弁当を作ってきてくれたり、僕の事をアボジ（父）とそっくりだと、ニコニコ笑いながら色々な話をしました。その方は僕に「あっちで大変なことが無いか？」「あっちの政府はまだ在日に弾圧を続けているのか？」「つらいと思うが踏ん張って支え合って生きていけ」と自分の生活より異国の地で暮らしている在日を心配して励ましてくれました。日本の僕たちのことも見守ってくれていて、こういう人たちに支えられて頑張れるんだと感じました。朝鮮から帰るときも、親族と別れるのが一番悲しかったです。朝鮮高校に通っていなければ、こんな体験はできなかったと思います。そのとき、僕は、この人達を安心させたい、元気な顔を見せたいと心の底から思いました。なので、僕は高校卒業後に専門学校に入り、技術をしっかり学び、朝鮮にいる親戚たちに「もう在日を弾圧するような政権は無い」と安心させることが目標になりました（『トトリ通信』No.12　二〇一五年一月十五日）。

彼は、その技術を〈祖国〉でも親戚たちに見せたいと陳述後、私に語ってくれた。

なお、在日朝鮮人の歴史が百年をこえる中で、在日朝鮮人の生き方も実に多様になっている。朝鮮学校に通う在日朝鮮人の学生たちは、在日朝鮮人全体の中では一割程度だとも言われている。

在日朝鮮人にとって、朝鮮半島への帰還が非現実的となった現在、「在日を生きる」といったような「在日論」と呼ばれる立場が一九七〇年代から在日朝鮮人社会では優勢となっている。つまり、「南も北もない」または「南も北も」という立場を主張しつつ、「日本で生きる朝鮮人として」本国の分断を在日朝鮮人社会に持ちこむのはやめようという立場である。その文脈においては、朝鮮学校で語られる「民族」や〈祖国〉は、本質主義的で一枚岩だと、在日朝鮮人社会内部からも批判の的にされることは多いことは前にも述べた。

しかし、朝鮮学校が、いまなお「民族」や〈祖国〉にこだわるのはなぜなのか？　それは、日本社会における在日朝鮮人たちの現実が、いまだ、民族や国家といった問題に直接的に対峙しつつ生きることを強いるからである。朝鮮半島の南北分断、日本の植民地／戦後責任の未清算、「北朝鮮嫌悪」、昨今のヘイトスピーチに顕著に見られるような排斥等々、在日朝鮮人たち、とくに、朝鮮と密接な関係を持つ朝鮮学校関係者は、日常的に民族・国家・祖国といった問題に、向き合って生きることを強いられている。国境を越えて移動・流動してきた人々を「ディアスポラ」と呼び、欧米の研究は、ディアスポラたちが「文化の再創造」によって、民族／国家を否定し、「新しいもの」を創造してきたことを明らかにしてきたが、在日朝鮮人の状況は、そのような状況にないということをまた意味している。

その意味においても、朝鮮学校が朝鮮を〈祖国〉と呼び、一見「古くさく」見える民族やナショナリズムを語ることは、在日朝鮮人たちの日本社会で生きる営みにおいては、必要なものであり、それらは決して、上からの一方的な押しつけで得たものではなく、朝高生たち自身が自ら能動的に獲得したものだと考えられる。

朝高生の指導員に「朝高生の祖国訪問指導で一番強く感じるのは何か?」と聞いたことがある。その指導員は、迷わず「조국（祖国）」と答えた。そして、「学生たちは、祖国を触ってみたり、抱いてみたり、においをかいでみたり、そして、祖国をかじってみたりします。私にはあまりにも当たり前の存在ですが、〝조국을 잡아 알자고 하는 모습〟（祖国をつかもうとする姿）は何度見ても心が動かされます」（二〇一九年三月二十八日　平壌ホテルにて）と答えた。「조국을 잡아 알자（祖国をつかもうとする）」、奇しくも朝高生が〈祖国訪問〉中に〈祖国〉と向き合うという意味で使った表現と同じだ。朝高生たちが、朝鮮で生き生きとして、楽しそうに過ごしているその理由は、この指導員の言葉が示唆しているようだ。

〈祖国〉での出会いを人生の宝として、その後の人生を歩んでいく朝高生たちの姿は「ウリナラマジック」という言葉では決して片付けることができない。〈祖国〉で思いっきりウリノレを歌い、ウリマルを話す体験。私たちにも「〈祖国〉があるんだ」という実感を平壌で初めて抱き、〈祖国〉との間のつながりを具体的に感じたかれらが「朝鮮人として」のアイデンティティを再確認し、自分と「祖国とのパズルを埋」（朴英二、二〇一八）めながら生きていく一つの礎になるのであろう。

【注】

1　二〇二〇年はCOVID－19感染拡大の影響を受け、外国に出ることが実質できず、また、朝鮮も感染予防の視点から二〇二〇年一月二十一日には外国からの人の受け入れを停止した。〈祖国訪問〉も二〇二〇年及び二〇二一年は中止せざるを得なかった。

2　「朝鮮籍」は一九五二年のサンフランシスコ講和条約で一方的に日本国籍を剥奪した日本政府が在日朝鮮人につけた「記号」である。その後、日韓条約（一九六五）などを契機として「韓国籍」を取得する在日朝鮮人もいる。「朝鮮籍」では日本国外への移動が制限されることも多く、今では、「韓国籍」を取得していく傾向にある。それでも、朝鮮籍でいることの思想は中村一成『思想としての朝鮮籍』（岩波書店、二〇一七）を参照のこと。

第四章　「北朝鮮」言説と朝鮮学校——マジョリティの「良心」が「暴力」になるとき

本章は本文にもあるように、二〇二一年五月に行われた西日本社会学会大会シンポジウム「『移民受け入れ』時代の社会学——一九九〇年入管法改正から三十年を経て」で報告した内容をもとに書いたものである。問題意識の根底には、いわゆる「リベラル」と評される人たちの「北朝鮮」への眼差しに対する強い違和感がある。これまでにくり返し述べてきたが、「北朝鮮」と朝鮮学校を切りはなし、朝鮮学校差別反対を唱える日本社会に「良心」に対する疑問があるのだ。

朝鮮高校無償化愛知訴訟が二〇二〇年九月二日に最高裁による控訴棄却を受け敗訴が決定したとき、愛知で裁判支援をしてきた「朝鮮高校にも無償化適用を求めるネットワーク愛知」（無償化ネット愛知）は次のような声明を出した。これは本章の問題意識に直結するものである。いくら「朝鮮学校への差別反対！」と叫んでみても、結局は日本社会に生きる中で私たちにしみこんでしまった北朝鮮に対する眼差しを見つめ直さなければ、朝鮮学校排除はこれからもくり返されるし、続くという問題意識である。

「（名古屋地裁判決、その後の高裁は判決など）判決は明らかに、行政が教育に『不当な支配』を理由に介入することを容認した、日本の教育の自由を考える上でも非常に問題のある司法判断です。しかし、この批判だけで朝鮮学校の権利は守られるのでしょうか？　私たちが今一度考えるべきは、日本社会に生きる私たちにしみついた『北朝鮮』に対する眼差しです。名古屋地裁の判決も、結局は『北朝鮮』を悪魔化する見方から自由になれず、朝鮮について朝鮮の立場で教育をすることを問題視し、被告・日本国の主張を認めたのです。朝鮮学校が朝鮮との関係を密接に持ち、そして、朝鮮を〈祖国〉として、朝鮮学校の大事な支柱としていること。これを丸ごと、在日朝鮮人の権利として認めていくような社会を形成することが私たちの課題として突きつけられたのです。

名古屋地裁の判決は『差別はよくないが、朝鮮学校にも問題はある』いや『朝鮮学校にも問題はあるが、差別はよくない』というような日本社会にある『良心』を体現したもので、それを名古屋高裁も支持、そして、最高裁も結果としては認めたことになります。『不当判決！』という言葉で司法を断罪することは簡単です。しかし、これは司法だけの問題ではなく、日本社会全体の問題であることはいうまでもありません。私たちの課題は、これを思想的にどう乗り越えるかです」（二〇二〇年九月五日発表　https://mushouka.aichi.jp/2020/09/1731掲載）

「差別反対」をとなえるマジョリティの「良心」が、結果としていかに朝鮮学校や在日朝鮮人の主体的な実践に対して「暴力」として機能してしまうのかという問題を本章では考えてみたい。

1　はじめに

私は、二〇二一年五月二十三日にオンラインで行われた西日本社会学会大会シンポジウム「『移民受け入れ』時代の社会学―一九九〇年入管法改正から三十年を経て―」において、「在日朝鮮人の民族教育」として、現在の日本社会において、朝鮮学校がどのような状況におかれているのを報告した。その中心は朝鮮学校に対する日本の眼差しのあり方だ。問題意識の根底には、いかに「良心的」に朝鮮学校を語ろうとも、私たち日本社会に存在する植民地主義、もっと端的にいえば、「北朝鮮」に対する眼差しを見つめ直さない限り、朝鮮学校をめぐる政治社会的状況は変わらないのではないという思いがあった。

オンラインでの開催だったために、フロアからの反応はよくわからず、私のある意味「偏った」ように見えただろう問題提起がどのように受けとめられたのかは、いまだ不安である。しかしながら、討論者からは「もやもやする」というコメントをいただき、まさに「もやもやすること」を共有したかったので、本章では、日本人である私が朝鮮学校にかかわること、または朝鮮学校を「支援」する中で、考えてきたことについて論点をふくらませ、筆をすすめたい。

まずは、シンポジウムのテーマに冠された「移民」という言葉について、在日朝鮮人を考えるにあたっての若干の違和感から述べておきたい。シンポジウムの副題に「一九九〇年入管法改正から三十年を経て」とあるように、このシンポジウムは、いわゆるニューカマー、特に南米からの日系人が増加する契機になった「一九九〇年入管法改正」以後、この三十年間に社会学が何を積み上げてきたのかを検証することが主眼だった。しかし、日本における「移民」を考える上で、在日朝鮮人のことは避けることができないという企画者の意図により、私の報告が設定されたのだと理解している。

まずは、その意図には全面的に同意する。しかしながら、私の違和感は「『移民受け入れ』時代の社会学」というテーマで在日朝鮮人および朝鮮学校を語ることであった。この違和感は、拙稿（山本、二〇一九）の問題意識にも通じるが、そもそも在日朝鮮人を「移民」として考えることができるのだろうかという問いである。

在日朝鮮人は日本の植民地支配（一九一〇〜四五）によって生まれた存在である。植民地下朝鮮から、仕事を求めて、家族呼び寄せのため、さらには留学などの理由で日本に来た人がいる。その多くが「自発的」にきた人である。しかし、この「自発性」の背景には日本の植民地支配がある。さらに戦争の激化にともない、労働力不足を補うために、徴用や強制連行で日本にきた人もいる。かれらの多くは帰国したが、それでも一部は日本に残った。

このような歴史的背景を持つ人たちとその子孫を一般的な「移民」のカテゴリーに入れることには抵抗を感じるのである。しかし同時に、日本における「移民の受け入れ」を考えるにあたって、在日朝鮮人の存在を考えずしては、その問いは成り立たないとも考えてきた。日本の外国人施策の根幹は、敗戦後、日本に残った在日朝鮮人たちの処遇であり、当時の在日朝鮮人に対する眼差しのようなものが、ここ三十年、急増した外国出身／ルーツの人々（＝移民）の政策にもそのまま反映していると考えてきたからである。こんなジレンマを抱えながら、シンポジウムでは報告を行った。

さて、報告では、在日朝鮮人をめぐる様々な問題の中でも、特に朝鮮学校に焦点をあてた。前述の「移民」と言えるのかという問題意識と共通して、朝鮮学校をほかの外国人学校と同列に語っていいのかというジレンマは残る。しかし、同時に、外国出身・外国ルーツの子どもたちも増加し、母語／継承語教育や文化継承の課題や自らのルーツにかかわるアイデンティティに関する課題が、今後、重要さを増してくる中で、これまでの朝鮮学校の営みから学ぶことは多いだろう。そして、日本が朝鮮学校をどのように処遇してきたのかも検討しておく必要があろう。基本的に差別、弾圧、抑圧しかしてこなかったことを確認しておかねばならない。

このような問題意識のもと、報告では、朝鮮高級学校（以下、朝鮮高校または朝高とする）が高校無償化制度から除外されたことに焦点をあてた。なぜならば、この問題の中に、日本政府の在日朝鮮人や朝鮮学校に対する差別が象徴的に表れていると考えているからだ。この問題は裁判になった。私自身も除外問題が発生した二〇一〇年から二〇二〇年の最高裁の上告棄却まで、「支援者」として裁判に深くかかわり、同時に、朝鮮学校が在日朝鮮人にとってどのような意味を持つ学校なのだろうかという問いとともに、愛知朝鮮中高級学校（愛知中高）での参与観察も実施してきた。本章では、このような実践と研究の中で生まれた問いに私なりに答えることにしたい。

2　朝鮮学校と朝鮮高校無償化除外問題について

まずは、これまでの章で述べたことのくり返しにもなるが、朝鮮学校について概略を述べておこう。朝鮮学校は、日本の敗戦直後、植民支配下で奪われた朝鮮の言語、歴史、文化を日本にいた朝鮮人の子どもたちに教えることを目的に、全国各地につくられた「国語講習所」がその起源である。在日朝鮮人による在日朝鮮人のための学校である。

全国各地に作られた国語講習所は、一九四五年に創立された在日本朝鮮人連盟（朝連）によって、学校として整備されはじめた。朝連が、教材・副教材も作成し、日本にいた子どもたちの民族性の回復を目指した。

しかしながら、一九四八年から四九年にGHQと日本政府が出した「学校閉鎖令[注1]」により、多くの学校が閉鎖された。それでも朝鮮学校は自主学校や公立学校の分校等形をかえつつ存在し続けた。その後、一九五五年に創立された在日本朝鮮人総聯合会（総聯）の傘下となり、今日まで幼稚園から大学までの一貫した民族教育機関として、在日朝鮮人の子どもたちに民族教育を実施してきた。

今では、在籍者の減少や運営の困難などの理由から、学校の統廃合はすすみつつあるが、それでも、北海道から福岡まで、幼稚園レベルから中級学校（中学相当）があり、そして、全国十カ所に高級学校（高校相当）がある。さらに、東京に朝鮮大学校（大学相当）がある。すべて、都道府県知事による各種学校認可を受けている。

このように解放後から七十年以上にわたって、朝鮮学校は在日朝鮮人の子どもたちに朝鮮語、朝鮮の歴史、文化を教えてきた。ここで育つ在日朝鮮人の子どもたちにとっては「朝鮮人であること」が自明のこととなる。同じ朝鮮人の仲間や大人たちに囲まれ、自らのルーツを否定することなく、肯定的なアイデンティティを育むことを支える大事な場である。

さらに、本章で言及しておく必要があるのは、朝鮮学校と朝鮮民主主義人民共和国（朝鮮）との関係である。これまでも述べてきたが、この両者の関係が無償化除外の理由とされたからだ。朝鮮学校は、南北に分断された朝鮮半島にある国家のうち北側の朝鮮に正当性があるとする。それは、朝鮮民主主義人民共和国という国家の成立過程に正当性を見出していることや、一九五七年以降、毎年送られてくる「教育援助費・奨学金」をはじめとする朝鮮からの有形無形の支援が大きな理由とされている。朝鮮と密接な関係を持ちつつ、今日まで朝鮮学校が運営されてきたことは紛れもない事実である。そのことが、「問題視」され、無償化除外の理由とされたのである。その経緯の詳細を以下に見ていくこととしたい。

高校無償化制度は正式には「公立高等学校に係る授業料の不徴収及び高等学校等就学支援金の支給に関する法律」（現在は「高等学校等就学支援金の支給に関する法律」）を根拠とした制度である。その趣旨は「家庭の状況にかかわらず、すべての意志ある高校生等が安心して勉学に打ち込める社会をつくる」（文科省作成リーフレット）である。日本も国際人権社会権規約の締約国であるが、「中等教育の無償化」が達成されていないために、第十三条「締約国は、教育についてのすべての者の権利を認める」に不適合だった。それを是正する制度でもあった。

さらに、この制度が画期的だと言われたのは、その対象を一条校だけではなく、専修学校や各種学校認可を持つ外国人学校も対象としたことであった。朝鮮高校も各種学校なのだから、当然、その対象となるはずだった。

しかしながら、制度発足直前の国会で「拉致問題等、北朝鮮との外交問題が解決していないので、朝鮮高校は除外すべき」という意見が出され、鳩山由紀夫首相（当時）もそれに賛同の意を示した。そして、二〇一〇年四月、朝鮮高校の適用保留をしたまま制度は発足した。その後、文科省は専門家会議を設置。そこで朝鮮高校への適用可否を議論した。専門家会議は「政治外交上の問題ではなく、あくまでも教育上の観点から決定すべき」という結論を出した。それに従えば、当然、朝鮮高校にも無償化は適用されるはずだ。十校の朝鮮高校は二〇一〇年十一月末までに審査に必要な書類を文科省に送った。

しかし、再び、政治外交上の問題により審査は停止してしまう。当時の菅直人首相は二〇一〇年十一月下旬に起きた南北の砲撃合戦「延坪島事件」の翌日、審査停止を発表した。審査は停止したまま年度を超えた。そして、二〇一一年八月末、菅首相の退任前日に「審査再開」を指示した。しかしながら、「審査中」のまま時が過ぎ、二〇一二年十二月下旬の安倍晋三内閣発足を迎えてしまった。

自民党は元々、朝鮮高校への無償化適用には強く反対をしていた。そのためか、第二次安倍内閣は朝鮮高校を無償化から除外することを初仕事にした。内閣発足翌日の二〇一二年十二月二十八日、下村博文文科大臣（当時）は記者会見を行い、「『拉致問題の進展がないことや朝鮮総連と密接な関係があり、現時点で無償化を適用することは国民の理解を得られない』と説明した。その上で『都道府県知事の認可を受け学校教育法一条に定める日本の高校となるか、北朝鮮との国交が回復すれば適用の対象になる』」（二〇一二年十二月二十八日付『日本経済新聞』）と除外を明言したのだ。

そして、二〇一三年二月二十日、朝鮮高校に無償化適用するための根拠規程であった省令改訂（〈ハ〉の条項削除）まで行い、朝鮮高校が無償化適用を受ける道を完全に断ったのである。

以上が、朝鮮高校が無償化除外された大まかな経緯である。法律に照らせば、問題なく適用されるはずの朝鮮高校だけが、狙い撃ちされたように除外されたという差別政策であることが明らかであろう。

この差別を糺すべく、東京、愛知、大阪、広島、九州の各朝鮮高校が裁判を起こした。地域によって、訴訟戦術は異なるが、「除外は政治外交上の問題を理由とした差別だ」と国家賠償／処分取り消しを求めて提訴したのである。二〇一三年一月から二〇一四年一月にかけてのことであった。

裁判の結果は一勝（二〇一七年七月二十八日大阪地裁）十四敗である。二〇二一年七月二十七日付で広島朝高が最高裁の上告棄却を受けて、五校全ての敗訴が確定した。

なお、本章では裁判の内容にはあまり触れないが、一つだけ述べておきたい点がある。それは、前記のように、除外決定当初、明らかに「北朝鮮」との政治外交上の問題を理由にしている。しかしながら被告＝国は除外の理由を「後出しじゃんけん」のように実施した（ハ）の条項削除、および「規程十三条に適合するに至らなかった」という主張を裁判では一貫して行った。規程十三条は「高等学校等就学支援金の授業料に係る債権の弁済への確実な充当など法令に基づく学校の運営を適正に行わなければならない」というものだ。さらに、裁判の途中からは、「朝鮮学校は朝鮮総聯による『不当な支配』を受けている」という「論理」を持ちだした。それらを裁判所は認めた。すなわち、裁判所の判断は、要約すれば「朝鮮学校が就学支援金を授業料にあてず流用する疑いがある」というものであった。「疑い」「おそれ」「疑念」などの言葉が判決文の中でくり返され、朝鮮学校が総聯から「不当な支配」を受けていることを否定しきれないという判断を構成していた。

総聯に対する認識（名古屋地裁判決は「反社会的勢力」と明記した）は、まさに総聯が朝鮮を支持する民族団体だからにほかならないだろう。すべて、「北朝鮮」と結びつければ、理屈で考えればおかしいことも正当化されてしまうのが今の日本の姿なのである。

ただし、私の問題意識は、こうした司法のあり方を批判することではなく、このような認識を生み出す日本社会の眼差しにある。すなわち、朝鮮学校と総聯／朝鮮との関係が問題視されることの「問題」に関心があるのだ。以下、この点について述べていきたい。

3　朝鮮学校と「支援者」

ここまでの説明で、朝鮮高校のみを無償化除外することが「北朝鮮」との外交を理由にした政治的なものであったことが理解されたと思う。この政府の動きに対して、二〇一〇年二月頃から、いわゆる「リベラル」な言論が、それに対する反論を出した。同時に、それまで、各地域で朝鮮学校支援をやっていた団体や各地の弁護士会なども、それに対する反対の声明などを出した。

ここでは、まずは、朝鮮学校「擁護」の言説、支援者たちの言説を検討しつつ、朝鮮学校がおかれている立場について考えてみたい。その手がかりとして、無償化除外が国会で議論され始めた頃に掲載された『朝日新聞』の社説を紹介したい（傍線は筆者による）。

「（前略）北朝鮮という国家に日本が厳しい姿勢をとり、必要な外交圧力を加えるのは当然だ。しかしそれと、在日朝鮮人子弟の教育をめぐる問題を同一の線上でとらえていいのだろうか。

全国各地にある朝鮮学校のうち、高校課程に相当する高級学校は、現在十校。二千人近くが学んでいる。朝鮮学校は日本の敗戦後、在日朝鮮人たちが、母国語を取り戻そうと各地で自発的に始めた学校が起源だ。一九五五年に結成された朝鮮総連のもとで北朝鮮の影響を強く受け、厳格な思想教育が強いられた時期もある。だが在日の世代交代が進む中、教育内容は大きく変わった。大半の授業は朝鮮語で行われるが、朝鮮史といった科目以外は、日本の学習指導要領に準じたカリキュラムが組まれている。北朝鮮の体制は支持しないが、民族の言葉や文化を大事にしたいとの思いで通わせる家庭も増えている。かつては全校の教室に金日成、金正日父子の肖像画があったが、親たちの要望で小・中課程の教室からは外されている。そうした流れは、これからも強まっていくだろう。（中略）中井担当相は一度、川端文科相とともに朝鮮学校を視察してみてはどうだろう。そこで学んでいるのは、大学を目指したり、スポーツに汗を流したり、将来を悩んだりする、日本の学校と変わらない若者たちのはずである」（『朝日新聞』二〇一〇年二月二十四日）

この社説は朝鮮高校にも無償化を適用すべきであるという立場である。この朝日新聞社説と類似した論調は、「保守言論」とみなされている新聞社の社説以外には、よく見られたものだ。また、無償化訴訟の節目、節目には、各新聞社が社説を出したが、論調はほぼ同じだったと言って差し支えないだろう。これらの論は簡単に整理すると、『北朝鮮』は批判されるべき国家だ。そして、その『北朝鮮』と朝鮮学校は、たしかに以前は密接な関係があり、その影響は色濃かった。しかしながら、今はそうではない。その証拠に指導者の肖像画は小・中過程ではは ずされている。朝鮮学校の学生たちは日本の若者と変わらない。したがって無償化は適用されるべきである」ということになろう。

このような論理は三つの問題があるように思われる。(1)朝鮮（「北朝鮮」）が「問題のある国家」であることをアプリオリに断言している。朝鮮がなぜ今のような国家体制なのか、分断国家の一方であること、その状態に日本の歴史責任はないのかなどの言及が必要なのではないか、⑵朝鮮学校と朝鮮の関係を否定的に考えており、両者の関係が弱化したことを理由に、除外賛成派の言説をかわそうとしている、⑶朝鮮学校の学生たちは日本の若者と同じであるというが、そうなのだろうかということである。

このような論理は、朝鮮学校支援者たちからもよく聞かれたものである。この三点に加えて、朝鮮学校の児童学生たちの約七割が「韓国籍」であることもよく言われた。ここでは詳しくは言及できないが、在日朝鮮人の国籍表示が「朝鮮」か「韓国」かに大きく二分されるという現実で、「韓国」国籍を所持している人が多いということを強調するものである。「朝鮮籍」が日本社会では「北朝鮮」籍として誤解されがちなので、そうではない、すなわち「北朝鮮」支持ではないと言いたいのであろう。[注2]

しかしながら、これらの日本社会の「善意」による擁護、すなわち、「朝鮮学校と北朝鮮の関係は以前とは異なる」は、ある意味で、在日朝鮮人の主体的な生き方を否定することにもつながる。たとえば「朝鮮籍」者の生き方については、李洪章（二〇一六）が青年世代の在日朝鮮人が、朝鮮籍を主体的にとらえて、生きているのかを描き、また、中村一成（二〇一七）は1世の在日朝鮮人たちが「思想」として、すなわち、朝鮮籍にどうこだわって、朝鮮籍を生きてきたかを描いている。その中には、積極的に朝鮮民主主義人民共和国を支持するという者たちもいた。朝鮮学校が現実的には朝鮮と密接な関係を持って運営されている以上、国籍はどうであれ、そこにかかわる人たちの朝鮮に対する思いは、日本社会の眼差しとは大きく異なる。朝鮮を「ないもの」としつつ朝鮮学校を「擁護」することは、朝鮮学校や在日朝鮮人たちの主体的な生き方の否定につながる問題であろう。

こうした日本社会からの朝鮮学校擁護の言説を批判的に捉えるには、ガッサン・ハージが『ホワイトネーション』(二〇〇三)で展開した議論が参考になろう。ハージはオーストラリアの多文化主義の「寛容」が持つ権力性を明らかにしている。彼は、オーストラリアにおいて「ホワイト・マルチカルチャリズム」と「ホワイト・レイシズム」は同一の線上にあることを鮮やかに展開している。「文化の多様性」は、白人の許容範囲内でのみ認められると論じた。

朝鮮学校擁護の言説もある意味でこの議論に重なると言えよう。あたかも「寛容」な「多文化主義」的実践のような様相を見せているが、その内実は、日本社会に「わかりやすい」/「理解可能な」朝鮮学校像の範囲で許容しているにすぎないのである。すなわち、朝鮮という国家を無化した朝鮮学校のみを日本社会は認めようと言っているにすぎない。朝鮮と今でも緊密な関係を持ち、支援を受けながら民族教育を運営しているという現状は決して見ようとしないのである(あるいは、見たくないのである)。

そして、前にあげた(3)にかかわって、当事者たちも、日本社会の眼差しを敏感に感じ取り、日本社会にとって「理解してもらえる」朝鮮学校像を提示しがちになる。「朝鮮学校も普通の学校です」と示すために、公開授業なども頻繁に行う。また、事前に許可さえ取れば、どんなときでも授業は見学させてもらえる。朝鮮学校はその意味において「開かれた学校」なのである。そして、そうであることを強いられている。「朝鮮学校はもっと開かれるべし」という声も支援活動の中では何度も聞いた言葉である。「開かれるべし」の裏には朝鮮学校が「閉じられた」学校であるかのように考えていることが含有されているが、そもそも、在日朝鮮人の子どもたちのための在日朝鮮人による教育機関が、なぜ日本社会に「開かれる」必要があるのかという問いはそこにはない。くり返すが、朝鮮学校が日本社会に「理解される」ために、原則的には、いつも広く門を開いている。

朝鮮学校を訪問すれば、もちろん、そこで学ぶ子どもたちの姿や働く教職員たちの姿は、一見、日本の学校のそれと「同じ」ように見える。だからこそ、無償化除外に対する反対運動が起こった当初は「私たちも同じ高校生です」という標語が使われ、「日本の若者と変わりない」ことが強調されたのであろう。それは一面では事実である。しかし、朝鮮学校に在籍する学生たちは、日本人の児童・生徒とは、やはり「同じ」ではない。朝鮮学校の教育の主眼は、植民地支配で奪われた言語、歴史、文化の回復であり、そこで学ぶ子どもたちは、それを必要とする在日朝鮮人の子どもなのだ。つまり、植民地支配の結果として、本来はもっと当たり前に身につけるべき朝鮮語や朝鮮の文化を獲得しなくてはいけない立場なのである。呉永鎬（二〇一九）は朝鮮学校の教育の根幹を「脱植民地化」の営みだと述べたが、まさに、その点で日本人の児童・生徒とは「同じ」ではないのである。

さらに、一章でも述べた通り、朝鮮学校にとって、朝鮮という〈祖国〉は決して切り離すことができないものであり、そのこと自体が在日朝鮮人にとっての主体的な実践なのである。その意味において、朝鮮と朝鮮学校は「関係ない」という言説は、結果として、在日朝鮮人の民族教育をも否定することになるのである。

4 「北朝鮮」を考え直すということ

裁判の支援活動は、私の調査の一環でもあったが、同時に私自身の「内なる」偏見とも向き合う作業にもなった。三節では、まるで「他人ごと」のように書いたが、私自身にとっても、朝鮮学校と朝鮮の関係を積極的に語るのは簡単なことではない。学会報告や論文発表のたびに頭を悩ませてきた。なぜならば、私が朝鮮や朝鮮学校の歴史理解、現状認識にもとづいて、何かを言えば「洗脳されている」という言葉で片付けられるからだ。そのようなコメントにどう反論しようかと考え続けてきたが、「朝鮮」のことを少しでも肯定的に語るだけで、なぜ「洗脳された」と思われるのか、むしろ、その「政治性」を問題にすべきではないかと考えるようになった。ここにいたるまでに裁判支援活動と弁護団との議論にずいぶん助けられたように思う。さらに、私自身が内面化している「北朝鮮」と朝鮮学校関係者が持つ「〈祖国〉＝朝鮮」とのギャップを考え、朝鮮学校関係者が朝鮮学校での教育を通じて持っている〈祖国〉というものを考えないと、結局はこのような差別はくり返されるのではないかと考えるようになった。

このような議論の中で、注目したのは「北朝鮮嫌悪」(North Korea-Phobia) という問題だった。「北朝鮮嫌悪」は、板垣竜太が「イスラムフォビア」から発想した言葉である。板垣によると「〝phobia〟は単なる嫌悪や恐怖のみならず、他者に対する排斥と蔑視のまなざしを含んだ概念」であり、「『北朝鮮』に関係することならなんでもできる」(Itagaki, 2012:76) というものである。「拉致」「核」「ミサイル」

そして「独裁国家（個人崇拝）」など、否定的なイメージのみが流れ、日本（及び西側社会全体）に住む人々の朝鮮に対するイメージが最悪な中で、板垣が指摘するように、単に脅威だけではなく、「荒唐無稽」な国家で、そして、そこにつながる総聯や朝鮮学校へのイメージまで歪めていくことにつながっていくという問題意識である。

この問題意識は愛知の裁判にも直接反映した。「北朝鮮嫌悪」として準備書面を提出したのである。担当した弁護士はずいぶん苦悩し、六十回以上の書き直しを重ねた。一年以上議論を重ね提出にいたったのである。裁判官へのメッセージとしては、この日本社会に生きている限り、「北朝鮮嫌悪」から逃れることは困難で、それは裁判官とて同じである、無償化除外の背景には日本社会に根深く存在する「北朝鮮」への眼差しが、裁判官にも無意識に刷り込まれていることに自覚せよというものであった。

この愛知訴訟の戦略については批判もあった。「北朝鮮」を正面から持ち出すのは、かえって敗訴の可能性を高めるのではないかというものであった。したがって、無償化法の趣旨にそって、朝鮮高校の学生たちにも教育を受ける権利（憲法二十六条一）を保障すべきである、子どもの権利条約が民族教育の尊重を教育の目的として指向していること（子どもの権利条約二十九条一項（c）（d）、国際人権規約（社会権規約二条二項、十三条、自由権規約二十六条））、人種差別撤廃条約五条などにも違反する等、「普遍的」な課題を示しつつ、朝鮮高校を無償化から除外することの問題を指摘すべきだという批判だった。

支援関係者のみならず、近畿地方で長らく「在日外国人」の教育を考えてきた教員の研修会でも、強く反論されたことがある。「北朝鮮に対する眼差しを変えるのは無理で、あの国家はダメだ。でも朝鮮学校の権利は別だから、もっと『普遍的』な価値で支援者を集めるべきだ」というものだった。それをつぐようにして、在日朝鮮人当事者が、三十年も前に訪朝したときの経験や「帰国運動」で朝鮮に「帰国」した親族の「困窮」をとうとうと語り始めたときには絶望に近いものを感じた。「あなた(=私)は知らないだろう。でも朝鮮の現実はこうなんだ。洗脳から覚めなさい」と言われているようだった。もちろん、日本と朝鮮の政治社会体制の違いや経済格差のために「帰国」した親族の中には苦労した人たちがいることは事実であろう。しかし、私自身の論点はそのような朝鮮の「問題」をあげることではなく、日本社会が朝鮮に向ける眼差しのあり方と朝鮮学校・在日朝鮮人差別の関連だったのだが、「北朝鮮」に対して無条件に「悪」とするような教員たち――しかも長年、在日外国人の教育に実践的にかかわってきた人たち――の反応に無力感を感じてしまったのだ。

しかし、それでも部会の終了後、一人の参加者が「私も無償化除外に反対する街宣活動に参加しているんです。そうすると、いちゃもんつけてくる人は当然いて、私はつい『総聯の様々な問題と朝鮮学校は別』とか『朝鮮学校は決して北朝鮮的ではない。学校に行ってみてください』と反論してしまうす。でも、それって本質から逃げていますよね、そのことの問題に気づきました」とコメントしてくれ、私の報告の意図することが一部には伝わったと救われた気持ちになったことを思い出す。

さて、このような言説にどう対抗するのか。たしかに、朝鮮学校の教育は在日朝鮮人の子どもたちが日本で生きていくことを前提に行われている。いくら、本国朝鮮からの支援があるといっても、そのまま、教育を本国から「輸入」するのではうまくいかない。在日朝鮮人の子どもたちの現状に合わせて、いかに教育を行うのか、その試行錯誤は一九五〇年代には始まっていたことが呉（二〇一九）によって明らかにされている。さらに、朝鮮学校の教科書もこれまで改訂を重ね、一九七〇年代には色濃かった「政治色」が薄くなっていることも事実である。ただし、呉は「朝鮮民族の国家としての朝鮮民主主義人民共和国の存在は、朝鮮学校の教育にとって、無くてはならない拠り所であり、参照軸であり続けた。教育を祖国化することはできないが、しかしその教育は常に祖国へ向かおうとするベクトルを有していた」と朝鮮学校と朝鮮の関係を無化しようとする安易な理解には警鐘を鳴らす。日本社会は呉の警鐘をどう受け止めるべきなのか？　愛知訴訟でもこの点を乗り越えることができなかったし、今でも私自身の研究上／実践上の課題として残されている。

愛知訴訟の地裁判決は、ある意味で原告側の主張をかなり正面から受けとめている。それは原告と弁護団が在日朝鮮人にとって朝鮮学校が非常に大事な場であることを訴えたからであろう。しかしながら、名古屋地裁判決は、朝鮮学校と総聯／祖国との関係についてはある程度認めつつも、それでも、その関係が「問題」だと原告の訴えを却下したのである。二〇一八年四月二十七日の判決要旨の一部を次に引用しよう（傍線部は筆者）。

「愛知朝鮮高校の教育内容について見ても、朝鮮総聯の機関紙である『朝鮮新報』や公安調査庁による調査等によれば、①朝鮮高校において統一的に使用されている教科書は、朝鮮総聯の指導の下に編纂されているところ、その中には北朝鮮の最高指導者を絶対視し、これを賛美・礼賛する表現が多数見られ、その内容は、授業内容に対する批判能力が未だ十分とは言えない後期中等教育段階にある学生に対して、一方的に偏った観念を植え付ける教育なのではないかとの疑いを抱かせるものであったこと　②愛知朝鮮高校の学生は、全員が朝鮮総聯の傘下団体である在日本朝鮮青年同盟（朝青）に加盟しているところ、朝青は規約上、北朝鮮の政策を高く奉じ、朝鮮総聯の綱領を固守することを任務とする団体であり（中略）朝鮮総聯の介入により、（略）北朝鮮の最高指導者を個人崇拝し、その考えや言葉を絶対視するような内容になっていると合理的に疑わせる事情が存在したと認められる（略）」（二―三頁）

さらに、裁判で焦点の一つになった総聯の「不当な支配」の判断については、過度な行政の介入には慎重であるべきだとしつつも「授業内容を批判する能力が十分ではない後期中等教育の段階にある学生に一方的な観念を植えつけるような教育を施すことは、教育本来の目的にそぐわないものであるし、私立学校にも公共性は求められるから、……自主性や学問の自由も無制約に保障されるものではない」（三頁）と述べている。

そして、最終的には次のように結論づけた。これは判決文から引用する。

「また、朝鮮高校の教育水準が決して低くないことや、学生と父兄の多くが、在日朝鮮人同胞と民族教育が受けられる点に着目して朝鮮高校を進学先として選択していることは、朝鮮総聯が朝鮮高校に対して『不当な支配』を及ぼしている疑いがあることと特に矛盾するものではない。むしろ、朝鮮高校が、一般的な後期中等教育や思想的要素のない民族教育を行う機関としての側面と、朝鮮総聯からの『不当な支配』を疑われる機関としての側面を有していることこそが、本件の問題の難しさの要因の一つであり、前者の側面の価値を尊重すべきことと、後者の側面が本件規程十三条に抵触することは、別個の問題として考えざるを得ない」(一〇三‐一〇四頁)

裁判官は裁判官なりに「悩んだ」痕跡もある(「本件の問題の難しさの要因の一つ」がそれを示している)が、結局は、前節で述べた論理と同じである。弁護団が証拠として出した愛知朝高の一日を撮った動画[注3]の中に登場する朝高生たちの姿にクスッと笑ったり、微笑みを浮かべていた裁判官の姿が思い出される。それは、朝鮮学校の在日朝鮮人にとっての意義を認めた判決文に反映されている。しかし、同時に、国が出してきた膨大な書証――朝鮮との関連を示す朝鮮学校の教科書の記述(指導者の名前がでてくる箇所を抜粋していた)、『産経新聞』の記事、公安調査庁発行の『回顧と展望』からの抜粋等、朝鮮学校が総聯／朝鮮と「黒い」関係を持っていることを印象づけるものであった――に強く影響を受け、「不当な支配」を疑われる機関として朝鮮学校を認定し、前述のような判断を下したのだと思われる。

この地裁判決について、本章の問題意識と関連させて考えると、この判決はある意味で、現在の日本社会の「良心」を示しているのではないかと思われる。すなわち、朝鮮学校と総聯／朝鮮との関係を決して肯定的には見ることができないが、それでも「朝鮮学校差別はダメだ」という「良心」である。

なぜ、日本社会の「良心」は朝鮮学校と総聯／朝鮮との関係を「問題はあるけれど」と語らなければばならないのだろう。それは、やはり、朝鮮という国に対する偏見があるからではないだろうか。概して、朝鮮学校差別に反対する人たちは、いわゆる「リベラル」と呼ばれる人たちが多く、本人たちもそう自覚しているだろう。そう自認する人たちにとって、朝鮮という国の体制は、おそらく受け入れることができないものなのであろう。「民主主義」「人権」等、戦後日本が曲がりなりにも尊重してきた「価値」と朝鮮が「価値」としていること（これもイメージにすぎないのであるが）とは大きく異なるからであろう。そして、その朝鮮の影響を受けた朝鮮学校の教育が強調する「祖国」「愛国・愛族」「集団主義」などが戦後日本の教育が目指してきた「価値」とは「不協和音」を起こすからだと思われる。

したがって、朝鮮学校と朝鮮の関係の正当性を歴史へと迂回し（つまり、今ある関係は無化しようとする）、また「多様性の尊重」という美辞麗句に回避するしか方法がないのである。だからこそ、国が出してきた膨大な書証に対抗する言説を持ちえなかったのだと思われる。その書証は、たしかに朝鮮学校が朝鮮を〈祖国〉と、密接な関係を持っていたことを明確に示すものだったからである。もっと言えば、「関係はある。そのことの何が問題なのか？」と言い切る論理を、今の日本社会に流れる「北朝鮮嫌悪」の中で形成できなかったのである。これは、私にとってもいまだ課題である。

ただ、朝鮮学校がその創立当初から持つ歴史性や政治性に正面から目を向ければ、朝鮮学校の中でくり返される「愛国」も「愛族」も「祖国」も「集団主義」も、在日朝鮮人たちにとっては必要な理念であり続けたことは理解できるはずだ。そして、朝鮮学校が、なぜ、今なお朝鮮との関係が深いのか、なぜ朝高生は朝鮮に〈祖国訪問〉（修学旅行）に行くのかなどという問いが生まれてくるはずである。

しかし、これまで日本社会の「良心」はそこに蓋をして、前にも述べたような「多様性」「多文化共生」「日本の学校と変わらない」「子どもたちの笑顔は守らなければならない」などのある意味、普遍的な言葉へと回避してしまうのだ。

このような社会状況は、当事者たちにも大きく影響した。特に、「拉致問題」を朝鮮が認めた二〇〇二年九月十七日以降、当事者たちも「北朝鮮」に対する日本社会の眼差しには敏感にならざるを得なくなった。中高生がチマチョゴリの制服での登下校をやめ、第二制服を制定、学校内で着替えるようになったこともその一例である。その他、自らを「(朝鮮人ではなく)在日韓国人」と名乗る、職場で「北朝鮮」という言葉がでるだけでビクッとする等、ずいぶん萎縮させられてきた。このような状況が続く中で、この日本政府が朝鮮との関係を理由にして差別をした。大阪では橋下徹知事(当時)から「不法国家の北朝鮮と結びつく朝鮮総聯に学校が関係しているなら税金は入れられない」とまで言われ、補助金を二〇一一年から打ち切られた、さらには支援者までが「朝鮮には問題がある」と前置きするような状況の中で、当事者たちは「(教室にある朝鮮の指導者たちの)肖像画が悪いのか。下ろすべきなのか」(二〇一〇年五月二〇日、愛知の支援の会結成集会にて)と口にしていた。かれらは、在日朝鮮人たちが在日朝鮮人のために創立、財政面でも厳しい中で運営してきた民族学校の根幹を否定された悔しさを語っていた。

そして、地裁の口頭弁論で意見陳述に立った高校生もしくは大学生だった原告たちは、自分たちにとって〈祖国〉朝鮮が自分たちのよりどころであることを高三のときに行った〈祖国訪問〉で確認してきたことを語った。そして、朝鮮学校と総聯／朝鮮との関係の否定は、自分たちが受けてきて、そして今後も守っていきたいと思っている民族教育の正当性／正統性を否定することだと、その悔しさを語った。

5　朝鮮学校と朝鮮との関係をどう考えることができるのか？

それでは、朝鮮学校と朝鮮の関係をどう考えることができるのだろうか。朝鮮学校が持つ政治性や歴史性を「多様性の尊重」とか「多文化共生」という言葉で、日本社会に受け入れさせようとしても、それは、結局、当事者たちが守ってきたもの（当事者たちは「自決権」と呼んでいる）を根本のところで否定していることは、これまでも述べてきた通りだ。マジョリティである日本社会にとって「理解可能」で「許容できる」範囲で朝鮮学校の差別を批判しているにすぎないのである。

朝鮮との関係を無化しようとすることは、逆に言えば「朝鮮と密接な関係があるならば、朝鮮学校を排除していいのか？」という問いを生むはずだ。しかしながら、このような問いが欠如したまま「裁判支援」が進んでいってしまったことが一つの大きな課題だったように思われる。

本書の第三章では、愛知朝高の〈祖国訪問〉同行調査を踏まえて、当事者たちが愚直なまでに〈祖国〉と向き合い、朝鮮で朝鮮人として過ごす日々の意味を考察した。朝鮮学校が「祖国」「民族」「愛国」「集団主義」という言葉を使って在日朝鮮人の子どもたちを教育しているのを目にすると、日本社会での価値観を自明のこととしてきた私たちは違和感を覚えるであろう。しかし、いまだ朝鮮半島は分断されているし、在日朝鮮人に対する差別はいまだ存在する。そうした中で、在日朝鮮人が民族や国家と向き合いつつ生きざるを得ない状況におかれているのではないだろうかと論じた。

朝鮮学校の教育が「集団的アイデンティティの強制」だと学会（二〇一七年度　日本社会学会大会）でコメントされたことがあるが、そして、それはその通りかもしれない。しかし、まずは「朝鮮人／在日朝鮮人」というアイデンティティを育成しない限り、在日朝鮮人の子どもたちのルーツはゆらいだままになってしまうのではないだろうか。

さらに、グローバル化するリベラルな価値観をもって、在日朝鮮人たちの民族としての異議申し立ては無化されてしまうのであろうか。李洪章は朝鮮の矛盾を対話の中で歴史・政治を踏まえ理解する共有するという「本質主義的要素」が「生活実践の遂行過程で生成され生きられるもの（松田、二〇〇九）として共同性に参入する在日朝鮮人の姿を分析している（李、二〇一二）。

日本には絶対に同化しない朝鮮学校（「民族性」の回復・獲得が朝鮮学校の教育目的なので）への差別反対を訴えるのにあたって、朝鮮学校がそのままであることの権利（「民族的マイノリティの権利であると同時に、民族の自決の権利という二重の権利性という次元で、民族教育権をとらえる視点が必要」という問題提起につながる）を認めることを意味するであろう。その意味で、朝鮮学校にとって〈祖国〉とは何かを考えつつ、朝鮮に対する私たちの眼差しを考えることが求められているのではないだろうか。

最後に李恩子の論考を引用して、本稿を終わりにしたい。

「（略）異文化を認めていくという主張を日本人が日本社会で行うときには、日本人が享受している諸々の『条件』を潜在的に『良いもの』としてしまっている自明性を抉出して批判できなければ、それは『国際化』という時流にのり、あたかも『寛容な心』で他者を受け入れるという日本人の倒錯した主体的実践にしかならない。『日本人』を基本的規範として『他民族』が周辺に集まり認められていくという差別的なヒエラルキーを温存したままの『良心的な活動』でしかないのである。さらに、複雑で広範な解釈が可能な文化という概念を『民族文化』という一面においてのみ強調しながら共存するという問題もある」(李、二〇〇六)

【注】

1　学校閉鎖に対しては在日朝鮮人たちの激しい抵抗があった。日本政府はそれに対して厳しい弾圧を行い、一九四八年四月二十四日には十六歳の少年が死亡した。「四・二四阪神教育闘争」として知られている。

2　『朝鮮籍とは何か—トランスナショナルの視点から』(李里花編著、明石書店、二〇二一)では、多くの論考が朝鮮籍は「北朝鮮」籍ではないという論をベースに、朝鮮籍という存在を「無国籍」として描き出している。私自身は、もちろん、同書が描き出したことが、ある一面の事実であることは認識している。しかしながら、やはり、朝鮮籍と朝鮮民主主義人民共和国を自ら連関させて生きる在日朝鮮人の姿を捨象しているという意味で、批判的に読んだ。

3　弁護団は裁判所に愛知朝鮮高級学校への現場検証を申し入れた。しかし、国側はそれを不要とした。その理由は、裁判所が現場検証に行く日に学校全体で偽装する(要約)からだと書面提出してきた。そこで、弁護団は、朝高での一日を動画にし、裁判所に提出。これは証拠として採用され、口頭弁論の中で流された。

エッセイ
平壌で乾杯！
――私が出会った人たち

생일（誕生日）パーティー in 平壌（2017年2月19日）

祖国の愛は温かい

「ナラエソー♪　ナラエソー♪」

二〇一七年五月二七日夕方、平壌の科学技術殿堂前の広場で愛知朝鮮中高級学校高級部の声楽部学生たちの歌声が美しく響いた。参観を終えた同校祖国訪問団と地方から五日間の平壌見学に来ていた小学生との即席交流会でのことだ。〈祖国〉の弟妹たちをかわいがる朝高生と、少し不安げに、でも好奇心いっぱいに朝高生に近寄る朝鮮の小学生の姿は今思い出しても私を笑顔にする。

『祖国の愛は温かい』。これは、一九五七年から今日まで続く朝鮮からの支援金への感謝の歌だ。私もいつの間にか歌詞を覚えてしまったほど何度も聞いた歌だ。しかし、合唱曲となったこの歌を、平壌で聞いたとき、今までに味わったことがない感動を覚えた。「今年、この歌をウリナラで歌ってほしかった」と声楽部の顧問の先生は言った。

その言葉で「今年は、朝鮮から在日朝鮮人へ教育援助費が送られてきてから六〇周年か」と気づき、在日朝鮮人がこの歌にこめた気持ちとともに、この歌を聞きながら涙を流す朝鮮の人々の気持ちも少しだけ分かったような気がしたからだ。

私は、平壌でこの歌を聞きながら、目の前にある科学技術殿堂の建物を見て、この国が歩まざるをえなかった厳しい近現代史を思った。植民地期から朝鮮戦争、その後の分断状況の中で朝鮮が安楽であったことはひとときもなかったはずだ。しかし、それでも朝鮮学校のためにお金を送ったという事実を実感を持って確認したような気がした。

朝鮮の人にとって朝鮮学校への支援は、自分たちが知らないところで「勝手に」国家がやったものではないのだと、朝高生の〈祖国訪問〉に同行するようになってから感じるようになった。現地

愛知朝高生と現地の小学生との交流会（2017年）

の人々の朝鮮学校学生への「愛情」を実感する。私の手を握って、「先生、これからも朝鮮学校をよろしくお願いします」「この子たち（朝高生）の成長を見守り続けてください」「日本に戻ってこの子たちが迷ったら、私たちがいつでもここで再会を待っていると伝えてください」こう話す人々の目は真剣だ。私の訪朝受け入れ機関である朝鮮対外文化連絡協会の職員たちも朝高生たちをかわいがり「無償化裁判の経緯を必ず知らせて」と言う。

日本社会では朝鮮学校と朝鮮との関係は否定的にしか語られない。裁判支援の現場においても、両者の関係は「歴史性」でしか「了解」されない。しかし、単なる国家レベルの支援だけではなく、朝鮮に住む多くの人々が心から朝鮮学校を応援していることは現地でひしひしと感じることができる。このような温かい声援を現場にいかにして届けるか——裁判支援の前線にいた私自身の課題だと思っている。

とりこになったインジョコギパップ

私の平壌での運転手さんは二人の娘のいいアボジだ。一見、ちょっと、とっつきにくそうな雰囲気のある人だが、娘の話になると、デレデレの表情になる。彼の長女は今中国で仕事をしている。「娘の希望だったんだ。いい経験だから広い世界を見て、たくさん学んで来いって送り出したんだよ」と話す。

しかし、娘のことが気になる彼は、長女から届く手紙をとても楽しみにしている。ある日の朝、宿泊しているホテルの前で座り込んで、彼のお連れ合いと何かをしているのを見たことがある。あとで「娘から手紙が届いたから妻が持ってきてくれたんだ。二人で読んでいた」と教えてくれた。

その日の午後、参観地に向かう車の中で、「うちの娘が中国で一番食べたくなるものは인조고기밥（インジョコギパップ）だって」と、彼が話し始めた。食いしん坊で好奇心旺盛の私は「인조고기밥？」と、すぐに反応した。

인조고기（インジョコギ）は、漢字で表記すると「人造肉」となる。一九九〇年代の苦難の行軍時代に、朝鮮の人たちのタンパク質源としてできたものだ。大豆油をとったかすを利用したもので、イメージとしては、湯葉の質を落としたものだと言えば分かるだろうか？　話には聞いたことはあったが、食べたことがなかったので「是非、食べたい！」と、運転手さんにリクエストした。そしたら、その場で奥さんに電話してくれ、翌日にインジョコギパップが届いた。

ご飯をインジョコギで巻いて、ヤンニョン（たれ）につけて食べるものだった。見るからに美味しそうだった。その場で、早速試食！　運転手さんは「これはヤンニョンが命なんだよ」という。

案内員の春実さんは「苦難の行軍時代にできたものだけど、インジョコギパップはそれを乗り越えた後も、おいしいから残った。人民の好物なのよ」と説明してくれた。

　インジョコギパップの背景には朝鮮の厳しい現代史があるが、人民たちが工夫して美味しく食べる方法を考えたのだなぁと感心しながら、一気に五本を平らげた。そして、これは私の大好物になった。

　二〇一七年夏の終わり、金剛山に行った。その前日、運転手さんに「インジョコギパップをお弁当に持って行きたい」と伝えた。運転手さんは笑って用意してくれ、車中、案内員たちと食べた。やっぱり、おいしい！　ということで「日本に戻るときに持って帰る」とねだってみた。

「そんなに気に入ったか？」と運転手さん。平壌を発つ日の朝、パックに入った三十本のインジョコギパップとこぼれないように丁寧に包まれたヤンニョンが私の手元に届いた。私は大はしゃぎで、それをトランクにつめた。

　帰路、中国で一泊したので、夕食、朝食として食べた。再び、丁寧にトランクにつめ、自宅に持ち帰った。それを食べた家族にも大好評だったことは言うまでもない。朝鮮に行くことがあれば、是非、お試しあれ！

インジョコギパップを前に

平壌の障がい児施設を訪ねて

二〇一七年六月上旬、「平壌障がい児回復院」を訪問する機会を得た。ここは二〇一二年から二年間の準備期間を経て、一四年に開院した施設だ。子どもたちは月曜日から金曜日まで施設に暮らし、二十四時間体制で保育（療育）と回復を同時に支えている。

訪問時には三歳から十二歳までの四十五人の子どもが入所していた。そのうち五人がダウン症。近年は自閉症の子どもたちが増加傾向にあるという。

朝鮮で障がい児教育の専門家養成はまだ始まったばかり。一三年から養成が開始されたところだ。同時に専門医の養成も始まった。欧米やオーストラリアなどの国々から講師を招聘し、集中的な講習も行う。私が訪問したときにも、カナダ人の自閉症教育の専門家が来ていた。四ヵ月の予定で、回復院の職員たちに朝から夕方まで講義や実習をしていた。

この回復院ができるまで、朝鮮では知的障がいの子どもたちは地域の学校に通い、必要な訓練や教育を受けることはできなかったそうだ。また、障がいが重い子どもは学校に行くこともなく、家で過ごしていたという。回復院が運営を始めたときに、まず取り組んだのは保護者たちの認識の変革だったそうだ。院長先生を見るたびに「ソンセンニム！」と抱きついてキスをする九歳のダウン症の男児の親は、回復院に入れることに相当抵抗したという。

そこで回復院側は、保護者たちに「障がいは恥ずかしいことではない」と伝え、親たちが子どもの障がいを受容するサポートをしている。今では、男児の成長に保護者はとても喜んでいるという。

平壌障がい児回復院でダウン症の男児とともに（2017年）

しかしながら、社会全体の認識をどう変えるかという課題は大きい。朝鮮では「障がいを持った人がかわいそうだから助ける」という意識は子どもの頃から育まれているそうだが、それを超えて、社会全体が障がいを受容していくにはまだ時間が必要だという。

現段階では、隣の託児所と合同の運動会をして健常児の保護者に障がい児の姿を見てもらい、子どもたちの可能性を見てもらう段階だと話してくれた。「近いうちに統合教育も目指したい」という展望も語っていた。欧米を経由して障がいに対する新しい考え方がどんどん朝鮮にも入っていることが分かった。

帰り際「子どもたちに挨拶させてください」とお願いしたら快諾してくれた。ダウン症の男の子がそばに寄ってきたので「キスして」と言うと、何度もしてくれた。自閉症の女の子も院長先生の助けを借りつつも私にキスをしてくれた。私につい た案内員たちは、ダウン症や自閉症の子どもたちと実際に会うのは初めてで、あまり知識もなかったと言う。朝鮮社会が大きく変化しつつあることを実感した訪問だった。

帰国子女の悩み

二〇一八年の訪朝中、受入機関の朝鮮対外文化連絡協会の案内員とともに平壌外国語大学の研究員である金天男君（二十七）が、私についてくれた。育ちの良さをうかがわせる上品な顔立ちの青年だった。私とは親子ほどの年の差。だから私が彼を「接待」しているようなときもあった。そんな彼と過ごした二週間は、新鮮で楽しかった。

彼の日本語学習歴は、平壌外国語学院（中高に相当。以下、学院）時代から十年以上だ。しかし、今の日朝関係を反映してか、残念ながら朝鮮には日本語を使って活躍できる仕事は少ない。「日本語、勉強したこと後悔していない？」と聞くと、一呼吸おいて「後悔していません。これは私の運命です」と答えた。研究員を終えたら、外大の教員になるという彼。日本語以外にも英語とロシア語を勉強中だそうだ。ロシア語はロシアに留学して習得したという。

留学したのは二〇一四年から三年間。父親のモスクワ赴任についていき、大学で経済地理学を専攻したそうだ。大使館内にある住宅から大学に通い、ロシア語で授業を受け、ロシア人や他国からの留学生と交流を持ったという。そして、家族より一年先に平壌に戻り、外大を卒業した。ロシアでの生活は楽しかったそうだ。大学に戻ることがわかっていたので、帰国後の心配は当面なかったとも言う。

彼は話を続けた。「でも、妹は大変です」妹は九歳年下で、当時、受験生。「金日成綜合大学の経済学部を目指しているんですけれど、悩んでいますね。ロシアにいたから、勉強が遅れているのです」という。

妹はロシア滞在中の四年間、午前中はロシアの

平壌外国語大学研究員の金天男さん。妙香山で（2018年）

現地校、午後は大使館学校で朝鮮の教育を受けたそうだ。しかし、国内の勉強とは異なるために、十分には受験に対応できないという。いわゆる「有名大学」進学には熾烈な競争があるという朝鮮の現実が、彼の話から伺えた。

妹は、帰国後、ロシア語を活かし、学院のロシア語専攻に編入したそうだ。少しでも大学入試に有利な高等中学校への編入を模索したということらしい。学院も学力の高い学生たちが集まっているし、外大進学はほぼ保障されている。そして、金日成綜合大学など有名大学への進学者も多い。そんな環境で娘の受験を支えようとする親の気持ちも理解はできる。

朝鮮では外国で生活できる人はまだまだ限られている。天男君の家族もきっと朝鮮では恵まれた層なのだろう。それでも、厳しい競争がある朝鮮社会で生きぬくための悩みはみな同じようだ。

「帰国子女の特別な大学入試はないの？」と私。「ありません」と天男君。「妹は本当に迷っています。このままロシア語をやるほうがいいかもしれない」と語る天男君の表情は妹の将来を真剣に心配するオッパ（兄）だった。

地域が育てる——正明くんのこと

金春実さんは朝鮮対外文化連絡協会日本局で唯一の女性案内員だ。口の悪い（！）男性上司たちとも対等に渡り合う頼もしい女性だ。私とも気心が知れた関係だ（と私は思っている）。

彼女には九歳の息子・正明くんがいる。「私は正明の熱誠者（＝熱烈に支持する）」と言うほど息子を溺愛している。何しろ「息子の結婚相手は私のような人じゃないとダメ」などと言うのだから。私は「春実さんみたいな姑がいるなら結婚は躊躇するかも」とからかっている。

私は正明くんに二回会ったことがある。二〇一四年六月と二〇一六年六月。美林乗馬クラブと綾羅イルカ館へ行ったときに、春実さんが連れてきたのだ。オモニ似でかわいい顔の少年だが、イタズラ坊主だった。イルカ館ではもっと遊びたかった彼。春実さんに「オモニは仕事なんだから」と言われ「イルカ館に来るのがなんで仕事なんだよ！」と反論。私たちは大笑いした。

さて、現在（二〇一九年）、小三の正明くんは、春実さん（とお連れ合い）が仕事で遅くなるときは、隣家の女性に世話をしてもらっているそうだ。春実さんはその女性を「オンニ（姉さん）」と呼び、ずいぶん慕っている。日曜日に春実さんが仕事で外に出るときは、その女性が正明くんを遊びにつれていってくれ、また、外食にも連れていってくれるそうだ。案内員という仕事の性質上、不規則な勤務になりがちな春実さんの心強いサポーターだ。朝鮮では、こうして近所で助け合うのは特に珍しいことではないらしい。春実さんは、冬のキムチもこのオンニと一緒につけるそうだ。

また、市内の至る所にあるスタンド。子どもたちが買い食いしているので、「正明もするの？」

と聞いた。春実さんは「買って食べますよ。でもお金を持たせていないから、あとで店の人が私を

美林乗馬クラブで正明くんと（2014年）

見かけると、正明が買いましたよって言ってくれる。そこでお金を払うの」と話してくれた。これは、地域社会の中でしっかりと顔が見える関係ができているからできること。小学生が「つけ」で買い物ができる！　なんて、ゆったりした社会なんだろうと思った。正明くんがのびやかに成長しているのは、こんな地域社会の中で育っているからかなと思った。

ところで正明くんは、私のことを「ロシアクンオンマ」（ロシアのおばさん）と呼んでくれる。彼の頭の中では外国＝ロシアらしい。そこで、外国人である私はロシアクンオンマとなった。いかにも朝鮮らしい発想だと思う。朝鮮に行くたびに、春実さんから正明くんが成長していく様子を聞くのが楽しみになっている。そう、私も正明くんの「熱誠者」なのだ。最後に、正明くんの「名誉」のために一言。やんちゃ坊主だった彼も、今ではオモニにも「尊待語」（尊敬語）で話をするほど、成長したそうだ。

運転手としての誇り

私の訪朝の大きな目的の一つは、会いたい人たちに会うことだ。その一人は、運転手の宋春吉さん。誇り高き朝鮮の運転手だ。「僕はかほり先生の専属運転手」と言ってくれ、これまでに何度も彼が運転する車に乗せてもらった。

朝鮮では、運転手の等級は一級から四級まであり、一級になると車の整備はもちろんのこと、車の設計までできるらしい。彼はもちろん一級運転手。根っからの車好きで、朝鮮高校の祖国訪問団のバス（朝青愛国号）が故障すると、担当でもないのにもかかわらず、自ら修理に加わる。

宋さんが通常運転する車はトヨタのランドクルーザー（ランクル）。この車は私が平壌にいる間「私の車」となる。平壌の空港で、車に乗り込むと「自分の車の乗り心地はどうだ？　先生が来るから、昨日は一日中整備していたんだ」と言う。

そのランクル、二〇〇六年製で走行距離は三十七万キロ！　しかし、乗り心地は抜群だ。それはひとえに宋さんの整備のおかげだ。こよなく車を愛する彼。たとえば、走行中、フロントガラスに鳥の糞が落ちようものなら、信号で止まった途端に雑巾で拭く。宋さんの姿が見えなければ「車の整備をしている」と思えば間違いないほどだ。

彼の運転手としてのプライドを表すエピソードは数多くあるが、その一つは、朝高の祖国訪問に同行していたある日のこと。早朝に平壌を出て、板門店・開城に行き、その後、信川博物館を参観して平壌に戻るという強行軍だった。おまけに、信川に入る橋が工事中のため、片道三十キロを迂回しなければならなかった。車は人民たちの生活のにおいがするマウル（村）の中を走った。道は舗装されていない。窓を閉めていても、砂がはい

（写真左から）「私の運転手」宋春吉さんと人造肉飯と／宋さんの愛車のランクル。走行距離は37万キロに及ぶ

ってくるほどだ。当然、車は砂まみれになった。

長い一日を終え、平壌に戻ったのは二一時近く。みんな、疲れ果てていた。しかし翌朝、ピカピカの車が私を迎えてくれた。宋さんは、夕食も食べずに二四時近くまで洗車をしていたらしい。「車は運転手の性格を表す。車は運転手の顔なんだ」と矜持を示した。

彼はぶっきらぼうだが、心は温かい人だ。私の担当でないときも、差し入れを持って会いに来てくれる。そして、必ず「平壌に来たんだから、一度は自分の車に乗れよ」と言い、ランクルに乗せてくれる。そして、別れ際は「また来いよ。いつでも車は整備しておく」と言い、最後に「앓지말고（病気になるな）」と声をかけてくれる。これは、二〇一五年夏の訪朝時に私が病気になったので、心配してくれているのだ。こんな何気ない一言に、私は日本の朝鮮認識の大きな歪みを感じる。そして私はいつも「平壌シック」だ。みんなに会いたい！

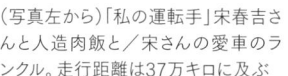

만남《マンナム》——出会い

　私が訪朝する際の大事な「任務」の一つに、朝高生たちの〈祖国〉への想いを朝鮮の人たちに届けるというものがある。それは、動画メッセージだったり、手紙だったり、クラス全員の寄せ書きだったり……。いつだったか、入国時にそれをチェックした税関職員が「これ、どうしたらもらえるかな。僕も欲しいな」と言ったことがある。うらやましかったらしい。

　朝高生たちに「祖国訪問を一言でいうと?」と聞いてみると、多くの学生たちが「만남（出会い）」だと答える。その「만남」を愛しみ、学生たちは祖国の人たちへの気持ちを私に託す。ときには十年以上前の卒業生から、高校時代の指導員へのメッセージを預かったこともある。「覚えているかな?」は杞憂。その指導員は「彼にまた祖国に来るように伝えて。そのときには必ず私が指導員としてつくから」と応えた。学生たちをこうした気持ちにする朝鮮の力を当事者たちが「ウリナラマジック」と呼ぶことがある。祖国訪問中の学生たちが、あそこまでいきいきとしているのはなぜか。「魔法」なのだろうか? ずっと考え続けてきた。

　二〇一八年三月の訪朝時。海外同胞事業局のU先生の朝食（ラーメン!）につきあうようにして、私たちは平壌ホテル四階の喫茶店で「女子トーク」をしていた。自然に話題は朝高生たちのことになっていった。

「朝鮮高校生の祖国訪問の指導員をしながら、一番、強く感じるのは何ですか?」と私は聞いてみた。

「조국（祖国）」U先生は、ラーメンをすする手をとめて、きっぱりと答え、次のように続けた。「学生たちは、祖国を触ってみたり、抱いてみたり、

においをかいでみたり、そして祖国をかじってみたりします。私にはそれができません。あまりにもあたり前に存在しているから。学生たちが〈祖国〉を掴もうとしている姿は、何度見ても心が動かされます」

　U先生からこの言葉を聞いたとき、私は探そうとしていた答えをもらったような気がした。

「조국을 잡아 알자고 하는 모습（祖国を掴もうとする姿）」

そうだ！　朝高生たちが、朝鮮でいきいきとしているように見えるのは、かれらのこの営みにあるんだ！と。

2017年、愛知朝鮮中高級学校高級部3年生の生徒たちの祖国訪問。平壌ホテルでの最後の夕食会で

　日本社会とは大きく異なる政治・社会体制を持つ〈祖国〉＝朝鮮。幼少期からたくさん学んできても、実際にその場に身をおくと、学生たちは戸惑い、葛藤もするようだ。そして、その〈祖国〉で、友人、先生、現地指導員たちとの濃密な時間を過ごす。その時間の営みはマジックという言葉で片付けられない。

　〈祖国〉での만남（出会い）を人生の宝として抱きながらその後の人生を歩もうとする学生たちの姿を見るたびに、朝鮮と朝鮮学校の関係について考えをめぐらす。在日朝鮮人の内面にすら深く存在する植民地主義の克服のために、祖国＝朝鮮は在日朝鮮人たちの「支え」だったことは間違いない事実だ。朝鮮学校と朝鮮の関係を、西洋の学問をかじった日本の研究者が「物知り顔」に簡単に相対化すべきではない。これが私がこれまで十七回の訪朝で学んだ最大のものだと思う。

最高の길동무《キルドンム》（連れ）

私の訪朝時の受け入れ機関は朝鮮対外文化連絡協会（対文協）。訪朝すると、二人の案内員と運転手がつき、私の訪朝中のお世話をしてくれる。訪問期間、ずっと一緒なのだから、私にとっては「길동무」でもある。私にとって、最高の길동무は金成泰さんだ。

私の愛知朝高〈祖国訪問〉同行調査の実現にも、朝鮮側で実務的に努力をしてくれた。時期が近づくと、朝高側の受け入れ機関（海同局）に何度も何度も連絡を入れて、日程調整をしてくれてきた。

初めての年、成泰さんのおとなしい性格を考えると、あの元気がいい朝高生と二週間もどう過ごすのだろうかと、私は少し心配していた。しかし、それは全くの杞憂だった。彼が二〇一三年の学生・洸徹さんと似ていたことから「洸徹のヒョン（兄貴）」と学生たちが呼ぶようになった。それをきっかけに朝高のメンバーにすんなりと馴染んだのだ。

朝高生との様々な場面が、私との共通の思い出になり、何年たっても、写真を見ながら、楽しく思い出すことがある。その一つが、一三年の白頭山だ。天気もよく、天池を満喫して、学生たちと「遊撃隊行進曲（！）」を歌いながら下山した。

このシーン、成泰さんは忘れられないらしい。「朝高生たちと遊撃隊行進曲を一緒に歌うことがあるなんて」ということだ。何しろ、この歌は一九三〇年代、朝鮮の抗日パルチザンによって歌われていたと言われる古い歌だからだ。

このような小さな瞬間、瞬間に、彼は朝高生を自分の同胞だと感じると言う。「もちろん、日本で育っていますから、私たちとは考え方も行動様式もちがいます。そして、変な朝鮮語もいっぱい使います。でも、何度も朝高生たちと過ごす時間を

白頭山の下山途中
朝高の指導員の冗談に爆笑する成泰さんと私（2014年）

金剛山にて
成泰さん、運転手の宋さんと一緒に（2017年）

持ち、朝高生たちがウリマルを使い、ウリノレを思いっきり歌う姿を見ると、あの子たちの日本での踏ん張りに思いを寄せます。ウリノレを一緒に歌えたことに胸が熱くなりました」と話していた。

その後、朝高生たちが朝鮮大学校生になり、祖国講習で再訪問中、私と平壌で一緒になることがある。学生たちは成泰さんを見つけると「洸徹のヒョン」と喜ぶ。成泰さんは、照れ笑いをしながら、その学生たちの思い出を語る。私は「覚えているんだ！」と感心するが、成泰さんは「忘れませんよ」だ。「私たちはいつでも在日朝鮮学生のことを気に掛けています」という言葉は決して社交辞令ではないのだと実感するのである。

ところで、二〇一五年夏、平壌で病気になった私を病院へ連れていってくれたのも成泰さんだ。翌朝「あんな辛そうな先生は初めて見た」と言うので、「平壌にも春夏秋冬があるように、私にも色々な顔があるの！」と返事したときのニヤリとした彼の表情が忘れられない。

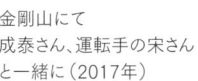

第Ⅱ部 ある在日朝鮮人家族親族の生活史

――三十年間を見つめて

済州式のチェサ料理

演錫君の父方（昌勲）チェサ（全羅南道）

玉順さんと近隣の方
加古川市内（1946年前後）

玉順さんと夫

運動会障害物走の壁越えで宙返りをしてみせる演錫君

障害物走の跳び箱で、あん馬をしてみせる演錫君

緒言
在日朝鮮人の家族親族の世代間生活史調査とX家——調査について

第Ⅱ部では、私が約三十年、親しくお付き合いしてきた在日朝鮮人家族親族の生活史をとりあげる。本書ではこの家族親族をX家と呼ぶ。この家族親族と出会ったきっかけは、民族関係研究会（以下、関係研）が実施した「在日韓国朝鮮人の家族親族単位の世代間生活史調査」（後に詳述。以下「世代間生活史調査」）である。関係研では「在日韓国朝鮮人」という呼称を使用したが、本書では、まえがきで記した私の問題意識に基づき「在日朝鮮人」とする。

関係研の調査は一九九三年に開始し、一九九八年に終了したが、私は今日に至るまでこの親族とのつきあいを続けている。特に、この親族への調査を依頼した際、要となってくれた演錫君（仮名、以下同様）とその家族とは、年に何度か自宅を訪問したり、食事をともにする関係である。もちろん、日常的にも頻繁にメールなどのやりとりをする。

また、ほかの親族のメンバーとも年賀状程度のつきあいは続けている。また、数年前までは、各家族がやっているチェサ（祭祀、法事）にも参加させいただくこともあった。

この三十年で、X家には様々な変化があった。第一次調査には現役で公私ともに活躍していた2世世代が引退し、何名かは鬼籍に入られた。そして、いまや、かれらの子どもである3世世代が、社会に出て日本社会で活躍中だ。結婚もして家族を形成した。4世世代も成長し、一部はすでに大学生だ。

また、後に生活史の中で紹介するが、国籍も朝鮮籍から韓国籍に変更したり、日本国籍を取得した人もいる。「在日朝鮮人であること」すなわち「民族」との向き合い方も世代間でずいぶん変容していったように感じられる。

二〇二一年六月末、演錫君と彼の両親である京淑さん、昌勲さんと夕食をともにしていたとき、演錫君に「先生（＝私）、これから僕らのことをまだ追ってくれるんですか（調査を続けるのか）？　僕らの子どもとか」と聞かれた。私は少し考えて、「演錫君の世代までは『朝鮮人として生きることって何ですか』という問いが成立したんだけど、たとえば（兄姉である）京花さんとか俊錫さんの子どもさんにそういう問いかけって成立するのかなぁ」と答えた。母親の京淑さんは「演錫の子ぉらは、まだなんかあるかもしれへんけどなぁ。オモニ（母親）も韓国の人やしなぁ。でも、ほかの孫らはどやろうな」と私の言葉をついだ。父親の昌勲さんは「それでもな、みんな朝鮮人やで。それは変わらん」とぽつりと、しかし力を込めてつぶやいた。

この親族の特徴は、後で詳細を述べるが、3世世代が高学歴を取得し、医師などの専門職についていることにある。1世は、苦労して密造酒の製造・販売やくず鉄拾いをしたり、解放（日本の敗戦）後は、ポッタリチャンサ（日韓を往来しつつ商売をする）をして資金をつくり、町工場を設立した。その子どもの2世たちは比較的高学歴だが、就職差別にあい、結局、自営業で生計をたてる選択をした。商売は成功し、経済的には安定していたが、腕一本に頼る自営業の辛さが身にしみていたのだろうか。子どもたちには「この社会で生きるためには力をつけるしかない」「日本人に負けるな」と、高学歴・専門職で生きるように明確に水路付けし、それを家族親族全体で支援してきたことが生活史から浮かびあがってきた。結果として、3世の多くはそれを達成した。1世の苦労の後、2世が築いた経済的な安定をベースに、3世世代の多くは専門職に就いて日本社会で活躍している。かれらの生活史を聞くと、かれらの生き様に「在日朝鮮人であること」が密接に関係していた。

もちろん、その子どもたち、すなわち4世たちの生活史を聞いてみたいとは思う。多くが親、すなわち3世世代の方針で、朝鮮名（朝鮮語読み／日本語読みは家族によって異なる）で生活し、階層的には上位に位置する家族の中で何の不自由もなく成長している。そんな子どもたちに、私がこれまでX家の人たちに問い続けてきたこと、つまり「在日朝鮮人としてこの日本社会で生きることはどのようなことですか」という問いが通じるのかという迷いがある。いや、このように躊躇している私が「脳天気」なのかもしれない。いくら階層的に上位であっても、「在日朝鮮人として生きることの意味」が無にできるような日本社会ではないからだ。散々、これまで「在日朝鮮人であることは、あなたにとってどういう意味を持っているのか？」という問いを中心に生活史を聞かせてもらってきたのに、4世世代にそういう問いをぶつけることが、なんとなく申し訳ないような気がしているのだ。したがって、今のところ、次の一歩が踏み出せないでいる。

このような親族の約三十年間を見つめてきた。ほとんどは、一緒にいた時間のことをメモにしていた（すなわちフィールドノート）が、時として、関係研の調査時のように、レコーダーをおいて（つまりは、インタビュー調査）を聞かせてもらうこともあった。

また、二〇〇九年から二〇一一年にかけてはフォローアップ（第二次調査）として、日常ではあまり付き合いのない親族のメンバーにも再度話を聞かせてもらい、また、この間に新しくできた家族にも新たに話を聞かせてもらった。
第Ⅱ部では、このX家の人たちの生活史をとりあげて、在日朝鮮人としてこの日本社会で生きることはどういうことなのかを考えてみたい。

1　調査の概要「在日韓国朝鮮人の家族親族単位の世代間生活史調査」について

まずは、「在日韓国朝鮮人の家族親族単位の世代間生活史調査」について述べておこう。この調査は、前述の通り関係研が一九九三年から一九九八年まで大阪都市圏で実施した在日朝鮮人の家族親族をユニットとして生活史を聞かせていただいたものである。

なぜ、家族親族単位の生活史なのか。その理由は在日朝鮮人の家族親族の結合の強さにあった。この調査を企画した谷富夫は、関係研が在日朝鮮人の家族親族に焦点をあてる理由を⑴儒教精神に基づく家族親族の絶対的強度（祖先祭祀＝チェサなど）⑵日本社会の民族障壁（民族差別）ゆえの家族親族以外の社会関係の希薄さ（相対的強度）の両面から説明できるとする（谷、二〇〇二）。本調査では、大阪都市圏に住む四親族（V、W、X、Y家）の人たちの生活史を聞かせてもらった。その人数は第一次調査終了時点で、五十七名（延べ七十二名）である。

各調査は、約二〜三時間。長いときには四時間にわたったこともある。また、一度では終わらず、二度、三度とお話を聞いた人もいる。X家は第一次調査では十六名の方からお話を聞いた。

調査は録音（第一調査時はカセットテープだった！）し、基本的に一字一句文字起こしをし、それをさらに別の人の手によって聞き直し、私たちが聞いた生活史の記録として、なるべく正確度が高いものを目指した。大変な作業だったが、関係研としての共同研究であり、学部学生たち（かれらの何人かは今や研究者となり活躍している）の助けもあり完成したものである。その生活史の記録を届けたとき、特に1世の玉順さんの記録を届けたときには、息子の昌勲さんが大変喜んだことも印象に残っている。

さて、関係研の調査の焦点は何だったのか。それは、在日朝鮮人の家族親族内で伝達・継承されるもの／変容するものは何か、また、そのプロセスはいかなるものかという点であった。在日朝鮮人の日本での生活が長くなるにつれ、第一次調査時の一九九〇年代には4世代目が誕生していた（現在では5世代目が誕生している）。世代交代が進む中で、在日朝鮮人が家族親族内で、民族文化（チェサなど）や民族意識、またはもっと広く人生観や価値観などを、どのように継承しているのか（していないのか）。それらを「家族親族のメンバーである個人の生活史」を丁寧に聞き取り、個々人の生活史を縦・横につなげて考察し、世代を超え、長いスパンで「民族関係、文化継承、および職業移動などの変動過程を追究するためのライフコース研究」として、調査を実施したのである（谷、二〇〇二）。

このように世代間で生活史を聞きとることによって可能になるのは、世代間の比較である。たとえば、本調査で注目した「チェサ」を今後どうしていくのか。在日朝鮮人家族親族においては、チェサは重要な行事であるからこそ、とかく「もめごと」のタネにもなりやすい。一般的に、年配の世代は「伝統的な」方法を守ることをこだわるのに対し、若い世代はドライに「やめる必要はないが、自分たちがやれる方法でやればいい」と言う。このように世代間で変容しているものを、本調査では明らかにすることができた（もちろん、同じ世代でも、料理などが負担で女性がぐちを言い、お酒に酔った男性たちと軽い「口論」になることは、「おなじみの光景」だった）。

また、家族親族の生活史をつなぎあわせることによって、世代間の連関も見ることができた。祖父母から父母、そして子どもに継承される（またはされない）生活目標や生活理念は何かということを読み取ることである。たとえば、チェサの場で、祖母からくり返し「朝鮮人としてちゃんと生きや」と言われたことが、孫にとっては一つの土台となり、思春期から青年期にかけて、読書を通じて、民族について考えはじめ、大学時代の民族運動を通じて、自らの民族意識を形成しなおしたというようなものである。

この調査を通じて、関係研が明らかにしようとしたことは以下の三点である。まずは在日朝鮮人社会そのものの理解である。すなわち、在日朝鮮人の生活そのものを把握すること。谷はこれを「異文化理解」と呼んだ。二点目は、在日朝鮮人社会と日本人社会の民族関係のあり方を検討すること。特に、いかなる条件があれば、在日朝鮮人と日本人は結合（共生）関係を結ぶことができるのかを生活史から読み取ることである。三点目は、在日朝鮮人の階層的な位置を理解し、その社会移動の様相を理解することである。

このような目的のもと、関係研では一九九三〜九八年の間に、大阪都市圏に住む在日朝鮮人四親族、計五十七人の生活史を聞き取った。中には複数回、話を聞かせていただいた方もいる。また、二〇〇九〜一一年にかけて、再び関係研が行ったフォローアップ調査（研究代表：稲月正「移民の流入と統合」）では、X家の人たちへの再調査のほか、あらたに四名の方のお話を聞かせていただいた（表1参照）。ここでは、この調査を「第二次調査」と呼ぶ。第一次調査と第二次調査の間には十年という月日が流れていた。この間に、第一次調査のときは現役でバリバリと働いていた2世世代は引退し、また、社会に出たばかりもしくは学生だった3世世代が、社会で活躍し、家族も形成していた。第二次調査では、3世世代に対して、父母の代までは継続してきたチェサをどうするのかといったこと、医師など専門職に就いた後、「民族」にはどのように向き合うようになったのかということ、子育てのこと、子どもへの民族の継承などをどう考えるのかなど、第一次調査では抽象的にしか聞けなかったことも、実生活の中から浮かび上がることが具体的に聞けたと思う。

世代区分

ところで、在日朝鮮人の世代区分に関して、ここまでは慣例にしたがって、日本に来て何代目かを示す「1世」「2世」「3世」を使用してきた。しかしながら、関係研では、各個人が生きてきた時代を明確に表すために「十代をどの時代で生きたか」によって世代を四つに区分した。たとえば、「3世」でも、その年齢幅は大きいし、また、父親と母親の日本に来た世代が異なることもあるからである。具体的には、調査対象者を操作的に十五歳（中学三年生）を生きた時代で四分類したのである。つまり、①「戦前移住世代」（～一九四五年）②「戦後世代」（一九四五～五九年）③「成長期世代」（一九六〇～七三年）④「定住世代」（一九七三年～）とした。本稿でも、以後、この時代区分にしたがうことにしたい。X家の二十名の対象者を世代ごとに示したのが〈表1〉である。

X家について

ここで、X家について概要を示しておきたい。X家の最大の特徴は、先にも述べたように、成長期・定住世代（「3世」）の多くが高学歴を取得し、医師等の専門職に従事していることにある。

このような生き方は、在日朝鮮人が日本社会で生き抜く一つの道であるように思われる。たとえば、「コリアン・ジャパニーズ」を自称する作家・金城一紀の『GO』という作品の一節に以下のようなくだりがある。民族学校に通う主人公「僕」が先輩に将来をどう考えているかと尋ねられているシーンである。

「俺みたいにそのまま高校に上がって、卒業して、同胞が経営してるパチンコ屋か焼肉屋か金融屋に入って働くか？　それとも、医者か弁護士にでもなるか？」

僕たちは顔を見合わせて、笑った。《在日朝鮮人》社会には、必ず親から子供に伝え聞かされる『おとぎ話』があった。

「朝鮮人でも国家試験を受けて、医者や弁護士になれる」（金城一紀『GO』より）

X家以外でも、関係研で協力していただいた在日朝鮮人の多くが異口同音にこのような将来像を口にした。「自営業か医者か弁護士」。この限定された将来像は、「神話」として機能する場合も含めて、在日朝鮮人の職業選択に強く影響してきたのである。

X家の人たちもこうした将来像に強く影響を受けた。こうした将来像をそのまま体現するかのよう

表1　X家の対象者

〈戦前移住世代〉	
玉順（女、1913～2004）	韓国全羅南道→東大阪。朝鮮籍。学歴なし。隠居（2004年死去）
〈戦後世代〉	
栄淑（女、1931～）	大阪市生野区→八尾市。朝鮮籍。旧制高小卒。喫茶店経営
銀淑（女、1935～）	大阪市生野区→神戸市。韓国籍。高卒。主婦
昇教（男、1937～2017）	大阪市生野区→神戸市。韓国籍。大卒。居酒屋経営→賃貸マンション経営（2017年死去）
昌勲（男、1939～）	兵庫県加古郡→八尾市→京都府精華町→神戸市。朝鮮籍→韓国籍。中卒。塩化ビニール業役員
京淑（女、1942～）	大阪市生野区→八尾市→京都府精華町。朝鮮籍→韓国籍。高卒。主婦
〈成長期世代〉	
明玉（女、1948～）	神戸市須磨区→神戸市長田区。朝鮮籍。大卒。薬剤師
京美（女、1954～）	大阪市生野区→八尾市。朝鮮籍。高卒。保険外交員
周学（男、1956～2015）	大阪市生野区→八尾市。朝鮮籍。高卒。会社員（2015年死去）
陽子（女、1958～）	大阪市生野区→神戸市東灘区。韓国籍。大卒。通訳
〈定住世代〉	
民実（男、1962～）	大阪市生野区→横浜市→東京都文京区。韓国籍。大卒。小児科医
京花（女、1964～）	布施市（現東大阪市）→京都市→京都府木津川市。韓国籍→日本籍。大卒。婦人科医（開業）
俊錫（男、1969～）	布施市（現東大阪市）→姫路市→神戸市→東京都品川区→神戸市灘区。韓国籍。大卒。麻酔医（開業）
演錫（男、1971～）	布施市（現東大阪市）→神戸市→USAミズリー州→精華町→神戸市。朝鮮籍→韓国籍。大学院生→会社員→自営
春花（女、1974～）	神戸市灘区→神戸市長田区→大阪市東淀川区→神戸市。韓国籍。医学部3年生→眼科医（国立大学医学部助教）
周植（男、1975～）	東大阪市→大阪市生野区→大阪市平野区。朝鮮籍。大学4年生→A市公務員（行政職）
（第2次調査新規）	
昌植（男、1965～）	大阪市→西宮市。朝鮮籍から韓国籍への手続き中。大学院卒。内科医
淑美（女、1976～）	神戸市→奈良市。韓国籍。大卒。主婦
哲植（男、1969～）	大阪市→奈良市。韓国籍。大卒。精神科医（開業）
琴順（女、1972～）	大阪市→大阪市平野区。韓国籍。専門学校卒。助産師

注）
1：（性別、生年～）出生地→現住地、国籍、学歴、現職の順。
2：現住地、国籍、学歴、現職などは、2022年1月現在、分かる範囲でのデータ。

に、X家の戦後世代は自営業で生計を立て、その子どもにあたる成長期世代・定住世代は医師など専門職に就いている（図2参照）。

X家は戦後世代（「2世」）の六人きょうだいを中心にした親族集団である（図1参照）。「自営業か医者か弁護士」これは在日朝鮮人社会で長く語られてきた職業モデルだ。「朝鮮人は履歴書のある仕事にはつけない」（Y5、一九四七年生）という認識は、多くの在日朝鮮人にとって共通認識であり続けたようだ。就職時の民族差別は当たり前のようにあったからだ。

X家の人たちも決して例外ではない。昇教は関西の有名私立大学を卒業しているが、就職はなかったという。結果として、戦後世代の在日朝鮮人の多くは自営業で生計をたてた。

まず、戦後世代が自営業主（創業者）として成功し、安定した生活を送ってきたことが、生活史の中から読みとることができるだろう。しかし、かれらは、子どもたちが家業の後継者となることは望まず、積極的に医師にしたいと考え、そのための大学進学と学部選択を水路づけている。かれら自身、高校・大学卒業時において、たとえばY家のY3（一九五〇年生）が体験したような露骨な就職差別、すなわち、中卒で就職内定した大手家電メーカーから国籍を理由に内定を取り消されるような体験（これが前述のY5のような認識をもたらした）をしていない。しかし、それは差別が存在していなかったからではない。かれらが、日本社会に存在している差別を感じとり、最初から自営という道を選択したからにすぎない。このような経験から、子どもに対しては、「差別のない職業」「安定した職業」としての医師への道を水路づけたことが異口同音に語られた。

そして、子どもたちの世代、つまり成長期世代・定住世代にあたる者たちも、このような親の価値

図1　X家のインフォーマント（2022年1月現在）

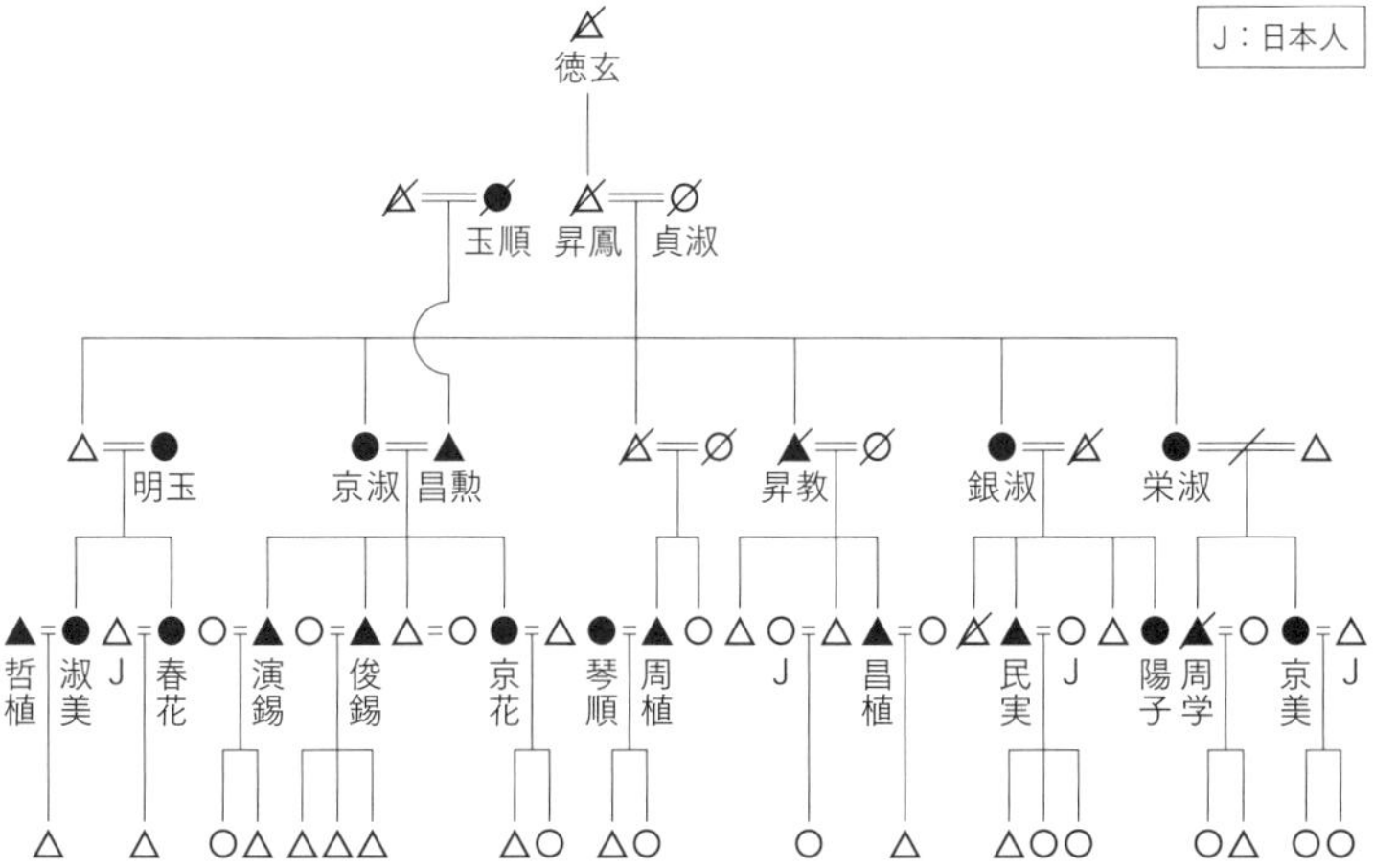

図2　学歴と職業（調査当時、2022年1月アップデート）

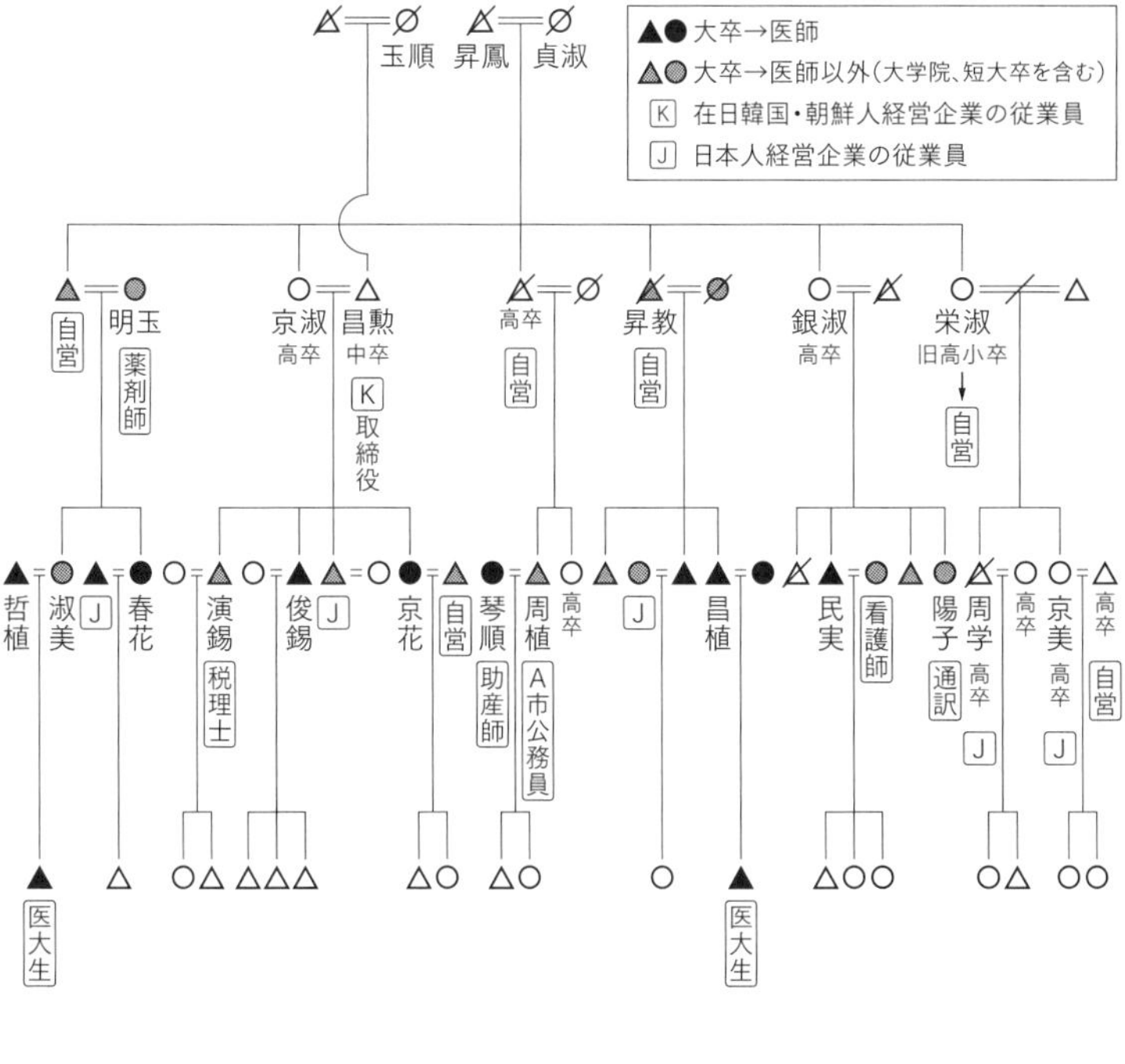

観を受け継ぎ、進路選択の場では悩みながらも、やはり安定した職業を得ることを第一の目標として職業選択をしていったことが、生活史から明らかになるだろう。事実、成長期世代・定住世代にあたる二十名中、十七名が大卒以上の学歴を持ち、そのうち八名が医師（歯科医一名を含む）となった。他にも、フリーの通訳として日本企業を相手に仕事をする者や、税理士として日本企業で働く者（後に独立）がいる。さらに、職員採用時の国籍条項が撤廃されたA市に採用され、公務員として地方行政に携わるなど、在日朝鮮人の新しい生き方を選択した者もいる。X家のような事例がどこにでも見られるものではないだろうが、在日朝鮮人の生き方の一つの典型だとは言えるだろう。

第Ⅱ部での主たる関心は、まずはこうした高学歴・専門職で生きる選択を可能にした要因を明らかにすることにある。在日朝鮮人にとって「自営業か、医師や弁護士などの専門職か」という選択肢しか持ちえないこと自体、それだけでも大きな困難を抱えていることになるが、逆にそうだからこそ、専門職に到達した者が身近にいれば、それが一つの準拠点となり、個々人の進路選択に強烈な方向づけを与えていくようである。X家の場合も、民実の東京大学理科Ⅲ類進学を一つの契機として、その後、親族から次々と医学部の合格者を出したり、医師でなくとも専門職を目指す者を輩出するようになっている。戦後世代の自営業から成長期世代・定住世代の専門職への上昇移動。学歴を職業移動の手段として利用した例であるが、それを支えた背景には、家族親族の親密な相互扶助がある。

関係研の世代間生活史調査の問題意識の一つに、在日朝鮮人社会においては家族親族が非常に重要な準拠集団となっている、そして強い結合を保っているのではないかというものである。このような問題意識に照らし合わせると、X家の職業移動に家族親族結合がどのような影響を与えたのかを考察することは非常に興味深いだろう。

さらに、世代間で上昇移動を果たした家族親族で民族関係がどのように継承されているのかも考察したい。上昇移動が家族親族または民族からの分離や紐帯の弱化をもたらすのか、または結合を維持・強化するのか。この点を世代間生活史の中から読みとることも、第II部の主題の一つである。

X家の調査概要

X家の調査を開始したのは、一九九三年十二月である。当時、まだ大学四年生だった演錫の生活史インタビューを皮切りに、年が明けてすぐに、彼の両親である京淑、昌勲の生活史を聞かせていただいた。X家にアプローチしたのは、他の親族集団（W、Y、V）が韓国籍中心だったのに対して、この家族は当時全員が朝鮮籍であり、演錫のきょうだい四人とも民族学校出身者であったことが理由である。

さらに、この家族を調査する過程で、子ども四人のうち二人が医師（一人は当時まだ医学生）であり、また、演錫のいとこにも医師や医・歯学生を四人含んでいることが明らかになった。当時、演錫自身も税理士を目指して大学院進学を決めており、その後、税理士資格を取得、さらにCPA（アメリカ公認会計士）も取得した。大学院修了後、いくつかの大企業勤務を経て、現在は独立している。このように高学歴・専門職で日本社会を生き抜こうというのは、在日朝鮮人の生き方の一つである。だからといって、それを達成することは、決して容易ではない。

そこで、このような生き方を可能にした条件を世代間生活史の中から明らかにしようと、京淑の兄弟姉妹の家族へと調査範囲を広げることにした。演錫の姉にあたる京花には一九九六年一月に、春花から昇教までは一九九六年の夏を中心に翌年四月までかけて調査を行った。何名かの人には補充調査を行っている。

さて、本稿でいうX家の親族範囲をここで明確にしておこう。関係研では、図1に示した親族関係の範囲を「X家」と呼んだ。図を見ればわかるように、栄淑、銀淑、昇教、京淑がきょうだい関係にある。この四人を中心にして、配偶者や子どもたちの世代を合わせて二十人分という比較的まとまったユニットで生活史を聞くことができた。

玉順は、昌勲の実母である。X家のユニットからは少しはずれてはいるが、X家の中で戦前移住世代にあたる対象者は彼女のみである。しかも日本と朝鮮半島の歴史や政治に翻弄されながら生きてきた彼女の個人史は、戦前移住世代の典型例であるともいえるため、第II部一章で、玉順のことはかなり詳しく紹介することにしたい。

また、第一次調査で各対象者からくり返し語られた六人きょうだいの母親貞淑の生活史を聞くことができなかったのは残念であった。貞淑と初めて会った一九九五年十月のチェサでは元気な姿を見せておられたが、一九九六年初夏に亡くなられた。

親族関係

X家の系譜の中で、もっとも早くに日本に渡ってきた人は、X家の六人きょうだいの祖父徳鉉である。生野区の在日朝鮮人の多くがそうであるように、済州島出身である。徳鉉のきょうだいやその子ども移住の第一世代として日本に渡ってきている。その子孫も日本に在住している。

さて、徳鉉の来日の理由は、仕事を求めてのものだった。済州島のある程度豊かな家庭に育ち、教育も受けていたが、仕事をしなかったために、財産を食い潰したのである。しかし、来日後も仕事はほとんどせずに、後に単身で来日してきた息子、すなわち後にX家六人きょうだいの父親となる昇鳳（その後、結婚して母親の貞淑も来日）を頼った生活を続けていた。昇鳳は大阪生野区でくず拾いなどをしながら、生計を維持していたようである。このような昇鳳の生活史は、在日朝鮮人の移住第一世代の職業構成が不安定なものであり、「くず拾い、ボロ屋、日備人夫、手伝い等都市細民的職種が恰も在日朝鮮人の天職であるかの如き観を呈するに至った」という朴在一（一九五七）の指摘と重なるものである。

終戦直後、昇鳳は事故で死亡。母親の貞淑は、大阪鶴橋の闇市で商売をしたり、韓国と日本を往来してお金を稼ぎ、それを資本に弟たちとゴム鞠工場の経営を始めた。このことについて、栄淑が次のように語っている。

鶴橋の国際市場ね、闇市やったでしょ。（母親は）あの闇市の仕事してましたわ。タイヤ売ったりね。それから、私が十八歳くらいのときにね、韓国、二、三回行ってましたわ。こっから品物持ってって、韓国で売って、そいで儲けて帰ってきて、そして（母の弟たちと始めた工場の）借金全部払うた記憶はありますわ。

この工場は、後に「B化成」という塩化ビニール製造会社に発展。苦労や困難もあったようであるが、安定した経営ができていたようである。そして、夫の死後、生活を支えながら六人の子どもを育て上げた。この六人の子どもが築いている親族関係が、本調査のインフォーマント「X家」である。

まず、栄淑は、六人きょうだいの長女として、父母の手伝いをしながら子ども時代を過ごした。特に、父親の死後、母親は仕事で忙しかったので、家事を一切引き受け、十歳以上も年齢差がある妹(京淑)や末弟(明玉の夫)の世話に追われた。学校の保護者会なども、母親の代理で出席していたという。このような家庭の事情のため、栄淑は旧制高等小学校(今の中学相当)までしか出ていない。

成人後、1世の男性と結婚し、二人の子ども(京美・周学)をもうけるが、離婚。実家の仕事を手伝いながら、子どもたちを育てた。その後、次弟が東大阪市内で経営していた喫茶店を引き継ぎ、これを八尾市に移して生計をたてていた。二〇二二年現在、身体が悪く、ほぼ寝たきりの状態のようである。子どものうち長女京美は、高卒後、母の喫茶店を手伝い、日本人と結婚して、母の店舗兼住宅の近隣に住んでいる。長男の周学は、工業高校卒業後、日本企業に勤め、同胞と結婚。やはり母の店のすぐ近くに住居を構えていたが、二〇一五年に病死した。

次女銀淑は、高校を卒業後、一九五七年に済州島出身の男性と結婚。夫は、結婚当時は鶴橋で服の販売をしていたが、その後、尼崎や神戸で喫茶店を経営、大成功する。銀淑も店の手伝いをしていた。しかし、夫が体調を崩し、店を続けることが困難になったため、店をたたみ、神戸市内に貸ビルを購入。夫の死後(一九八二年)も、テナント業の収入で生計を立てている。子どもは三男一女(末っ子は一九八二年病死)。そのうち、長女が通訳をしている陽子、次男が東大医学部を卒業し、関東圏の病院で小児科医をしている民実である。

長男昇教は、大卒後、いくつかの職を経て、神戸市内で居酒屋を経営し、成功をおさめた。2世の妻との間に、三人の子どもをもうけ、長男は内科医、次男は歯科医、三男は調査当時は歌手を目指していた。昇教はX家の長男としての役割を、子ども時代（特に父親の死後）から意識させられてきたという（昇教は二〇一七年急逝）。

昇教のすぐ下に弟がおり（二〇二〇年病死）、その弟の子どもが周植である。第一次調査時は大学生だったが、その後、A市の公務員として働いている。現在は在日朝鮮人3世の女性と結婚、一男一女の子どもがいる。

三女京淑は、高卒後、母親の会社で働いていた昌勲と結婚。昌勲は韓国全羅南道にルーツを持つ2世である。三男一女をもうけ、長女が京花、次男が俊錫、三男が演錫である。長男は、大卒後、日本企業に勤めている。

六人きょうだいの三男は神戸市長田区の靴メーカーで働いていた。妻明玉の父親が経営する会社である。明玉は薬剤師として、パート・タイムで働いていた。二人の子どものうち、長女春花は調査時は医学生だったが、現在は眼科医だ。日本人男性（医師）と結婚し、息子が一人いる。次女は大学を卒業し、教育関係の企業で働いた後、結婚（夫は精神科医。済州島にルーツを持つ3世）。今は専業主婦だ。息子が一人いるが、京都大学医学部生である。

以下、一章では、第一次調査で聞かせていただいた生活史を各世代一人ずつ紹介し、X家のメンバーが世代間で上昇移動した要因を中心に分析する。生活史の分量はかなりあるが、調査の目的の一つに「異文化理解」があった。在日朝鮮人が日本社会でどのように生きてきたのか、すでに5世たちが誕生している現在、在日朝鮮人たちは、どのような民族文化や民族意識を維持し、または変容させてきたのか等、考えるべき問題は多い。さらには、世代が進むにつれて、日本社会のメインストリームで仕事をする在日朝鮮人たちも増えてきているが、かれらがどのようにそのような職業地位達成を果たしてきたのかなどの分析も、今後の日本社会のあり方を考える上で必要なことであろう。植民地期に日本に渡ってきた第1世代がインフォーマルセクターで生計をささえ、第2世代が自営業、第3世代が医師をはじめとする専門職につく、こうした世代間の階層移動を可能にした要因をかれらの生活史から描き出すことは、調査の目的の「異文化理解」に通じるのではないかと考える。

さらに、第二章では、地位達成を果たしたかれらの民族意識なるものは、どう変容したのか/しないのかなどを考える。第三章では、私が朝鮮学校に出会うまで、あまり考えることもしてこなったX家の別の側面、すなわち、総聯や朝鮮学校との距離が近い親族だったことに焦点をあてて、かれらの生活史のもう一つの側面を考えてみたい。

なお、第Ⅱ部を通して、同じ生活史の語りが引用されることもあるが、長年、調査を遂行しつつ、その都度書いてきた論考である。したがって、それらを無理に整理することなく、そのまま掲載することにしたい。

第一章　X家の世代別生活史——上昇移動の生活史

本章ではX家の生活史のうち、「戦前移住世代」と「定住世代」を紹介したい。「戦前移住世代」の玉順は、先に述べたようにX家のまとまりからは外れるが、X家で生活史を聞けた唯一の1世でもあり、彼女の生活史は朝鮮半島の分断の影響を大きく受けているので、ここに紹介することにしたい。もう一人紹介するのは、「定住世代」の民実である。彼はX家が上昇移動をする大きな契機となった人である。本書では紙面の都合上、ほかの世代の生活史全体を紹介できないが、X家の生活史からこの家族親族が世代間で上昇移動を果たした要因について分析をしたい。

1　戦前移住世代の生活史

(1)玉順のプロフィール

一九一三年、全羅南道康津郡群東面生まれ。女、八十三歳、八尾市在住（調査時）。玉順は日本語が不自由なため、息子昌勲とその妻京淑の自宅で、二人にも同席してもらい、食事をしながら、昔話を聞くような形で調査をすすめた。また、玉順の生活史を理解するために、別の機会に聞き取った昌勲（京淑が同席していた）の生活史記録も引用して、本節を構成する。

(2)故郷で

玉順の実家は農家。「金持ちではないけんど、お父さん、兄さん、みんな真面目に真面目に、百姓してするから」という生活状況だった。玉順は、畑仕事に出かける両親に留守番しているようにと言われても、友人を連れてきて遊んでばかりいるようなヤンチャな子どもだったと回想している。

隣村の男性と結婚。夫は一九一二年生まれ。六十五歳で死亡した。夫の生家はそれなりに財産もあり、夫は字の読み書きには不自由ない程度の教育は受けた。しかし、義父が財産を使い果たし、結婚した頃には、生活はすでに苦しかったようである。

この子〔昌勲〕のお父さんときたら、昔は（お金が）あってナニしたとこを……。うちのシアボジ〔義父〕が、やっぱし（お金が）あるから、学校の勉強もさせとるし。また、学校の勉強だけじゃなしに、ムラにあの、そういう勉強教えるとこがあって、そこ行っとるから。ムラも小さいねん。うちのムラは。六十軒あるなしで。もう、うちのテテ親だけ、目え開いた〔字が読める〕人は。そんなしたから、ムラの用事は、みんな見るし〔面倒をみる〕、警察とか、あの区役所とか、みな、見やんとこがあれへんしね。そうしながら、あるもん〔財産〕、みんな無くなってしもうて。あとはうちの親父さん〔夫〕、十三、十四（歳）なったら（その頃は貧乏になってしまっていた）。そやから、うち、嫁に行ったら、「これもあんたんとこの家にあったのに、こうして売った。これもあんたんとこの家やなのに、売った」（とムラの人が）言うて。

あと、しまいは行くとこないから、息子〔夫〕は十五、六（歳）になって、お母さんとサネ〔山へ〕行って、木ぃ切って、それで建てた家で、うち（を嫁に）迎えして。（しばらくそこに）おってから、ここ〔日本〕来たことで。うちはまた家で苦労せんと、こうしたけんど、うちの姑だけはかわいそうで、かわいそうで。（義父は）酒飲んで帰ってきたら、もうー、何やかんや、もう、お膳（ひっくり返す）。

実家では両親が喧嘩をしたのを見たこともなかったため、義父の生活ぶりには驚いたし、怖い思いもしたと語る。

(3)日本での暮らしぶり

故郷での生活に窮して、夫は日本へ働きに出た。

（夫は日本へ）金儲けに来ました。もう嘘も隠しも（しない）。朝鮮ではもう、お父さんはそんなで、家の中はもう火の車が回っても、外出たら警察とか、区役所とか、そういうとこやから（警察や区役所のような仕事をしているので）、エエかっこはしたい。家の中は苦しんどる。

こうして夫が先に来日、玉順も一年後に来日した。婚家に借金（当時の金額で千円）もあり、自分が日本で働けば、そのくらいの借金も返済できるだろうと思ったと語る。玉順が二十一歳か二十二歳の頃であった。

来日して、兵庫県加古川市周辺で暮らしていたという。玉順の夫は川崎重工や中山製鋼の工場で働き、玉順は家で豚を飼ったり、飴や焼酎をつくっていた。六人の子どもを産み育てた。

戦後、玉順の夫は現在の総聯の前身である在日本朝鮮人連盟のK地区委員長になる。息子の昌勲は当時を次のように回想する。

【昌勲】当時の連盟というのは、今のいわゆる朝総聯の前身ですけども、金も要ったですね。親父が昔からハイカラ人間かどうかわからんのですけど、今で言うハーレありますわな、ハーレーダビッドソンのオートバイ。それと同じインディアンいうのがあったんです。サイドカーつけてね、僕をよく明石城とかね、姫路城へ、大会やなんかでよく乗せてってくれましたよ。だから、小さいときに、朝起きたら、頭の上に干しバナナやチョコレート、当時で言えば滅多に人の手に入らないようなもの（を父はおいてくれた）。ま、当時が親父の一番華やかなときやったん違いますか。

しかし、夫が事業に失敗して、一家は兵庫県多可郡に夜逃げ同然で引っ越す。そこに一年ほどいて、兵庫県氷上郡小野町へ移った。そこで、鉄のスクラップ業をしていたが、うまくはいかなかったようである。昌勲の語りから、生活の激変ぶりがうかがえる。

【昌勲】そこ〔小野町〕に家がね、当時朝鮮の方が住んでおられた家がありましてね。そこをその方が出るということであったから、そこを譲っていただいて。まぁ土地も村の土地ですよ。あんなもの不法占拠みたいなもんですよ。山の裾でね。まぁ開拓村みたいなところがあったんですよ。小さなあれで〔集落〕。電気も無かったですよ。ランプの生活ですよ。

玉順も生活を支えるために、焼酎を作って売り歩くなど、大変な苦労をしたようである。その焼酎について、昌勲は「ニセ焼酎」と呼び、玉順は「焼酎に薬を入れたら日本酒になった」と説明する。玉順は細く小さい身体で、自転車にその焼酎を二斗積んで、毎日、売り歩いたと回想している。

まぁオヤジさん〔夫〕がそのときもな、恥ずかしい話やけんど、これ〔女性〕持って出ていったことやから、わしが（仕事）して、子ども六人食べさせなアカンことやったんや。

このような生活状況だったため、昌勲は中学校を卒業後、働くことを決心する。学校の成績も良く、運動もよくできたために、進学希望は強かったが、諦めたと語る。

【昌勲】学校〔高校〕行きたかったですけどね。まぁやっぱり、母親が貧乏しておりゃね、私があきませんわ。性格的に。

玉順も当時のことを振り返って「中学校に行ってから、金がないから『夜学でも高校行け』言うたんや。『イヤ。学校から金持ってこい言うとき、持っていかなんだらカッコ悪い。行けん！』（と昌勲が言った)。『じゃあ、あと何も不平言えへんか?』言うたら、『言えへん』(と言った)」と語る。玉順の夫も、子どもを高校へ行かせてやりたかったようであるが、経済状況が許さず、親として辛い思いをしたのではないかと昌勲は振り返っている。

昌勲は中学を卒業後、大阪市生野区にあった町工場で働き始める。一家の生活を支えるために必死で働いたそうである。昌勲自身、そして妻の京淑も、その頃のことを次のように語った。

【京淑】生活をやっていかなアカンていうことやね。やっぱり、みんなきょうだいが学校へ行ってても、誰かひとり仕事やっておかないと、家は成り立たないでしょ。主人の妹でも総聯関係の先生してたし。主人の弟もそういう〔総聯関係の〕仕事してたから、誰かが家全体が食べる何か仕事を持って――そういう役を(夫が)してたわけです。まぁ収入がないでしょ、あんまり。そういう〔総聯の〕仕事は。本当に低いですからね。だから、一人でそういう役を自分で買ってでたいう感じですね。そうしないとやってけないですよ。そやから、まぁね、百円儲ければ、親に九十五円まで送る人でした。

【昌勲】(働き始めたときは)しんどかったんやで。十六歳で出てきて、自分で自炊して、自分で弁当作って、深江橋まで歩いて行きまんねんで。電車賃もったいなかったから。そのときにやね、『ガード下の靴磨き』が歌われてやね、どんだけ寂しいか。十六いうたら寂しいときやで、ほんとに。母親にね、とにかく給料もらったら、母親に全部やって、そっから小遣いだけもろうて。それで、妹、弟が学校行っとっても、僕、別に腹も立たなかった。当り前と思ってたから。

⑷朝鮮半島の政治状況と玉順の生活

玉順の人生は、朝鮮半島の政治的状況に大きく影響を受けた。前にも述べた通り、玉順は六人の子どもを産み育てたが、調査当時、長女（第一子）は韓国に、長男（第二子）と次女（第五子）は朝鮮で暮らしていた。長女は結婚後、夫が故郷に帰って家を継がなければならないという理由で帰国。長男と次女は当時の朝鮮への帰国運動に賛同しての帰国だった。

子ども三人（日本から）離れたときには、ふた月の間、うちはこんなぁったで（悲しくて仕方なかった）。いやぁ、なんのために子どもこないして生んで、元気で大きして、なんぼ行くな言うて止めても、自分から行く言うから。自分らが行きたいと言うから、「ほんなら、もうエエわ」言うて、そうして行かした。自分で好きで「行け」言うて行かして、こうや言うたら罰があたるで、ホンマに。子ども、北（朝鮮へ）二人行かすときには、それも（長男が朝鮮へ）三月末頃行って、四月かかりに（長女が韓国）行って、四月しまいに妹（娘）が（朝鮮）行って、するときには、それは涙が出て……。ま、（朝鮮には）大勢行くからな思うたけんど、長女が三月の三日か四日の日、「韓国行く」言うて。（長女は団体で帰国するわけではないので）船、小さいの、子ども四人連れて、うちの長女二十九（歳）で行かすのに。そのときはホンマに、もう胸が割れそうだったな。（当時四歳だった孫が）「おばあちゃん、恐いねん。降ろせぇ。おばあちゃん、恐いねん。降ろせ」言うのが……あぁ人間が子ども大きして、こんな結婚さして、子どもまで、あないして生んで、そんなして（韓国へ）行かすのか思ったら、ホンマ、目ぇの前が真っ暗だった。

昌勲は、兄と妹の帰国については次のように回想する。

【昌勲】まぁ（妹は）大阪の朝高〔朝鮮高校〕行ってましたからね。当時、そういう帰国事業、特にまぁ、日本の現状とか、そういうの見て、自分たちも希望に燃えてですね。で、まぁ、国のいろんなものを建設するために帰るということで、自分で帰ったんですね。まぁ親は「絶対に泣くなよ」って言うたけども、「絶対泣かへんぞ」て（私も）言うとったんが、大阪の駅でごっつい泣きましたわな。（両親は、朝鮮への帰国に対して）賛成はしなかったですね。そりゃ親と離れて暮らす（ことに賛成はできないでしょう）。

のちに、妹の帰国をめぐって、昌勲は次のように語っていた。二〇一一年六月二七日のことである。息子の演錫に「アボジはコモ（父方のおば＝昌勲の妹）が朝鮮へ帰ること、なんで反対やった？」と問いかけられての返事である。

【昌勲】かわいそうやったんや。まだ十六歳やったろ。俺もな、十五歳で一人で大阪出てきてさびしかったんや。だから、あいつも向こう行ったらさびしいやろうって思って。でもな、自分で帰るって言うんやから、俺が止められへんやろ。

朝鮮半島の分断に、このように影響されて、玉順は渡日以来、一度も韓国へ帰郷はしていなかった。

玉順の国籍は「朝鮮」のままで、「韓国」への切り替えをしていないため、故郷の全羅南道への帰国が難しいという現実がある。切替手続き自体は困難なことではないが、玉順自身の祖国に対する次のような考え方があり、切り替えを拒否していた。

韓国とかハングック〔韓国〕とか、これも言うのは言うけんども、もう生まれが朝鮮ですやろ。昔は、うちが二十二（歳まで祖国に）おるときは、「チョソン〔朝鮮〕、チョソン」言うとるのに、今さら韓国とかハングックとか、「なんちゅことや」言うことが、頭に浮いてくるねん。

また、子ども二人が朝鮮へ帰国していることを考えると、韓国籍へ切り替えて祖国訪問をする気にもならないようである。昌勲がその辺りの気持ちを代弁した。

【昌勲】理屈抜きでね、母親にしたって、北朝鮮に兄貴と妹がおって、南朝鮮に姉がおって。子ども、（南にいても北にいても）おんなし子どもやってことやしな。実際、じゃあ登録〔国籍〕変えて、（韓国へ）行けるかって言うたら、そんなん、行けへんしな、なかなかね。やっぱ兄貴のそのことが気になるから。兄貴、妹が向こう〔北朝鮮〕におる限りね、気になるから、変えへん。そりゃ子ども〔昌勲の子ども〕らは、自分がいろんなことやっていかないかんから、そんなもん抜きにしてからやね、いろんなことしとる〔国籍を変えて渡韓した〕。そいで、こないだも腹立ってからやね、電話出てから、むくれとるねん。「自分らが（韓国へ）行って、わしが行ってないのに」ちゅうなもんやろな。

昌勲も、きょうだいが南北と日本で離ればなれになっているという事情を考えると、朝鮮籍でいることで不便があっても、韓国籍に切り替えることはできないと語っていた。

【昌勲】（韓国にいる姉はたまには来日するが、自分自身は）韓国へはね、やっぱり行けないんですよ。北にも兄貴と妹がいてますからね。なんぼ姉のとこやいうても、兄貴と、まだナンポ（南浦）に妹がいてますから。だから、籍をたとえば韓国籍に変えるということは、ちょっとできないですよね。

俺は朝鮮人であるし、それでね、前にも言うたようにやね、兄貴がおって、妹がウリナラ〔祖国の意味。ここでは朝鮮〕におって、その接点なるのは俺しかおれへん。誰がいます？　うちの子どもらにそんなん言うたってやね、そんなん聞きよらへん。

(5)望郷の念

しかし、祖国に帰国してみたいという玉順の気持ちは強い。

小っさいときから、生まれてそこで育てて〔育って〕、二十二でここ来たもんやから……。二十二でここ来てから、こんな頭が白なるまで、自分の故郷、生まれた国、足入れてみんと、こうなっとる（と）思うたら、腹が立つやら。わしがここまで（来たために）、親きょうだいがおったのに、親きょうだい（に）いっぺんも会いもせんと、生き別れしてから……。これから行ったって、親おりませんわな。チグム〔今〕、わしが「行きたいな、行きたいな」思うのは、兄貴の嫁が一人おりますねん。それで、うちのこの子〔昌勲〕のお父さんの妹がおるしね。あのお父さんの弟の嫁が去年までおったのに、去年亡くなった言うから。いやぁ、わしが思い出すのが遅かった。そりゃ、生きておるときに行ったなら、何かと気いでもきくことがあったのに（と）思ってしても、死んだ後、思ってみたって、しょうがないしな。

昌勲は母親の朝鮮籍へのこだわりを理解しつつも、一度、故郷へ帰らせてやりたいという気持ちも強い。しかし、玉順の朝鮮籍に対する思いも強固であることが、次のふたりのやりとりからうかがうことができる。

【昌勲】オモニ「お母さん」、もうエエやん。ハングック〔韓国〕へ切り替えて行ったらエエんや。ゴチャゴチャ言わんと。
【玉順】ハングゲ〔韓国に〕切り替えせんでも、行ける。墓参団で。いろいろチグム〔今〕考えてな。九月十七日、墓参団で韓国行く団体のナニあるねん。
【昌勲】それはな、オモニに行かしてやりたい。俺もそない思ってるねん。もうな、八十三（歳）もなれば、先生〔調査者〕、エエのちゃうか？　無罪放免や。もうな、朝鮮人でな、過ごしてきた。ほんで、あと、これがどうのこうの言うたって、そんなもの理屈で。もう俺、それでいいと思とるねん。

息子として昌勲が、煩雑な手続きなしで母親の玉順を里帰りさせてやりたいという気持ちと、自分が祖国を出たときの分断前の「朝鮮」にこだわる玉順の思いが複雑にからみあったやりとりである。

(6)玉順の現在

苦労に苦労を重ねてきた玉順であるが、晩年は平穏な老後を送っていた。昌勲が玉順のために建てた家に住み、同胞の友人と好きなお酒を飲むことを楽しみにしている。孫の縁談がまとまることも期待していた。

一番楽しみは、言うたって、孫らがハヨハヨ縁談があって片づけて、エエとこあって片づけて、曽孫でも見て。まぁそれが楽しみやし。まぁ朝から晩までちょびっとずつでも〔お酒を〕飲んで、ご飯食べたいときに食べて。

そして、孫の結婚相手は同胞でなければならないとも強く思っている。

朝鮮の人あったら〔朝鮮の人ならば〕、朝鮮の人キリ〔同士〕結婚でもして、こう立派な、みんなにわかるような結婚したらエエで。大きな顔なるで。なんやしてから、日本の嫁さんとコソコソしてぇ、「いつの間にあの家、嫁さん、もうた〔貰った〕んや。いつの間にあの家、娘、嫁やったやろ」〔と言われるようでは〕親としては情けないと思う。

この考え方は息子の昌勲も同じで、子どもが日本人と結婚したいと言ったらどうするかという質問に「アカンて。そんなもん、アカン」ときっぱり答えた。朝鮮人同士でないと通じ合わないことがあると考えていることが理由である。

なお、この調査の後、玉順は墓参団の一員として、故郷に里帰りを果たし、二〇〇四年、静かにこの世を去ったという。

2　定住世代の生活史

(1)民実のプロフィール

一九六二年生まれ。神戸市にて生まれ育つ。銀淑の第三子。神戸市の公立小学校から私立中・高校を経て、東京大学医学部卒業。X家親族の中で最初に医学部進学を果たし、他の親族の進路選択に大きな影響を与えた。しかし、彼の進路選択の迷いと進学後の生活史には、在日朝鮮人社会に存在する「医者か弁護士か自営業」という限定された将来像に強く影響され、苦悩した姿も見ることができる。後にその事情が詳しく語られるが、十一年かけて医学部を卒業。調査当時、公立病院小児科医師。三十四歳、横浜市在住。

⑵幼少期

近所の友だち

家は商売をしてた関係で、父親も母親も朝からあんまりいない時間が多かったですから、子どもだけで遊んで過ごしたと、小学校上がるまでは大体そんな感じだと思います。

（住んでいた地域は）比較的住宅圏の中の商業区域みたいな感じですか。ええ。それで、少し川沿いのほうに行くと川鉄とかダンロップとかの工場があって、その辺に勤めてらっしゃる方があるので、商店街がある程度、その商売として成り立つというところがあって。あと、地域の住民の人たちが商店街でお買い物をするという感じだと思うんですけどね。

（そこで一緒に遊んでいた友だちは）ほとんど日本人だと思いますね。小学校上がるまでは国籍を意識してということはなくて、近くの日本人の友だちと一緒に真っ黒になって遊んでたという感じです。

それで、その頃はよくわからなかったんだけど、多分、少しは同じ国の人も混じってたと思うんです。ただ名前が日本風だったので、わかんなかった。結構その辺は（在日朝鮮人が）住んでて、小学校にも、後から考えてみると、クラスの中に二人とか三人くらいは、多分同じ国の人間がいたはずなんですが、みんな通名だったのでわかんなかった。ですから、小学校の（入学）前に遊んでいた子どもたちというのも、そんな感じだったと思います。結構（同胞が）多い地域なんで、いたんじゃないかと思うんですけど。

で、親戚のいる所ですね、法事行ったりすると、朝鮮語がいっぱい飛び交うということで、何となく「自分は朝鮮人なんだなぁ」と。ただ、周りの子たちが日本人で、自分が朝鮮人という意識、小学校上がるまでは自覚してなかったと思いますね。

チェサの思い出

やっぱり幼稚園のときから、一応チェサの記憶はあるので、多分五歳か六歳かどっちかくらいが、最初に残ってる記憶だと思いますね。（母の）おばあさん方の法事のほうが回数が多いんですけども、どちらかというと、父方のおじさんの所でやった法事のほうが、小さいときには、なんか覚えてるような気がします。とにかくお線香のにおいがして。法事の料理は、その頃はあまりおいしいとは思わなかったですね。小さいときは、ええ。中学生くらいになったら「おいしいな」と思いましたけれど。

それで、あとはもうとにかく言われるままに正座をして、おじぎをするという。ちょっと面倒くさいけれども、行くとお小遣いをもらえたり、そういうのもあるので、行くのはわりと楽しみだったという感じですね。

母方のおばあさんの所でやるときは、ものすごいいっぱい人が集まってて。父方のおじさんの所では、そんなにいっぱいは集まらなかったですけど、それでも数としては十何人か、ですかね。ですから、いとこたちとも会えるしと。言われるままにおじぎをして、ご飯を食べる以外は、まぁいとことこと遊んでたというような感じです。

（そのようなチェサの場で大人たちからは）とにかく「朝鮮人なんやから、ちゃんとせなアカンで」というような感じのことは言われたような覚えがありますね。ええ。「ちゃんと朝鮮人として生きや」というようなこととかそれから、たまに朝鮮語で、片言で「アンニョンハシムニカ」って挨拶をしたりすると、おばあちゃんとか喜んで、というようなことはありましたね。

(3)小学校時代

学校の友だち

うちの姉と兄は、朝鮮学校に小学校一年生から行って。で、兄が三年生（のとき）かな。日本の学校に移ったんですけども、僕の場合は、最初から日本の小学校だったんですよね。多分それは、姉とか兄が行ってる間に、うちの父親が（朝鮮学校に）不満を持ったということだと思うんです。幼稚園は通名で行き、小学校では本名にして。

それで、何年生くらいからというのははっきり覚えてないですけどね、やっぱり自分が朝鮮人で周りの日本人たちと違うというのは、いろんな点で意識をするようになったことがあります。周りからも言われるし。それから、やっぱり友だちとの関係の中でですね。お互いの家に遊びに行ったりするのがありますよね。それで、誰々の家にみんなが行くから、「じゃ、僕も」という風に（言うと）、すごぉーく申し訳なさそうにですね、「うちの親がアカンねん」って言うんですよね。「お前んとこ、あれやろ?」とか言って。言葉はどう言ったのか覚えてないんですけどね、「朝鮮人」と言ったのか、「韓国」……、多分「朝鮮人」って言った（と思う）。「うちの親、朝鮮人とはアカンねん」という風に言われて、遊びに行けないとかですね、その子の家には。

あとは、あんまり長い時期は続かなかったんですけど、仲間はずれですかね。三、四ヵ月続きましたかね。小学校の三年生か二年生かどっちかですね。で、その時期が、多分一番辛かったですね。とにかく、それまでずっと一緒に毎日遊んだ子たちが、全員しめし合わせたように遊んでくれない。何かきっかけがあったのかもしれないですが、わからないですね。小さいときなので。で、とにかく、でも子どもなりに意地を張ってですね、自分から「仲間入れてくれ」とは絶対言わへんと。意地を張って三カ月か四ヵ月くらい経ってますかね。

たまたまそのときに、わりとガキ大将的に力を持ってる子が、そのときには別のクラスだったんですが、小さいときからすごく仲のいい子がいて、そのことを知って、「なんでやねん。お前ら、そんなことやめぇや」という風に言ってくれて、それ以降、また元に戻るようになったというような感じです。で、僕はホントにいじめられたなぁと思うのは、そのときだけですね。

家庭内での朝鮮文化

（小学校の頃の家庭内の朝鮮文化は？）食事はですねぇ、うちの母もずっと働いてたもんですから、お店の従業員の人たちも住み込みでいて。で、雇っている賄いのおばさんが従業員の人たちのも全部作ってて。そこで僕らも、従業員の人たちと一緒に食べることが多かったので、そんなに（朝鮮料理は）しょっちゅう食べてなかったです。で、朝鮮料理も、その頃はあんまりおいしいとは思ってなかったですね。中学くらい（までは）焼肉以外はそんなにおいしいとは思ってなかったと思います。ただ、それでもやっぱりニンニクを使う料理は多かったみたいで、たまにそういうこと（ニンニクのにおいがするということ）を友だちに言われたことがあるような気もしますね。

普段がそうで、それ以外のときには、お客さんが来たりだとか何かあったときには、よく韓国料理がありましたけど。でも、小さい頃は日常的ではなくて、法事のときなんかに食べることのほうが多かった。ただ、まぁ、キムチは比較的家でご飯を食べるときにはありましたね。

調度品なんか韓国の家具や人形などはね、比較的うちはあんまりなかったんですよ。その人形みたいなのありますよね。あっても、あんまり飾ってなくて、押入の中にあって。ですから、調度品とかそういうもので韓国風のものは、あんまりなかったですね。だから、むしろ法事なんかで行って、おじさん、おばさん、おばあさんとことかに行ったときのほうが、よく見ると……。

(3) 中高時代
人生の転機

〔小学校時代から成績も良く、父親の勧めで神戸市内の中高一貫校の灘中学に進学。高校までの六年間（一九七五～八一年）を過ごす〕

中高時代は、やっぱりできる子たちが集まってて。で、家もどちらかと言えば裕福な家が多かったという面もあるんでしょうけど、とにかく朝鮮人だということで何か不利なことはまったくなかったですね、六年間、中学高校通じて。（名前は）ずっと本名で行ってました。で、何回か聞かれて、「うん、うちは朝鮮人だ」っていう風に言って。でも、ま、それ以上の会話には、ある時期までは全然ならなかった。僕のほうも、聞かれるとそうは答えるけど、別にそれ以上そんなに……という風な感じだったですね。だから、普通の日本人の子たちとまったく変わりなく、楽しく過ごしましたね。

変わったのは、高校二年生のときなんですけどね。一つは政治経済の授業っていうのが春から始まったんですね。で、その政経の先生がなかなかいい先生で、僕にいろいろ本を貸してくれたりとか、そういう風なことがあったのと、ちょうどそのくらいから、本を読むのがずっと好きだったんですよね。その頃までは小説とかＳＦとか。そういうのばっかり読んでたんですけど、ちょっと難しい本ていうか、社会関係とか、そういう風な本を読み始めた頃くらいが、ちょうど同じくらいの時期だったんです。

で、その頃に『韓国からの通信』という岩波新書にありましたね。あれは人に聞いたんだったか、たまたま古本屋さんで手に取ったんだったか、あの本を読んでものすごく衝撃を受けたんですね。ちょうど、その政経の授業を受け始めたり、あと、自分でちょっと政治とか社会の本を読み始めてた頃なんですが、最初に読み始めた頃は全然自分とは関係のない他人事で、何となく面白そうだから（というので社会関係の本に）ちょっと興味を持つ頃だったんです。

（ところが）『韓国からの通信』を読んで、いきなり自分にかかってきたと言いますかね。それまで読んでたような（政治経済の）ことが、「他人事じゃなくて自分のこと、自分にかかわることなんだ」ということを初めて知ったということです。ま、あの、月並みなのかもしれませんが、人生の転換の、ものすごく大きな（きっかけ）だったですね。（韓国の）民主化運動がものすごく激しかった頃ですね。一九七九年……。もうちょっと後ですね。七九年、八〇年。

「自分が朝鮮人であることが、こんな大変なことなのか」という風に思ったですね。やっぱり純粋だったのかもしれませんけど、「絶対にこんなことがあってはいけない」と思いましたですし、「そんなことがあるのは信じられない」。で、「自分が朝鮮人であるのは自分の国のことなんだから、こんなことは絶対に変えなければいけない」という風に、その頃思ったんです、最初に。で、その頃から憑かれたように、そういう本を何十冊と読むようになったという感じです。

最初はとにかく、うちの国、韓国であんなことが起きてると。で、そのうちにいろいろ本を読んでると、在日朝鮮人でもこんなことといっぱいあるんだと。で、すごく怒りを持った感じですね。ただ、最初の頃は、とにかくそういう感じでずっと読んでる。ある程度読んでるうちにですね、今度は日本の中でのことがいろいろわかってきますよね。で、総聯と民団があって、しょうもない対立をしてると。「なんで、こんなしょうもない対立をしてんのやろ」と。で、そういう意味では、「きちんと正しきことをやってる所なんて、ないやないか」という感じになってってですね、「結局、どうしようもないのかなぁ」と。

むしろ今度は、こう言うと言い過ぎかな……、あんまり自分がかかわることではないのかもしれないなぁという風に思い始めたのもあるんですよね。

でも、すごく関心は持ち続けてましたし、だから「どこかできちんとやってる所もあるんやないかなぁ。ちゃんとやってるような所があったら、そこで自分もやりたいなぁ」と。ただ、「でも、ないんやないかなぁ」と半分ちょっと諦めみたいな感じもありましたね。

（こうした関心から、周囲の友人にも朝鮮人であることを積極的に）言うようになりましたね。それまでは、さっきも言いましたように、聞かれたら答えるけども、自分から言うことはしない。まぁ日常的に話題にしたりということはありませんけども、機会があれば言う、（そういう）感じになったんですね。

（相手の反応は？）そうですね。比較的よくある反応の一つかもしれませんけど、「お前はお前やし」

というか、「付き合いは一緒やなぁ」という風な反応が一番多かったですね。「別に、それはそれでエエんちゃうか」みたいな。で、「頑張れよ」みたいな感じでよく言われました。

（そのような友人の反応に対する民実の気持ちは？）その頃としてはそういう対応になるんじゃないかなという気がしますけどもね。わりと肯定的に受けとめますけどね。ただ。彼らの中に、まぁ高校生ですから、たとえば僕がこういうのがあると言っても、それを変えるために自分が何かをしようというような反応はもちろんないですよね。ただ「頑張れよ」と。「お前だったらできるんちゃうか」みたいなこと言われましたですね。そういう反応だったです。

ま、一部、社研〔社会科学研究会〕なんかでやってる子たちは、もう少し踏み込んだレスポンスが返ってくることもありましたですけどね。たとえば「そういう朝鮮人差別みたいのは、どうしたらなくしていけるのか」みたいなことは、ちょっとディスカッションしたりってこともありましたけどね。でも、僕自身もその頃はホントに、頭の中で考えたことだけで、差し迫ったものとして、何かをやってたわけじゃ、全然ないです。ただ本を読んで「あ、こんなことがある。これはどうしようもないなぁ。なんとかなれへんかなぁ」と思ってただけというくらいですからね。友だちの反応も、「うーん」というくらいだったですね。ただまぁ、僕が自覚的に朝鮮人として生きようとしてるということは友だちもよくわかったみたいで、それはそのまま受けとめるという感じだったですね。

（他に影響を受けた本は？）『カムイ伝』に、その頃〔笑いながら〕読んでやっぱり感激しました。あれをですね、えっとですね――覚えてるんですよね――小学校四年か五年生のときに古本屋さんで、第何巻だったか忘れちゃったけど一冊だけ、たまたま古本屋で読んでて、「あ、面白いな」と思ってそれっきりだったんですよね。それからずっと経って、高校二年生くらいになって、初めて全巻読む機会があって、感激しました（笑）。何て言いますかね、まぁ今から言うのは恥ずかしいですけど、『韓国からの通信』と『カムイ伝』を読んだのが、ものすごい、やっぱり人生の転機になったような気がしましたですね。

高卒後の進路選択

僕自身は、どうするか一時期迷ってましたね。中学校のときは「まだ先のことやし」と思ってて。で、一番進路を考えたのは、やっぱり高校の二年生のときですね。高校三年生になるのに、文系に行くか理系に行くかというのでクラスが分かれるんですよ。高二のときに決めなくていけなかったですかね。で、そのときちょうど、さっき言ったような本をいろいろ読み出した頃なので、やっぱり文系に行きたいと思ったんですよ、そのときは。それで、何回か父親と話し合いをしたといいますか。「僕はやっぱ文系に行って、そういう勉強したい」と。で、お父さんは「そんならどうやって、食べていくんや」と言うわけですよ。そこで、コンコンとうちの父親から、やっぱ厳しい状況を話されるわけですよね。誇張もしたんでしょうけどね。「朝鮮人で京大出た人が焼肉屋やってる」とかですね、「パチンコ屋やってる」とか、そういう話をいっぱい聞かされましたね。

で、あんまり世渡りの上手じゃないうちのお兄ちゃんのことも出ましたけどね。「うちのお兄ちゃんもああやねんから、お前がちゃんとやって、将来何かあったら、家族を食べさせていかなければいけないのに。そんな文系の大学とか行っても、そんな将来はアカン！」と言うわけですよ。で、「じゃ、弁護士になる手もあるやないか」と言うと。「弁護士はそう簡単に通らへん」と言うんですよね〔笑〕。それで、父親がある程度妥協したのは、とにかく医学部に入ってくれたら、それ以外の片手間の勉強とかで、そういうの〔社会科学の勉強〕やるのは全然かまへんと。「大学に入ってから、そちらの勉強したいんやったら、一年なり二年なり休学して、文系の大学で勉強してもかまへん」と。今から考えると、そこで父親はなんとか僕を丸め込んだわけですね。

で、「あ、そんなもんか」と。言われてみれば、まぁたしかにそういう政治とか経済のことも勉強はすごくしたかったんですけども、職業にしたいと思ってたわけではなかったですね。「それやったら、理系の医学部に入っておいて勉強するんやったら、勉強できるか」と思って、最終的にはちょっと丸め込まれたような感じで、「じゃあ医学部に行こう」ということになったんですね。ただ、後から父親が言うには僕が結局うちの父親に三回だったか、四回だったか、「文系に行きたい」と話をしたと思うんですけど、あともう一回僕が言ってきたら、父親は根負けして許すつもりだったと言ったんですよね。ホントにそうだったどうかわかんないですけどね。そういう風に後に父親は僕に言ってました。

〔医学部への関心は当時は〕あんまりなかったですね。ただ、お医者さんという職業は悪くないとは思ってましたけど、特に「医者になりたい」とはあんまり……。あんまり「なりたい」とも思ってなかったし、逆に別に医者になるのがイヤでもまったくなかった。どこかで「職業は、まぁ食べていく手段だ」みたいにその頃は思ってたんですかね。だから、「自分のやりたい勉強ができて、読みたい本が読めれば、まぁお金を稼ぐ手段は何でもいいかなぁ」と思ったですかね。それで、父親の言うように「勉強させてもらう」という条件で医学部に行ったという感じです。

(4)大学時代

新天地

〔一九八一年、東京大学理科Ⅲ類に現役合格。東京での生活を始める〕

最初から結構、僕が気負ってたというのもあって、最初の自己紹介のときから「僕は朝鮮人でやりたいと思います」と宣言をしちゃったりしたもんですからすごーく受けましたですね。受けるって言葉も変ですけど。で、僕の名前は、そのときはですね。「キンでもキムでもいいですよ」って言うて――みんな「キムちゃん、キムちゃん」と言って、すこく仲良くしてもらいました。飲み会も多くて。ただ、途中から僕がほとんど授業に行かなくなってしまったので、その頃の友だちと(付き合いがなくなってしまった)いうのも、今から考えると少しもったいないような気がするんですけどね。

最初の二カ月くらい(クラスの友人とは)すごく親しくなったんですが、その後はあんまり行かなくなった。

入学二ヵ月後に在日韓国学生同盟(韓学同)に入り、活動に没頭して、しだいに大学から足が遠ざかる。

(その当時の友人は)すごく面白くて、もう少し親しくなっていたら、いろんなことがその人たちとも話し合えたのかもしれないですけどね。すごく新しい新天地で、何か僕自身が気負いがあったとかいうのもあって、その人たちとは何となくうまくやれそうな気がしましたけどね。試験のときは何とか行ってたんで、何とか二年生までは行ってたんですが……。

在日韓国学生同盟

僕が学生時代、活動していた「在日韓国学生同盟」という団体があるんですね。僕はそういう団体のことは知らなくて、総聯系にある「留学同」と、民団系の集まりがあるのとは知ってて。どっちもちょっとずつ行ったんですがね、まぁ大体思ってたような感じで。「結局、そういう所しかないんだろうなぁ」と思ってたら、「在日韓国学生同盟」っていう所が（あった）。これは元々は実は民団の中にあったんですけどね、民団の中で民団民主化運動みたいな感じでやっていて、結局、民団を除名された人たちがつくった団体なんですね。韓国独裁政権もちゃんと批判するし、北もちゃんと批判するし。まぁそんな大したことやってなかったけど、在日朝鮮人のこともきちんとやってるしというので、自分が共鳴できるとこがあったというのが、ものすごく嬉しかったですね。

さっきも言いましたように、そんなとこはないと思ってて、高校生のときに半分諦めていたというのがあるんですね。「この現状はなんとかしなきゃいけないんだけど、何とかするちゃんとした所がどこにもないじゃないか」と思ってたら、そういう所があったんです一応。民団から除名はされたんだけども自分たちを、広く言うと民団社会の中に置いてるので、たとえば「韓国」という言葉を全部使うとかですね。政治的な立場との関係では（問題は）あったんですが、ま、そこを除くと、基本的な考えは全部共鳴できましたし、一応運営は民主的だったんです。全国〔組織〕の団体で。普段やってるのは、結局、学習会なんですけどね。国語〔朝鮮語〕とか、歴史とか、あとは政治的な情勢学習会。そん中に、パラパラと政治活動が混じると。ま、デモをやったり、集会をやったり。一番大きな事業は文化祭と、それから夏のサマーキャンプですかね。ですから、半分民族サークル的なところと、半分、やっぱり政治団体。デモもやったりしましたし。たとえば韓国大使館とかアメリカ大使館に抗議活動で、百人くらいの数ですけど、シュプレヒコールをあげたりとかもやったですかね。とにかくそこは、全部ではないにしても、基本的な理念はものすごく共有できたのと、一応民主的なとこだったんですよ、運営が。全部学生の話し合いで進んでいく。それが正しいことであれば実現できるはずだと思って、ま、のめり込みましたですよね。

（一九八一年当時、韓学同の活動テーマは）韓国の民主化っていうのが一番大きかったですけどね。（一九八〇年五月の）光州〔事件〕のあとの民主化運動が一番大きかったですね。在日朝鮮人のことも少しはやりましたけど、そのことで言うと、その当時は「一般永住」というのが出てきた頃なんですね。入管法が改正になって、八一年ですかね。そのことが一つのテーマだったのと、あと一つ、民団の中に「学生会」っていうのが八一年の一月くらいにできるんですけどね。韓学同っていうところは、「民団社会の中の唯一正当な学生組織だ」〔笑〕なぁんてことを言ってたもんですから、「唯一正当を犯す。それは許せない」という。とにかく三つくらいがテーマでしたですかね。

でも、ただまぁ政治闘争は韓学同の全体の運動の中では半分とか三分の一くらいで、日常的なことをベースにという風には言ってたんですけどね。ただ幹部になると、どちらかというと政治活動のほうのことがちょっと大きくなってきますかね。

（韓学同の活動にかかわったのは）四年間です。最後は副委員長ですね。中央委員会の副委員長をやりました。

（活動の中で最も楽しかったのは）何よりも飲み会が楽しかったですね。飲み会で韓国の歌を順番に歌ったりだとか、肩を組んで歌ったりだとか、それが一番楽しかったですね。とにかく大学に入って初めて、朝鮮人、ホントに朝鮮人としての付き合いができたなぁという感じで、純粋にそれがもう嬉しかったですね。だから、僕が朝鮮語、勉強しはじめたのもそのときですし。

（当時の仲間とは）一生の付き合いだと思います。ですから、僕の同胞の友人は、ほとんどそのときの仲間ですね。この前の（僕の）結婚式にも、大体二〇人くらい来てもらいましたけど。

民族運動と勉学

（活動と大学での勉強の両立は困難だったのですか？）いや、できたと思いますよ。一年生、二年生の間はできましたし、三年生なってからも、やろうと思えばできたと思いますけどね。ただ、やっぱし、僕自身がどっかで怠惰だったのが一つと、うーん、「とりあえずそんなことは考えなくていいから、これをやりたい」と思ったんですかね。で、結構、同級生もすごく心配してくれて「この試験は、とにかくこの対策プリントを読んでいけば受かるから」というので、すごく心配してくれて、僕の住んでる所にもそれを届けに来てくれたりしたんですけどね。その試験を受ければ上がれるので、そのつもりでやっていれば、一年は遅れたかもしれませんけど〔笑〕、多分両立できなくはなかったんだと思いますけどね。

（両親は）あんまり知らなかったでしょうね。うちの父親は、最初の頃にそれに反対して、で、体調が少し悪くなったのもあったので、あんまり心配させるよりはと思って、うちの父親には「やめたよ」っていう風に言ってあったんですね。でも、うちの父親は多分知ってましたね。僕が頑固なのも知ってましたし、「多分やってるだろうな」と思いつつ、うちの父親も、もうあんまり僕と対立したくないっていうのもあって。母親は知ってましたね、多分ね。

（韓学同で活動した四年間は、学業は）もうほとんど（やらない）。まぁ二年生までは一応何とかやって。だから医学部専門課程への進学試験だけは、もうギリギリですり抜けて。でも医学部に行くと実習中心になるんですよね。やっぱ、自分で「無理だな」と思っちゃったんですよね。実習とあれ〔活動〕は両方できない。実習は毎日行かないとならない。「これはもうできないな」と自分で思っちゃったんですよ。ところが、後からよくよく考えてみると、同級生が心配して来てくれたのもそうなんですけども。実は試験だけ通れば上がれたんですよね、要領で。ただその当時はそんな要領で、という風な気持ちにはならなかったし、「とても両方できないなぁ」と。

クラスの友人もずいぶん心配してくれました。（しかし、自分自身はまったくやる気がなかったので）「活動が、一段落したら学校に行くつもりだから。ありがとう」ということで。でも、あんまり申し訳ないので、一応試験の日だけ、ちょっと行ったこともあるんですけどね。その（対策プリントを）持って来てくれた友だちに悪いので。でも、行ったけど、ほとんど何も書けませんから、白紙でそのまま出して、帰ってきましたけど。

虚脱状態

〔四年間の活動後、復学しようとするが、大学の授業がわからない〕

（活動終了後は）なんか、もう虚脱したような感じだったんですよね。八四年に終わってから、とりあえずホッとしたのもあるけど……。大学行けば良かったのに、やっぱり行く気にならなかったんですよね。虚脱してたというのもあるし。で、授業に行ってみたこともあるんですけど……、もう遅れてしまいましたんでね。メンツも知らない人ばっかりだし、行ったって何にもわかんないし。ただ大教室の後ろのほうでボーっとして、「わかんねぇな」と思って帰って「もう行きたくないなぁ」と。

（人生の立て直しをしようと思いつくまでの）それまでの間、なんかホントにひどい日々を送ってましたね。長いですね。八五、六、七、八……四年間。（その間）まぁ本を読んでるか、あるいは毎日、雀荘に通ってたようなこともありましたね。

あとは、「指紋押捺（拒否）」の裁判関係の事務局長になって、そのことを少しやったこともありますけど、でも、それはそんなにね。それをやったから学校に行けないというほどのことではなくて。活動は、大体、夜でしたから、それは、まぁ手持ち無沙汰だったし、縁のある先輩の裁判だったので、少し貢献するか（と思って）やりましたけど。やっぱり、虚脱して何も手につかないような感じなのと、それから、やっぱりあれなんですよね……。今まではずっと「勉強ができない」なんて感じたことは、なかったんでしょうから、何もできないのが、すごくやっぱショックだったんでしょうね。それで、辛くてもちゃんと大学へ通って勉強して、みんなに追いついていくということが、やっぱできなかったんでしょうね。情けない限りの話ですけど。登校拒否みたいなもんでしょうか。

東京にはいました。情けない話で、ホント申し訳ないと思うんですけど、親には。仕送りもらって、ホントにそうなんです。親には「学校行ってる」と嘘をついてですね。留年したことは言いました。もう隠しきれないですから。でもまぁ、「大丈夫だから」って言って、嘘をついたんですね。情けない話ですけど。

で、さすがに「これじゃまずいなぁ」と思って、「どうしようかな」って。で、ちょっと、まったく離れて、というので、塾の講師をしながらどうするか考えて、やっぱり「医者になろうか」と思って、戻ってきたという感じですかね。

（要するに、その一年間で更正しようと？）そうそうそう。そうです〔笑〕。「更正」しようと決めたわけです。まぁその通りです。その通り。まぁずっと親にもお金をもらって、「申し訳ないなぁ」と思って。で、どうするにしろ「自分の力でやるか」というのと、お金を貯めるというのもあって（塾の講師をした）。

（母親や姉には）手紙を送って、将来のことをキチンと決めたいので、一年間、時間を下さい（と説明した）。それで、一年たって帰ってきたということですかね。「申し訳ありませんでした」って。（母も姉も）すごーく心配だったと思いますけどね。「なんちゅう親不孝もんだろう」と思いますけど。

復学

今から考えても、一年、二年は仕方がなかったとして、もうちょっと早く（大学に）戻れば良かったんですけどねぇ。惰性の力というか、なかなか決意をできなかったんですかねぇ。何回か大学に行ってみたことはあるんですよ。なんですかねぇ。何となく日々が過ぎる、その場しのぎでいってしまうんですかね。

（一年間、塾の講師をやって）「医者を積極的にやりたい」というところまではなかったですけど、医者という職業はとてもいい。大事な仕事だしという風に思って。で、自分がいろいろ理想に考えてきたことの、もちろん自分が考えてることは民族的なことだけではないですから、いろんな意味での、その「正義」を実現したいという風に思って。医療の中で、本当にいい医療をやりたいなぁと。医者を選ぶんであれば、そういう風なことをやりたいなと思って戻ってきたという感じですね。

で、戻ってきた後は、努力しましたね〔苦笑〕。何年もさぼった後に努力したといっても、もう、あれなんですけども、僕が生涯の中で、いちばん一生懸命努力したんじゃないかと思いますけど。戻ってきてから卒業するまでの三年間っていうのは。

（大学に戻るのに四年という時間が費やされたのは）やっぱり、少し後悔もあったんですね、自分の中で。「父親に負けずに文系に進んでれば良かった」なんていう気持ちもすごくあったんですね。一年間、塾をしながら考えたときには、「法学部にでも入り直して」ということも真剣に考えたんですけどね。「やっぱり自分がホントにやりたいことを選ばなかったのがダメだったのかなぁ」とも思ったりもしたんですけどね。（しかし）それは、今から考えれば、単なる自分を正当化する議論に過ぎなくて、ただ単に自分が怠惰だったんだと思います。

でも、まぁ、さすがにこれでは良くないのはわかってて、良くないのはわかっててもズルズル来てたので、どっかで、自分で、もう最後の歯止めをつくんないと、やっぱり自分は立ち直れないんだろうなぁと思ったんですよね。

大学の年限がギリギリだっていうのもありましたね。ちょうどギリギリだったですね。なので一年休学をもらって（塾の講師をした）。具体的なきっかけになったことは、一つは大学もギリギリだっていうのもあったですね。

休学の届けを出したときには、もう医者じゃなくて、全然別の仕事も選択肢としては考えようと思って、そうしたんですけどもね。（高校時代に）最終的に父親に説得されて、「お医者さんになるのは、生活をしていくための手段」くらいにしか、その当時は思ってなかったですからね。で、（一年経って）戻ることに決めたときには、「お医者さんをやるからには、いい医療をやりたい」という風に思って来たんですけど。

小児科医を志す

〔復学後は、遅れを取り戻すべく必死に勉強した。そして、実習中に医師としての進路を決定させる人に出会い小児科に進むことを決心した〕

東大の中で小児科っていうのは、すごく特殊なところなんですね。それはどういうことかっていいますと、東大紛争のときの医学部の生き残りがいまだに勢力を持っているのが、唯一小児科なんです。他の科にもパラパラとはあるんですけどね。当時一番大きかったのは人事のことで、基本的には、昔は教授人事ですね。今でもかなり教授人事なんですけども。一時、東大紛争の頃に、人事を全部自主運営みたいにほとんどの科がなったんですが、その後、結局、小児科以外のところは、全部徐々に旧態に復していって、やっぱり教授とか助教授とかが人事の大きな意向を握るという風になったんですけども、小児科だけはですね、今でも人事にほとんど教授の意向がなくて、一応、話し合いで決めるという形になってて。そういうところで、いろいろ理想を掲げてるところがあって、助手とか決めるのでも、僕らの会議の中で選任するという形ですね。投票して。そういう、ま、不思議なと言いますか、「よくもこんな所がまだ東大の中に残ってたなぁ」というような所なんです、小児科っていうのは。

そこで、一人の万年助手の人と出会って、何晩か飲みながら討論して、意気投合しましたですね。で、その先生から「お前がやってきたことを、今度は医療の世界で頑張れ」てなことを言われて、「そうか」と思って、小児科に来たということなんです。演説もうまい人でね。カリスマとまではいかないけども、人をオルグするのはすごく上手な人ですね。理想を説いてる人で。たしかにいろんな独自なこともやったりしてるんですよ。毎年、アジア各国から小児科医を招いてですね—毎年十人前後ですけども—日本の中で、いろいろディスカッションしたりとか病院を回ったりだとか、そういう事業やったりだとか。病院の子たちのための、いわゆる院内学級とはまた違う形でのをやったりとか。ずっと人工呼吸器がついてる十何歳の子が、去年ですけど、作曲して初めてＣＤを出すのを、いろんなとこで助けたりだとか。そういう風なこともいろいろやってるという。

（小児科は）僕らみたいな、ちょっとドロップアウトから戻ってきたような人たちが、いっぱい生きやすいところでした。かつ、そういう人ですから、そういう政治的な話とかそういうのもすごく合いましたし。ま、今はそういう政治的な活動をやってるということはないですけどね。ただ、民族運動で培った社会正義の理念をいい医療やるのに生かそうという風に今思ってる。とは言ってもですね、日々の日常がそういうので全部、というわけじゃ全然ないです。一時は「研究みたいのは良くない」と言ってて、やんなかったですけど、最近は研究もやるようになってきたしということで、かなり普通のところになりつつはありますけど、それでも東大病院の中ではかなり特殊な（ところ）。

〔卒業後の医学教育においても〕そこ〔小児科〕は理想主義的なところがあって。たとえば、内科とか外科だと、もうエリートを決めて、その人間はずっと大学の中に残して、教授が自分の研究をさせて、その代わり、後から引き上げてあげるみたいなんがあるんですが、小児科はですね、全員外にまず出す。そんで、一般病院。一般臨床をきちんとやって、その後、自分が専門（を）目指すなら専門を回って、というのがあって。あとは、助手で大学へ戻ってくるのも、選挙なんですね。小児科に属してる医師が全部——その「医師連合」の選挙になるんです。ま、僕らのような人間にしたら、とっても居やすいところですよね。

エリートの人たちが集まって、「教授選にしのぎを削る」という人たちのところには、とてもいれません。

(5) 結婚
日本人との結婚

〔大学は十一年かけて卒業。国家試験にも無事合格。一九九二年から研修医として東大病院に一年。その後、神奈川県T市の公立病院に移り、もう一年研修医として勤めた後、そのまま同じ病院に常勤医師として留まる。そこで看護師をしていた現在の妻と出会い、結婚を決める。妻は日本人であるため、家族の納得を得るのに多少苦労したようである」

僕自身の、まぁ理念はね、要するに国籍で結婚とかを決めるものではまったくないというのは、昔からの理想として当然あってですね。ただ、とは言っても活動もやってきたし、もし合う人がいれば同胞の人と結婚できれば、そのほうがいいかなぁと思ってたんです。ただ、結局、そういう同胞の人たちと、いっぱい知り合うことができた時期には、とにかくまず活動がやりたかったし。その後の時期は、もうもう、生涯の一番スランプの時期で、そんなとても結婚なんて考えるような時期ではなかったし。で、その後戻ってきても、遅れを取り戻すことに一生懸命だったんで、ある意味じゃ、そういう結婚とかを考えるような時期ではなくて。で、T市に来た頃に、やっと、一応お医者さんにもなったし、まぁ年も年だし、そろそろいい人がいればしてもいいかな、と思う頃になったというのが、一つ大きいと思うんですよね。で、もちろん好きになったということも大きいですが。そういう時期的なことってすごく大きかったなって思うんですけどね。

それで、(同じ小児科に勤務していたので) 仕事も一緒にやりながら、たまに飲みに行ったりしながら、知り合って。まぁ僕自身は、結婚に関しては国籍にこだわらないのは当然だというのが、本来の理念としてあったので、そうなったということだけなんですけどね。

家族の反応

そりゃもう、親や親戚は大失望ですよね。うちの母親だってそうですよね。ガッカリ。ええ。姉もそりゃ(反対)。うちのお姉さんには早目に言っておかなかったというのもあって、あんまりいい反応ではなかったですね。ただ、うちの姉は、どうしてもなら仕方がないと思ってたと思いますけど。やっぱガッカリというのが大きいんじゃないですかね。うちの親戚一同も、もうガッカリだと思いますけどね。うちの母親はしばらくの間、親戚に言えなかったと言ってます。まぁ、うちのおばあちゃんがね、一番ね、（ガッカリしたん）だと思います。でも（祖母は何も）言わなかったですけどね。ずっと僕には「結婚するときには同胞の人」と言うし、「結婚しいや」とも何回も言われましたですからね。（母も）「あんたは絶対同胞の子と結婚すると思うてたわ」と言いました。「あんたが、まさかそんなこと言うとは思わんかった」と言ってました。

（結婚を決めるにあたって）うちの姉はね、（妻に）法事のこと言いました。「きちんと法事のことはやってくれるんだよね」っていうことは。（僕も妻に対して、結婚前から）そういう法事のこととかは、すごく大事にして、それはきちんとやってもらうというか、そういうことを家ではやるんだということで納得してもらって、ということなんですけどね。（二人の間では）何回も話しました。だから、それはもう納得してると思います。で、そういうことだからということで、うちの母親とか姉にも説明しましたし。

（相手の両親）は、まったく反対はなかったですね。僕は挨拶に行きましたけど。なかったんだと思います。もしかして、僕に、耳に入れてないってことがなければ、ないんだと思いますけどね。

子どものことなんかはね、将来国籍をどうするかは、最終的にはその子に任せるというノリで。ま、僕自身は、そりゃ、ま、もちろん韓国籍を選んでくれれば嬉しいなと思いますが。でも、その選択は、絶対、個人の意思であるべきだというのが僕の理念なので、それは子どもに任せる。ただ、やっぱり、朝鮮人としての、韓国人としての、その歴史というか、僕らがそういう風に生きてきたことに関しては理解をして欲しいし、そのことには誇りを持って欲しいとは思いますけどもね。ただ、日本の国籍を、彼か彼女が選ぶことになっても、それはそれで仕方がないとは思います。

名字は別姓なんですよね。とりあえず今、僕と彼女とは。それで、一応僕は（子どもには）「金」を名乗ってもらうようにしようと思ってますけどね。（妻には）もう話してあります。そのためには、別戸籍を作んなきゃいけなかったりして、面倒くさいんですけどね。

⑹医師として研究職と一般臨床の間で

〔一九九五年から公立の子ども病院で、血液・腫瘍を専門に診療にあたっていた。血液・腫瘍の分野を選んだ背景には、大学二年生のときに弟を骨肉腫で亡くしたことがある〕

将来的には、一応ですね、（専門で）血液・腫瘍分野というのをやりたいという希望を持ってて。ただ、その専門分野で生きていくためには実力も必要ですし、努力も必要なので、それはまだ、ちょっとわからない。できればですけど、そうそう研究職とかになれるかどうかはわからないので、ちょっとまだその辺はわからないってとこですかね。まぁ自分自身の実力と、いつまで今の分野をやりたいと思い続けるかどうかというのもありますしね。

一般臨床、これはこれで素晴らしく大事なことで、T市で（医師を）やってる間、僕はやっぱ、すごく生き甲斐ありましたし。「そういう一般病院でやるのもいいなぁ」とも、当然思ってるんです。

T市みたいなとこ地方都市だと、もう患者さんもいっぱい知り合いですし、街を歩いても会いますし。もう自分が、人口圏の、たとえば十万人の中の子どもたちのほとんどにかかわって診てるなぁっていうのが。もちろん実際にはそうじゃないんですけどね。でもそのくらいのレベルで、かなり包括的に地域の子どもたちを診れるので、そりゃものすごくやり甲斐があるんですよね。当直をしたりしたら、夜中、しょっちゅう呼ばれたりとかいうのはありますけども。そういう一般臨床のところでいい医療をやるというのも、ものすごく意義があることだと思ってるので、将来的にそうなってもそれはそれでいいかなぁと。ただ、僕自身は血液・腫瘍の分野をやってみたい。最終的には、それをずっとやるかどうかは、ちょっとまだわからない。

医者の仕事はやり始めてから、すごく面白いし、やり甲斐のある仕事だと思ってるので、ずっと試験管を振ってということはやらない。だから、研究職みたいなところに戻るとしても、臨床研究のような形で、その患者さんを診るような立場の中でやっていくというようなことになると思いますね。

多分、一応ですね、一回は東大に助手で戻ることになると思うんですよね。ただ、助手の任期が三年間なので、その後どうするかが一番大きな選択になってくるんですけどね。ま、留学するなら、その後、留学するし。自分で専門分野やりたいと思ったら、その専門病院を探して、また行くし、というような感じになってくるんですかね。

大体、四十（歳）くらいまでに（ある程度、自分の道を決める）。でも、まぁ、その後でもいろいろありますけどね。五十くらいまで専門分野にいたけど、結局、最後はきっぱり一般病院に行く人もいます。まぁ五十くらいまで、それやってると、その分野でずっと行く人が多いので、大体四十代前半くらいまでには最終的な自分の道を決めるんだと思いますね。

3　上昇移動の生活史

ここまでX家の二人の生活史を紹介したが、以下、X家の生活史を「上昇移動」という視点から世代別に分析していきたい。

(1)戦後世代の自営業
自営志向の形成プロセス

X家の最大の特徴は、戦後世代の自営業から成長期世代・定住世代の専門職への上昇移動である。それをなし得た要因を索出するために、まずは戦後世代が自営業主として職業生活を開始、維持していくプロセスを考察していくことにしたい。

戦後世代が自営業を志向した背景には、日本社会の差別構造がある。X家の六人きょうだいは、昇教と末っ子（明玉の夫）が大卒、次女銀淑、三女京淑、および次男（周植の父親）も高卒の学歴を持つ。しかし、かれらは、そうした学歴をつけても、在日朝鮮人であるがゆえに就職が困難であることを敏感に感じ取っていた。たとえば、京淑は兄の就職や自分の就職について次のように語っている。

【京淑】兄が、その時分、大学出ても（在日朝鮮人だという理由で）就職できなかったです。次の兄（次男」なんかでも、天王寺商業（高校を卒業）ゆうたらそのとき、就職できないいうことはまるっきりありえないとこでも、やっぱりものすごい就職（差別）。学校出てから、それまで友だちがすごく仲良くて、一緒やけども、卒業した時点で片一方はちゃんとした会社で、片一方は勤められないとか。（自分も高校出ても、就職はできないだろうと）ハナからそうだと思ってましたから。（自分も含めて）きょうだいは、一回は（母が経営してた会社に）入って（その後、独立していった）。

昇教も「就職ゆうても、やっぱり一流商社でもなんでも受けられるという感じもなかったし」と、大学時代に持っていた将来展望について語っている。そして、昇教本人も周囲の人びとも、大学卒業後は、母親と叔父が経営する会社で仕事をすることを自明のこととして捉えていたようである。

家族親族ネットワークと「自力主義」

昇教の生活史に見たように、X家の戦後世代は自営業で成功した。このような職業的地位達成を支えたものの一つの要因に、濃密な家族親族の相互扶助があり、その支え合いの核には、六人きょうだいが共通して持つ家族の歴史がある。

戦後まもなく父が事故死したとき、長女が十四歳、末っ子は一歳。六人の子どもたちは、まだ育ち盛りだった。すでに見た通り、母親の貞淑は闇市で働いたり、韓国に物資を運ぶ仕事をしたりして資金を稼ぎ、実弟たちとゴム鞠製造工場（後に、塩化ビニール製造会社となる）を創業した。「働いて、働いて、働いて」（京淑）という頑張りぶりで、貞淑は六人の子どもを育て上げた。そしてその母を支えるために、子どもたちも学校の合間を縫って仕事の手伝いをしたり、家事を引き受けてきた。

【京淑】（学校から）帰ってきたらね、私、ゴムまりを作ってましたから。いつも母親がゴムをポーンおいているから。それにセロハンを一生懸命包んで、作ってました。兄もよく手伝ってましたよ。

【銀淑】姉〔栄淑〕なんか、母親代わりです。（私も）自分でご飯炊いて。それから従業員の夜食なんか、私ら、姉と一緒に炊いて食べさせてましたよ。

【栄淑】（父が亡くなってから、母は）もう仕事ばっかし。で、私は、もう家事ばっかりやってましたわ。家の用事は、みんな私がしました。洗濯から何から何まで。妹や弟の父兄会なんかも。私がみんな行きましたわ。（母は）字なんか知らんからね。私が母親の役やってたから。神戸の弟〔昇教〕、酒飲んだら「どれだけ鬼ババな姉ちゃんや思うてた」言う。そんなん言う反面、横で嫁さんがね、「お姉さんがおったから、大学まで行かしてもろた言うてます」って言ってますわ。

困難な時期をこのように、一家総出で助け合って乗り越えたという経験は、家族の結束を強めた。そして、この強い家族の結束が、成人後でも相互の支え合いとなって活かされるのである。

昇教が居酒屋を始めるきっかけも、本人や妻の言葉を借りれば「成り行き」だが、その背景には弟（次男）の独立を支援しようとしたことにある。次男は結婚を機に、昇教たちとそれまで共同経営していたプラスチック回収業をやめ、独立して商売を始めようとしていた。そのための土地探しは親族の協力のもとに行われ、神戸市内にある商店街の土地が候補に上がった。姉銀淑の夫が、同じ商店街で喫茶店を経営し、大成功していたことが決め手になったのである。しかし、次男の妻の親戚が反対。土地購入の手付け金まで打った後だったために次男の代わりに、昇教がそこで商売を始めることになった。店を始める資金の融資を受けるにあたっても、銀淑の夫が力になり、銀行を紹介し、保証人になっている。

このように、すべてのプロセスにおいて親族間で相互に協力しあっていることが確認できる。特に、昇教が店を始めた一九六〇年代末は、日本の銀行から在日朝鮮人が融資を受けるにも差別があった。したがって、銀淑の夫が銀行紹介や保証人引き受けをしなければ商売を始めることも不可能であっただろう。

こうした親族間の相互扶助は、長女栄淑が喫茶店を始めることになった経緯にも見てとることができる。栄淑は離婚後、母親と叔父が経営する会社で働いていたが、生活は決して楽ではなかったようである。創業者の娘であっても、実際の経営権は叔父やその子どもたちにあったからである。その頃、喫茶店を経営していた弟（次男）に子どもができて、妻が店を手伝えなくなり、店を続けることが困難になった。そこで「姉ちゃん、やったらどうや」と言われ、栄淑がその店を引き継ぐことにしたというのである。苦労していた栄淑にとって次男の申し出は、自分で商売を始めるきっかけになったし、一方の次男夫妻にとっても、姉に店を買い取ってもらい、経営を継続してもらうことで、困難な状況を乗り越えることができたのだ。

また、末っ子（明玉の夫）も、大学を卒業しても思うような就職がなかった。そこで、銀淑の夫の店を手伝ったり、昇教が一時経営していた麻雀屋の管理を任されていた。そして、その末っ子も、明玉と結婚した後、明玉の父親が経営するケミカルシューズ会社で働き、現在は役員を務めている。

さらに、昌勲の職業生活の成功を支えたのも、親族間の相互扶助である。昌勲は、工場長として迎えられた会社が移転のための土地を探していた際、当時、不動産業を営んでいた義兄（次男）に「うまいこと工場にピッタリの」用地を斡旋してもらった。これが「町工場に毛が生えたような」規模から、従業六十名、年商三十五億円の規模に発展させる契機になっている。そして、昌勲自身も専務取締役まで昇進した。

もちろん、かれらの成功を支えたもう一つの要因に、「ホンマよう仕事しました」「人の三倍は（仕事を）しましたぜ」（昌勲）などとくり返し語られる言葉に表されるような勤勉さと努力があることは確認しておかねばならない。前にも述べたように、昇教が飲食店を始めたのは「たまたま」であり、それまで飲食店で働いた経験すらない。包丁の研ぎ方から仕入れの方法まで、一から板前に教わっている。店が商店街の中にあり、近くに大企業の工場があるという地の利に助けられた面も多分にある。しかし、飲食店経営に関しては、まったく素人の昇教夫妻が店を始め、それを維持していくのは、苦労と努力の連続だったにちがいない。


【昇教】当時は、まぁ元気やったしね。（店を構えた土地柄で）ヤクザの関連とかなんやかんやとややこしいことありましたけどね。でも、まず借金背負ってましたから、もう、やらなアカンってことが先でしたから。そいで、体力もついていったし。

店はね、当初はいろいろわかりませんでしたから、もう徹夜してでも、朝八時頃仕入れに行ったんですよ。始めるのは（午後）二時頃から始めて、（夜中の）一時過ぎまでやってたんです。とにかくね、借金たくさん抱えているでしょ。一人でも、ビール一本飲むお客さんでも、とにかく入ってもらって、一銭でも売り上げ増やそうと。（工場の勤務の）時間帯もわかれへんから、とにかく準備できたら開けると。

【昇教の妻】仕込みって簡単に言うけど、大変ですよ。お刺身以外のアテはね、客見もってできませんよ〔客の注文を受けてから作ることは難しい〕。ポテトサラダなんかかね、冷やしておかなならんのにね。野菜なんかも切るもん切ったりね。おでんなんか、炊いとかなならんでしょ。湯豆腐なんかでも、おダシしとかなならんでしょ〔ダシの準備は予めしておかなくてはならない〕。ネギはきざまな……。店の掃除も……。なんも主人責めてるんじゃなくて、大変な商売でした、ホントに。

また、銀淑の夫も、昇教と同じ商店街で喫茶店を経営し、財を築いたが、その陰には「朝から晩まで、がむしゃらに働いていた」「肝臓を悪くしても、もっともっと儲けたいという気持ちがあったようで、徹夜してでも働いた」という姿がある。経営自体は軌道に乗っていたが、店の改修時は何日も徹夜をし、従業員が辞めたときには、朝から夜中まで店に出る等、苦労は絶えなかったようである。もちろん妻の銀淑も店に出ていたし、長女陽子も家事をやりながら、店の手伝いをし、長男も次男民実も必要なときには店に出ていた等、やはり家族全員の協力なしでは店を支えることはできなかった。

このように、家族親族といった属性原理内の相互扶助と内部結束、それに個人の努力がうまくからみあって、X家の戦後世代は自営業主として成功することができたと言えよう。

(2)子どもへの期待

しかし、戦後世代の多くは、自分の子どもたちが、その成功した事業の後継者になることを望まなかった。むしろ、学歴をつけ、医師として社会に出ていくことを望んできた。共通して語られているのは、医師ならば在日朝鮮人としてのハンディがないという職業観である。日本社会で在日朝鮮人が安定した職業生活を営むには医学部に進学して、医師になることが確実な道であるということを、子どもたちに伝えてきている。

たとえば、銀淑は「うちの主人はこの子〔民実〕は、まぁ弁護士になったらいいじゃない。まぁ向いてるだろうなと思ってたんですけど、生活の安定を望むためには、やっぱり医学部に行ったほうがいいんじゃない（と思っていた）」と語り、民実が当初の希望通り文系の大学に進んだら帰化しようとまで考えたという。

また、家が貧しく高校進学を諦めて働きはじめた昌勲は、子どもたちに「日本人に負けるな」と言い続けた。医師への道を具体的に口にしたことはないようであるが、医師になった二人の子ども（京花と俊錫）は、次のように語る。

【京花】平等なんていうのは嘘で、やっぱり能力のある。力のある人が当然、世の中っていうのは上に立つんだと。父の口癖は「我々は朝鮮に帰っても、日本にいても、どこにいても外国人であることに間違いはないんだから、日本に住んでいる以上、そこにあって、そこに対応すべく力をつけていかないといけない。

【俊錫】父親は、特に中卒で苦労したっていうのが、現実、やっぱりあると思いますよ。絶対、コンプレックスとしてあったと思います。子どもには勉強さして、ある意味医者いうたら、一つのステイタスじゃないですか。子どもがそれを得るっていうのは、やっぱり親からしたら嬉しいことちゃいますかね。

X家の戦後世代は、自営業主としては成功し、ある程度の経済的基盤をつくりあげたことは、前に考察してきた。しかし、X家の人たちの語りからもうかがえるように、自営業主としての苦労は多い。親族や家族の相互扶助に支えられての自営であるが、同時に実際の経営は、自らの腕にすべてがかかっている。その意味では不安定な部分を常に抱えながらの生活だったのであろう。そのような経験から、X家の戦後世代は、子どもに自営業をさせるよりも、より安定的で、しかも社会的な威信も高いと考えられている医師への水路づけを行ってきたことが、生活史の中から読みとることができる。

栄淑だけが子どもの進路に、このような水路づけをしなかった。しかし、栄淑自身も「(在日朝鮮人は)公務員とか、ああいうん〔ああいう職業には〕、ようなられへんもんねぇ、やっぱり。うちのきょうだい(の子どもの多く)が医者になったいうことは、大きな会社入られへんわと思った(からだ)」と、日本社会に存在する民族差別の存在は感じ取っているのである。

ところで、医師になるには大学医学部入学という一つのハードルを通過しなくてはならない。大学受験の学力という点では、医学部は難関であり、それをクリアするためには、それなりの準備が必要である。銀淑、明玉、昇教は、子どもたちの大学進学を射程に入れた上で、進学校の私立中学へ子どもたちを進学させた。そのために塾へ通わせ、子どもの勉強につき添った（明玉）等、子どもの教育に熱心だったことが語られた。

親たちは、学歴が社会的地位を形成し、維持していく上で有利な条件であることを敏感に意識し、さらに大学での専門技術の資格取得が職業に就くにあたって有利であり、将来の生活に役立つという展望を、子どもたちに伝えてきた。そして、X家の戦後世代の自営での成功は、こうした子どもの教育を支える経済的な基盤となった。

また、受験という側面だけではなく、自営業主として多忙な日々を送りながらも、子育てに積極的にかかわってきたことも語られる。たとえば昇教は、ある時期、子育てを中心にして生活を送ろうと決心し、経営していた居酒屋を五年間、他人に貸していたことがある。

【昇教】長男が中学入った時分かな。それを頭に、四つ違い、三つ違いの子どもがいる。「こりゃアカンな」って思ったんですよ。店終わって、夜中の一時、二時に長男と次男が座って待っとったとかね。店やってると、家がメチャクチャや。で、酒屋と相談して（子どもの手がかからなくなるまで、人に貸した）。

さらに、店をやっている間も、朝から夜中まで働くその合間を縫って子どもにかかわってきたことも強調する。

【昇教】子どもとは絶えず絶えず、一緒に一緒に、もう合間見つけて。風呂も（家に）あったけどね、ちょっと（店に）空白ができたらね、「風呂行こうか」って言うんですよ。で、四人で銭湯へ。仕事の合間でも、ちょっとでも一緒に話するとか。あんな仕事しているわりには対話はあったんちゃうかな。

また、京淑・昌勲夫婦は、子どもたちを朝鮮学校へ通学させた。しかし同時に、朝鮮学校の世界だけに浸かってしまうのは良くないと考え、地域の子ども会、野外センター、図書館などの活動に子どもたちを積極的に参加させ、視野を広げさせようとしたことを語っている。娘の京花も「私たちは特殊なんだから、このままでは、この世界に埋没するしかなくなってしまうっていうのが母親はすごくイヤで、『せっかく生まれてきて、日本にいるんだから、世の中のことをもっと広く知りたいし、別な世界のことを知りたい』っていう。まぁこの二つだけ、母親がね、私が小さいときから、せっせと（教えてきた）」と言っている。

このような子どもとの日々のかかわりの積み上げが土壌となり、子どもたち自身も、親の苦労や思いを知るようになったのであろう。そして、親が子どもに対して抱いたアスピレーションを受容し、内面化していくことにつながっていったように思われる。

さらにはX家の成員の多くが神戸市を中心とした阪神間に居住していたことから、私立中学受験が身近にあったことも指摘しておかねばならないだろう。また、そうした進路を子どもたちに提示できる親自身（または身近な親族）の学歴があったこと等、これらの要因が複合的にからみあって子どもたちは高学歴を獲得し、医師を中心とした専門職で日本社会を生きるという戦略を現実のものとさせたと考えることができよう。

3　成長期世代・定住世代の進路選択

生活史を紹介した民実には、姉（陽子）がいる。二人とも、学校の成績も良かったため、「医学部進学」を喫茶店で成功していた両親から望まれながら成長した。結果は、姉の陽子は医師にはならず、現在は通訳として活躍中。弟の民実は紆余曲折の上、小児科医として働いている。

陽子は、親の価値観（医師になることが生活の安定につながる）をそのまま受け継ぎ、「医者になるんだろうな」と小さな頃から思っていたと語る。高校時代の進路選択についても、浪人して医学部進学を目指そうとしていたそうだ。しかし、卒業間際に母親（銀淑）の反対にあい、不本意ではあったが、たまたま合格していた甲南大学英文学科に進学した。

陽子とは対照的に、弟の民実に対しては、両親、特に父親は、強烈に医師への水路づけをしたことが、母親銀淑や民実自身の生活史から読みとることができる。高校時代、朝鮮人として生きるということを明確に考えはじめ、社会科学に関心を持った民実は、「文系の大学に進みたい」と考えた。しかし父親は、朝鮮人には将来の選択肢があまりないという理由で大反対した。

【民実】コンコンとうちの父親から、やっぱ厳しい状況を話されるわけですよね。誇張もしたんでしょうけどね。「朝鮮人で京大出た人が焼肉屋やってる」とかですね、「パチンコ屋やってる」とか、そういう話をいっぱい開かされましたですよね。（中略）「将来何かあったら、家族を食べさせていかなければならないのに、そんな文系の大学とか行っても、そんな将来はアカン！」。

そして最終的には、父親から医学部にさえ入ったら、一、二年休学して文系の大学で勉強しても構わないという妥協案を示され、民実も「好きなことができるならば、お金を稼ぐ手段は何でもいいかなぁ」と考え、医学部に進学することを決めたと振り返っている。

民実のように、周囲から「在日朝鮮人だから」という理由で、将来の職業の選択肢は限られていると言われ、医学部に進路変更したという例は、他にもある。

【俊錫】バイオテクノロジーでおいしい果物を作ろう。俺も嬉しいし、世界のみんなも喜ぶに違いないと思って。ごっつい単純なんですよ。高二か高三のとき、「京大の農学部へ行こうと思います」って言ったら、担任に「在日朝鮮人の子をいっぱい送り出したけれども、医学部か工学部の建築がエエんちゃうか」と言われたんです。「えっえー！」という感じですわ。もうびっくりしましてですね。あれは、やっぱりショックでした。在日であるということで、世間のそういう壁が、進路、やっぱり制限してしまうというのが。

春花も、高校時代に情報工学に関心を持ち工学部進学を考えたり、また化学への興味から理学部や薬学部進学を考えた。しかし、父親が理工学部を卒業しても就職がなかったという経験を持っていたため、「工学部、理学部、薬学部へ行っても仕方がない。医学部へ行って医者になったら、たとえおばあさんになっても、ずっと一生やっていける資格や」と言われ、最終的に医学部進学を決めたと語る。

定住世代も、戦後世代の価値観を継承し、「安定職」「在日朝鮮人でも差別のない職業」「社会的威信度が高い仕事」として医師という職業を選択したのである。大学進学時点においては、医師としての職業倫理や理想像を考えたということはあまりなかったようだ。動機の第一にあったのは、在日朝鮮人でも日本社会において、差別なく安定した職業に就くことであった。そのためには、民実や俊錫は、本来、大学で学びたかったことを諦め、医学部へ進学している。

このような経緯で医学部進学を果たした民実は、大学入学後、在日朝鮮人の民族運動にのめり込み、その後、学業に戻ることが一時困難になった。親の説得に負けて医学部へ進学したことを後悔し、人生そのものに悩み苦しみ、家族に居場所も告げずに自分の人生を考え直す機会を持ったこと、その後、四年間のブランクを乗り越え、大学に戻り、医学を勉強して理想の医療をしようという考えに至ったことなどは、生活史に詳しく見た通りである。そして、将来は血液・腫瘍分野を専門とする小児科医として仕事をしたいと明確な希望を語っている。実際に二〇二二年現在は関東の子ども専門病院で、白血病の治療の第一人者として活躍している。

また、民実のように大きく悩まなかったものの、俊錫は「僕は、ちょっと（医学部進学を勧めた高校時代の担任を）恨んでます、やっぱり（医者になった）今でも。変な言い方やけど、あのおっさんが、あんなん言えへんかったら、俺はもっと自分の道を歩んどったかもしれへん」と語り、今の道が決して本意ではなかったことをほのめかしていた。それでも、医師としての二年目の生活を終えようとしていた調査当時、医師の仕事は「患者を治すこと」と「患者を満足させること」という二つの柱があり、そのバランスを取ることが医師として目指すべき姿だと語り、「（医師としての自分は）スイカの赤い部分と白い部分と緑の部分があって、俺は、今、どこをかじっているのかもわからないっていうような状態ですかね。（しかし）この道（麻酔科医）を選んだから、この道で生きがいを探すために頑張っている」と、医師として生きていく道を模索しているようでもあった。

ところで、前にも触れたように、日本社会において医学部に進学するためには、かなり難関の大学入試をクリアしなければならない。親の明確なアスピレーションとそれを実現させるための環境（安定した階層帰属、大学進学を子どもに提示できる親自身の学歴、居住地など）があったことは、前述の通りである。

さらに、Ｘ家の定住世代が次々と医学部へ合格し、医師になっていった背景には、親族の中で、最初に医学部進学を果たした民実の影響が大きい。民実が大学に合格した当時、高校生で受験を具体的に考え始めていた京花は、自分の医学部進学について、民実の影響が「かなり大きい」と語る。また、民実が「法学部に行きたい」「弁護士になりたい」という希望を諦めて、周囲の期待から医学部へ進学を決めたというエピソードも親族から聞かされたと語る。そして、「（自分は）弁護士が何をするかとか、その当時よくわからへんかった。自分の父親が医学部出身でもないし、医者の生活がどんな感じか、本人がわからんわけ。だけどまぁ『勉強したらいいんだ』っていうことぐらいはわかってるよね」と、医学部進学に向けて受験勉強をしたことを語る。

また、民実が現役で東大理Ⅲに合格したとき、民実の父親は大喜びし、親族を焼肉屋に招待し「チャンチ」（お祝いの会）を開いたという。このことは、まだ小さかった同世代には印象的な出来事だったようである。

【春花】すごく覚えているのは、私が六歳ぐらいのときに、ちょうどお兄ちゃん〔民実〕十八歳でしょう。で、「お兄ちゃんが東大受かったから、今からお祝に行ってくる。あんたら、寝とき」って（父母から）言われて、「ああ東大ってすごいとこなんや」とか（思った）。

このように民実の東大理Ⅲ合格は親族のモデルや目指すべき目標となり、親族の集まりの場（チェサなど）でも、積極的に医師への水路づけが行われるきっかけになった。また、医学部に合格した際に、焼肉屋に親族を招いてチャンチをすることも親族の恒例行事になったようである。そのような場に定住世代が参加する中で、親族から医学部進学を勧められたり、また。進路選択で迷っているときに、先に医学部進学を果たしたいとこたちからも医学部進学をアドバイスされたり、勉強を教えてもらったり等々、親族全体で医師への水路づけをしてきた様子が語られている。

【春花】（チェサで親族が集まった場で）五年生くらいのときに、（親族のだれかに）「医者になったらいいよ」

とか言われて。（中略）高校生くらいになって、おばさんとか会ったとき、「高校やねぇ。（進路）どうすんのかなぁ。医学部もいいよ」とかなんか、いろいろ勧めるじゃないですか。（進路を決めかねていたときに）ちょうど俊錫兄ちゃんが神戸大の医学部に入って。近くに住んでたから、よく遊びに来てたんですよ、家に。で、いっつも私がわからない問題、「教えて」とか言って、やっててね。それで、いろいろ話を聞いて、そんな影響もすごくあったと思うんですよ。「医学部何してんの？」とか言って。で、「医学部入ってよかった」とか。あと、「（進路に）迷ってるんやったら、医学部行ったらいいでぇ」とか（アドバイスをしてもらった）。

また、医学部進学以外の選択をした者にとっても、いとこやきょうだいの影響を受ける中で、大学を身近に感じ、大学進学を自明のことと思うようになっていったようである。たとえば、演錫は高校まで朝鮮学校に通学し、クラブ活動に夢中で、大学進学はあまり考えていなかったという。しかし、大学に通う姉や兄たち、また、その友人たちと話をする中で、「大学は面白い所のようだ」と思うようになり、日本の大学進学を決心したと語る。そして、一度大学を変わり（編入学）、その後、大学院修士課程を二つの大学で修めるという方法で税理士の資格を取得した。そのような進路を選択するに至った経緯を、演錫は以下のように語る。

【演錫】（将来に関しては）いろいろ考えて、基本的に何か資格を取ってね、ステイタスも得て、それが一番解決点ではいいなとは思ったんですけど。院（へ行こう）と思って、財政学、勉強して、税理士になろうかなって思って。基本的には税理士になるために大学院に行くっていうのと、もっと経済の勉強がしたいっていうのと一石二鳥でできるから、そうしようと。

お兄さんとかお姉さんとか見たり、それと親戚とかね、ま、いろいろね、狭い世界ですけど、見とったら、やっぱり身体のケアする人間はたくさんいるんですよ。ほんとにたくさん、珍しいくらいに。ただでも、お金の使い方を知っている人間がいないから、ほな、自分でそういう意味でのお医者さんとかになれたらいいんじゃないかなぁと。まぁこれやったら、自分で一生懸命できて、自分で満足できるやろうなと（思って、税理士資格取得を目指した）。

その後、演錫は大手企業に就職。一九九八年四月に東京で仕事を始めた。その後、転職して、京都にあるベンチャービジネスの会社で働き、東京やアメリカ出張で多忙な日々を送った。結婚を契機に大手商社に転職し、アメリカ駐在も経験した。現在は、税理士の資格を活かした仕事をし、かつ自分の人生の楽しみを追求する生活を送っている。

また、周植も朝鮮学校（中学）から公立の商業高校、関西学院大学商学部を経て、一九九七年にA市職員の採用試験（行政職）に合格。A市が行政職の国籍条項を撤廃した年の初の外国籍合格者として話題を集めた。

このような演錫や周植の事例は、在日朝鮮人の職業選択の幅が生まれてきていることを示している。戦後世代にとっては、在日朝鮮人としての職業選択における障壁は絶対的なものだった。就職活動をしても「在日朝鮮人だから」という理由で就職ができなかったという現実に直面している。そして、そのような体験が「医師か弁護士、そうでなければ自営業」という非常に限定された将来像を子どもたちに伝えていくということにつながったのである。しかし、定住世代にとっては、親から伝えられる将来像を、いったん受けとめてはいるが、ある程度それを相対化し、別の道を何とか切り拓こうとする傾向も見ることができるのである。そして、これまで閉ざされていた（または、閉ざされていると考えられてきた）職業に、在日朝鮮人が進出することによって、新たなモデルを次の世代の在日朝鮮人にも提示することになるだろうし、日本人および日本社会との新しい関係を模索する契機になると考えることもできよう。

4 エスニシティ・民族関係・親族結合

ところで、戦後世代の自営業から成長期世代や定住世代の医師に代表される専門職への上昇移動は、民族意識や民族文化の継承のあり方、民族関係、そして家族親族の結束のあり方にどのような変化をもたらしているだろうか。

エスニシティの「継承」と「獲得」

X家の対象者は、概して朝鮮民族としての意識や文化を保持・継承しようとしている。昇教たち戦後世代は、1世の親や近所の同胞から、ごく自然に朝鮮人であることを自覚させられ、また、日常生活で使う挨拶などごく簡単な朝鮮語やチェサでのしきたりなども身につけてきた。

成人後、社会生活のほとんどの場では通名を使用している（銀淑と明玉は除く）が、在日朝鮮人であることを隠そうとはしていない。自営業を営んでいく上で、「本名を使って損することがないように」便宜的に通名を使っているのである。子どもたちを朝鮮学校へ入学させたり、また。日本の学校に入れたとしても、本名で通学させることなどを通じて、自らの民族性も顕在化させている。

帰化の意志はまったくなかった。帰化に対する考え方を聞かれ、調査時はきっぱり否定している。「日本で生まれ育ち、朝鮮語も流暢には話せないし、歴史も文化もあまり知らない。かなりの部分で日本に同化している」と認識しながらも、同時に「ルーツは朝鮮半島にある」と言い、日本国籍を取得することには強い抵抗があるようである。

こうした親のもとで育った周学たち成長期世代、民実たち定住世代も、幼少期からチェサに参加していた経験などを通じて、在日朝鮮人であることを自然に自覚したと語っている。しかし、民族意識のあり方はさまざまである。

名前について見ると、成長期世代・定住世代は、周学と京美以外は本名のみ使用して生活している。そのうち、演錫、京花、周植、俊錫が朝鮮語読みで本名を使用、陽子、民実、春花は日本語読みで本名を使用している。ただし、通名を使用しているからといって、周学や京美が自らの民族性を否定的に捉えているということはない。たとえば、周学は小学校三年生のときに名字は日本名のまま、名前だけは本名に変えた。そのときのことを周学は次のように語る。

【周学】僕、以前は「一昭」という通名になってましてん。今はシュウガク（周学）になってますやろ。

（変えた理由は、特には）何もなく。学校の先生が漢字をよう間違うと。「昭」を「明」と書くと。だから、元の「周学」になったと。聞かれても「朝鮮の名前そのまま入れた」という表現するからね。

周学が名前を本名にする際、具体的な転機（学校からの働きかけなど）があったのではない。本人には何の気負いもなかったようである。母親（栄淑）が祖母の会社で働いていたので、つねに祖母や親族が周囲にいた。そした環境の中で、ごく自然に自分の属性の一部として民族性を考えるようになったのであろう。

そして、子育てにおいても、民族文化や民族意識の継承には、特別な教育よりも、日々の親としての態度が重要なものとして認識されているようである。

【周学】（法事を当時四歳だった長男が）やるかやらへんかは、結局その辺でね、身体が慣れていて、そういうこと（法事を継承していく）になる――いうのは、もう堅い〔やるだろう〕と思うよ、僕は。（毎月、墓参りに連れていく等の）行動で（子どもには）全部伝わっていると思いますよ。

また、姉の京美は日本人男性と結婚したため、調査当時、帰化を積極的に考えていた。しかし、朝鮮民族であることを隠すつもりはない。むしろ積極的に、そのことは子どもたちに継承しておきたいと願っているようである。

【京美】（帰化をした近所の人が）「帰化しても心の中は朝鮮人やもん」って言うのを聞いて、「あ、エエこと聞いた。ほな、私も帰化することがあったら、その意志でいこう」と思って。

（帰化しないで、生活に支障をきたすことは）ないです。だから帰化すんのんちょっともったいない。まぁ主人と結婚したし、日本に住んでいる便宜上、いつかは帰化します。ただ、子どもが物心つくまでに帰化してれば、子どもを民族クラブに行かせることもなかったやろうし、子どもたちが在日朝鮮人と日本人の間の子どもやって言う必要もなかったから、多分、子どもは何も知らずにきたと思います。だから、そういう意味では、私が今まで帰化しなくって、子どもが知ってても良かったかなと思いますね。

周学や京美は、理屈抜きに朝鮮民族であることを受け入れ、それをそのままごく自然に継承、維持しようとしている。

しかし、民実のケースは異なっている。第五節で詳しく紹介した通り、高校時代の読書がきっかけとなって本格的に民族意識に目覚めた。大学入学後は積極的に民族運動にかかわり、その活動を通じて、彼なりの民族意識を形成してきた。福岡安則・金明秀（一九九七）が指摘しているエスニシティの「獲得」のプロセスの典型例だと考えることができる。

ただ、福岡・金は、このプロセスを、家庭内でじかに受け継がれていくエスニシティの「継承」プロセスの対極にあるもののように位置づけている。しかし、民実の事例を見ると、彼が自覚的に民族意識を形成するに到った背景には、家庭内の民族的な土壌があるようだ。周学や京美たちと同様に、物心つく前からチェサに出席し、祖母にもたびたび「ちゃんと朝鮮人として生きや」と言われて育ってきた。また、姉（陽子）や兄は朝鮮学校への通学経験を持つ。さらに父親の意向で民実が小学校に入学したときから、本名一本の生活になった等、無意識のうちに在日朝鮮人であることを教えられ、民族意識が培われてきた側面がある。こうしたことを土台にして、高校や大学時代に読書や民族運動を通じて、民実は自分なりの民族意識を形成しなおしたと考えられるのである。

このようなパターンは、俊錫にも見ることができる。俊錫は朝鮮学校に中学まで通い、高校は日本の学校に進学した。中学までは与えられた環境の中で、民族をそれほど意識することもなく過ごしてきたが、日本の学校に入学したことを契機に、民族を強く意識するようになった。それは俊錫にとって決して幸せなことではなかったようだ。「それまで正のイメージだった在日朝鮮人像が負のイメージに変わった」と語る。名前も朝鮮語読みでは受け入れられないと思い、日本語読みで名乗るようになった。その後、大学に進学し、留学同（在日本朝鮮留学生同盟）と朝文研（朝鮮文化研究会）の活動を通じて、「在日としていかに生きるか」ということを考え直す。そして、名前も日本語読みでは本当の自分ではないと思うようになり、再度、朝鮮語読みで名前を名乗るようになった。このように俊錫の事例も、一見「獲得」的に民族意識を形成してきたように見える。しかし、彼が朝鮮学校に幼稚園から行ったことには父親や親族の強い意志が働いていた。そして、本人は「知らず知らずのうちに」民族の言葉や文化を体得していったのである。その意味において、彼がこのプロセスで身につけた民族文化や民族意識は継承的なものであると言えよう。そして、大学生になり、留学同などで活動する中で、それまで体得してきたものを彼なりに再解釈し、意味づけするというプロセスを経ていることが読みとれるのである。

　これらの事例は、幼少期から家庭内または朝鮮学校において、自然に体得し継承した民族意識や民族文化を、本人の内発的な目覚めや自覚的な学習により再解釈し、「獲得」するに到るプロセスが存在することを示している。その意味においてエスニシティの「継承」と「獲得」の二つのプロセスは、相互の関連において理解されなければならない。

民族関係

　X家の戦後世代は、生活史を聞かせていただいた方々に限れば、子ども時代には日本人と友好的な関係を持っていた。学校でも露骨な差別体験はなかったと語り、近所の子どもたちとは民族は無関係に遊んでいたという。しかし、成人後の生活史には日本人との関係をあまり見ることはできない。商売の取り引き相手として、または店の客としての日本人との付き合いはあるが、親密な関係ではない。パーソナルな友人関係、近隣関係においては、日本人との関係も語られるが、それは旅行や食事会など親睦的なものに限られている。X家の戦後世代が自営業を始め、維持していく上で、重要な役割を果たしてきたのは、前述のとおり、家族親族ネットワークであった。そして、その関係は、濃密で強固なものであったために、戦後世代の生活は、そのネットワーク内で完結してきた。そのことが、結果として日本人との関係を築く機会を制限してきたのだと考えることができる。

　しかし、成長期世代、定住世代の人たちの民族関係のあり方は異なっている。専門職に就いているかれらに仕事上での民族関係についてたずねると、「民族は関係ない」と答える。

【京花】（在日朝鮮人であることを自覚するような場は）、医者の仕事のときにはない。
【俊錫】仕事の上では（民族は）、関係ないです。それは関係ないです。

そして、医師として、民族は関係なく、職場の人たちと人間関係を築いていると語る。

【民実】（医師になって忙しくなり）民族運動などの活動はあまりできなくなって。付き合う人間も、さすがにお医者さんばっかになってきましたですね。
【俊錫】病院で過ごす時間がごっつい長いから、病院内のことしか話題にできないですね。だから、看護婦さんとかね、お医者さんとかね、そういう人たちと話しているのが、楽なんですよ。同じ話題やから。同期の友だちとは、たまに飲みに行ったり。

「在日朝鮮人だから日本社会での就職は難しい」という認識で医師をはじめとする専門職を選択したのであるが、いったん、その職業に就いてしまうと、マイナスに働くと考えられていた民族が無関係なものになることをうかがわせる語りである。通訳の陽子も、「通訳は基本的に実力の世界ですから」と、民族が仕事上、問題にならないことを語る。教育を通じて職業的地位達成を果たしたことが、結果として民族を顕在させながらも日本人との民族関係を結ぶ一つの契機になったことが読みとれるのである。

また、冒頭でも述べたように、この世代には日本人と結婚した人も四名いる。周囲の家族親族の気持ちや反応はさまざまであったが、結果としては日本人配偶者もチェサに出席する等、家族親族のネットワークに参入している。「家族」という集団の中にも民族関係ができていることを、実際に示す事例だと考えられる。

家族親族結合

X家の人びとは、チェサやチャンチといった機会に頻繁に集まってきた。それが、結果として親族としての結束を強め、また、定住世代に対する医師を中心とする専門職への水路づけを行う機会となってきたことは紹介した生活史に見ることができるだろう。

現在、通訳、医師、公務員やサラリーマンとして多忙な日々を送る成長期世代や定住世代の人たちの語りに、チェサの中止を求めるものはない。ただし祖先の霊を祀るといった儒教的な儀式の意味よりも、むしろ家族親族一同が会する場として、大切に守っていくべきだという考え方のようだ。

陽子は、弟の民実が日本人と結婚することになったときに、東京まで行き、民実の妻にチェサの大切さを教えたと語っているし、民実も結婚前に、妻にチェサの重要性について話したと語る。

民実自身も、関東で医師としての生活を送り、白血病を中心とした重症の患者を診る多忙な日々だが、毎年十月に行われている父親のチェサには、できるだけ出席するという気持ちを持っている。夕方まで関東地区の病院で仕事をし、二三時近くになって神戸の実家に駆けつけ、儀式を行い、翌朝六時の新幹線に乗って病院に戻ることになるが、チェサには出席する。このことに関して、一九九八年のチェサで「大変ですが、やっぱりうちの大事な行事ですしね。少しくらい無理をしてでも参加しようと思っています」と語っていた。

このチェサには、本来ならば出席の義務がない演錫、京花、春花、周植、俊錫（母方の親族）なども出席していた。一九九八年当時、演錫は東京から、京花は京都府精華町から、俊錫は淡路島からと、遠方にもかかわらず、仕事の合間をぬって駆けつけていた。親族に会い、お互いの安否を確認しあうこと、お互いの近況を報告しあうことに意味を感じているようである。

【演錫】あんまり堅苦しく考えへんでも、法事で親戚に会って、「おう、元気か！」っていう場として、守っていこうかと思ってる。そういう意味では、簡素化できることは簡素化すればエエやろうし。時間や料理なんかは、もっと合理的にやればいいと思う。

以上からわかるように、X家の成長期世代・定住世代が果たした上昇移動は決して家族親族からの分離をもたらしていない。むしろ、民実の東大理Ⅲ合格を契機として、親族としてのまとまりは強まり、次々と医師を中心とした専門職への上昇移動を果たすことができた。個人の努力を必要とする業績主義的な職業獲得ではあるが、その背景には親族全体で進学を応援し、そのことが専門職獲得につながるといった要因も背景にあると指摘することができよう。成長期世代・定住世代の人びとも、そうした雰囲気の中で果たした上昇移動の意味を理解し、親族としての結束を大事にしていくという考え方を受け継いでいると考えることができよう。まだ、この世代がチェサの主催者にはなっていないので、今後、現実にどう変化するのか、しないのかは想像するしかないが、少なくともチェサを継続する意思は強いようである。

それと同時に、チェサやチャンチは成長期世代・定住世代にとっては、自らの民族を確認する場となってきたことも、語りから読みとることができる。自分の民族を認識する機会として、チェサをあげるのである。チェサで朝鮮料理を食べたことや戦前移住世代に対して、朝鮮語で挨拶をして喜ばれたなどのエピソードは数多い。このように、親族の行事を通じて、自らのエスニック・アイデンティティを形成してきたという部分もある。

現在は、医師や通訳といった専門職や公務員・上場企業のサラリーマンとして日本社会の中心で働くかれらが、民族的なアイデンティティを保持しつつも日本人とも豊かな関係を築くという新たな民族関係を形成する可能性を持っていると考えることもできよう。

第二章　ある在日朝鮮人家族親族の生活史に見る民族意識の変遷
――上昇移動の後に

本章は、X家のフォローアップとして実施した第二次調査の記録を中心に分析したものである。前章の最後に示した問題意識「社会的に上昇移動をし、安定した生活を手に入れたX家の成長期世代の人たちの民族意識はどのように変化するのだろうか？」を考えてみたものである。その手がかりとして、結婚観、チェサ観を中心に論じてみた。

1　本章の問題意識

【陽子・第一次調査】日本で生まれ育って、メンタルな意味で、ほとんど、日本人になってるけれど、でも、やっぱり、どっかで、朝鮮人あるいは韓国人として、残していかなくちゃいけないものってのはあるんじゃないかっていうように思うし。やっぱ、「大事にしていきたい」というような気持ちもあるし。そういう風に思ってる人が、自分の身内の中に、多いから、そこで、やっぱり上手くやっていくには、（結婚相手は）日本人よりも、朝鮮人のほうがいいんじゃないかって言うのがありますよね。

これは弟（民実）が日本人女性と結婚を考えているという話を聞いたときの姉としての率直な気持

ちである。私の調査経験では、日本人との結婚に複雑な気持ちを表す在日朝鮮人は多い。X家の中でも日本人との結婚を反対されて諦めた人がいることを、X家の人たちとの日常的な付き合いの中で聞いたことがある。また、昇教の妻も、次男の日本人との結婚には、最初は抵抗があったことを話した。

私はやっぱり、ちょっと抵抗感じましたけどね。（次男の結婚相手が）日本（人）いうのは、ちょっとね、抵抗感じましたけど。でもね、私の友だちですね、四人のうち三人はね、（子どもたちが）日本人と結婚した。娘さんと息子さんね。せやから、今はもう別に何とも思いません。

しかし、このような抵抗感とは逆に在日朝鮮人と日本人との婚姻数は増加している。すでに、一九七〇年代には、日本人との婚姻は、在日朝鮮人同士の婚姻数を上回り、それが現在まで続いているのだ。在日朝鮮人と日本人（日本国籍保持者）間の婚姻の割合は、在日朝鮮人婚姻全体の中で八割以上を占めるようになったとも言われている。

この現象をどう捉えるのか。一面では日本人と在日朝鮮人の「双方の意識の中に抵抗感が減少」（梁泰昊、一九九六）し、国籍に関係なく配偶者選択の機会が増えたと見ることが可能であろう。

しかし、一方で、この現象は在日朝鮮人社会では一種の「危機感」をともなって語られる。なぜならば、在日朝鮮人社会は「民族」は血統主義によって守られると考えられがちだからだ。在日朝鮮人社会の形成から百年以上の年月が経過し、5世たちが誕生している現在、文化的には日本社会に高度に「統合」されていること、逆に言えば、言語、文化などを含めて「同化」が進んでいるという事実から、在日朝鮮人社会存続（維持）の困難が指摘される。そして日本人との婚姻が増えることにより、朝鮮人としての民族文化、民族意識、生活様式を維持、継承していくことが、さらに困難になると危惧され、また、日本国籍への帰化が増加すると心配されているのだ。

また、一九八五年の国籍法改正で父母両系主義が採用されたことにより、日本と韓国・朝鮮籍間のカップルに生まれた子どもの多くが日本籍のみを取得するようになると予測された。実際に、外国人登録者数や在留外国人統計を見ると、「韓国・朝鮮籍」（二〇一六年より分離公表されている）者の数は年々減少している。それは自然減に加え、やはり帰化者の増加をその一因と考えることができるであろう。実際に日本人との婚姻のみが理由ではないしても、一九九〇年代半ば以降、韓国・朝鮮籍者の日本への帰化者数は年間一万人前後で推移している。

この日本人との婚姻の増加、帰化者の増加は、在日朝鮮人コミュニティを維持・存続させることの困難を語るときに用いられる象徴的な事例にすぎない。たしかに、日本社会では朝鮮人としての民族性は潜在化を強いられやすく、日本生まれの日本育ちが大半をしめ、かつ、朝鮮半島での生活を体験した1世たちのことも直接知らない世代が、在日朝鮮人社会の中心になりつつある現在、このような「危惧」や「危機意識」は現実感をともなったものであることは事実であろう。

しかし、本当に、このような在日朝鮮人社会で語られる「危惧」通り、在日朝鮮人社会は衰退し、消えていくのだろうか？　コミュニティとしての在日朝鮮人社会は縮小していくのは否めないにしても、家族親族を通じて、民族文化、民族意識、生活様式は継承・維持されていかないものなのであろうか。世代を経ることに変容しつつも、個人個人の生活の場では何らかの形で残っていくのではないだろうか。

これらの問いを考察することが本章の目的である。そのために、本章でも関係研が実施した世代間生活史調査（第一次調査、第二次調査）の記録を分析する。なお、本章では議論をシンプルにするためにX家の2世の六人きょうだいを基準に1世、2世、3世という用語を使用する。すなわち、たとえば、陽子と民実の父親は1世であるが、母親である銀淑が2世なので、3世と区分した。

第一次調査と第二次調査の間に日本社会と朝鮮半島の関係には変化が見られ（日韓ワールドカップ共催、韓流ブームなどによる韓国に対するイメージの変化、拉致問題などによる日朝関係の悪化等）し、さらに、ニューカマー外国人の増加を契機とした「多文化共生施策」の進展など、在日朝鮮人をとりまく社会環境が変化、同時に第一次調査時点では、まだいわゆる2世世代が現役として、職業生活においても家族生活においても中心であったが、時間の経過の中で世代交代も進んだ。この十五年の間に、3世世代の多くが結婚をし子どもを持った。年齢も三十代から四十代の働き盛りとなった。かれらは親の代が維持してきた民族文化（たとえばチェサ＝法事など）をどのようにしていくつもりなのか等を把握したいと考えたのである。

第二次調査では、第一次調査で対象となった方のうち四名を除く方にインタビューを行い、新規四名に生活史を聞かせていただいた。X家は合計二十名の生活史がとれたことになる。本章では、このうちの民実、周植、昌植の三名の生活史を中心にとりあげることにする。

本章で考察したいのは、上昇移動を達成したX家の3世世代の人たちと家族親族との距離、さらには「民族」との距離がどう維持され、またどう変容しているのかという点である。かれらは、日本社会に存在してきた民族障壁を強く意識し、差別のない職業をめざし、医師をはじめとする専門職に就いた。社会的地位も高く、収入も多い。かれらは、みな、本名（日本語読みをしている人も含めて）で仕事をし、日常生活を送っている。専門職であるため、職場では「民族」が意識されることも、または問題になることもないという。

第一次調査では、かれら自身の民族意識や民族的自覚も明確に語られた。そんなかれらが、今現在、民族をどう考え、そして次世代に何を伝えようとしているのか。第一次調査時点においては、3世世代の多くが二十代から三十代前半で、学生だったり社会人としての生活をはじめて間もなかったり、また自分の家族を形成をしていなかった。当時、「守っていきたい」と語っていたもの（民族文化など）が、現在、どのように維持されているのかまたは変容しているのかを考えてみたい。

2　生活史

ここでは、X家の三世代が結婚、子育て、そして民族にかかわる意識や自覚について語ったものをとりあげながら考察をすることにする。

(1)対象者のプロフィール

三名の簡単なプロフィールは次の通りである。民実については、前章で詳細に取り上げたが、ここでも簡単に紹介しておくことにする。

民実は一九六二年、神戸生まれである。X家で最初に医学部に進学した。両親は神戸市内で喫茶店を経営し、大成功していた。裕福な家庭の四人きょうだいの三番目（次男）として成長。成績優秀だった彼は、有名な進学校である灘中、灘高から現役で東京大学理Ⅲに進学。しかし、それは、彼にとって決して積極的な進路選択ではなかった。高校時代は文系進学を希望したが「朝鮮人だから文系に行っても将来は拓けない」と父親に説得され、医学部に進学したのだ。大学に入学後は、在日韓国学生同盟（韓学同）という学生の民族運動の活動に夢中になった。結果として、留年をかさね、十一年かけて大学を卒業し、小児科医となった。第二次調査時（二〇〇九年十月）には、公立の子ども病院で血液・腫瘍内科を専門とする小児科医となり、小児がんや白血病治療に忙しい日々を送っていた。日本人の妻との間に三人の子どもがいる。生活全般にわたって、本名を日本語読みで使用している。

周植は一九七五年、大阪で生まれた。母親を幼少期に亡くし、1世の祖母によって育てられた。そんな自分を「遅れてきた2世」と称する。熱心な総聯支持者だった祖母の方針で、中学まで朝鮮学校に通った。その後、高校からは日本の学校に通い、関西学院大学を卒業、A市の公務員となった。A市が国籍条項を撤廃して初の外国籍公務員である。同じ在日朝鮮人3世の女性（＝琴順）と二〇〇七年に結婚。女児が誕生して間もない頃に第二次調査は行われた（二〇〇八年十一月）。生活のすべての場において、本名（朝鮮語読み）を使用しており、それには強いこだわりがある。妻琴順は、本名、通名、名字のみ本名など場面に応じて使い分けをしているが、周植との結婚生活を通じて、名前に対するこだわりも生じつつあることが語られた。

昌植（第二次調査のみ）は一九六五年に大阪で生まれ、神戸で育った。三人きょうだいの長男。居酒屋を経営する両親（父親は昇教）のもとで成長した。灘中、灘高から浪人生活を経て、神戸大学医学部を卒業。医学部をめざした理由は「文系では身が立てられないから、理系でどうしようかなって思ったら医学部しかないなって。現実的な選択として」というものだった。二〇〇九年の調査時には、大阪市内の病院で消化器内科医として勤務していた。大学時代に学内の学生民族団体・朝鮮文化研究会（朝文研）で知り合った在日朝鮮人女性（精神科医）と結婚。子どもが一人（男）いる。昌植は父親たち家族が朝鮮籍から韓国籍に変えるときにも、朝鮮籍でいることにこだわっていたというが、調査時には、家族三人で韓国籍への切り替え手続き中だった。韓国籍のほうが便利であることが最大の理由だとのことだった。本人は「これも現実的な選択」だと言った。名前は大学時代以来、本名（朝鮮語読み）一本で生活している。妻も子どもも同様である。

(2)結婚観

まずは、三人の「結婚」に対する考え方を見てみたい。在日朝鮮人が結婚する際、必ずといっていいほど相手の国籍（民族）は問われ、結婚する本人にとっても決して無視できない問題である。冒頭でも述べたように、いまでも在日朝鮮人社会は「民族」を守ること＝「血統」を守ることだと考える傾向にあるからだ。したがって、自分の子どもはできれば同胞と結婚してほしいという人たちも多い。それは「理屈ではなく感情の問題」だと話す在日朝鮮人には多く出会ってきた。

たとえば、朝鮮学校関係の調査で出会った女性（四十七歳）は、自分の娘（二十二歳）が、日本人男性とつきあっていると打ち明けられ「正直とても複雑だ」と語った。「娘が日本人と結婚したら、私の孫は朝鮮人じゃなくなるから」だと言う。つまり、在日朝鮮人社会がそれなりに守り、維持しようとしてきた民族文化や生活様式が、日本人との結婚により途切れてしまうと考えているのだ。「娘は幼稚園から高校まで朝鮮学校で民族教育を受けたのになぜ？」という気持ち、「まさか私の娘が日本人とつきあうなんて」という気持ちが複雑に絡み合っていると話していた（結局、娘は二〇二〇年春に在日朝鮮人男性と結婚した）。

たしかに、在日朝鮮人同士の結婚は、大東貢生が指摘するように「伝統文化の継承」が含意されている（大東、二〇〇二）。そして、配偶者の国籍（民族）は、当事者の「民族意識」の一種のメルクマールのようにして、在日朝鮮人社会ではみなされていることも事実のようだ。

しかし、実際はどうなのであろうか。まず、日本人と結婚した民実の事例を見よう。民実の妻は民実が勤務していた病院の看護師だった。同僚として同じ病棟で勤務して、知り合った。

民実が日本人女性と結婚をしたいと家族に申し出たとき、家族は驚きと失望を感じたという。「大学時代、韓学同の活動にあれほど夢中になったのになぜ？」という気持ちだったと母親（銀淑）も姉（陽子）も語る。

【銀淑・第一次調査】（日本人と結婚したいと聞いて）ええ！って思って。初めて聞いたとき、びっくりしたんです。（民実に）「あんた、どういうこと？」言うてね。「何のために韓学同で活動したの？」って。ほんで、「あんた、法事（チェサ）はどうするのか？」とか、もう私、わわわわっと。おんなじ国の人とするもんとばっかり思ってましたから。勝手に思ってましたねぇ。「法事はどうするのか」と（言ったら)、「いや、やります」いうことで。(結婚を承諾したのは)もう仕方がないでしょ。

これに対して、民実自身は「国籍で結婚を決めるものではないという理念があった」と言い、結婚を考える頃に出会った相手が日本人だったにすぎないと説明する。一方で「活動もやってきたし、もし合う人がいれば同胞の人と結婚できればそのほうがいいかなぁと思っていた」が、同胞と知り合うことができた時期には結婚を考えることができなかった、つまり、結婚するタイミングで出会った相手が日本人だったにすぎなかったというのだ。

しかし、母や姉のみならず、親族の失望感と驚きも大きかったことは民実も自覚している。祖母にも「結婚は同胞の人とするように」と言われ続けていたからだ。

日本人との結婚により、家族がもっとも心配したのはチェサは継承されるのかという点だった。家族の中で民実が実質的に長男の役割をしており、民実が結婚すれば、チェサは民実に引き継いでもらうという暗黙の了解が、家族内であったからだ。姉の陽子も「(チェサの心配を母がしたのは)それだけ(チェサに対する思いが)あるんでしょうね。私も、日本人では(チェサの大切さは)理解できないんじゃないかと(思った)」と語っている。

民実は妻にもチェサが家族にとってとても大切なものであることを説明し、年に三回(正月、盆、父親の命日)のチェサには、準備も含めて手伝う必要があることを納得してもらった上で結婚したという。子どもが小さいうちは、この原則を守り、チェサのたびに神戸に家族そろって帰省し、出席していた。しかしながら、子どもの成長とともに、学校、塾、受験などの事情で、それも困難になり、毎年十月に行う父親の命日のチェサは、民実のみが出席するように変化していった。
一方で、周植と昌植は結婚相手の国籍（民族）には強いこだわりを持っていた。同胞でなくてはならないというものである。昌植は朝文研の活動を通してこのような考えになったと語る。具体的な語りを紹介しよう。

【昌植・第二次調査】その（大学で朝文研に参加していた）時期に、やっぱり同胞の人と結婚しようって決めてましたね。両親は数の問題（日本人のほうが多い）があるので、日本人の女性と結婚するかもしれへん、とかいうことも考えてたかもしれませんけどね。僕はもう、二回生か三回生くらいのときにはもう、はっきりそう（同胞と結婚する）決めてましたね。結局、少し勉強して思ったのは、日本の政府は、我々が日本の中で段々段々減っていく目測をたててるから、緩やかにね、同化すると、そういう風なスタンスでいるというようなことを本で読んだりしたこともあるし。究極は個人の自由なのであれですけど、その、「じゃあ自分は？」と言われたら、せっかくだから同胞の人と結婚しようという風にね。少し軽い勉強をした成果いうたら変なんですけど。そんな風な考え方になりましたね、やっぱり。後は、まあ、長男であることとかね、その辺、色んな要素から……。まあ、そうしないといけないという理念先行ですね。

また、周植も同胞女性と結婚したいと考えたので、在日朝鮮人だけを対象にした紹介サイトに登録し、妻に出会ったという。A市の公務員として市役所で勤務している周植には、紹介以外には同胞に出会う機会もなかったので、サイトへの登録をしたと説明する。

【周植・第二次調査】（調査者：結婚するならやっぱり同胞を、と思って?）いや、もう……、そうですね。ええ。もう、そうじゃなきゃ、そんなネット（の紹介サイト）使いませんよね。

周植は祖母に育てられていたので、小さい頃から同胞と結婚しないといけないものだと思っていたという。大学時代には「そんなことどうでもいい」と思える日本人女性とつきあったこともあるが、具体的に結婚を考えたときには、やはり同胞がいいと思ったそうだ。

以上、日本人を配偶者とした民実と「同胞との結婚」という理念ありきで結婚をした周植、昌植の結婚観を紹介した。「同胞と結婚すべき」と考え、実際に同胞と結婚した周植、昌植は、日本人との婚姻数が増加して同化してしまうのではないかと憂う在日朝鮮人社会の言説を内面化していたことが読み取れる。周植は、おそらく感覚的・感情的に日本人との結婚を容認できなかった1世の祖母の価値観、昌植はX家本家の長男としての責任を果たし続けてきた父親（昇教）の影響を受けたのであろう。そして、学生時代に所属した朝文研での学習を通じて、「結婚相手は同胞であるべき」という明確な意識となったようだ。民実は、合理的な考え方の持ち主で、「結婚に国籍（民族）は関係ない」という普遍的な理念を用いて説明した。

このような結婚の相違は、子育てにはどのように表れるのであろうか。次項では、かれらの子育て観（民族文化、民族意識、生活様式の維持、継承）について見ていくことにしよう。

(3)子育て

まず、民実の語りを見てみよう。民実には第二次調査時には小六、小四の娘、そして四歳の息子の父親になっていた。子どもは日韓の二重国籍で、名字は民実の姓を名乗っていた（下の名前は日本的なもの）。しかし、海外に出るときに日本の旅券を使用していると話していた。

第一次調査時は、妻は長女を妊娠中だったが、そのときは次のように語っていた。

【民実・第一次調査】将来国籍をどうするかは、最終的にはその子に任せる。僕自身は、もちろん韓国籍を選んでくれたら嬉しいなと思いますが。でも、その選択は、絶対、個人の選択であるべきだというのが僕の理念なので、それは子どもに任せる。ただ、やっぱり朝鮮人としての、韓国人としての、その歴史というか、僕らがそういう風に生きてきたことに関しては理解をして欲しいし、そのことには誇りを持って欲しいとは思いますけどね。

十二年後の第二次調査では、民実の語り口は大きく変化していた。第一次調査では、彼の朝鮮人としての自覚形成のプロセス、その自覚に向き合った韓学同での活動、そして、その後の虚脱感から立ち直る過程が生き生きと語られた部分がハイライトであり、当時は、子どもにも何らかの形で民族を伝えていくという思いが伝わってきたのだが、第二次調査では、民族をめぐる問いは、彼にはあまり意味を持っていないようにも感じられたのである。興味もあまり示さなかったようにも感じられた。彼の語りを見てみよう。

【民実・第二次調査】（子どもたちに民族についてどのように伝えているのか？）子どもたちは、僕が韓国人であることは知ってますね。それで、おじいちゃんと、おばあちゃんと、その親戚の人たちが韓国人であることは知っていますね。知ってるけど、子どもたちは、自分たちは日本人だという意識で生きているんじゃないでしょうか。（国籍は）ま、自分で決めればいいと思ってますので。ま、当然、日本国籍を選ぶだろうなと思いますけど。それはそれで、自分の考えで選んでいれば、いいと思いますけど。特別な民族教育をすることは一切していないです。（ルーツについては）簡単に話しましたけど、ほとんど覚えてないです。多分、もうちょっと大きくなったらもう一回話すことになると思いますけれど。（調査者：それは押さえておきたいのか？）そうですね。それはたしかにありますね。子どもたちが覚えてくれるかどうかはわかりませんが、ある程度、ルーツのことは知ってて欲しいと思います。自分がどうしてここにいるのかというくらいは、どうして金（仮名）という名前になのかは、ちゃんと知ってほしいという事はありますね。

そして、子どもたちの世代に民族的なことはどのように残るかという質問に対しても「自分の父親が韓国人だったということと、その自分たちのルーツが韓国だったということはたぶん知ってるとは思いますけれども。それ以上になにか、子どもたちがなにかしたいということがなければ、あまり残らないんじゃないでしょうか」と、素っ気ない返事がくり返された。

学生時代の民実の活動経験に鑑みると、少し意外な気がするという私のコメントに対しては、次のように説明した。

【民実・第二次調査】僕自身は自分が民族的自覚を持っているということにこだわっているけれど、子どもは自分の思うようにさせようという気持ちは基本的にないので。自分で自覚を持って自立して生きるという人間になってほしいというのが一番メインです。僕自身がなんていうか、身についていない民族的なそういうものを、押しつけるということは不自然なことなので。自分としては、生活の中にほとんど、そういう機会が（ない）。率直に言って学生時代に頑張って勉強しましたけど、使う機会がないので、どんどん、どんどん、忘れて行きますし、自分の中に無いものを無理やり作り出して子どもに教え込もうというのは、ものすごく不自然なことだと思っているので。（もっと自分自身の生活の中に）韓国的なものがあったら、それは当然、子どもたちにもと思いますけど。事実上、自分の普段の生活にほとんどないので。

すなわち、事実上、子どもたちに民族について日常生活で伝えるのは無理だと認識しているようだ。民実自身が子どもの頃は、祖母をはじめとする1世たちが健在だったし、チェサなどで、朝鮮語が飛び交う場を経験していた。しかし、現在、民実の家族は東京在住、一方、民実の家族、親族はすべて関西圏に居住している。実家に帰るのも年に三回のチェサのときのみ、そのチェサも家族だけでとり行っている。したがって、子どもたちには民実が経験してきたような、自然に「民族」を感じるという場はないのである。ましてや妻は日本人であり、仕事で多忙な民実自身は、子育てのかなりの部分を妻に任せているのが現実である。そうした生活の中で、民族を伝えようとしていくことは無理があるし、そういう無理をすべきではないと考えているのだ。本人には民族的自覚はあるが、それを自分の子どもに、押しつけるようにしてまで伝えていこうとは思っていないというスタンスのようである。
それでは、同胞と結婚した周植と昌植はどうだろうか。
まずは、周植。彼は明確に子どもに「民族」を伝えようとしている。第二次調査当時、まだ四ヵ月だった娘をどんな子どもに育てたいかという質問に対して「自分のルーツを大切にしてほしいですね」と即答した。そして、その理由を次のように語る。

【周植・第二次調査】いや、たとえば、「なんで、私、日本に産まれて育って、何で韓国人なんだろう?」って思うと思うんですけど、うーん、多分いつかの段……いつかは「私、韓国人嫌だなあ」って言うかも知れないなあって思ったりするんですよね、娘がね。で、それって、お父さんもお母さんも、おじいちゃんもおばあちゃんも、ひいおじいちゃんとひいおばあちゃん全て否定することですよね。(父方、母方)両方。だから、そうなって欲しくないなあ。だから、そんな韓国人のルーツっていうのが、国籍を指しているのか、自分が受け継いでいる血統を指すのか、それは分からないですけれども、それだけはね、やだなぁと。

そして、ルーツを伝える方法については民族学校に入れようと考えている。妻琴順も周植が朝鮮学校での経験があるからこそ、現在の生き方(堂々と本名を名乗って生きている)ができると評価している。琴順は次のように語る。

【琴順・第二次調査】私が周植さんに惹かれた部分は、会ったときにね、周植ですと、もう本当に、すさまじく、もう、すがすがしく、「ムンジュシクです」と言ったときに、私、こんなにまっすぐに、自分の名前を名乗れるのがすばらしいな、本当に尊敬したんですよ。それを聞いたときに、彼の生きてきた中で、やっぱり、朝鮮学校に行って、民族教育を受けてるという部分は、やっぱり大きいですよね。ちょうど思春期をまたいだときに、まっすぐに自分の民族を捉えているっていうか。やっぱり民族教育で仲間意識とか、民族の大切さとか、というのを学んだからこそなのかなと。だから、自分が前向きに名前を受け止めれるようになるまでは、(娘に）民族教育を受けさしたいなと思ってます。

周植は、さらにふみこんで、民族を伝えるのは親の責任であり、民族意識を子どもに持たせたいのならば民族学校にいれるべきだと語る。つまり、在日朝鮮人の現状を考えると、家庭内だけでは朝鮮語の習得も含めて民族を伝えることは無理だと考えているようだ。特に、周植はアイデンティティの核は言語にあると考えており、朝鮮語がしゃべれなければ朝鮮人としてのアイデンティティは持つことができないと考えている。言葉ができなければ、自分が朝鮮人または韓国人だと言ったところで説得力を持たないというのだ。

一方で、昌植はもう少し違うスタンスで民族を伝えていきたいと考えている。調査時、一人息子は灘高の一年生だった。

【昌植・第二次調査】(民族を伝えるということについて）あまり明確なビジョンはなかったですね。民族性ということについてはね、まあ少しずつ雰囲気だけかもしれませんけど、最近は韓流ブームもありぃので、そんなにこう神経とがらす必要はなかったので。だから、もう本名で、ずっとね、同じようにやって行くことぐらいしか、漠然としか考えてなかったですね。まあ僕と同じようなことをしてくれたらいいかなと。同胞の女性と結婚して、また、子どももね、本名にしてというね。そういうことができればいいかなぁというぐらいのことを考えてましたね。

そして、子ども自身は国籍や民族に対してドライになっているのではないかという。二〇一〇年の調査時の日本社会では、「良い意味でも悪い意味でも、（在日朝鮮人に対する）ネガティブなイメージとか経験が減っているから」だと説明する。そして、現状として、世代が下がるにつれて、民族的なものが「薄まっていく」のは止めようがないという認識を持っており、息子に継承できるのは「国籍と名前の二つくらいしか残っていないのではないか」と認識していた。

ただし、国籍と名前の維持については、強いこだわりを語った。息子が帰化をすると言ったら絶対に反対するといい、それは帰化を正当化できる理屈が見つからないからだと言う。この意識の根底には、日本社会の在日朝鮮人に対する「同化圧力」への抵抗感があり、通名で生きるほうが、または日本国籍のほうが、日本社会で生きて行くには便利であるという理屈には納得できないからだと言う。

「民族学校に入れる」と語る周植とは異なり、昌植の子どもは日本学校、しかも小学校からある種のエリート教育を目指して私立学校に通わせ、そして灘中‐灘高というコースを歩んでいる。親同様に高学歴を取得して、専門職に就かせようという思いは、昌植の妻に強かったようだ。昌植自身は、「むしろ、ほかのもん（医師以外）になったほうが良いかなと思ってたんですわ、ええ。本人がなる気があるんなら、止めないけれども、もう僕みたいな発想（在日朝鮮人なので現実的に職業選択肢は少ない）でね、選ぶのはもう、僕の代で終わりになったほうがいいと思うので。こう、普通にね、日本の人と一緒に、自分の適性に合わせて、選べるのが理想かなと（考えている）」と語っていた。そして、日本の主流社会で生きていく力をつける条件が整っているからこそ、息子は日本に帰化しなくても、そして本名を使い続けても、日本で生活していく上で、差別も不便ではないはずだと語るのである。

さらに、朝鮮語を含めた民族文化は「どう考えても後退する一方」だとの認識を示す。昌植自身が子どもの頃は、1世の祖母に会えば「アンニョンハシムニカ」と朝鮮語で挨拶をするようにしつけられ、会う前には練習もしたが、今、自分の息子が、2世で日本語が母語である父親（昇教）に向かって朝鮮語で挨拶をしても、それはあまり実感を伴わない、父親にとってもさほど嬉しいことではないだろうと語る。したがって、民族に関することや自分のルーツに関することは、「何らかの自分なりの形で感じるところがあればいいかなと思う」というスタンスを語っている。

以上、三人が自分の子どもに「民族」という側面から何を継承しようとしているのかを見てきた。日本社会への「同化」への抵抗を含意した「同胞との結婚」にこだわった周植、昌植のほうが、「民族」へのこだわりを示すのは当然のことだと考えられる。一方、日本人と結婚した民実が「子どもは日本国籍を選択するだろう」と述べ、そこに何のこだわりも見せない。民実の「民族」へのこだわりは、自分自身のものであり、子どもに押しつけるべきではない、自分たちが自覚的に「民族」について学ぶならば、それは支援するというスタンスだと考えられる。

(4)チェサの継承

もう一点、チェサの継承についてどう考えているのかを見ておこう。チェサが、在日朝鮮人社会において「民族的なるもの」の〈家族における継承〉として重要な役割を果たしてきたこと、チェサが親族の統合機能を持ち、さらに民族的アイデンティティを継承、再認識する場であることが指摘（谷、二〇〇二・二〇一五）されてきた。また、その様相は第Ⅱ部第一章で詳細に見た生活史からも読み取ることができるであろう。

あらためて、チェサについて簡単に説明しておこう。チェサとは朝鮮半島における儒教的な祖先祭祀の儀礼である。在日朝鮮人もその伝統に則りチェサを行ってきた。在日朝鮮人たちは慣例としてチェサを「法事」と呼ぶことも多い。チェサの主催は父から長男へと継承され、開催は主催者の自宅で行われる。チェサの料理も主催者の家で準備し、そこに子孫や親族が大勢集まり、先祖への礼をした後、みなで食事を楽しむのが慣例となっている。

X家にとってもチェサは家族親族の大事な行事だった。第一次調査時には、昇教（直系長男）宅で行われるチェサだけで年に五回、二十〜三十人の親族が集まっていた。そして、済州島式のチェサ料理が、出席者に豪勢に振る舞われた。私も何度もX家のチェサに出席させてもらったが、お酒の力も手伝って大きな声で「議論」する男性たちの姿、台所で集まって話しながら料理に追われる女性たちの姿、そして、お膳に供えられたアワビや鯛、牛肉や皮付きの豚肉のくし刺しなど豪華な料理が記憶に残っている。

在日朝鮮人社会にとってチェサは重要な意味を持ってきた。チェサによって、在日朝鮮人の家族親族の結束が保たれてきたことは、関係研が行った世代間生活史調査問題意識の原点である。チェサは先祖をまつる儒教的な儀式であることはもちろんであるが、その場での親族との交流が、家族親族の統合機能と、そこに集う人たちのアイデンティティの再確認の場となってきたのである。この点は、梁愛舜も指摘している。つまり、1世たちがとり行ってきたチェサによって、在日朝鮮人がお互いに在日朝鮮人としての絆を保ち続けたというのである（梁、二〇〇〇）。

たしかに、関係研の調査でもチェサが各親族の結合に重要な役割を持ち、チェサを通じて、家族親族の結束が強められ、また3世にとっても、チェサを通じて、自分の民族を認識し、そこでの経験が成長後、民族を自覚的に再認識、再解釈するベースとなっていたことは、くり返し確認された。

しかし、同時に、従来の形式ではチェサの継続が困難であるという認識も頻繁に語られた。X家で、本家の長男である昇教（昌植の父親）が主催していたチェサは比較的伝統的なスタイルを維持していた。チェサの回数、集まってくる人の数の多さはもとより、何よりも先祖のチェサは陰暦で数えた命日にやるという原則を守っていたのだ。この頃にはすでに、出席者のライフスタイルに合わせて命日より前の週末にチェサを行うという在日朝鮮人が増えていた中で、昇教は厳格に旧暦の命日にやることにこだわりを見せていた。これにより、チェサが平日の夜になることも多く、勤務している3世世代、また学校に通うその子どもにとっては負担にもなっていた。しかし、当時、昇教はそれを変えるという気持ちはなかった。

さらに、チェサの準備（料理）を実質的に担う女性たちにとっては大変な負担になってきたことも、何度も語られた。チェサが儒教的で家父長制的な性格が色濃く、女性たち、特に長男の嫁にとっては、大きな負担にもなってきたからだ。X家でも2世の女性たちはチェサを大切に思う気持ちとその準備の大変さの間でのジレンマを語り、特に昇教の妻は、長男の嫁としてチェサの準備をすべて仕切らなければならない精神的な負担を語っていた。私が出席させてもらったチェサでも、昇教の妻からぐちが出て、それを息子たちがなだめるシーンは何度も目にした。

また、3世たちは第一次調査のときに、すでにこれまでのスタイルでのチェサ維持は困難だとしながらも、簡素化しても「親族が集まって顔を合わせる場」として大事に守っていきたいという考えを示していた。

それでは、現在、実際に、今後チェサの主催者となるべき立場にいる人たちはどのように考えているのだろうか？　本章で扱う三人は、いずれも長男の立場であり、儒教的な考えに従うと、チェサを継承し、主催していく立場にある。特に、昌植はX家のクンチップ（本家）の長男という立場にもある。

民実、周植、昌植ともにチェサの維持に関してはとても消極的である。第二次調査当時、親の世代がチェサの主催をしていたが、すでにずいぶん簡素化していた。出席者の減少、用意する料理の簡素化など、現在の生活スタイルに合わて変えていっているが、それでも維持をしていくことは困難であると考えていた。

たとえば、民実の実家のチェサについて見てみよう。第一次調査から第二次調査の間に起きた変化は、十月のチェサを家族だけで行うようになったことだ。それまでは、母親銀淑のきょうだいおよびその家族、すなわち第Ⅱ部で扱っているX家の人たちが大勢集まっていた。しかし、あるときに銀淑が「来年からは東京の民実のところでやります。家族だけでやるから」と宣言して、その後、規模を大幅に縮小したのである。

実際は、神戸にある銀淑宅で行っているが、出席者は陽子、民実および彼の家族（子どもの学校などの都合で出席できないことも多い）、そして長男と最大で八人、少なければ四人で行うようになったのである。

日程は、多忙な民実の都合に合わせて毎年八月末頃に決めるという。民実の神戸出張に合わせることになり、必ずしも、週末ではない。よって、東京にいる民実の家族は、出席が困難なことが増えているようだ。変わらないのは、先祖へのお供えの豪華なお膳である。ナムル、串ざしの牛肉や豚肉等、済州島式ジョン（煎）等の料理を変わらず用意している。その食材は、長年つきあいのあるお店に何日も前から注文して用意をするなど、ずいぶん手間をかけることは以前と変わらない。

このような形式になった理由を銀淑は次のように説明する。

【銀淑・第二次調査】やっぱり、子どもに自覚してもらいたい。もういつまでもね、私がいるからっていうことで、続けられないじゃないですか。歳も歳ですし。私、（チェサは）好きなんですよ。いっぱい集まって。法事ってコミュニケーションの場だと思うんです。（しかし）だんだん、負担になってきて。（調査者：子どもに自覚をというのは民実のこと？）もう、それが（日本人との結婚の）条件でしたから。「法事どうする？」って言ったら、「やります」っていうことで。だから、もう向こう（民実）に（チェサは）行くわけよね。うちはもう、長男、子どももいないし、娘も結婚してませんしね。あの、民実の主導で（チェサを）やるんだよっていうような意味を少しこめたかったということです。

しかし、陽子はもう少し異なった視点から、チェサが変わったことを話す。東京で暮らす民実家族にとって、日常生活で朝鮮の文化や生活様式に触れる機会は皆無に等しい。民実自身も語っていたが、彼の子どもにとって「民族」は「自分の父親が韓国人だったことと、その自分たちのルーツが韓国にもあること」程度であろう。民実自身も「(自分自身の生活に) 韓国的なものがあったら、それは当然子どもたちにも (受け継ぎたい) と思いますけれど、事実上、自分の普段の生活にほとんどない」と語る。したがって、姉の陽子は民実が今後チェサを継続することは困難だという認識を示す。

【陽子・第二次調査】弟が結婚をしたときに、「法事を僕がやります」ってことで、結婚を承諾してもらう条件みたいな感じではあったものの、現実に、その日本人の奥さんと結婚をし、子どもたち三人はおそらく国籍も日本国籍を取るだろうし。もう、それは確実ですよね。そういう中で、かれらに本当にやってもらえるんだろうかという風な気持ちはすごくありますし。そういうことを考えると、今やってる法事だって本当に、母の生きてる間に (民実に) 引き取ってもらえるんだろうかっていう気持ちだってあります。最終的に、仮にうちの弟がやったとしても、その次の世代っていうところには絶対に期待できないだろうと思ってますし。もう日本人になるであろう彼 (民実の長男) に、法事というものを継がせるということを、やっぱりうちの弟が理解させるということも難しいんじゃないかという風にも思ってます。だからそういった意味では、いずれなくなっていくもんなんだろうという風にも思う。

民実はもっと割り切っている。「母親が生きている間は間違いなくやる」と言うが、その後について、次のように語る。

【民実・第二次調査】（チェサを男性が継いでいくという考え方は）反対なので。（子どもの代にも）ある程度残るとは思いますけれども。ま、自然で。自分たちに身近な経験として残ってないものを義務感で続けるというのもそう無理なことだと思うので、なくなることがむしろ自然かなと思っています。僕自身にとっては、自分が子どものときに本当に身近な経験で、自然に「ああしろ、こうしろ」と経験して、韓国の言葉が飛び交うような（場だった）。そういうようなことがない子どもたちが、なんていうか、身近な経験がないのに義務感で続けることは、僕は形式主義の採択だと思っているので、それは必要ないと思っています。

祖父母、親たちがチェサを大切にし続けたことは尊重し、また、民実本人にとっても自然に民族を経験する場となったことは理解しているが、それを後生にまで、義務化し、無理に続けさせる必要はないという立場なのである。

周植、昌植もチェサに対してはドライに語る。

【周植・第二次調査】うちの親が死んでも何もしませんよ。もう本人（父親）も、もう「いらん」言うてるし。僕も気ないし。無理ですね、はっきり言って。いや、いいんだと思いますよ。本当にね、もうね、問題（胸をさして）ここ。在日社会（全体でチェサの継続は）まあ、そうですね、うーん……、やっぱり一年に一回ね、一族が集まる場があってもいいとは思いますけどね。屏風開いて、わざわざそのための料理作ってっていうのは、もう、難しいんじゃないですかね？　いや、それは僕が勝手に思ってるだけですから。X家ですか？　なくなっていくでしょうね。（調査者：寂しさは感じないか？）寂しさね、うーん……、寂しさというか、自然の流れでしょうね。本当に。それでもう、寂しがってたらダメでしょうね。

【昌植・第二次調査】（両親が亡くなった後のチェサは）やっぱり、もう維持できる形でしか維持できないと思いますね。祖母の時代にやってたみたいに、二十人、三十人集まって、朝から夕方まで料理準備してっていう形式は、もう今出来てないし。今もその日はね、若干前もって準備したりとか、当日の早い時間から準備してますけど、それでも、もう、曜日は土日にしたりとかしてますしね。だから、そういう面でいうたら、手間かける部分はもう、どんどん減ってきてしまうと思いますね。料理なんかは自前で用意しなくて（仕出しを使う）。サッと礼だけし、短時間で終われるような形式とかね。（チェサは女性の苦労が多いので）嫁さんは多分ないほうがハッピーだと思いますよ、出来れば。あるいはやるにしても、本当にね、もう簡単に。（調査者：どっか食事会みたいな感じで？）そうです。呼ぶ人間もね、僕と弟たちくらいでいいかなと思ってると思いますけどね。（自分の息子には）自分の親、あるいはその祖父・祖母を祭るのは当然だからという理屈で引き継いでもらおうと思ってますけどね。あの、自然にね。だから、おそらく、いつか分かりませんけど、父親から僕に代替わりするわけですし。あで、僕が出来なくなった状態になったら、そういう風に自然に、代替わりするという形で継承していこうと思ってますけどね。労力は極力省いた内容になってくのは間違いないですけど。やめる理由は何もないと思いますね。

このように語るかれらではあるが、親が主催していたチェサには必ず出席していた。医師として、公務員として多忙な日々を送っているはずだが、三人とも一度も欠席したことはないという。民実の家族は、民実の予定に合わせて、夏の終わり頃、父親のチェサの日程を決める、周植は妻をつれてクンチップ（本家）で昇教が主催するチェサに必ず出席する、昌植も仕事の都合をつけて出席する。仕事で遅くなり、夜中に到着することもあったというが、それでも必ず出席するという。それは、親の世代がチェサを大事にして守ってきたことを理解しているからであろう。しかし、自分たちの代になったときには現実的に今の形式での維持は困難だと考えているし、ましてや自分たちの子どもの代では、子どもたちの現状に合わせた形になっていくこと、ひいてはチェサがなくなっていくことも「自然」だと考えているようである。

このような状況は、在日朝鮮人同士で結婚したほかの家族も同じで、従来通りのチェサを継続している家族はない。たとえば、京淑・昌勳夫婦の家族を見ても、正月はこれまで通りチェサをやっているが、先祖のチェサは年に一回にまとめ、盆は各自で墓参りをするという形式に変えた。子どもたちもそれぞれの生活が忙しいし、また、大がかりなチェサの準備も大変になってきたからである。これについて、主催者の昌勳は形式よりも気持ちが大事であることを強調する。

【昌勲・第二次調査】（チェサは）簡単であれ、なんであれやね、やっぱりそれは続くと思いますよ。命日に来てね、「アボジ、オモニ、ありがとう」というその気持ちを忘れてもうたら、もう終わりやろうな、人間。だからみなが夕食で食べているものを、お膳においてくれるとか、そのくらいはずっと続いていくのはちゃいます？　これはもう気持ちの問題や。（チェサを簡素化したのは）母親がね、自分が亡くなったら、とにかくお前の好きにやれと、いうことやったからね。だけど、「えらいすんまへんな」とは言うてますで、心の中では。オヤジの（亡くなった）日に合わせとくなと。

(5)まとめにかえて

本章の問いのスタートは、在日朝鮮人社会が「消滅」していくのではないか、つまり、日本社会に完全に「同化」し、朝鮮人（韓国人）としての民族文化、民族意識、生活様式等がなくなってしまうのではないかという「危機意識」に対して、たしかに、大きな流れではそうかもしれないが、個人個人のレベルでは、家族親族を通じて継承されていくものがあるのではないだろうかというものだった。

特に本章では、高学歴を取得して専門職で日本社会を生き抜くという選択をしたX家の3世の人たちが、上昇移動を果たした現在、「民族」にどう向き合っているのか、そして、次世代への継承をどのように考えているかということを考察することにより、前述の問いの答えを探そうとしてきた。

かれらは「在日朝鮮人でも差別のない職業」「在日朝鮮人でも安定した生活を営める職業」として、医師または（管理職登用には制限はあるが）公務員となった。現在の職場で「民族」が特に意識されるようなことはない。「仕事上では民族は関係ない」と明言する。結果として、三人とも民族を顕在化（本名を使用するなど）させて社会に出ているが、職業上では、差別も障壁もなく日本人とともに働いている。かれら自身、日常生活の中で、在日朝鮮人としての民族文化、民族意識などをほとんど意識することはないようだ。

しかしながら、同時に、現在のかれらの人間関係は仕事中心のものである。三人ともかかわり方に違いはあるものの、大学時代には、学生民族団体で活動し、同胞とのつながりを深めてきた。そして、そのような同胞の仲間との活動や交流を通して、自分の民族意識や民族的自覚を形成してきたという生活史があるが、現在、同胞とのつきあいは、家族親族に限定されているという。

このような現実の中で、かれらが多感な思春期、青年期に意識的に形成した民族意識に変化があるのか、また、結婚し子育て真っ最中のかれらが何を考えているのかを「結婚観」「子育て観」そしてさらに在日朝鮮人の家族親族にとっては結束の象徴でもあった「チェサ観」を考察することにより、家族親族の中で継承されるもの、変容されるものは何かを考えようとしたのである。

三人の生活史からは、まずは「変容」を読み取ることができる。

特に、民実は、二つの調査の間に、調査者であった私が戸惑うほどの大きな変容を感じた。第一次調査では、かれが民族的自覚を持つようになるプロセス、韓学同での活動経験、その後の「虚脱感」から立ち直り、再度医師を目指すプロセスの語りが、いわば「ハイライト」だった。かれの「民族」への思い、民族意識などが明確に語られたことが印象的な調査だった。しかしながら、第二次調査では、「民族」にかかわることは淡々とした口調での語りが続いた。一見もはや「民族」に関する質問には関心がないように感じるほど、「素っ気ない」語りが多かった。むしろ、小児科医として、白血病治療にむける情熱が生き生きと語られたのである。

このような「変容」をどのように解釈すべきなのであろうか。民実自身は、自分が変わったように見えたとしたら、それは「韓国の民主化」の達成が背景にあると語る。当時の韓学同が求めていたのは、韓国の軍事独裁打倒、民主化運動との連帯、そして韓国社会の民主化だったという。自分にとっては「北の政権も批判し、かつ韓国の政権も批判できる」韓学同の理念に共感し、活動にかかわっていたと説明する。そして、金大中が大統領になった時点で、「僕の中のこだわりはなくなった」と語るのである。

同時に、小児科医として専門を究める中で、多忙になり、実質的に、集会などの活動に出たり、在日朝鮮人をめぐる問題について考えたりする余裕がなくなった。したがって、民実の現在の主たる関心は仕事にかかわることであり、「民族」をめぐる問いにはあまり語るべきことがないと理解すべきであろう。

子どもに対して「民族」を継承することにこだわらないのも、民実の語りに見られる通り、今の家族生活には(在日)朝鮮人としての民族文化、民族的な自覚をもたらすような要素がほとんどないからだ。在日朝鮮人の親族はすべて関西圏に居住し、民実の家族との日常的な交流もない。このような現状で、子どもたちに「民族」を継承させるのは不自然だと考えている。

周植、昌植にしても、親の代が維持してきた民族文化、民族意識、生活様式をそのまま継承するのは不可能だと考えている。かれらのいとこの京花(一九六四年生・女性・開業医)も「父親のときはみんな自営業で、自分で都合をつけて親戚つきあいをしてきたけど。今は無理やね。それに、もうみんな自立してやっていけるようになっているから、親たちの頃のように助け合わんでも経済的には生きていける」と状況の変化を語る。このような現実の中で、現実にあった民族文化継承の方法を探るべきだと考えているのである。

ただし、子どもへの民族の継承については、周植、昌植はこだわりを見せる。特に、周植は子どもを民族学校へ送ることを考えており、朝鮮語まで含めた継承を考えている。かれのこの考えの背景には、１世の祖母との生活、そして朝鮮学校での体験がある。第一次調査のときには、少し批判的に朝鮮学校の教育を語ってはいたが、第二次調査ではむしろ朝鮮学校の教育を肯定的に語る。三十歳すぎて再解釈しているようにも思えた。これについては、第Ⅱ部第三章で詳しく検討したい。周植にとって、十五歳まで受けた民族教育が自分の生き方を決めたのであった。

【周植・第一次調査】僕が七十五歳まで生きるとしましょう。で、実際に民族教育を受けたのは、九年やし、それ以前に家庭教育も受けてきたから、(民族教育は)十五年なんですね。で、その十五年で残りの六十年が決まってしまったような。どういう風に生きていくかっていうのが。だから、法事(チェサ)っていうのも家庭の教育の一つやと思うし、おばあちゃんが、近所の人と朝鮮語で話しているっていうのも、そうやし、(親族の)呼称もそうだし。

そして、周植はこうした経験がもとになり、大学時代に、名前を朝鮮語読みに変更することにつながり、そして、自分の子どもに意識的に「民族」を継承させようという意志につながったという。

このような子どもの頃の経験が思春期以降の意識的な民族意識の形成のベースになることは、昌植の語りにも見ることができる。以下は大学時代に参加した朝文研に関する思い出である。

【昌植・第二次調査】あの、何て言うんですかね、久しく忘れてた感覚みたいなのは感じましたね、やっぱり。要するに、同胞の人間がたくさんいて、で、その中では普通にチェサをはじめね、われわれの国のことの話が通じてね、ええ。そういう機会はずっとなかったわけなので、身近にそんなにね、こう、たくさん……同胞の人間がいる機会は、ええ、親戚以外は（これまでなかった）。まあ、一つはそう（そこに魅力を感じた）ですね、ええ。それと、大学生ですからね、いわゆる民族性だとか、アイデンティティだとか、そういうお題目も出てくるわけで、そこにも（魅力を感じた）。

そして、活動を通じて獲得した考え方が、名前を朝鮮語読みに変更すること、そして子どもにも名前と国籍と同胞との結婚の維持を望むという、現在の志向に結びついていると説明するのである。関係研の知見の一つに、エスニシティには「継承」と「獲得」という二つの側面があるが、思春期以降の「獲得」には、幼少期から知らず知らずに身につけた「継承」的なエスニシティを再解釈、意味づけする過程が見られるということがある。周植、昌植の語りは、まさにそのようなエスニシティの「継承」と「獲得」の相互関係を説明するものであろう。

民実も、子どもたちを年に三回のチェサに可能な限り参加させ、朝鮮式の礼、チェサの料理を経験させている。「日本人だという感覚で子どもたちは生活している」と民実は語るが、子どもたちが成長の過程で、このような経験を自分たちなりに解釈し、意味づけするときがくるかもしれない。

在日朝鮮人社会の民族の継承の「衰退」という側面はたしかに否定できない。しかし、本章で見てきた通り、「継承」されたエスニシティは、意外にしぶとく残り、そして、世代を超えて、変容しながらも継承されていくものではないだろうか。

第三章　X家と朝鮮学校・総聯——X家の生活史のもう一つの側面を読む

これまではX家の世代間の社会移動の様相、そして、それがもたらしたX家の変容を論じてきた。本章では、X家の別の側面、すなわち、一九九三年の調査開始当時、かれらが朝鮮籍を持っていたこと、朝鮮学校への通学経験があること、総聯との関係を持っていたという側面から、X家の生活史を読み直す作業を試みたものである。

1　はじめに

二〇一六年の秋、ある在日朝鮮人3世の女性から「帰化をした」という話を聞いた。何年か前から「日本国籍とろうかな」「日本に生まれて何年も税金払っているのに選挙権ないなんて」と話すのは耳にしていた。しかし、その一方で「こっちがお願いして日本国籍とるのは癪だな」とも言っていた。だから、「ああ、ついに決心したんだ」と思った。

彼女と私は、三十年ほど前、関係研が行った「在日韓国朝鮮人の家族親族単位の世代間生活史調査」で出会った。それ以来、私たちは友人としての付き合いを続けている。

ここでは彼女を京花（仮名）と呼ぶ。四人きょうだいの一番上、下三人は弟である。父方の祖父が在日本朝鮮人総聯合会（総聯）の前身である在日本朝鮮人連盟（朝連）に結成からかかわり、その影響で、子どもたちは全員朝鮮学校に通った。母親京淑の言葉を借りれば「有無も言わさず」だったとのことだ。京花は高校までを朝鮮学校で過ごし、一浪後、公立医科大学に進学。産婦人科医になった。約十年前に自宅近くで開業をし、母親としても二人の子どもを育てながら、忙しい毎日を送っている。夫は在日朝鮮人2世。親がはじめた産業廃棄物業を大きく発展させ成功している。

京花は帰化をした理由を次のように話してくれた。⑴夫の仕事上、日本国籍でないと不便なことが多くなった。夫は単独で帰化するか子どもと一緒にしたいという意向だった⑵それならば、この際、自分も帰化をしようと思った⑶将来、子どもが外国で何か事故に巻き込まれたら、朝鮮語ができない子どもは韓国大使館に行っても困るだろう。そのためには日本国籍が必要だ。

帰化後の名前については「これまで李京花（リキョンファ）でがんばってきたのに、林京花（はやしきょうか、林は夫の通名）だなんて絶対イヤ。五十年、李京花で必死に生きてきたし、これからは新しい人生だから、林純（はやしじゅん）として残りの人生を生きようと思って」と語ってくれた。そして、「帰化をしたからと言ってルーツが変わるわけではない。帰化の手続きの中で、書類を整え、それを通じて自分たちのルーツを再確認した。それは子どもにはしっかりと伝えていくつもりだ」と話した。

その日の夕方、近くに住んでいた父昌勲、母京淑も交えて食事をした。食卓には、お寿司とともに、京花が作ったチヂミ、水キムチなど「チョソンパンチャン（朝鮮のおかず）」が並んだ。それを見て笑った私に「な、私ら、結局、朝鮮人やねん」と京花。子どもたちも当たり前のように、そこに並んだおかずをおいしそうに食べていた。

昌勲は、第一次調査（一九九四年）時には「帰化をするなんてとんでもない」と言っていたが、このときには「まあ、しゃあない。子どもには子どもの生活がある。帰化したからって何も変わらない。俺にとって、京花は京花でしかない。でも、俺は帰化なんてせんよ」と語った。

後に詳述するが、関係研がこの家族親族＝X家に調査を依頼した理由は、X家は総聯に近い人が多く、朝鮮学校を経験した人がいたからだった。当時、「朝鮮籍」の人がX家の家族親族内には比較的たくさんいたからでもある。他の三親族は、ほとんど全員が日本の学校に通い、国籍も韓国籍だったため、朝鮮籍の家族親族にも生活史を聞くべきではないかと考えたことにある。

共同研究メンバーの一人が、京花の弟演錫を知っていた。そこで、依頼、快諾してもらった。第一次調査では十六名、第二次調査ではプラス四名、合計二十名の人の生活史をじっくり聞かせていただいた。また、私は個人的にもX家の人たちによくしてもらい、チェサ（法事）や結婚式など家族親族の行事にも頻繁に招いていただいた。そして、調査終了後も時折会って食事などをする関係が続いている。

第一次調査から三十年近くが経過した。X家の何人かの方は亡くなり、調査当時、現役で働いていた人たちも引退した。また、各対象者の方についても、生活の変化とともに考え方も変化していった。しかし、依然として変わらず、家族親族内で継承していることもあるように思われる。

これまで、私は何度かX家の生活史を題材にして、論文を発表してきたが、本稿では、今までほとんど考えてこなかったこと、すなわち、かれらが「朝鮮籍」を持っていたこと、何人かの人が朝鮮学校に通ったことの意味、そして、約三十年にわたるフォローアップも踏まえながら、総聯との関係を深く持っていたある在日朝鮮人家族の生活史を読んでみたい。

2　高学歴・専門職で生きるX家の別の側面

X家の特徴については、前章までに述べてきたので、ここではくり返すことはしない。本来、生活史というのは多様な側面から読むことが可能なはずであるが、私自身、これまでのX家の生活史を読む際には、在日朝鮮人の生き方のある意味で典型とも言える「高学歴＝専門職で生き抜く」面にのみ焦点をあてて分析してきた。

しかしながら、第一次調査当時、X家の親族の多くが朝鮮籍であるというもう一つの大きな特徴があった。朝鮮学校への通学経験者もいたし、また、他の三親族と比べて、総聯との距離も相対的には近かった。そもそも、第一次調査のときにX家のアプローチを決めたのは、このような側面を重視してのものだった。

しかしながら、これまでは、X家のこのような面を考えることをしてこなかった。第I部の朝鮮学校研究をはじめた頃、X家の人たちが語っていた朝鮮学校に関する語りが、しばしば私の頭によみがえった。そこで本章では、朝鮮学校に通った在日朝鮮人、また朝鮮学校に通わせた在日朝鮮人家族親族としてのX家の生活史に焦点をあててみたい。おそらく、当事者たちが三十年以上に前に語ったことと、今現在、考えていることにはズレがあるだろう。しかしながら、本章では、朝鮮学校にかかわったということが、在日朝鮮人個々人の生活史にどのような意味があったのかを検討したいと思う。

3　X家と総聯・朝鮮学校そして「朝鮮籍」

(1)戦前移住世代から戦後世代

X家の生活史を聞かせていただくにあたって、中心となったのは戦後世代にあたる六人のきょうだいだったのはこれまでも述べてきた通りだ。このきょうだいの母親（李貞淑）は総聯の支持者だった。私自身は一度だけチェサの場でお会いしたことがあるが、残念ながら、生活史を聞かせてもらう前に亡くなった。一九一三年生まれの貞淑は無学で読み書きもできなかった。しかし、孫たちの記憶にある貞淑は「朝鮮人としての意識が強く、チェサの場で朝鮮人としてちゃんと生きやと言い続け、そして、孫たちが朝鮮語で挨拶をするのを非常に喜んだ」というものだ。貞淑の長男昇教も、貞淑が朝鮮人であることを隠さず、学校の運動会にチマチョゴリを着てきたことを記憶している。そして、貞淑は亡くなるまで朝鮮籍だったという。

貞淑と同居し、貞淑に育てられた孫の周植（中学まで朝鮮学校）によると「うちのおばあちゃんが（ぼくを朝鮮学校に）行かせたのは、はっきり言って（おばあちゃんは）そんな勉強してるわけじゃないから、平たく言うと金日成シンパだからなんですよ。金日成シンパの人が、金日成が何を考えてたか、どこまで理解していたかって、今から考えると分かんないなって思いますね。でもやっぱり朝鮮人であるという意識だけはすごくあったからな」と回想する。つまり、祖母の貞淑が総聯を支持したのは、イデオロギーとしての支持よりも、植民地時代に抗日武装闘争をした金日成を英雄として考えていた（＝

「金日成シンパ」）からだということだ。それが貞淑の「朝鮮人としての意識」の強さとも関連すると理解される。

X家の六人きょうだいも長らく朝鮮籍であったが、それぞれの結婚や子どもの成長を機に韓国籍に変更していった。その理由としては、朝鮮籍では、海外に出る際、不便が多いからだということだった。最後まで朝鮮籍にこだわっていた昌植も、調査時（二〇一〇年）には、「これ以上朝鮮籍でいる意味が見いだせない。息子が将来外国にでるときに備えて」韓国籍に変える手続き中であると話していた。

X家の中で最も総聯との距離が近かったのは、子ども全員を朝鮮学校に送った昌勲・京淑夫婦であろう。以下、詳細に見ていきたい。

昌勲の父親は一九一五年に全羅南道で生まれ、二十二〜三歳の頃、日本に渡ってきた。徴用だったそうだ。徴用先は兵庫県加古川市周辺だった。その後、妻（昌勲の母親＝玉順）と長女も来日。日本で三人の息子とふたりの娘が生まれた。昌勲は次男である。

ちょうど、昌勲が学齢期を迎える頃、日本が敗戦、朝鮮半島は植民地から解放された。そして、昌勲の父親は、戦後すぐに結成された朝連の活動に参加した。当時のことを昌勲は次のように振り返る。

要するに、うちのアボジらにしても、朝鮮は朝鮮人のもんで、朝鮮はとにかく統一せなアカンし、そのためのかなめは、金日成ニムだという考え方でしたからね。だから、日本の軍隊とか警察が朝鮮でしてきた行いがですね、いいことじゃないということが、やっぱり、うちのアボジらの脳裏にありますわな。日本へ来てからでもそういう差別いうのは、ずうっと続いてましたからね。

当時、今の総聯の前身ですね、連盟というのがあって、そのときのK地区の、うちのアボジが委員長だったんですよ。(朝鮮人にも)南の韓国支持する人と、北の社会主義を支持する人間同士の喧嘩もよくありましたしね。そういうまっ只中にうちの親父もおったと。当時のその連盟(の活動に)金も要ったですよね。金持っとる人間やないと、なかなかできなかった。だから、親父が、ハーレーダビットソンのオートバイ、それと同じでね、インディアンいうのがあったんです。それにね、サイドカーつけてね、僕を(朝連の)大会やなんかによく乗せてってくれましたよ。小さいときに、朝起きたら、頭の上に干しバナナやチョコレート。当時、滅多に人の手に入らないようなもの(を置いてくれていた)。そういうときはありましたけどね。当時が親父の一番華やかなときやったん違いますか。

昌勲は、戦後、高砂にあった朝鮮学校に短期間通ったが、日本政府とGHQが出した朝鮮学校閉鎖令(一九四八)により、閉鎖されたという記憶を持つ。それについての語りは次の通りである。

私ら高砂の朝鮮の学校行ったんですけどね。そりゃ、本当に、子ども心でも恐かったですよ。日本の警官が乗り込んできてね。先生らみな、引っ張り回して、どつく。そういう時期がありましたね。朝鮮の学校つぶせということでね。それで、もう先生らも、もう、ホンマ血だらけになって。僕らも窓から逃げましたよ。で、朝鮮の学校閉鎖や言うて、日本の学校へ行きましたね。

朝鮮学校の閉鎖後、昌勲は日本の学校に通うことになった。また、父親が事業に失敗したために、兵庫県の日本海側に一家で引っ越し、そこで、中学を卒業した。昌勲は学業、運動ともによくできたが、経済的理由で高校進学をあきらめ、大阪に出た。「働いて、働いて」家族への仕送りを続けたそうである。

昌勲の父親は、朝連が総聯に再編された後も熱心な支持者だった。昌勲の妹や弟たちは朝鮮学校に通ったそうである。兄と妹一人は、朝鮮への「帰国運動」に賛同し、相次いで朝鮮へ帰国。日本に残った弟は総聯の専従職員、妹も朝鮮学校の教員を長らくやっていた。また、韓国で生まれた姉は、兄と妹が朝鮮に帰国したのと同じ年、韓国へ帰国したという。結婚相手が故郷で農業を継ぐことになったからだ。玉順はそのときは胸が張り裂けそうだったと回想する。南北に分断されたそれぞれの「祖国」に子どもが別れて暮らすことになることの辛さは想像を絶する。

長男が「帰国」後、昌勲は、長男の代わりとなって、家族を支え続けた。結婚後、自分の家族はもちろんのこと、両親の家を建て、さらには、総聯職員、朝鮮学校教員として十分な給料がでない弟と妹の生活も支えたという。妻の京淑が次のように語る。

生活をやっていかなアカンていうことやね。やっぱり、きょうだいが学校へ行ってても、誰かがひとり仕事やっておかないと家は成り立たないでしょ。主人の弟や主人の妹でも総聯関係の先生してたし。収入が無いでしょ、あんまり、そういう（総聯関係の）仕事は、本当に（給料が）低いですからね。だから、（昌勲が）ひとりでそういう役を自分で買って出たいう感じですね。

このように、総聯に非常に近い環境にいたので、京淑と昌勲の子ども四人も当然のように朝鮮学校に送ることになる。昌勲の父親の厳命だったようだ。京淑は戸惑いを感じたようだが、それを表明することもできなかったようだ。

うちの主人とこの（家族が）ものすごい民族意識の高いところでしたし「行かすように」て主人の父親が言ったもんですから。主人の妹も民族学校の先生してましたし。総聯系の仕事を弟がやってましたしね。（朝鮮学校に行くのは）当然みたいでしたよ。私は、ちょっと心の中で不満（があり）「ええ！」と思ったんですけどね。当時は、嫁という位置がすごく低かったし、有無も言わせず。

京淑は、それまで朝鮮学校や総聯などを通じた人間関係を持ったことがなかったので、子どもを送ることに抵抗があったのだ。しかしながら、実際に子どもが通い始めると「よかった」と感じることもたくさんあったという。それは、京淑自身、朝鮮人としての「負い目」を、子どもが学校で学んでくることを通じて相対化し、また、自らが「民族」を学ぶ機会にもなったからだ。

（子どもを朝鮮学校に送ったことの影響は自分にとっても）大きいです。大きいですね。それは、ものすごい大きいですね。自分の民族をしっかり見れたいうことは、すごくいいですね。（朝鮮学校は人間関係も）親密です、すごく、うちらの国の人は。普通じゃないです。（運動会も）手作りです。親も子どももゴザ敷いて、順番待って。よその子もね（自分の子どもと同じように見る）、そういう風にしてるから。そこには朝鮮民族が凝集されてますのでね、すごくええ面も悪い面も、いっぱい見てきましたから。

日本の教育が、朝鮮を植民地にしててね、歴史教えたりするのが正確じゃなかったから、朝鮮民族はしっかりしてないから、こういう風になったいう感じで、日本人の都合のいいね、教え方をされた。子どもたちが民族学校行きますわね。そしたら、民族学校行くと、とくにそういうこと（植民地時代の歴史）は力を入れて教えるわけでしょ。民族学校行って、自分たちがきっちりその中へ入りますわね。そこは民族のことばっかりだから。私たちはけっして劣っているのじゃなくて、たまたま生活が不安定で（劣悪な生活環境に置かれたり）、そういうように教育が（歪んだ教えをしたり）、親も教育受けてなくって（その結果、自分自身を卑下して見るようになった）。なんかそういうようなことをきっちり覚えると、何も劣ることはないんだということがはっきり分かりましたね。

また、昌勲も子どもに「アボジ」と公衆の面前で呼ばれたときの混乱した気持ちを、京淑とともに次のように回想する。テープに残るその声は楽しそうだ。

京淑：民族学校行ったからかどうかわからへんけどね、(子どもたちは)自然にアボジ、オモニ言うね。

昌勲：(子どもが小さいときに)百貨店行ったときな「アボジ!」(と子どもたちが呼んだ)、「こいつらいい加減にしてくれよ、頼むわ」って大騒ぎなった。今ごろなったらやな、アボジ言われたって平気でっせ。

京淑：初めのときは、抵抗あった。(しかし)ほかの家と違うのは、幼稚園のときからアボジ、オモニと言わしてるから。

このように、当初はある意味「仕方なく」子どもを朝鮮学校に送った京淑と昌勲であるが、子どもを朝鮮人としてのびのびと育てることができたことと同時に、自分たちも「民族」を取り戻すことができたのだ。朝鮮学校は常に財政難で、施設など不備は多いが、自分たちで学校を守り、維持してきたということも楽しげに回想された。再び京淑の語りである。

いろいろ細かいこと(はあるけれど)、総体的にやっぱり(朝鮮学校に送って)良かったなと思ってます。(朝鮮学校の経験は)私も初めてですけど。あれほど楽しい運動会はないしね。ほんで、一番大事なときにね、友だちと仲良くね、へんに遠慮もしないで、(つきあいを)するいうことはすごく(良かった)。悪く言えば、井の中の蛙なるし、良く言えば、のびのびとね。ほんで、民族学校というのは、親も協力しないとやっていかれない学校だから、主人ともども、おばあさんもみんな行って、家族が一緒に応援してという。そういうお友だちが、今でも、二十年来、お友だちになってますしね。たとえば、法事のこと言ったり（すると、学校の友人）みんな話が合うわけでしょう。

（学校には）お金がないから、バザーなんか（やるとなれば、参加した）。子どもが四人いてたら、いろんな役員もさせられますしね。はたで（見ているだけの）分からないときは、ぱっと（表だけ）見たら、文句（も出る）。規模は小さいし、学校は小さいし、頼りないし。やっぱり批判する前に、自分が子ども入れると一生懸命良くしていかなあかんていうことになりますから。それで、私らの学校は、親も子どもも、一生懸命、一緒にして大きくならないとあかんなと思いましたし。ほんで、子どもがやっぱり明るいですしね。で、先生はすごく一生懸命ということだけは、誰にも負けないいう感じだから良かったな思いますね。

また、仕事一本の人生で、子どもの学校の成績はほとんど気にしなかった（しかし、ケンカの勝敗は気にした）昌勲も非専従で総聯や学校の仕事をしたという。

子どもがね、朝鮮の学校行ってましたから、そこの理事をやったりね。理事いうのは寄付集めでんがな、もう、ホンマにもう。金集めで、あっちこっち回ったことおまんがな。（今は）相談役みたいなもんですよ。

また、二〇一八年三月末に会ったときにも「俺、ホンマ、一生懸命、学校のために金作ったよ。寄付もようけした」と話していた。

このように京淑と昌勲の夫婦は、四人の子どもを幼稚園から朝鮮高校まで、十五年ずつ（次男の俊錫のみ中学までの十二年間）送り、朝鮮学校と総聯を通じて、在日朝鮮人同士の人間関係を築いてきた。このような生活をした自分と、子どもを日本学校に送ったほかのきょうだいとの違いを、京淑が次のように語った。

私が日本の学校行ってるときよりも、子どもを朝鮮の学校行かしてからはね、朝鮮とかなんとか一言でも言えば、テレビで、ひょっと見ますね。全然行かせてない人は、外国のことと思てます。もう、よそのこと。私の姉なんかでも、話をするとよく分かるんですけどね。日本の学校ばっかり行かしてる人は無関心です。自分が日本の人みたいにおんなじ気持ちですわ。子どもたちが、みんな（日本の）学校で、地域がそういう（民族の）活動も（なく）、全然（同胞との）出入りなかったら、そういう風になるもんやなぁと思いましたね。

(2)戦前移住世代と戦後世代にとっての「朝鮮籍」

それでは、この家族にとっての「朝鮮籍」はどのような意味を持っていたのだろうか。

玉順は九十四歳で亡くなるまで朝鮮籍だった。先にも述べたように、玉順は文字の読み書きもできなかったが、それでも、植民地から解放された途端に、朝鮮半島が東西冷戦に巻き込まれ、分断されてしまった悔しさは肌身にしみていたようだ。政治的に朝鮮半島で何が起こったのかについては、ほとんど理解していなかったかもしれない。しかし、どこか肌身で「朝鮮がよその国によって分断された」とか「チョソン（朝鮮）は一つ」だと感じていたのであろう。玉順の人生そのものが朝鮮籍と密接に結びついていたとしか言いようがない。「韓国」という呼称にも抵抗を示した。

ナムチョソン（南朝鮮）、ナムチョソン言うたらアカン言うねんけんど、昔の口やから、すぐチョソン（朝鮮）いう言葉出ますわな。韓国とか、ハングック（韓国）とか、これも言うのは言うけんども、もう、生まれが朝鮮ですやろ。なんで、昔うちが、二十二までおるときは、「チョソン、チョソン」言うとるのに、今さら韓国とかハングックとか、「なんちゅことや」いうことが、頭に浮いてくるねん。

しかし、当然、玉順の望郷の念も強かった。二十二歳で来日して以来、六十年以上、一度も故郷（韓国）には戻っていなかった。しかし、玉順は朝鮮半島の分断という構造の中で、里帰りも思うようにできなかった。前に述べたように、長女を韓国に、長男と次女が朝鮮で生活をしていた。三人とも同じ年の三月から四月の間に日本を離れたそうである。もちろん、姉と兄・妹とは連絡を取り合うこともできない。そして、朝鮮籍の玉順も心情のみならず、制度的にも簡単には里帰りができなかった。それは、韓国政府が「朝鮮籍」を事実上「北朝鮮籍」とみなすためだ。韓国に行くためには、煩雑な手続きを経てようやく行くことができる。

二十二でここ（日本）来てから、こんな頭が白なるまで、自分の生まれた国、足入れてみんと、こうなっとる（と）思うたら、腹が立つやら。わしがここまで、親きょうだいがおったのに、親きょうだい（に）いっぺん会いもせんと生き別れてしてから。チックム（今）、わしが「行きたいな、行きたいな」思うのは、兄貴の嫁が一人おりますねん。それで、うちのこの子（昌勲）のお父さんの妹がおるしね。わしは自分が子ども大きして、年がいって、（自分だけ）親孝行しよったら（してもらったら）、わしが罰あたるわ（自分は親孝行できなかったので）。こう思います。それで、いっぺんでも（祖国へ）行って、墓参りして来んことには、わしは死んでも目ぇつぶられへん（と）思うてます。

息子の昌勲は、母親のこだわりを理解しつつも、一度故郷へ帰らせてやりたいとも願っていた。調査の場でも、国籍を「韓国」に切り替えて里帰りしたらいいと母親に伝えていたが、母親は頑として譲らなかった。それでも、亡くなる前に、「墓参団」の一員として里帰りしたと聞いている。

一方で、息子の昌勲も朝鮮籍でいることの「責任」を第一次調査当時は語っていた。

母親にすれば両方（南北）とも自分の……（故郷）。我々の故郷（出身地）、やっぱり南ですからねえ。だけど、自分の子どもが北に二人おるでしょ。そうすると、なんぼ姉のとこやいうても（韓国には行けない）。兄貴と妹が（朝鮮に）いてますから。だから、籍をたとえば韓国籍に変えるということは、ちょっとできないですよね。俺は朝鮮人であるし、兄貴と妹がウリナラ（＝朝鮮）

におって、その接点になるのは俺しかおれへん。誰がいます？　うちの子どもらにそんなん言うたってやね、そんなん聞きよらへん。

しかしながら、一方で、妻の京淑は、むしろ、朝鮮籍でいることを面倒に思っていたようだ。特に、子どもたちが海外に出る際に、様々な不便があることを心配していた。

これ（韓国籍に変更したい気持ち）も主人に内緒で申し訳ないですけどね、海外へ行くことが非常に多いでしょう。（子どもが）どっか行くときになれば、すごく大変な目にあうっていうことを、よう聞いてますから。別に意識的に韓国がええ、北朝鮮がええっていうんじゃなくてね、在日として生きるのにね、ちょっとでもややこしいのは、イヤやなっていうことは正直あります。うちの長男が会社で海外の仕事が多いんですけども「難儀やな」て（会社の人に）言われてるいうんで。たとえば、普通一週間でいけるものを、手続きするためにね、何ヵ月もかかる。うちの息子たちも仕事で出るのにね、（他の同僚と）おんなじようにチャンスがあるのに、籍の問題だけでね、留まらなあかんていうのは、ちょっと気の毒やなぁと思って。まあ、主人はね、いろいろ手続きうるさい中でもね、「行って欲しい」言われるようになれって言いますけどね。息子（は）困ってます。私、心の中ではね（気の毒に思ってる）。

結局、子どもたちは、一九九五年前後に韓国籍に変更していった。一九九三年の演錫への調査では、韓国籍への変更は「父親が絶対にに許さないだろう」と語っていたが、昌勲自身も実用面を重視したのであろう。何も言わなかったらしい。

また、京淑と昌勲夫婦も一九九八年に韓国籍に変更した。第二次調査時に、その経緯について尋ねたが、昌勲はあまり多くを語ろうとしなかった。何度も「朝鮮人としての民族の本質は全然変わってないですよ」とくり返し、あくまでも便宜上のことだと強調した。

また、調査が進む中で、昌勲が以前ほど総聯を支持できなくなった、自分の中では組織が輝く存在ではなくなったと話し始めた。そのことと国籍変更の関連について聞くと、きっぱりと「それとは違う、違うね」と否定した。しかしながら、そのまま話を続けた昌勲は「(組織から離れたことと国籍変更の関係は)多少あるかも分からん。ないとは言えへんかもわからんね」と複雑な気持ちを見せた。

さらに、朝鮮本国に対しても気持ちは複雑なようだ。前述のように朝鮮に兄と妹がいる。兄は新義州、妹は南浦で、それぞれ家族を持った。この二人についても、昌勲が援助を続けていたようだ。そして、兄と妹に会うために、昌勲は京淑と、一九九二年に名古屋から平壌への直行便が出たときに、平壌を訪問した。そのことについても、京淑は「(朝鮮学校で知ったことと比べると)あまりいい印象がなかった」とあっさりしていたが、昌勲は複雑な心境を語った。

まあ、あの……それはね、体制がね、違いがあって、色々、日本で我々が思ってる尺度で向こうを見りゃ、大変ですよ。……だから、ものの視点をどこに置くかでね、変わるということでしょ。今でも、私は朝鮮人ですよ。私は韓国人じゃないですよ、はっきりしとるのは。そりゃ、もちろん色々意見はありますよ。私らにしてもね、なにも北のやってることが百%正しいなんてことは思ってないですよ、当然。だけど、私らにしたら、やっぱり韓国じゃないんですよ、朝鮮なんです。

十四年後の第二次調査では、さらに複雑そうだった。朝鮮が自分が期待するほど経済発展しないことにもどかしさを感じているようだ。第一次調査の頃よりも、朝鮮に対する気持ちは薄れていると明言しつつも、やはり、日朝間にある歴史問題などを考えると、簡単に朝鮮を全否定することもできないようだ。いら立ちを含んだ声で次のように語った。

僕らの気持ちでね、やっぱ（朝鮮が）あんなにしとったからって、全部嫌いか、嫌いじゃない。心の中ではやっぱまだ今でも支持しとる部分ようけあるねんから。我々はね、そういう否定できへんとこもある、北に対してね。日本との関係においてもやね、日本が朝鮮を統治しとるとき、何万人、何十万と徴用であれ、強制連行であれ、日本に連れてきたわけですね。これの解決はまだ北とは済んでないはずやねん。僕らにしてみたらそれが言いたい。それをやな、解決も何もせんとな、現在起こっとること（拉致問題など）どうやこうやって。ま、政治の難しいことは、我々は分からんけども。ま、ちょっと、な、やっぱりこう、そのへんのとこはやっぱり、普通の人とは（考えが）違うかもわからん。我々が間違ってるのかどうか分かりませんよ。だけども、その思いはある。その思いは消えない。僕の気持ちからはね。

二〇一八年三月末に昌勲を訪ねたときにも、朝鮮への不満をもらしながらも、その年に起きた南北朝鮮の関係および米朝関係改善の兆しに「俺は素直にうれしいよ。日本の報道があれこれ言うのは胸くそ悪い。統一の邪魔をせんといてくれ。邪魔すんなという気持ちしかない」と話していた。数年前から患っている病気のため、手を大きく震わせながら、声を少し荒げていたことが私の記憶に強く残っている。

そして、このような思いは子どもたちには継承されないものであろうと語る。

あのへん（オモニ＝玉順）は石頭やからな。だから、オモニらがたとえば百としたら、僕らがやね、そのあと継いで、六十なら六十で。自分の子どもがやね三十、孫になったらどないなっとんのかっていうの現実の数として出てきますやん。我々はやね、アボジ・オモニに生んでもうた、ごはん食べさせてもうた、その苦労を一緒にしてきたというね、ある意味、連帯感が非常に強いでしょう。我々は苦労してきたから、子どもにはできるだけ苦労させたくない。今度はやね、孫がでけたと。ほなら、我々子どもの時代よりもこの孫の世代のほうが生活水準が上がってますわな。生活水準がドンドンドンドンあがってくると、ま、考え方が多様化してくるということは事実だな。価値観も変化するしね。

それでは、実際に子どもたちは、自分たちの朝鮮学校経験、総聯、朝鮮などに対してどのような思いを持っているのだろうか。以下、かれらの生活史から考察を続けたい。

6　定住世代にとっての朝鮮学校と「朝鮮籍」

X家でこの世代に該当する十名のうち、朝鮮学校に通学経験があるのは六名である。成長期世代の陽子も小学校時代は朝鮮学校に通学しているので、合計七名が朝鮮学校での教育を何らかの形で受けたことになる。そのうち、生活史を聞くことができたのは、合計五名（演錫、京花、陽子、周植、俊錫）である。

先にも述べたように、陽子は小学校、周植と俊錫は中学校、演錫と京花は高校まで、朝鮮学校で教育を受けた。演錫、京花、俊錫はきょうだいなので、昌勲の父親の強い意向を受けてのこと、周植も祖母貞淑が総聯支持者だったことから朝鮮学校に通った。

陽子だけは異色で、父親は一九六五年の日韓条約の頃「韓国籍」を取得した。しかしながら、近所の同胞から誘われ、あまり深く考えずに、幼稚園から送ったそうである。しかし、ある意味、当然のことながら、学校との考え方や意向にズレが生じて、陽子は中学から日本の学校に移った。弟の民実は小学校入学時から日本の学校だった。調査当時、陽子は、朝鮮学校についてあまりいい思い出を語らなかったが、その後、韓国で事業をしていたときには、朝鮮学校で習得した朝鮮語にずいぶん助けられたと語っていた（実際に、韓国で陽子が朝鮮語を話す姿を見たが、流暢に話していた「幼いときの学習なのに」と驚いた記憶がある）。

周植は二歳の頃、母親を亡くし、祖母貞淑に育てられた。その祖母の意向にしたがって朝鮮学校に入学する。彼は、朝鮮中学を卒業後、父親と同じ公立商業高校、そして、関西学院大学に進学。卒業後、A市の公務員になった。当時、A市初の外国籍行政職公務員として、ずいぶん話題になり、新聞にも取りあげられた。

第一次調査時、周植はまだ大学四年生。卒業を目前に控えていた。当時、周植の朝鮮学校体験は、「日本の高校に出る」という彼の決意と「朝鮮高校に進むべきだ」という学校の方針とのズレが中心に語られた。一九八〇年代末から九〇年代初頭にかけてのことだったので、朝鮮高校に進学しないという選択は、学校との軋轢を生んだようだ。

彼は「生まれ変わりたい」と、日本の高校進学を決めた。同胞に囲まれての学校生活は楽しかったそうだが、同時に、その世界が狭いと感じ、さらに、将来の就職などを考えると、日本の高校に行ったほうがいいと考えたそうだ。しかし、それが学校にはうまく理解されず、周植は、学校に対して不本意な感情が残ったままだったようだ。

二〇一〇年の第二次調査は、同胞と結婚し、一人目の子どもが四ヵ月になった時期に行われた。仕事はそのままA市の公務員だった。第二次調査の場で、彼は、第一次調査のときよりも積極的に朝鮮学校について語ってくれた。

朝鮮学校に中学までしか行かなかった自分は、朝鮮学校のコミュニティから少し外れているのだと言う。なぜならば、朝鮮学校の教育は「高校まで行っていっちょ上がり」だからだと言いながらも、朝鮮学校の教員の熱心さ、仲間意識の強さ、朝鮮語の習得の意味＝アイデンティティの核の形成など、自身の子育て観と重ねながら、多くを語ってくれた。大学生のときには相対化できていなかった朝鮮学校での九年間を、三十歳過ぎて、むしろ、肯定的に評価し直しているようでもあった。たとえば、次の語りは、途中から朝鮮学校に編入した学生に先生方が、個別に朝鮮語を教えたというエピソードだ。

（編入生に先生が）わざわざ時間を割いて、一生懸命教えてるわけですよ。そんなことできるって、やっぱり、さすが朝鮮学校だな、民族学校だなと思いますよ。普通の公立学校の先生ってそんなんできるんかな、そんな情熱あんのんかなあとか。本当思いますよね。たとえば、僕は今三十四（歳）だけど、あのときの学校の先生の年に当たるわけですよ、完全にね。じゃあ、今、お前やれって言われたら出来るかっていうたら、んー、なんかすごい不安になるし。だから、そういう意味ではすごく尊敬しますね、今思ったら、そういう朝鮮学校の先生たち。

朝鮮学校で習得した朝鮮語についても以下のように語る。

出会ったときに、（自己紹介で）「私、韓国人です」でね、（相手は）「民族舞踊、踊れるの？」って聞かれもしないやろうし。あの、韓国語ができるかどうかっていうのが、やっぱり、大きいんじゃないんですかね、うん。それが出来なければ、他がどんなに素晴らしかったとしても説得力ってそんな持つんかなぁって。（調査者：実用的な意味よりもアイデンティティの核としての言語？）結局、朝鮮学校がなんで朝鮮語だけで授業するのかというと、やっぱりそこだと思うんですよね。

周植は、家庭生活の中だけでは朝鮮語を子どもに教えることはできないと考えており、子どもの教育について、妻（琴順）と検討中だと話していた。琴順は、日本の学校しか経験がなく、自身の民族的なアイデンティティについては、調査時でも迷っていた。「朝鮮人として」揺らぎがない夫周植のことを尊敬し、うらやましいとも話していた。周植・琴順の夫婦は、現在、二人の子どもを韓国系の学校に通わせているそうだ。

それでは、京淑・昌勲の子どもである演錫、京花、俊錫はどうなのであろうか。まずは、周植同様、高校から日本の学校に出た俊錫について見ていくことにしたい。

俊錫が高校は日本の学校に進学することを考えはじめたのは中二の頃。勉強もよくできたので「ちょっと違う道に行ってみようか」と思ったことがきっかけだという。塾にも通い、一生懸命勉強した結果、地域内トップの進学校に合格した。その高校に進学した後、彼は民族を意識するようになったという。

やっぱり、それまで育った環境とあんまり違うところ放り込まれて、いきなりそれで、日本人と友だちとか、同じ机並べて勉強せえとか、あんまり違和感がありすぎたんですね、やっぱり最初はね。日本語でずっと授業があるとか、自分の名前呼ばれて（日本語で）「ハイ」と答えるとか。

そして、高校の友人たちから、朝鮮学校生にからまれたことがあるという話を聞くと、恥ずかしく、朝鮮学校出身であることが口にできなくなったという。

（人を殴るのは）恥ずかしいことやから、「なんでそんなんすんねん」と。昔はね「日本のヤツ、しばいたってなぁ」とかいう話聞いとっても、そうかぁいう感じやったけど。いざ、自分がそういう場におるとですね、なんと恥ずかしいことをやってるんやと。柄が悪い。喧嘩が強いとか、今までは、ある意味で正のイメージやったものが、ちょっと逆転するわけで。僕は、そのときちょっと、やっぱり、その、在日であることを恥ずかしがってたというか。

このように高校時代は民族については悶々としながら日々を過ごしたそうだ。朝鮮学校時代の友人に会いたくなったり、「朝高も楽しそうやな」と思ったりもしたそうだ。ただ、幸い、俊錫は高校時代の成績も良く、担任教師の薦めもあり医学部を目指した。一浪を経て、国立大の医学部に合格した。

大学入学後は、兄が参加していた在日本朝鮮留学生同盟（留学同）の活動に参加するようになり、大学生になって、再度、在日朝鮮人として生きることの意味を確認したという。そして、本名宣言（朝鮮語読みへの変更）をし、同胞の学生たちと議論を重ね、在日朝鮮人として生きることの意味などを真剣に考えたという。また、留学同の代表団として朝鮮にも大学四年生のときに行ったという。そのときのことについては、次のように話した。

（朝鮮について）日本とかで言われてるのも、あながち嘘ではないけれども、多分日本人たちからしたら、（朝鮮の）純粋な人の存在っていうのは、やっぱり、理解できないと思う。（朝鮮の）大部分の人はしんどかった時代を知ってるから、植民地の時代。「あのときよりマシや」っていうようなイメージは、ごっついあると思うんです。だから、僕らみたいに、日本で豊かな暮らしをしてる人間からしたら、「貧しい暮らしや」とか思うかもしれんけど、あの人らの価値観と、僕らの価値観を同じと考えると、もう、あかんから。行ってよかったですよ。そういう風に実感を持って、やっぱり、そういう風に言えるようになったから。

そして、その後、一九九五年に韓国籍に変更した。変更の理由は、やはり「便宜上」で「行動（移動）の自由」を求めてのものだった。しかし、留学同の活動を通じて「韓国籍」ができた経緯を学習した俊錫にすると、割り切れないものがあったようだ。それについての語りは非常にナイーブだ。

韓国籍のでき方ってのは、納得いかない所もたくさんあるんですけれども。だからといって、朝鮮籍であるから行動が制約されるというのは納得いかん所もあるし。朝鮮も僕の祖国であるから、それは韓国籍なったからといって、それが変わる訳ではない。でも、変えてしまった以上、たとえば、北朝鮮と日本の戦争みたいになったときに、韓国籍の僕っていうのは、かやの外に置かれる訳ですよ、まあ言えば。朝鮮籍の人は、どっか関係あると思うんですよ、やっぱりね。そういうのから逃れた僕ってのは、どうなんのかなって、やっぱり、思いますけど。どっちも祖国やとかいいながら、結局、現実は非情ですからねぇ。その国籍によって、国籍、韓国やから、「おまえ韓国人や」と、そういう見方をされるっていうことに対しては、やっぱり、うーんって思いますね。僕はどっちも祖国やと思うてるけど、便宜でこうしたんやという理屈は通るけども、いざ追い詰められたときね。やっぱり、朝鮮籍の人が何か被害を被るようなことがあれば、許さんぞというような気持ちではいます、当然。それはやっぱり、こう言うからには義務やし。義務というかね、今言ってることに反するから。

十五年以上経った後の第二次調査時では、俊錫は同胞と結婚して三人の子どもの父親になっていた。神戸の中心部で開いたクリニックの運営も順調だった。第一次調査当時は、本来、農学部志望であったが民族差別を考えて医学部へと進路を変えたことについて、多少の未練を語っていたが、第二次調査では、麻酔科・ペインクリニック専門医としての自信を見せていた。

一方で、やはり、民族に対するこだわりは垣間見せた。まず、クリニックの名前に民族名を使ったこと（父親の昌勲はこのことをとても喜んでいる）、そして、子どもたちは結果として日本学校に行かせたが、いったんは、朝鮮学校も考えたこと、また、朝鮮高校が無償化制度から除外されたことの不当性についても言及していた。医師として多忙な日々を送りながらも、日本の高校での経験、そして、その後、大学での留学同活動を通じ、中学までの朝鮮学校での教育を再解釈しなおしたという経験がその後も俊錫の生活史に影響を与えているようだった。

それでは長女の京花はどうだろうか。冒頭に記したように、現在は日本籍を取り、開業医として、そして二人の子どもの母親として忙しい日々を過ごしている。彼女は「民族」については「ルーツとして、子どもに伝えるべきもの」以上のことを語らない。朝鮮人として「回り道」や「面倒なこと」も多かったし、朝鮮人として五十年精一杯生きたから、残りは新しい人生なのだと語る。たしかに、国立大学受験資格を得るための公立夜間高校とのダブルスクール生活、大学受験のために、志をともにする朝高の先輩たちと励まし合って勉強したこと、子育てをしながら研究し博士号を取得したこと、そして、開業にまで至ったことなど、努力に努力を重ねて今の京花があることは自他ともに認めるところだろう。

しかしながら、彼女にとって、朝鮮学校に通ったことが、単なる「回り道」を強いたものであったかと言えば、そうでもないようである。京花が現在の地位を確立していく過程の中で、朝鮮学校経験が一つの支えとなってきたことも、生活史から読み取れるのである。

次に引用するのは、浪人時代を振り返っての語りである。

（朝鮮学校時代の制服は）中、高はずっとチョゴリ。だから、予備校生のときにね、後輩が通っていくのを遠目に見てね、無性に懐かしくてね、着たくなったのよ。で、母に「着ようかな」って。で、（母が）「やめなさい」って。で、そんとき、マジだったんですよ。なんか、やっぱり、こうー、予備校に行って、勉強も全然ついていけないし、「この先、大丈夫かな」って思っててね。なんか、こう、心の拠り所が欲しくて。すごく、それ（チョゴリの制服）が懐かしかった。

また、第一次調査当時、独身だった彼女は少し迷いながらも「子どもができたら朝鮮学校に入れると思う」とも言っていた。ただ、結婚後は、夫の考えと通学距離の問題もあり、子どもは日本の学校に通わせた。それはそれで「全て初めての体験」として、京花夫妻にとっては「初めての日本社会との接点」だったとも語っていた。たしかに、地域社会と直接的なかかわりは、子どもが地域の公立学校に通うことによって生まれたのであろう。現在は、子どもが地域の野球やバスケットボールのクラブチームで活動していることもあり、「追っかけもしつつ」母親としての生活も満喫しているようだ。もちろん、クリニックの運営も順調である。

さて、それでは、末っ子の演錫はどうだっただろう。彼は、きょうだいの中で朝鮮学校生活を最も満喫したようだ。

こうかなりバリバリのまあ、朝高生っていうか。ほんまに、あんまり勉強せんとクラブと学校生活思いっきり楽しんで。

という。中高ともに自宅からかなりの距離があるが、自転車で通い、十二年間皆勤だった（きょうだい四人とも皆勤だったそうだ）。クラブは器械体操部。そこで養った運動能力を基に、運動会では朝鮮半島の伝統芸能「農楽」を踊り、高三では「祖国訪問」（現在は朝高三年生全員が「祖国訪問」として朝鮮に行くが、当時は「模範学級」のみが行けた。演錫はクラスの中心になって、「祖国へ行こう！」と「模範学級」づくりを牽引したそうだ）をしたという。

他のきょうだいとはちがい、大学の受験勉強のスタートは遅かったという。就職しようと考えていたこともあるし、また、朝鮮大学校に進学しようかと考えた時期もあるという。しかしながら、兄たちが留学同活動をともにする友人たちを家に連れてきて、色々な話を聞くにつれ、日本の大学進学を意識しはじめる。

兄貴とか見とって、大学っていうのはとにかく楽しいとこだとっていうのと、あと、自分の今までいてたとこの狭さっていうのんを、やっぱこう、補ってくれそうな話とかね。で、お兄さんの友だち、留学同でばりばりやってはった人とか、よく家とか来ますしね、話とかして。ちょうど僕が進路のことで悩んでたときとかにばあっとやってきて、色々、ババババって言われてね、ガアンときて。なんしか、こう感覚だけでやってる人間と、積み上げ式で作って来た人間とここまで違うものかなっとか思って。民族性でも考え方でも、「あ、ちゃうなあ」思って。(これから朝高卒業まで)一年くらいはなんか勉強すべきじゃないかなあって。どうせ勉強するなら、大学受験くらいみんな高校生やったら普通しますから、ま、それぐらいやってみようと。

このように考えるようになり、受験勉強を開始。その姿を見て、母親京淑は「演錫が勉強している!」と驚いたほど、演錫は勉強はそっちのけで朝高生活を楽しんでいたそうだ。しかし、その甲斐あって、現役で京都にある私立大学に合格、進学した。

進学後は留学同活動に熱心にかかわり、留学同の寮にも住むようになった。その中で、自分の生き方について、相当悩んだようだ。

大学入って本も読むようになったし。僕なら留学同みたいなとこにいたじゃないですか。で、世界が一気にドーンと広くなるわけじゃないですか。同じ在日の中で、今まで生きた境遇が全然違うし。で、もちろん日本人との付き合いっていうのも、それなりに出てくる。そんなんで、どう生きるべきかというの考えたりしました。ほんと大局的に。僕は、日本に住んでる在日朝鮮人で、関係のあるといえば北朝鮮。（一方で）南には韓国っていうのがあって、そんなかに僕がおって。で、今の自分の状況を考えてみると、どう生きて行ったらいいんやろなぁとかいうのを。一つのことをすんのに、それに一体何の意味があるんだろうとか、どこに意味があるのだろう、生きることに何の意味があるのだろうとか。（本国が南北に分断されているという）客観的な状況があってね、で、僕は僕で、そしたらどうやって生きていけばいいのかなぁっていうの、非常に感じたって。たとえば（総聯の）活動家になるとか、他の何をしようが、各々の持ち場で、きちんと生きて行けば、別に朝鮮人とかっていう旗を振らなくても、少なくとも「自分は朝鮮人です」っていう風に自然に言って、きちんとして生きて行けば、それはもう充分。たとえば「祖国のために」とか、「朝鮮人として」とかあまりそんなことを言わなくても、社会の構成員の一人として充分いいんじゃないかって思ってました。

すなわち、留学同活動における大きなテーマ「在日朝鮮人としていかに生きるべきか」という問題について、自らが「朝鮮人」であることを人生にどう関連させるのかという点について、演錫なりに深く悩んだということである。一九九六年時点でたどり着いた結論が、前記の語りである。「朝鮮人であること」にそれほど肩肘張らず、自然体で生きていきたいということだ。演錫は、悩んだ末、立命館大学に編入。卒業後は、税理士の資格を取得するために、二つの大学院の修士課程を修了した。

一九九五年には、ほかのきょうだい同様に韓国籍に変更した。変更理由はやはり「移動の自由が欲しい」だった。実際に、彼は大学院生時代に、バックパッカーとして世界中を旅行している。

税理士となった後は、いくつかの大手企業に勤めた。その間、CPA（アメリカ公認会計士）も取得し、また、アメリカ駐在も経験した。現在は、自分で税理士業および不動産業を営んでいる。

税理士業においては、在日朝鮮人特有の問題、たとえば、韓国にある不動産などの税金処理や日韓にまたがる相続相談など、朝鮮学校で基礎を培い、その後、実践で身に付けた流暢な朝鮮語を使って仕事をしている。

私生活では、約十五年前に韓国出身の女性と結婚、ふたりの子どもの子育てにも忙しい日々である。子どもの教育については「子どもに任せる」と言う。ただ、妻が韓国出身でもあり、また、本人も現在の朝鮮学校のあり方には疑問があるので、子どもは地元の公立小中学校に通わせている。

しかし一方で、朝鮮学校時代の友人からの事業相談にものっているようだ。今でも何人かとは付き合いがあり、また、最近はSNSを通じても、朝鮮学校時代の同級生や恩師との再会を楽しんでいる。信頼できる恩師や友人から依頼されれば、朝鮮学校への寄付もしているそうだ。

高三で訪問した朝鮮については、「今は僕には手が届かない。色々とわからないことが多いから」

と評価をしない。

さらに、一九九三年の第一次調査のときから「自由な生き方を模索したい」と語っていたが、実現しつつあるようだ。山の中にある民家を買い、別宅兼仕事場として使っている。また、近くで畑もしつつ釣りも楽しんでいる（時折、彼が送ってくるタコや太刀魚の写真はとてもおいしそうだ）。また時折、休暇で海外に出たりしていた。コロナ前には「在日朝鮮人の若者が海外に出て行くのを支援したい」と抱負を語っていた。

7　世代間の生活史から見えてくること

ここまで、X家の人たちの三世代にわたる生活史を、朝鮮学校、総聯、朝鮮民主主義人民共和国、そして朝鮮籍という側面から読み直してきた。「朝鮮学校に通う」ということは、今でも、子どもを「朝鮮人にする」という機能を持つ。学校では、在日朝鮮人の教職員、友人、保護者たちに囲まれ、朝鮮語での授業、朝鮮に関する民族科目等、日本の学校では決して学ぶことができないことを学ぶ。子どもたちは、自然に「朝鮮人として」のびのびと育っていく。そこは、日本社会からある意味で「分離」した空間として、そこにかかわる在日朝鮮人にとって「安全な家」として機能してきたのだ。それは、京淑が語っているように、一九七〇年代でも八〇年代でも同じだった。

京淑は朝鮮学校のこのような肯定的な面を高く評価しつつも、同時に、子どもたちが、その世界に埋没することは好ましく思わなかったようだ。京花をはじめ四人の子どもたちが朝鮮学校に通い、その後、高学歴＝専門職という職業達成ができたのは、このような京淑の働きかけにあることは、以前、拙稿で分析した通りだ（山本かほり、二〇〇二、二〇〇八）。

そのときに私が課題として残した問いがある。「差別のない職業」として専門職についていったX家の成長期・定住世代の「民族意識」がどう変容していくのだろうかということである。関係研とは別の調査で出会ったある朝鮮籍の女性（一九八九年生）が、自分の両親について「ルーツやアイデンティティなど、生命維持活動に比較して優先順位の下がる事柄に向き合う余裕もなく、長男長女として家を支えるために生きてきた」と書いていた（『「朝鮮の人たちと交流しよう！」大学生・大学教員のための朝鮮ツアー二〇一四　報告文集』）。おそらく、玉順も貞淑も、なにか理屈や理論で「朝鮮人であること」を考えたわけでもなく、また、なにか理念があって、総聯や朝鮮学校にもかかわったわけではないだろう。植民地からの解放後、日本国内で在日朝鮮人たちが民族運動をし、朝鮮学校建設をしたこと、本国でも植民地に抵抗した人が自分たちで国家建設しようとしていることに心を動かされたのだろう。

昌勲も中卒後、懸命に働き生活を支えることに必死だった。「百円稼いだら九十五円までを仕送りする」のような生活を送った人だ。彼もまた、ルーツとは何か、アイデンティティとは何かなどという問題に向き合う余裕もなく生活をしてきた。彼の生活史から読み取れるのは「日本人には負けない」という根性で、腕一本でたたきあげてきた姿である。民族差別は彼にとっては「デフォルト」で存在するもので、それを自力ではねのけることで、家族（生殖家族のみならず、両親、きょうだいまで）を支えてきた姿が浮かびあがる。同時にそれが「私は朝鮮人だ」というプライドにも転じているようでもある。

そんな昌勲が、私の上述の問いに答えるかのようにいみじくも語っている。本章でも引用したが、「生活水準があがれば、世代がくだるにつれ、民族的な意識は薄れていくだろう。家族内でもそれは徐々に共有しにくくなる」というものである。

たしかに、X家の生活史を時系列に読むと、この昌勲の言葉は妥当にも思える。X家の結束の原点ともなっていたチェサはどんどん簡素化している。X家六人きょうだいの長男昇教が二〇一七年十月に急逝してからは、それまでやっていたチェサにきょうだいや親族が集まることもなくなったという。昇教は、亡くなる前夜まで、亡くなった日に予定されていたチェサの準備のためきょうだいに電話し、段取りを進めていたそうだ。姪の陽子は、通夜の席で「叔父は死ぬまでチェサのことを考えていた。長男やね」と評した。

その昇教と長男昌植のチェサに対する考え方は異なる。昌植は「チェサをやめる理由はないのでやめない。しかし、労力は省く方向で、形式は変わっていく。きょうだいだけ集まってやることになる」だろうと調査のときにも話している。そして、実際、父親が亡くなった後は、昌植が話していた通りになったようだ。

また、朝鮮学校に通い、朝鮮語を身に付け、朝鮮名で生活するようになったX家の定住世代の人々の第二次調査での生活史を読むと、「民族へのこだわり」もずいぶん弱くなっているように見える。専門職に就き、職業生活における民族障壁を乗り越え、安定した経済的基盤も築いたかれらの日常に「民族」は大した問題でないかのようにも思える。

しかしながら、民族の名前で生きる、子どもも朝鮮名で生活させる、ルーツは忘れさせない、日常のレベルで自然に感じるルーツ、民族などという言葉で、かれらは民族意識を継承させていくのだと語る。

以前、ストレートに「朝鮮学校で身に付けた『民族』は何か？」と演錫と京花に尋ねたことがあるが、二人とも「自分たちの人生を決定づけた」と答えた。今の朝鮮学校のあり方には卒業生として様々な思いや疑問もあるが、朝鮮学校で過ごした十五年は今の自分の基礎を作ったと話してくれた。

ところで、第二次調査の終盤頃から、日本社会のムードが変わった。昌植が息子に民族をどう伝えるのかという話の中で「民族性ということについてはね、少しずつ、雰囲気だけかもしれませんけど、最近は韓流ブームもありーのでそんなにこう、神経尖らす必要はなかった」と語っているが、そうした社会的な雰囲気では今はない。当時も、社会のベースには残っていた「異質性」を無視したり排除する（野入直美、二〇〇二）ことが表面化し、たとえば、二〇〇九年には京都朝鮮第一初級学校襲撃事件が起きたり、街中でヘイトスピーチ街宣が行われたりするようになった。二〇二二年現在も、日本社会には特に在日朝鮮人に対する排外主義的なムードが漂っている。

こうした社会状況を受けて、X家の人々は、今後、また、何を語るのだろうか。継続したフォローアップ調査を行っていく必要があるだろう。

あとがき

「かほり先生！」「やまかほ先生！」「かほりーん！」

愛知朝高生が私を呼ぶこのような声に、この十年、どれだけ励まされただろうか。二〇一七年には、ついに「かほりんだけ日本語の名前はかわいそう！」（この言葉、朝鮮学校の教育の賜物ではないだろうか？マジョリティとマイノリティの逆転なのだから！）と、朝鮮語の名前も考えてくれた。かれらと過ごした朝鮮での二週間、私の朝鮮名（？）「サンボンヒャンソンセンニム！」（山本を朝鮮語読みし、かほりは漢字の香をあてはめてくれた）という呼び声が何度も響き、朝鮮の指導員たちも、ときどき私をそう呼んでくれた。光栄だった。また、〈祖国訪問〉前に、学生たちと作ったTシャツの背には、〝Hyang. S〟と64（愛知朝高六十四期を示す）を入れてくれた。このTシャツ、サッカー用で、しかも真っ赤なので外に着て出るのは少し恥ずかしい。しかし、室内着にして着古してしまうのも惜しく、タンスの中にしまってある。学生たちとの大事な思い出の一品なのだ。

本書では抑制してきたが、最後に正直に言おう。私は朝鮮学校の学生たちがかわいくて仕方がない。第I部の四章で論じたように、「子どもたちの笑顔を守りたい」というような朝鮮学校「支援」のあり方に、私は批判的である。「支援」として守るべき一線は何なのかを第I部では述べてきたつもりだ。それはそれで、決して譲らない一線である。

しかしながら、この十年、研究と実践の中で、苦しくなったときに、私を支えてくれたのは、まぎれもなく、朝鮮学校の学生たち、そして先生や保護者のみなさんだ。朝鮮学校のみなさんとフェイストゥフェイスの関係が生まれる中で、「この人たちを裏切ることはできない」と思うようになった。特に、愛知朝鮮高校無償化裁判支援活動の中では、多くの悩みがあり、また、苦しいこともたくさんあった。「もうやめ!」と思ったことも何度もある。それでも私が踏みとどまったのは、朝鮮学校の学生と関係者のみなさんがいてくれたからだ。裁判が始まるときに、私はあるオモニに「最後までやりますよ」と約束した。色々な事情で、当初裁判支援にかかわった人が抜けていったが、私が逃げないですんだのは、みなさんのおかげだと感謝している。

研究面でも同じだ。この十年間で、私は大きく変わったと思う。在日朝鮮人を考える視角、朝鮮学校を見る視点、さらには朝鮮民主主義人民共和国をどう考えたらいいのかなど、多くのことを教えてもらった。しかし、同時に、それは、時折、研究者の世界では「摩擦」を生んだ。学会発表後にもらうコメントは、私の問題意識とは大きくズレ、どちらかというと、朝鮮学校の営みを、日本人の「常識」や「普遍」から批判的に捉えるものが多かった。「洗脳」「集団主義的アイデンティティの強制」「本質主義的な民族主義を描いただけ」「在日朝鮮人にとって祖国など幻想」など、かなりきつい言葉で、私の研究は批判された。そのたびに、落ち込み、研究者として路頭に迷った。でも、朝鮮学校に行って学生たちに会うとなぜか頑張ろうと思えた。

今、こうしてあとがきを書きながら、思い出したことがある。二〇一六年六月末、私は、頸部の硬膜外膿瘍とそれに伴う髄膜炎という命にかかわる病気をした。六週間の入院期間、お見舞いに来てくれた人の多くが、朝鮮学校の関係者のみなさんだった。夏休みに入った朝大生も来てくれた。保護者の方の中には、お弁当を持ってきてくれた人もいる。何度か病室にごま油とニンニクのにおいが充満したことも、今となっては笑い話である。みなさんが「先生、まだやることありますよ！」と言ってくれ、その言葉に励まされた。見舞いにきてくれた朝高生は、帰路「かほりんが日本人に見えた（！）。ハッキョ（学校）ではウリマル（朝鮮語）なのに、日本語しゃべっていたから、違う人に見える」とオモニに言ったそうだ。それを私に伝えてくれるラインを見て、やっぱり、うれしかった。

朝鮮学校の人たちとこんな関係を築くことができるベースを作ってくれたのが、第Ⅱ部で紹介したX家の人々だと思う。一九九三年当時、まだ二〇代だった私を快く迎えてくれた。X家のメンバーの一人が、私の当時の非常勤先の教え子だったという偶然にも恵まれた。家族親族の大事な集まりであるチェサに、何度も招待をしてもらった。また、その教え子の結婚式で、チマチョゴリで勢揃いした女性陣に「きれいですねぇ」と言ったら、男性陣たちは「先生もチョゴリ着たらええ、朝鮮人になったらええねん」と言ってくれた。これも最高のほめ言葉だと私は思っている。

第一次調査が終わり、それが本にまとまった後でも、X家のみなさんとのつきあいは続いた。自宅に招いてくれたり、食事に出たり、韓国に一緒に行ったりなど、思い出は数多くある。だからこそ、朝鮮学校にかかわりはじめた頃に、X家の人たちが語っていた朝鮮学校の思い出などを思い出すことができたのだと思う。

今でも、演錫君（仮名）はしょっちゅう電話をくれ、時折、彼が釣ってきた魚、彼がそだてた野菜を食べに、私は神戸まででかける。その折に、X家のみなさんの近況を聞くという生活が続いている。X家のみなさんとのつきあいはそのまま、朝鮮学校のみなさんとのつきあい方に通じたし、さらに言えば、朝鮮での人たちとの関係形成にも応用できた。まだ、大学院生だった私を温かく迎えてくれ、かなり図々しい調査（しかも何度も！）にも協力してくれたX家の人々なしでは、今の私はないと思っている。

ほかにも研究や実践を通じて出会った在日朝鮮人たちは多い。一人ひとり名前をあげることはできないが、心から感謝をしている。多くが私よりもずっと若い研究者だったり、また、在日朝鮮人運動にかかわる人たちだ。何か言われて落ち込んでいる私を、かれらはいつも応援してくれていた。本当にありがとう。

また、この本をつくるきっかけを作ってくれたのが、作家の黄英治さんだ。私は英治兄さんと呼んでいる。バラバラと発表した私の論文を読んで「本にしよう」と言ってくれた。構成についてアドバイスをくれ、さらに、入稿前には校正までしてくれた。三一書房とつないでくれたのも英治兄さんだ。そして、それを受けとめてくださったのが、三一書房の高秀美さんだ。

このような、私にとって、かけがえない人々が、今、日本社会で排外主義の中に生きざるを得ない状況にある。私はそれを決して許すことはできない。だから、これからも、微力ながら、研究と実践を継続し、少しでもいい社会を作る努力を続けたいと思う。

なお、本書の各章は、以下の論文に加筆修正を加えたものである。

まえがき（書き下ろし）

第Ⅰ部　朝鮮学校との十年
緒言（書き下ろし）
第一章　朝鮮学校研究に向けて（『共生の文化研究』Vol.6　愛知県立大学多文化共生研究所、二〇一二年三月）
第二章　朝鮮学校で学ぶということ――排外主義の中で（『移民政策研究』Vol.6　二〇一四年五月および Vol.9　二〇一七年五月　移民政策学会）
第三章　〈祖国〉への修学旅行――朝高三年生の〈祖国訪問〉同行調査から（書き下ろし：ただし、本章を英語と朝鮮語にしたものが先に刊行された。
英語版　"Wha it Our Homeland? Choson School Students on <Homeland Visit Tour> to the DPRK" Culture and Empathy Vol. 4 No. 2
朝鮮語版　조국（祖國）（=조선민주주의인민공화국）으로의 수학여행（〃재일한인의 인류학〃 지은숙、권숙인、박승현編著、ソウル大学校出版文化院、二〇二二年））
第四章　「北朝鮮」言説と朝鮮学校――マジョリティの「良心」が「暴力」になるとき（『西日本社会学会年報』第十九号＋第二十号、二〇二二年三月掲載予定、西日本社会学会）
第Ⅱ部　ある在日朝鮮人家族親族の生活史――三十年間を見つめて
緒言　在日朝鮮人の家族親族の世代間生活史調査とX家――調査について（書き下ろし）
第一章　X家の世代別生活史――上昇移動の生活史（『民族関係における結合と分離』谷富夫編著、

ミネルヴァ書房、二〇〇二年）

第二章　ある在日朝鮮人家族親族の生活史に見る民族意識の変遷――上昇移動の後に（『社会分析』No.40、社会分析学会、二〇一三年）

第三章　X家と朝鮮学校・総聯――X家の生活史のもう一つの側面を読む（『社会再構築の挑戦―地域・多様性・未来』谷富夫、稲月正、高畑幸編著、ミネルヴァ書房、二〇二〇年）

エッセイ　平壌で乾杯！――私が出会った人たち（『月刊イオ』〝DPRKありのまま〟朝鮮新報社）

「祖国の愛は温かい」（二〇一八年二月号）

「とりこになったインジョコギパップ」（二〇一八年五月号）

「平壌の障がい児施設を訪ねて」（二〇一八年八月号）

「帰国子女の悩み」（二〇一八年十一月号）

「地域が育てる――正明くんのこと」（二〇一九年一月号）

「運転手としての誇り」（二〇一九年七月号）

「만남《マンナム》――出会い」（二〇一九年十月）

「最高の길동무《キルドンム》（連れ）」（書き下ろし）

最後に、さらにお礼を言わなければならない人たちがいる。

民族関係研究会のメンバーのみなさんと関係研を組織した谷富夫先生だ。韓国留学から戻り、在籍大学院で「居場所」が見つからず、野良犬のようになっていた私に、共同研究（それが「在日韓国・朝鮮人の家族親族単位の生活史調査」だ）をしないかと声をかけてくださった。一九九三年の秋のことだ。谷先生からいただいたお誘いの電話は今でも頭の中に残っている。それ以来、谷先生には本当にたくさんことを教えていただいた。また、関係研のメンバーのみなさんとの出会いも谷先生なしでは考えられない。関係研のみなさんとの数々の真摯な議論と数え切れないほどの「バカ話」は、私が研究者として、そして、人として生きる上で大事な糧となっている。

そして、連れ合いの鹿江東五にも感謝している。特にこの十年は、年に二回のペースで朝鮮に行く私を何も言わずに送り出してくれた。たとえ、報道が朝鮮について「危機」を煽っていても、そして、朝鮮に行けば、二週間以上、連絡もとれなくなるが、「研究者なんだから、自分の信念を大事にして行けばいい」と言ってくれた。また、養女の〝やまもも〟にもお礼を言いたい。彼女は私と連れ合いにとっては「悩みの種」ではあるが、才能を活かして、すてきなカバーイラストを描き下ろしてくれた。二十号の作品だ。ありがとう。

なお、本研究は以下の助成を受けている。
● 科学研究費補助金　基盤研究A　課題番号08301015　民族関係における結合と分離の社会的メカニズム（研究代表　谷富夫　大阪市立大学）（一九九六年－一九九八年）

●科学研究費補助金　基盤研究B　課題番号21330120　移民の流入と統合過程―在日韓国・朝鮮人と日系ブラジル人の世代間生活史の比較分析（研究代表　稲月正　北九州市立大学）（二〇〇九年－二〇一二年）
●科学研究費補助金　基盤研究C　課題番号23530672　朝鮮学校における「民族」の形成・継承・変容のメカニズム（二〇一一年－二〇一四年）
●科学研究費補助金　基盤研究C　課題番号16K04085　在日朝鮮人における〈民族〉と〈祖国〉の意味に関する社会学的研究（二〇一六年－二〇一九年）
●科学研究費補助金　基盤研究C　課題番号20K02088　朝鮮学校卒業生の生活世界―〈民族〉〈祖国〉との関連を中心に（二〇二〇年－二〇二三年）
●愛知県立大学学長特別研究費　出版助成（二〇二一年度）

参考文献（アルファベット順）

- 裵明玉，2013，「朝鮮高校生就学支援金不支給違憲国家賠償請求訴訟について」（『人権と生活』Vol.36，在日本朝鮮人人権協会）
- 曺慶鎬，2011，「在日朝鮮人コミュニティにおける朝鮮学校の役割についての考察」（『移民政策研究』第4号，移民政策学会）
- 福岡安則，1993，『在日韓国・朝鮮人』中公新書
- 福岡安則・金明秀，1997，『在日韓国人青年の生活と意識』東京大学出版会
- 韓東賢，2006，『チマチョゴリ制服の民族誌』双風舎
- 橋本みゆき，2010，『在日韓国・朝鮮人の親密圏』社会評論社
- 橋本みゆき編，2021，『二世に聴く在日コリアンの生活文化』社会評論社
- Harge Gassan, 1998, *White Nation - Fantasisies of White Supremacy in a Multicultural Society,* Pulto Press.（ガッサンハージ，保苅実，塩原良和訳（2003）『ホワイト・ネーション―ネオ・ナショナリズム批判』平凡社）
- 樋口直人，2014，『日本型排外主義』名古屋大学出版会
- 板垣竜太，2007，「朝鮮学校を支えるということ」（『法学セミナー』2007年7月号）
- ――――，2008，「朝鮮学校の社会学」（同志社大学社会学部社会調査報告書）
- ――――，2013，「資料：朝鮮学校への嫌がらせ裁判に対する意見書」（『評論・社会科学』同志社大学人文学会，149-185）
- Itagaki Ryuta, 2012, North-Korea-phobia in Contemporary Japan: A Case Study of Political Attacks on Korean Ethnic Schools.（龍谷大学矯正・保護総合センター編『龍谷大学矯正・保護総合センター研究年報』2号，現代人文社）
- ――――，2015，The Anatomy of Korea-phobia in Japan, *Japanese Studies,* 35:1.
- 稲月正・山本かほり，1996，「在日韓国・朝鮮人と階層構造」（八木正編『被差別世界と社会学』明石書店）
- 金城一紀，2000，『GO』講談社
- 川端浩平，2020，『排外主義と在日コリアン』晃洋書房
- 金漢一，2005，『朝鮮学校の青春』光文社
- 金尚均，2007，「民族的尊厳の回復としての朝鮮学校」（『法学セミナー』2007年7月）
- 金泰泳，1999，『アイデンティティ・ポリティクスを超えて』世界思想社
- 金徳龍，2004，『朝鮮学校の戦後史』社会評論社
- 金汝卿，2020，「民族教育の『母』であること―朝鮮学校のオモニ会にみられる〈生きる方法〉」（『ソシオロジ』第65巻1号）
- 高全恵星監修，柏崎千賀子訳，2007，『ディアスポラとしてのコリアン』新幹社
- 権粛寅，2007，「帰属とアイデンティティの分化と統合」（伊藤亜人・韓敬九編著『中心と周縁からみた日韓社会』慶應義塾大学出版会）
- 李洪章，2016，『在日朝鮮人という民族経験』生活書院
- ――――，2021，「共同性としての『우리（ウリ）』の遂行的獲得」（松田素二他編著『日常的実践の社会学』山城印刷株式会社出版部）

- 李里花編著，2021，『朝鮮籍とは何か』明石書店
- 李恩子，2006，「七〇年代の抵抗文化が残したもの―在日朝鮮人社会運動史―断章、コミュニティの経験から」（『季刊前夜』7号）
- 松田素二，2009，『日常人類学宣言！』世界思想社
- 森千香子，2014，「ヘイト・スピーチとレイシズムの関係性―なぜ，今それを問わねばならないのか」（金尚均編著『ヘイト・スピーチの法的研究』法律文化社）
- 中島智子編，1998，『多文化教育―多様性のための教育学』明石書店
- ――――，2011，「朝鮮学校保護者の学校選択理由―『安心できる居場所』『当たり前』を求めて」（『プール学院大学研究紀要』第51号）
- ――――，2013，「朝鮮学校の二つの仕組みと日本社会」（『〈教育と社会〉研究』第23号，一橋大学〈教育と社会〉研究会）
- 中村一成，2014，『ルポ京都朝鮮学校襲撃事件　〈ヘイトクライム〉に抗して』岩波書店
- ――――，2017，『思想としての朝鮮籍』岩波書店
- 野入直美，1996，「在日コリアンの子どもたち」（谷富夫編著『ライフ・ヒストリーを学ぶ人のために』世界思想社）
- 野村進，2009，『コリアン世界への旅』講談社文庫
- 呉永鎬，2019，『朝鮮学校の教育史』明石書店
- 小沢有作，1973，『在日朝鮮人教育論』亜紀書房
- 朴在一，1957，『在日朝鮮人に関する総合調査研究』新紀元社
- 朴三石，1997，『日本の中の朝鮮学校』朝鮮青年社
- ―――，2011，『教育を受ける権利と朝鮮学校』日本評論社
- 朴英二，2018，「祖国とわたし」（『イオ』2018年9月号，朝鮮新報社）
- 徐京植，2002，『半難民の位置から』影書房
- 宋基燦，2012，『「語られないもの」としての朝鮮学校』岩波書店
- ――――，「『ナショナリズム』からトランスナショナルへ―朝鮮学校のトラマツルギーからみる集合的創造性」（松田素二編著『集合的創造性』世界思想社）
- 田中宏，2013，『第3版・在日外国人』岩波新書
- ―――，2013，「朝鮮学校の戦後史と高校無償化」（『〈教育と社会〉研究』第23号，一橋大学〈教育と社会〉研究会）
- 谷富夫編著，1996，『ライフ・ヒストリーを学ぶ人のために』世界思想社
- ――――，2002，『民族関係における結合と分離』ミネルヴァ書房
- 谷富夫，2015，『民族関係の都市社会学―大阪猪飼野フィールドワーク』ミネルヴァ書房
- 谷富夫・稲月正・高畑幸編著，2020，『社会再構築の挑戦』ミネルヴァ書房
- ウリハッキョをつづる会，2001，『朝鮮学校ってどんなとこ？』社会評論社
- 山本かほり，2002，「高学歴・専門職で生きる」（谷編著所収）
- ――――，2008，「在日韓国・朝鮮人の『世代間生活史』―ある家族の階層移動」（谷富夫編著『新版　ライフヒストリーを学ぶ人のために』世界思想社）

- ――――，2012,『「朝鮮高校研究に向けて」共生の文化研究』Vol.6（愛知県立大学多文化共生研究所）
- ――――，2013,「朝鮮学校における『民族』の形成―A朝鮮中高級学校の参与観察から」（『教育福祉論集』第61号，愛知県立大学教育福祉学部紀要）
- ――――，2014a,「朝鮮学校のフィールドから」（『ソシオロジ』179号，関西社会学研究会）
- ――――，2014b,「朝鮮学校で学ぶということ」（『移民政策研究』第6号，移民政策学会）
- ――――，2015a,「『朝鮮高校無償化裁判』が問うていること」（『在日総合誌・抗路』1号，抗路舎）
- ――――，2015b,「『北朝鮮』バッシングと朝鮮高校」（平田雅巳・菊地夏野編『ナゴヤ・ピース・ストーリーズ』風媒社）
- ――――，2015c,「質的パネル調査からみる在日朝鮮人の生活史」（『社会と調査』15号，pp. 48-59，社会調査士協会）
- ――――，2017,「排外主義の中の朝鮮学校――ヘイトスピーチを生み出すものを考える」（『移民政策研究』第9号，移民政策学会）
- ――――，2019,「在日朝鮮人―朝鮮学校をめぐる『闘争の歴史』から」（『開かれた移民社会へ』別冊 環 24，藤原書店）
- Yamamoto Kaori, 2021 (printing), “What is Our ‘Homeland?’: Zainichi Korean High School Students on ‘Homeland Visit’ Tours to the DPRK.” (Culture and Empathy, Vol.4 June)
- 梁泰昊，1996,『在日韓国・朝鮮人読本』緑風出版
- 梁愛舜，2000,「チェーサと在日朝鮮人社会―世代交代と世俗化を中心に―」（『立命館産業社会学論集』第36巻第2号）

〈雑誌〉

- 『月刊イオ』朝鮮新報社

〈機関誌〉

- 『朝鮮新報』朝鮮新報社
- 『トトリ通信』朝鮮高校にも差別なく無償化適用を求めるネットワーク愛知

プロフィール

山本 かほり（やまもと・かほり）

1965年生まれ

愛知県立大学　社会福祉学科　教員（社会学）

〈共著〉

谷富夫・稲月正・高畑幸編著『社会再構築の挑戦　地域・多様性・未来』（ミネルヴァ書房　2020年）

有田伸・山本かほり・西原和久編著『国際移動と移民政策　日韓の事例と多文化主義再考』（国際社会学ブックレット2　東信堂　2016年）

平田雅己・菊地夏野編著『ナゴヤ・ピース・ストーリーズ　ほんとうの平和を地域から』（風媒社　2015年）

など

在日朝鮮人を生きる

〈祖国〉〈民族〉そして日本社会の眼差しの中で

2022年３月１日　第１版第１刷発行

著　　者　山本 かほり©2022年

発 行 者　小番 伊佐夫

装　　丁　Salt Peanuts

カバーイラスト　やまもも

組　　版　市川 九丸

印刷製本　中央精版印刷

発 行 所　株式会社 三一書房

〒101-0051 東京都千代田区神田神保町3-1-6

電話　03-6268-9714

振替　00190-3-708251

Mail　info@31shobo.com

URL　https://31shobo.com/

ISBN978-4-380-22001-2 C0036

Printed in Japan

乱丁・落丁本はおとりかえいたします。

購入書店名を明記の上、三一書房まで。